EVA BRAUN

HEIKE B. GÖRTEMAKER

Eva Braun

A vida com Hitler

Tradução
Luiz A. de Araújo

COMPANHIA DAS LETRAS

Grafia atualizada segundo o Acordo Ortográfico da Língua Portuguesa de 1990, que entrou em vigor no Brasil em 2009.

Título original
Eva Braun: Leben mit Hitler

Capa
Kiko Farkas e Mateus Valadares/ Máquina Estúdio

Imagens de capa
Adolph Hitler, 1935, Nuremberg — Keystone/ Corbis (DC)/ LatinStock
Eva Braun — Gamma-Keystone via Getty Images

Preparação
Camila Boldrini

Índice onomástico
Luciano Marchiori

Revisão
Huendel Viana
Marise Leal

Dados Internacionais de Catalogação na Publicação (CIP)
(Câmara Brasileira do Livro, SP, Brasil)

Görtemaker, Heike B.
Eva Braun : a vida com Hitler / Heike B. Görtemaker ; tradução Luiz A. de Araújo. — São Paulo : Companhia das Letras, 2011.

Título original: Eva Braun : Leben mit Hitler.
ISBN 978-85-359-1841-0

1. Braun, Eva, 1912-1945 – Biografia 2. Chefes de Estado – Alemanha – Biografia 3. Conjuges de chefes de Estado – Biografia 4. Hitler, Adolf, 1889-1945 5. Mulheres – Alemanha – 1900-1945 I. Título.

11-03101 CDD-920.72

Índice para catálogo sistemático:
1. Conjuges de chefes de Estado : Biografia 920.72

[2011]

EDITORA SCHWARCZ LTDA.
Rua Bandeira Paulista, 702, cj. 32
04532-002 — São Paulo — SP
Telefone (11) 3707-3500
Fax (11) 3707-3501
www.companhiadasletras.com.br

Sumário

ANEXOS

Glossário de siglas e abreviações

BVP: Bayerische Volkspartei (Partido Popular Bávaro)
CIC: Counter Intelligence Corps (Batalhão de Contrainteligência)
DAF: Deutsche Arbeitsfront (Frente Alemã do Trabalho)
DAP: Deutsche Arbeiterpartei (Partido dos Trabalhadores Alemães)
DAZ: *Deutsche Allgemeine Zeitung*
DNVP: Deutschnationale Volkspartei (Partido Popular Nacional Alemão)
DVP: Deutsche Volkspartei (Partido Popular Alemão)
Gestapo: Geheime Staatspolizei (Polícia Secreta do Estado)
KdF: Kraft durch Freude (Força pela Alegria)
KPD: Kommunistische Partei Deutschlands (Partido Comunista da Alemanha)
NSDAP: Nationalsozialistische Deutsche Arbeiterpartei (Partido Nacional-Socialista dos Trabalhadores Alemães)
NSKK: Nationalsozialistischen Kraftfahrkorps (Corpo Automotivo Nacional-Socialista)
OSS: Office of Strategic Services (Agência Americana de Serviços Estratégicos)
SA: Sturmabteilung (Tropa de Choque do NSDAP)
SMERSCH: (Departamento russo de contraespionagem)
SPD: Sozialdemokratische Partei Deutschlands (Partido Social-Democrata Alemão)
SS: Schutzstaffel (Organização paramilitar nazista)

Introdução

No dia 7 de março de 1945, quando partiu de Munique a Berlim em um jipe, Eva Braun estava prestes a escrever o fim de sua história.[1] Ela se iniciara em 1929, no ateliê do fotógrafo Heinrich Hoffmann, em Munique, onde Eva conhecera Adolf Hitler, o presidente do extremista e então ainda malsucedido Nationalsozialistische Deutsche Arbeiterpartei [Partido Nacional-Socialista dos Trabalhadores Alemães] (NSDAP). Agora, contra a vontade dele, viajava à capital para morrer a seu lado.

Hitler lhe ordenara que ficasse no Obersalzberg, nas imediações de Berchtesgaden, onde ele possuía uma grande propriedade — o seu "fortim montanhês". Berlim estava muito destruída, principalmente depois das ofensivas aéreas aliadas de 3 de fevereiro, e o alarme antiaéreo era acionado várias vezes por dia. Em janeiro, o Exército Vermelho chegara ao rio Oder. Os americanos e os britânicos se aproximavam pelo oeste, apoiados por diversos aliados. Portanto, na Chancelaria do Reich ninguém esperava pela presença de Eva Braun. Com a chegada dela, observou posteriormente Albert Speer em suas *Memórias*, "entrava no bunker um arauto da morte, simbólica e realmente".[2] De fato, ela saía da posição coadjuvante de concubina que ocupara por anos e anos. A partir daí, seu nome ficaria inseparavelmente ligado ao de Hitler. Ela própria, devido ao fim que tiveram juntos, transformou-se em uma lenda. Era isso o que queria?

Ninguém marcou tanto o século XX quanto Adolf Hitler, escreveu o historiador britânico Ian Kershaw. Sem dúvida, até hoje se sente o efeito da experiência chocante de uma sociedade que, mesmo sendo "moderna, progressista e culta", caiu "na barbárie" com uma rapidez inacreditável.[3] Isso transformou o nome de Hitler em um símbolo. Em todo o mundo, ele é vinculado à violência, à desumanidade, ao racismo, ao nacionalismo pervertido, ao genocídio e à guerra. Desde que foi nomeado chanceler do Reich pelo presidente Paul von Hindenburg, no dia 3 de janeiro de 1933, e o NSDAP chegou legalmente ao poder, surgiu um sem-número de tentativas de elucidar não só as estruturas da ditadura nacional-socialista como, e sobretudo, de interpretar o "fenômeno" Hitler.[4] Discussão que perdura até hoje.

Em comparação, Eva Braun, durante muitos anos namorada e no fim esposa da "personificação do mal", é apresentada como historicamente insignificante, "uma descoradíssima sombra do Führer",[5] um "engodo da história", como escreveu Hugh Trevor-Roper, um zero à esquerda. Tal visão se fundamenta na ideia de que ela não "teve papel nas decisões que levaram aos piores crimes do século", de que no máximo participou de um suposto idílio privado que talvez tenha possibilitado a Hitler perseguir "o horror com mais consequência".[6] Por isso Eva Braun continua sendo uma figura invariavelmente marginal nas biografias de Hitler. As poucas obras que se ocupam da história de sua vida ressaltam, acima de tudo, seu chamado trágico "destino de mulher", abstendo-se — quando não são cabalmente ideológicas — de integrar a namorada de Hitler a seu meio social, cultural e político.[7]

A indiferença por Eva Braun como figura histórica também se explica pela imagem predominante de Hitler na literatura. Pois a apresentação do Führer como ser humano é até hoje controversa. Alguns biógrafos chegam a afirmar que se trata de uma "não pessoa". Se, no início da década de 1970, Joachim C. Fest reconheceu a plenitude sufocante de seu poder e uma "grandeza particular", criticou-lhe, por outro lado, a debilidade individual, o aspecto escultórico e teatral de sua ascensão, e nele notou uma "inépcia para o dia a dia".[8] Décadas depois, Ian Kershaw também opinou que "toda a substância" de Hitler despontara em seu papel de Führer, ao passo que lhe faltava uma existência "pessoal", "profunda"; a vida privada desse déspota dotado de "força carismática" e "de um caráter extraordinário" consistia unicamente em uma série de "rituais vazios".[9] A despeito dos sessenta anos decorridos e da convicção de que, de lá para cá, a ciência da história "avaliou meticulosamente" o "abismo" do Estado nazista, os historiadores insistem em enxergar somente a "caricatura do monstro".[10]

Ora, essa interpretação, ao considerar a pessoa secundária e, assim, desumanizar o ditador, não arrisca em última instância sucumbir ao mito do Führer? Não nos priva de entendimento crítico? Como dizia incessantemente seu ministro da Educação do Povo e da Propaganda, Joseph Goebbels, o Führer sacrificava a vida e a felicidade privadas pelo povo alemão. Ele se alçava "acima de todas as preocupações e imperfeições do cotidiano, qual uma rocha no mar".[11] Retrospectivamente, não se está projetando um personagem artificial que, para as gerações ulteriores, não faz senão dificultar a compreensão da história e da essência da ditadura nacional-socialista?

Não se trata de modo algum de justificar uma excessiva ênfase ao indivíduo na historiografia. Tampouco de ser "compreensivo" com o lado privado de um ditador que exercia uma fascinação demoníaca. Pelo contrário, a abordagem séria e judiciosa de Eva Braun, até agora não apresentada por nenhum autor, oferece a possibilidade de obter uma nova perspectiva de Hitler, que também pode contribuir para "desdemonizá-lo".

Portanto o que se coloca é a questão de quem, afinal, foi essa mulher e, através dela, que visão se pode ter do "criminoso do século". Sabe-se que um relacionamento de mais de catorze anos uniu Eva Braun a Adolf Hitler, relacionamento esse que terminou com o suicídio dos dois. Ademais, essa foi uma das poucas ligações íntimas de Hitler com uma mulher, embora muito escondida do público. Na aparência — jovem, loira, esportiva, bonita, apaixonada pela vida — Eva Braun não combinava em nada com o Hitler — velhusco e rígido — que aparece nas fotografias particulares, com sua "cara de psicopata", como escreveu Joachim Fest. Ao que se sabe, Eva Braun gostava de moda, cinema e jazz, lia Oscar Wilde, autor proibido na Alemanha a partir de 1933, adorava viajar e era talentosa nos esportes.[12] Portanto, sua vida estava longe de corresponder ao modelo pequeno-burguês da mulher alemã, tão propagado pela ideologia nacional-socialista, destinada a ser mãe e a cuidar da casa do marido. Enfim, o que ligava Eva Braun a Hitler? Que tipo de relação mantinha com os homens da esfera íntima do líder nazista, com Göring, Speer ou Bormann? Que luz isso há de lançar sobre Hitler? Acaso ele vivia com a amante em um mundo privado alternativo, em grande medida oposto à "imagem do Führer" oficialmente apresentada? Ou tal separação é impossível? Esses dois mundos eram inseparáveis para Eva Braun e para Hitler?

Ao que tudo indica, ela era uma moça medianamente talentosa oriunda de uma família convencional, pequeno-burguesa. Não se destacava nem pela origem nem pelos interesses, e não falta quem chame a atenção para a sua omissão nos acontecimentos políticos da época.[13] Eva Braun nada tinha da sofisticação e inteligência de Magda Goebbels, nem exercia influência política como Annelies von Ribbentrop — filha do fabricante de espumante Otto Henkell —, tampouco se entregava ao fanatismo de uma Gerda Bormann. É justamente esse aspecto supostamente comum e corrente — medíocre até — de sua existência o que justifica uma reconstrução de sua história, já que essa "normalidade" na atmosfera do "mal" que a cercava parece um anacronismo que também permite ver o mal a outra luz.

O ENCONTRO

No dia 30 de abril de 1945, por volta das 14h30, Erich Kempka, motorista de Adolf Hitler desde 1932, recebe um telefonema na garagem do porão da Chancelaria do Reich, em Berlim: que providencie cerca de duzentos litros de gasolina e os leve à entrada do bunker do Führer, no jardim da Chancelaria. Tudo o mais lhe será informado lá. Quando Kempka chega com vários homens que carregam as latas de gasolina, o major da ss Otto Günsche lhe comunica que o Führer morreu. Günsche tem ordem de carbonizá-lo imediatamente, pois Hitler não queria "ser exposto em um gabinete de curiosidades russo". Ambos entram no bunker, onde Martin Bormann entrega a Kempka o cadáver de Eva Braun, cujo vestido escuro apresenta umidade na região do coração. Com ela nos braços, Kempka sobe a escada que leva à saída. À sua frente vão o empregado Heinz Linge e o médico Ludwig Stumpfegger com o cadáver de Hitler. Atrás seguem Günsche, Bormann e Joseph Goebbels. Pouco depois das três horas, eles estendem os cadáveres lado a lado na areia do chão, neles entornam cinco latas de gasolina e ateiam fogo. Diante dos cadáveres em chamas, os homens se alinham à entrada do bunker e erguem o braço numa derradeira saudação nazista. Quando o terreno é atingido por granadas de artilharia, todos se apressam a buscar a proteção do bunker.[1]

1. O ATELIÊ DE HEINRICH HOFFMANN

Quase dezesseis anos antes, em outubro de 1929, Hitler e Eva Braun se encontraram pela primeira vez no ateliê de Heinrich Hoffmann. Desde o fim da Primeira Guerra Mundial, ele era um conhecido fotógrafo da imprensa de Munique, retratista e editor, além de convicto nacional-socialista de primeira hora. Tinha um ateliê na Amalienstraße, 25, nas imediações da Odeonsplatz, no centro da cidade, chamado Photohaus Hoffmann, fornecedor de fotografias à *Münchner Illustrierte Presse*, bem como a agências nacionais e estrangeiras. Hoffmann, cujo pai também tinha sido fotógrafo e, segundo se dizia, obrigara o filho único a seguir-lhe os passos, possuía empresa própria em Munique desde 1909.[1] Antes mesmo de 1914, granjeara renome, inclusive no meio artístico, com um serviço fotográfico — o Photobericht Hoffmann — e também com retratos. Mas a prosperidade nos negócios, ele a devia ao NSDAP, o incipiente movimento de extrema direita nacionalista, a serviço do qual colocou seu trabalho após a Primeira Guerra Mundial, que ele havia passado na frente francesa na qualidade de "miliciano de reserva" em uma unidade de substituição de aviadores.[2]

O fotógrafo oficial do NSDAP

É impossível determinar com precisão quando e em que circunstâncias Hoffmann conheceu Hitler. Posteriormente, sua filha Henriette von Schirach afirmou que o pai entrara em contato com o líder nazista por intermédio do poeta Dietrich Eckart. Hoffmann, no entanto, declarou em suas memórias que motivos estritamente profissionais o haviam levado a conhecer o futuro ditador: em 30 de outubro de 1922, uma agência fotográfica norte-americana teria lhe oferecido cem dólares por um retrato de Hitler.[3] Na época, acrescentou Hoffmann em 1947, "a imprensa americana" estava disposta a pagar "uma elevada soma pela primeira fotografia de Hitler". Decidido a receber esse dinheiro "fosse como fosse", ele tratou de arranjar um encontro aparentemente casual, propondo a Hermann Esser, um bom amigo do líder extremista e que estava de casamento marcado, que o jantar nupcial se realizasse em sua casa — de Hoffmann —, para que ele tivesse a oportunidade de conhecer Hitler, um dos padrinhos.[4]

O fato é que, no dia 6 de abril de 1920 — ou seja, seis meses depois de Hitler —, Hoffmann se filiou ao Deutsche Arbeiterpartei [Partido dos Trabalhadores Alemães] (DAP), fundado por Anton Drexler em Munique em janeiro do ano anterior, e que havia pouco passara a se chamar Nationalsozialistische Deutsche Arbeiterpartei (NSDAP). Hoffmann começou a editar a revista semanal *Auf gut deutsch*, publicada pelo escritor nacionalista radical e antissemita Dietrich Eckart, amigo paternal e mentor de Hitler, na qual o poeta frustrado se servia do slogan "Desperta, Alemanha" para atacar violentamente a República de Weimar, o bolchevismo e o judaísmo.[5] Tudo indica que Hoffmann primeiramente fizera amigos no grupo que compartilhava sua visão de mundo — do qual participavam Eckart, Hitler e o jornalista Hermann Esser — e só depois passara a prestar diversos serviços ao NSDAP e, especialmente, a Hitler, seu mais agressivo "agitador de cervejaria" e presidente (desde 29 de julho de 1921).[6] Mesmo porque, apesar dos insistentes pedidos, Hoffmann inicialmente respeitou o desejo de Hitler de não se deixar fotografar. Só após o fracassado putsch de 9 de novembro de 1923, que alavancou a popularidade do futuro líder em âmbito nacional e o levou à prisão, foi que Hoffmann tirou e distribuiu retratos dele. No ano seguinte, publicou com essas fotos uma brochura ilustrada sob o título *Deutschlands Erwachen in Wort und Bild* [O despertar da Alemanha em palavras e imagens]. Em 1926, o incansável Hoffmann fundou, ao lado de Hitler e do amigo comum Hermann Esser — o primeiro responsável pela propaganda do NSDAP —, o fartamente ilustrado semanário oficial do partido, o *Illustrierter Beobachter*. No mesmo ano, por sugestão de Hoffmann, o *Völkische Beobachter* publicou fotografias pela primeira vez: obviamente reveladas em seu ateliê.

O NSDAP, assim, estava à altura das inovações técnicas da época. Ainda pouco tempo antes, era comum o uso de gravuras em metal ou desenhos na ilustração de artigos de jornal. Mesmo o *New York Times* só passou a publicar fotografias regularmente a partir de 1922. O sucesso do fotojornalismo, viabilizado pelo desenvolvimento da câmera de 35 milímetros em 1925, estava apenas começando.[7] Ao contrário dos Estados Unidos, e também da Inglaterra ou da França, países em que o diário britânico *The Daily Mirror* e o francês *Illustration* haviam estabelecido, desde 1907, um serviço fototelegráfico entre Londres e Paris, a impressão de fotografias propagou-se vagarosamente nos matutinos alemães.[8]

Entre as fotos publicadas por Hoffmann no *Völkische Beobachter*, figurava uma série que mostrava Hitler na primeira convenção nacional do NSDAP após sua refundação em Weimar em 4 de julho de 1926, saudando pela primeira vez com o braço estendido os milhares de partidários que desfilavam diante dele.[9] Com iniciativa e habilidade fotográfica, já na fase inicial da ascensão do partido, Hoffmann se apoiou no poder da fotografia — e no presidente da sigla, que, então, estava longe de ser uma unanimidade. E não tardou a se tornar indispensável para Hitler e sua campanha propagandística dirigida tanto para fora como contra os rivais no próprio partido. Ele passou a ser o "fotógrafo pessoal" de Hitler.[10] Dali por diante, era quase impossível encontrar o dirigente do NSDAP sem que Hoffmann estivesse por perto. Fosse nas viagens, fosse nas campanhas eleitorais, fosse no almoço no restaurante preferido de Hitler em Munique, Hoffmann estava sempre presente.

No entanto, a decisão de aderir profissionalmente a Hitler e ao NSDAP só rendeu dividendos nos anos subsequentes. Em 1929, as iminentes eleições estaduais e comícios que reuniam multidões proporcionaram cada vez mais encomendas à empresa de Hoffmann. A isso se acrescentaram os quatro dias da convenção nacional do NSDAP em Nuremberg, de 1º a 4 de agosto, com um desfile espetacular de 60 mil membros da SA e da SS, assim como, em 26 de outubro, a presença de Hitler e de Alfred Hugenberg, o magnata da imprensa e presidente do Deutschnationale Volkspartei [Partido Popular Nacional Alemão] (DNVP), no Münchner Zirkus Krone para reivindicar um referendo contra o Plano Young [de pagamento das reparações de Versalhes]. Além disso, naquele mesmo ano, o NSDAP registrou seu primeiro sucesso eleitoral. Se as eleições do Reichstag de 20 de maio de 1928 deram a impressão de que os nacional-socialistas voltavam a soçobrar na insignificância com os parcos 2,6% dos votos recebidos, as eleições estaduais e comunais de 1929 mostraram uma clara tendência ascendente.[11] Tendo como pano de fundo a crise econômica mundial e o aumento do número de desempregados para 3,32 milhões, o NSDAP obteve mandatos não só na Saxônia como em Baden e na Baviera. Inclusive na Turíngia sua porcentagem de votos subiu de 4,6% para 11,3%.

Diante de tais cifras, não admira que Hoffmann, então com 44 anos, tenha expandido sua empresa justamente no outono de 1929, ou seja, bem no início da crise econômica mundial. Acabou lucrando tanto com o aumento das encomendas do NSDAP como com as solicitações do próprio Hitler. À parte isso, as agências fotográficas eram procuradas à medida que cada vez mais jornais ilustravam as reportagens com fotografias. Assim, a demanda de fotos atuais do mundo todo aumentava incessantemente. A pequena oficina artesanal de Hoffmann, escondida em um quintal da Schellingstraße, 50, transformou-se em uma próspera empresa que, quando se mudou para o número 25 da Amalienstraße em setembro de 1929, passou a figurar como "NSDAP-Photohaus Hoffmann". Pouco depois da reinauguração, novos empregados foram admitidos. Entre eles, uma mocinha de dezessete anos chamada Eva Braun.[12]

Herr *Wolf*

Ao que parece, Eva Braun geralmente trabalhava atrás do balcão na Photohaus Hoffmann. Todavia, são contraditórios os dados sobre o que fazia de fato. Henriette von Schirach, que deveria saber, pois era filha de Hoffmann e tinha a idade de Eva Braun, de quem era amiga, afirmou num trecho de suas memórias que Braun era "aprendiz no laboratório fotográfico", mas depois, em outra passagem, observou que ela vendia "rolos de filme".[13] O fato é que as duas informações procedem. Eva Braun, conforme depois declarou Heinrich Hoffmann, tinha sido "auxiliar comercial iniciante" e trabalhara "no escritório, em vendas e também no laboratório". A partir de 1933, quando estava "mais tarimbada" no ramo, passou a se ocupar exclusivamente "de fotografia".[14]

Na época, a profissão de fotógrafo, considerada jovem e moderna, já era prestigiada e cobiçada; muitas mulheres se sentiam atraídas pela ideia de serem fotógrafas de moda ou retratistas. Eva Braun também se interessava por moda. Mas, por ora, no ateliê de Hoffmann, convinha aprender a lidar com a câmera e a revelar fotografias. Desde o começo, fazia parte de suas tarefas prestar pequenos serviços ao patrão e a seus clientes e trabalhar em vendas.

Enfim, além das fotos para a imprensa, a emergente atividade de fotógrafo amador se abria para um mercado em constante expansão. De modo que a Photohaus Hoffmann começou a oferecer não só a execução de trabalhos fotográficos como também o equipamento necessário ao fotógrafo, agora mais fácil de manejar. Além disso, vendia fotos e pôsteres de produção própria, de cuja comercialização Eva Braun também era encarregada, recordou Baldur von Schirach, genro de Heinrich Hoffmann e futuro dirigente da Juventude do Reich do NSDAP.[15] Entre os temas prediletos de Hoffman, incluíam-se os correligionários do NSDAP, mas principalmente retratos de seu presidente, Adolf Hitler.

Eva Braun conheceu Hitler, provavelmente, em outubro de 1929, poucas semanas depois de ter ingressado na atividade.[16] Ao que parece, nesse dia, estava fazendo hora extra para pôr a papelada em ordem quando Hoffmann lhe apresentou um tal "*Herr* Wolf" e, a seguir, pediu-lhe que fosse ao restaurante vizinho buscar cerveja e *leberkäse** para ele e os recém-chegados. Durante a refeição que se seguiu, o desconhecido parecia querer "comê-la com os olhos" e, depois, se propôs a "levá-la para casa em sua Mercedes", oferta que ela declinou. Por fim, antes de sair do ateliê, o patrão de Eva lhe perguntou: "Então você não adivinhou quem é esse *Herr* Wolf? Será que não enxerga as fotografias?". E, ante a resposta negativa, ele revelou: "Pois é Hitler, o nosso Adolf Hitler".[17]

Tal relato se acha na primeira biografia de Eva Braun, publicada em 1968 pelo jornalista turco-americano Nerin Emrullah Gün. Segundo ele, Eva Braun comentou com uma de suas irmãs — provavelmente Ilse, a mais velha — esse encontro com Hitler, ocorrido na primeira ou na segunda sexta-feira de outubro de 1929, ou seja, no dia 4 ou 11 desse mês. Mas qual é a credibilidade de Gün, cuja obra até hoje excessivamente citada dá a impressão

* Espécie de bolo de carne, tipicamente bávaro. (N. E.)

de ter sido ditada pela própria Eva Braun? Onde ele obteve tais informações e em que circunstâncias? E como avaliar sua personalidade tão ambígua?

Durante a Segunda Guerra Mundial, Gün trabalhou na assessoria de imprensa da embaixada turca em Budapeste. Pouco antes do fim do conflito, em 12 de abril de 1945, por ordem da Geheime Staatspolizei, a Gestapo, que o acusava de hostilidade contra a Alemanha, foi preso e internado no campo de concentração de Dachau. Duas semanas depois, no dia 29 de abril de 1945, o Sétimo Exército norte-americano o libertou juntamente com os outros detentos. Depois disso, Gün, que para simplificar passara a atender por Gun, morou nos Estados Unidos e, mais tarde, escreveu um livro sobre o assassinato do presidente John F. Kennedy. Parece que essa obra levou a CIA a suspeitar que ele, na qualidade de militante do partido comunista, tivera envolvimento com o assassinato, além de haver espionado e falsificado documentos na Europa.[18]

Na metade da década de 1960, Gun esteve na República Federal da Alemanha quando do aniversário da libertação do campo de concentração de Dachau pelos Aliados. Nessa ocasião, providenciou encontros com a família de Eva Braun e com outros membros do antigo círculo íntimo de Hitler. Visitou Franziska Braun, a mãe de Eva, em sua casa em Ruhpolding, Baviera. Além disso, entrevistou as irmãs Ilse e Gretl, assim como Herta Schneider, a melhor amiga de Eva. Teve acesso a fotografias e cartas privadas da biografada, as quais foram publicadas pela primeira vez em seu livro. No entanto, faltam dados exatos sobre a origem das informações apresentadas, a transição entre os casos inventados e os relatos factuais das testemunhas entrevistadas é vaga e incompreensível para o leitor. Ilse Heß, a mulher de Rudolf Heß, contou em uma carta a Albert Speer datada de 25 de junho de 1968 que Gun, "o autor de um livro sobre Everl", havia passado "semanas" hospedado em sua casa em Hindelang, já que agora pretendia escrever uma biografia de seu marido; arremedando a expressão predileta do jornalista, ela o chamou de "Mr. I pay all".[19] A observação denotava pouco respeito, pois era evidente que Gun possuía escasso conhecimento prévio e Ilse Heß não levava sua pretensão a sério. É de presumir que, um ano antes, quando estava pesquisando para o livro sobre Eva Braun, ele tenha se hospedado na casa da família Braun. Todavia não há evidência disso.

Portanto, não se sabe ao certo em que circunstâncias ocorreu o primeiro encontro de Eva Braun com Hitler, ainda que a história possa corresponder à descrição de Gun. Igualmente nebuloso é o motivo que teria levado Hoffmann a apresentar o ilustre correligionário a sua nova aprendiz pelo pseudônimo "Wolf", o qual, aliás, fazia tempo que Hitler usava, sobretudo nas viagens.[20] É possível que tenha sido para evitar que a moça reagisse com nervosismo ou mesmo histeria. O que decerto ninguém pôde evitar foi a espontânea atração que um sentiu pelo outro. Dali por diante, a cada visita ao ateliê, o quarentão Hitler prodigalizava elogios e presentinhos à jovem de dezessete anos.

Para Hitler era fácil fazer tais visitas. Afinal, a Photohaus Hoffmann, na esquina da Amalienstraße com a Theresienstraße, ficava bem em cima do Café Stefanie, local muito frequentado pelo dirigente do NSDAP e que, até a Primeira Guerra Mundial, tinha sido o ponto de encontro da boemia sueva e contava entre seus clientes Heinrich Mann, Erich Mühsam, Eduad Graf von Keyserling e Paul Klee. A sede nacional do partido situava-se em uma rua transversal próxima, a Schellingstraße, 50, onde, a poucas casas de distância, estavam instaladas a redação e a gráfica do *Völkische Beobachter*. Anteriormente, Schellingstraße, 50, era o endereço residencial de Heinrich Hoffmann e sua família. O "ateliê" Hoffmann ficava bem ao lado. Lá ele fotografou Hitler, Göring e outros figurões do partido.[21] Na Schellingstraße também ficava a

Osteria Bavaria, o mais antigo restaurante italiano de Munique (que ainda existe e se chama Osteria Italiana), muito frequentado por Hitler e seus companheiros de partido. Assim Henriette von Schirach descreveu o estabelecimento: uma "casa de vinho pequena e fresca, com um patiozinho pintado de vermelho pompeiano e decorado com ladrilhos e mosaicos romanos, e com um 'templo', isto é, um nicho com duas colunas na frente", geralmente reservado para Hitler. Todavia, sua futura secretária, Traudl Junge, observou que o lugar permanente do líder nazista era a "desconfortável mesa de canto no fundo".[22]

Parece que Hitler raramente comia sozinho. Entre seus acompanhantes mais assíduos desde os anos 1920, achavam-se não só Heinrich Hoffmann como também o teuto-americano Ernst F. Sedgwick Hanfstaengl,[23] que em 1931 foi nomeado chefe do departamento de imprensa estrangeira do NSDAP. Irmão caçula do editor de arte Edgar Hanfstaengl, que em 1907 assumiu a direção da empresa da família, a Kunstverlag Franz Hanfstaengl, foi até o fim da Primeira Guerra Mundial diretor da filial nova-iorquina da editora; depois retornou a Munique. Da antiga turma de Hitler na capital da Baviera, ainda participavam Adolf Wagner, o poderoso gauleiter* de Munique-Alta Baviera — apelidado o "Déspota de Munique" —, o assistente pessoal de Hitler Julius Schaub, Christian Weber, um "barrigudo ex-comerciante de cavalos" e, segundo Joachim Fest, amigo íntimo, além de Hermann Esser, um dos fundadores do NSDAP, que Goebbels chamava de "pequeno Hitler". A eles se somavam o jovem Martin Bormann, militante do NSDAP desde 1927, Otto Dietrich, porta-voz do partido, o Oberstgruppenführer da SS Joseph (Sepp) Dietrich, Max Amann e Wilhelm Brückner, também membro da SS e, a partir de 1930, ajudante de ordens de Hitler.[24]

* Na estrutura do NSDAP, o chefe distrital ou local do partido. (N. T.)

Eva Braun na Photohaus Hoffmann, posando na escrivaninha (*1930*)

Mas só de vez em quando Hitler convidava Eva Braun para almoçar ou passear de carro pelos arredores de Munique, ir ao cinema ou à ópera. Henriette von Schirach recordou que, no início do relacionamento, o amigo de seu pai não poupava "doces elogios" a Eva Braun: "Posso convidá-la à ópera, senhorita Eva? Veja, eu vivo cercado de homens, dou muito valor à alegria de estar na companhia de uma mulher". Quem "poderia resistir"?[25] Embora inicialmente a relação parecesse superficial, Hitler não tardou a submeter Eva a um teste. Já em 1930, Martin Bormann, de quem ele fora padrinho de casamento pouco tempo antes, recebeu a incumbência de averiguar se a família Braun era "ariana", ou seja, se não tinha algum ancestral judeu.[26] Bormann, que entrementes fora alçado ao alto comando da SA, figuraria, a partir de 1933 e até a morte de Hitler, entre os seus confidentes mais íntimos.[27]

Provavelmente, Eva Braun, que a essa altura ainda nem chegara à maioridade, nada soube da pesquisa de Bormann. É fácil imaginar que tenha se deixado impressionar pela proeminência do novo amigo e que também se mostrasse aberta a suas ideias políticas. Não se sabe se ela ou seus pais tinham inclinações antissemitas. Como Ilse Braun — a irmã quatro anos mais velha — trabalhava no consultório de um médico judeu, do qual também era muito amiga, parece que, por parte da família, não havia absolutamente nenhuma restrição ideológica. As fotografias de Eva Braun no seu primeiro ano de trabalho com Hoffmann mostram além disso uma garota de aparência bastante infantil que, certamente, gostava de ser fotografada e não tinha o menor constrangimento de posar nas dependências do ateliê.[28] Tudo indica que sua relação com Hitler manteve-se estritamente "platônica" até 1932. Quanto a isso, Heinrich Hoffmann declarou em suas memórias intituladas *Hitler, wie ich ihn sah* [Hitler tal como eu o via], publicadas em Londres em 1955 e em tradução alemã em 1974, que a jovem aprendiz decerto forçava a relação e vivia dizendo que "Hitler estava caidinho e que, com toda certeza, ela conseguiria arrastá-lo ao altar". No entanto, ele não deixava transparecer nenhum "interesse mais intenso".[29] As observações de Hoffmann revelam simplesmente a diferença entre uma mocinha recém-saída da adolescência e um solteirão já em plena maturidade. Enquanto ela proclamava seus sentimentos com espontaneidade e exuberância, ele preferia a reserva e a discrição.

O procurador particular

A intimidade de Hitler com Hoffmann — reforçada durante as prolongadas sessões no ateliê fotográfico e comprovada pelos inúmeros retratos nos quais o líder nazista posava sem o menor acanhamento — estendia-se à vida privada.[30] Henriette von Schirach recordaria que, em 1929, sua família adquirira uma "casa tremendamente moderna em Bogenhausen", a qual Hitler "fre-

Hitler ensaiando poses de orador, fotografado por Heinrich Hoffmann (1926)

quentava com prazer". Lá comia espaguete com "um pouco de noz-moscada, bastante molho de tomate, a seguir nozes e maçã" e, depois da refeição, dedilhava ao piano.[31] Segundo as memórias de Albert Speer, Hitler se sentia "em casa" na residência de Hoffmann e família. Como observou Speer no verão de 1933, no jardim da vila do fotógrafo em Bogenhausen, ele se desfazia de toda formalidade, deitava-se "na relva em mangas de camisa" ou lia em voz alta "um volume de Ludwig Thoma".[32]

Nessa época, Hoffmann e Hitler já eram amigos havia pelo menos uma década. Na casa do fotógrafo, de sua primeira esposa Therese (Lelly) e de seus filhos, relatou posteriormente o genro de Hoffmann, Baldur von Schirach, Hitler conheceu a "vida familiar" e nela foi acolhido como um parente.[33] Os Hoffmann constituíam o núcleo do círculo íntimo do chefe solteirão do partido nazista. Com a morte prematura de Therese Hoffmann em 1928, parece que o vínculo entre os dois se estreitou ainda mais. De modo que — por vontade de Hitler — não só Hoffmann integrava sua comitiva nas muitas viagens a serviço do ambicioso NSDAP, mas também sua filha Henriette, o que transmitia certo frescor juvenil ao grupo de marmanjos.[34] As efemérides familiares, como a crisma do filho Heinrich em março de 1931, o casamento da filha Henriette no ano seguinte ou as segundas núpcias de Hoffmann em abril de 1934 eram comemoradas conjuntamente. E mais: os casamentos se realizaram na residência de Hitler, na Prinzregentenplatz.[35]

Hoffmann também era o acompanhante indefectível no Obersalzberg e em Berlim.[36] Embora nunca tenha assumido função no Estado ou no partido, exercia um cargo de confiança — e, portanto, ocupava uma posição de poder — muito invejado por figurões do partido como Goebbels ou Bormann, cargo esse que lhe deu acesso irrestrito a Hitler até 1944. Outros, como o diretor do setor de política econômica da direção nacional do NSDAP, Otto Wagener, irritavam-se com o fato de Hitler às vezes discutir "assuntos altamente sigilosos no âmbito de seu séquito íntimo" e de ele, Wagener, "ocasionalmente ser obrigado a ouvir da boca do fotógrafo Hoffmann coisas de importância fundamental".[37]

Ora, por que Hitler elegeu como amigo íntimo e acompanhante permanente justamente um notório bon-vivant, beberrão e gaiato como Hoffmann, cujo estilo de vida estava longe de combinar com o dele? A pergunta tem relevância porque aqui se detecta uma analogia com o comportamento de Hitler em relação a Eva Braun, que nem na aparência nem no temperamento parecia condizer com o amante. Hoffmann e Hitler tinham em comum a experiência da Primeira Guerra Mundial, as convicções nacionalistas e antissemitas, a origem pequeno-burguesa e o desejo juvenil de ser artista. Mas o que decidiu o status do fotógrafo foi a sua canina fidelidade a Hitler, comprovada desde o começo. Hoffmann acatava rigorosamente todas as proibições de fotografar ou divulgar que lhe eram impostas e retocava os retratos conforme as instruções recebidas.[38] Por sua vez, Hitler cuidou até o fim para que a situação de seu fotógrafo pessoal fosse mais ou menos oficiosa e sempre atada a uma relação de dependência por ele controlada.

O fato é que, além de correligionário, amigo e fotógrafo, Hoffmann também era uma espécie de intermediário, embaixador particular de Hitler, que desempenhava em nome do Führer funções de propaganda, serviços pessoais e, mais tarde, atividades da política artística. Era na casa de Hoffmann que o líder nazista, informal e secretamente, se encontrava com Eva Braun para o chá da tarde ou o jantar.[39] E era a Hoffmann que confiava a namorada quando ela, custodiada pelo "fotógrafo oficial do NSDAP" e despercebida pelos não iniciados, o acompanhava aos eventos do partido. Nos primeiros anos, até mesmo as transações financeiras de Eva Braun — por exemplo, a compra de um imóvel — eram realizadas por intermédio de Hoffmann. Ao mesmo tempo, Hitler o encarregava de tarefas políticas que nada tinham a ver com o âmbito da propaganda fotográfica e para as quais Hoffmann não estava preparado. Foi assim que, em 1937, para assombro e irritação de alguns contemporâneos, ele foi incumbido de escolher as obras a serem expostas na prestigiosa Casa da Arte Alemã e, depois, assumiu nada menos que a curadoria da Grande Exposição de Arte Alemã lá realizada anualmente. Hoffmann passou a ser um dos assessores artísticos e marchands pessoais de Hitler, função que lhe permitiu roubar obras de arte em grande estilo. Sua participação na Comissão de Avaliação dos Produtos da Arte Degenerada, fundada por Goebbels em maio de 1938, assim como a outorga do título de professor universitário em julho do mesmo ano evidenciaram a posição de confiança de que ele desfrutava.[40]

Durante a preparação da guerra com a Polônia e por ocasião da assinatura forçada do indispensável Pacto de Não Agressão com a União Soviética, Hitler nomeou seu protegido emissário especial e o enviou a Moscou na delegação do ministro das Relações Exteriores Joachim von Ribbentrop na noite de 22 de agosto de 1939. Posteriormente, Hoffmann se gabou de ter tido não só a missão de fotografar o acontecimento como também, e principalmente, a de apresentar um relatório sobre Stálin e seu séquito.[41] Uma das razões desta incumbência era o fato de Hoffmann ter se tornado indispensável na função de manter Hitler informado dos boatos. Em Moscou, o leal factótum teria plena liberdade para estar em toda parte e inteirá-lo acerca do comportamento de todos os presentes — inclusive do lado alemão. "Observar e aguçar os ouvidos", essas eram as suas instruções. Não admira que, mais tarde, Ribbentrop desse a entender que Stálin ficara contrariado com as atividades de Hoffmann.[42] Na realidade, é provável que a presença dele tampouco tivesse agradado a Ribbentrop e ao embaixador alemão Friedrich Werner Graf von der Schulenburg.

Assim, para menosprezar o papel de Hoffmann, não faltava quem o rebaixasse a um mero "bufão" beneficiado com a "licença dos tolos", que — ao contrário do Führer — nada entendia de política, de modo que as conversas de Hitler com ele sobre o assunto eram inúteis.[43] O próprio Hoffmann reforçou tal afirmação em suas memórias no pós-guerra, procurando, obviamente, se apresentar como uma pessoa apolítica.[44] Durante o processo de desnazificação de 1947-8, quando a imprensa o qualificava como um dos "mais gananciosos parasitas da peste Hitlerista", e ele, para salvar a vida, se empenhava em convencer o tribunal de seu máximo distanciamento do sistema nacional-socialista, Hoffmann procurou dar ao seu papel dimensões ainda mais modestas. Em um arrazoado datado de 1947, declarou que "evitava temas políticos" com Hitler, pois este não tardou a sucumbir à "má influência" de outros e a se fechar para os "conselhos dos círculos familiares". Sua tarefa, segundo Hoffmann, consistia principalmente em advogar os desejos dos outros junto a Hitler. Acusado de ter sido um importante propagandista fotográfico do NSDAP, ele argumentou que seu nome não figurava nos livros de referência de oficiais nazistas e, além disso, não existia nenhum departamento nacional de correspondência fotográfica.[45]

Isso era verdade: não havia nenhuma repartição pública com esse nome. Sem embargo, a partir de 1933, quando abriu filial em Berlim, a Presse Hoffmann, na Kochstraße, 10, ele passou a ostentar em sua correspondência, obviamente de moto-próprio, o título de "correspondente fotográfico nacional do NSDAP (membro da Federação das Agências de Imprensa e de Notícias do Reich)". Em Munique, além da Photohaus, agora possuía a loja Der braune Photoladen, na Barer Straße, 10, assim como a editora Verlag Nationalsozialistischer Bilder [Editora de imagens nazistas], na Theresienstraße, 74.[46] Seus livros ilustrados de títulos como *Hitler in seinen Bergen* [Hitler em suas montanhas] (1935), *Hitler, wie ihn keiner kennt* [o Hitler que ninguém conhece] (1936), *Hitler abseits vom Alltag* [Hitler longe do cotidiano] (1937) ou *Hitler erobert das deutsche Herz* [Hitler conquista o coração alemão] (1938), todos com tiragens colossais, conferiram-lhe uma função importantíssima na propaganda do Führer. Com seus instantâneos de insider, foi ele quem forjou a imagem do Führer "privado" e construiu o símbolo de Hitler como o Pai da Pátria já nos seus primeiros anos de Chancelaria, sugerindo uma afinidade entre o Führer e os "companheiros" alemães que não existia. O fato de ele não ocupar cargo oficial nem fazer carreira no partido, mas permanecer fiel e diretamente ligado a Hitler, constituiu, por assim dizer, o caráter inusitado de seu campo de atuação. Retrospectivamente, sob a pressão das autoridades da desnazificação, nada mais natural que asseverar que sua relação com Hitler tinha um "caráter puramente privado". Do mesmo modo, a desculpa de Hoffmann de que seus "empregados" também "adotavam ocasionalmente" o título de "correspondente nacional" só se pode compreender no contexto do julgamento do tribunal civil de Munique em janeiro de 1947, que o incluiu no grupo dos principais culpados, condenou-o a dez anos de trabalhos forçados e lhe confiscou os bens.[47]

Os motivos que, no pós-guerra, levaram Hoffmann a obliterar seu papel político no sistema nazista também podem tê-lo induzido a guardar para si o conhecimento sobre a vida privada de Hitler. Pois o relacionamento do chefe do NSDAP com Eva Braun, iniciado na loja de equipamento fotográfico de Hoffmann, também foi objeto do processo do tribunal em 1947, que o acusou de ter usado a posição de sua jovem empregada para "adquirir poder político". Assim, não era de esperar que Hoffmann esclarecesse para a posteridade a obscura relação de Hitler com Eva Braun. Pelo contrário, convinha-lhe convencer o tribunal de seu desconhecimento do assunto. Ele falou só em uma "amizade nada romântica" e nada revelou sobre a natureza das relações que ele mantinha com Eva Braun e sua família.[48]

Portanto, não se pode senão especular se Hoffmann, como tanto se afirmou ulteriormente, foi em última análise responsável pelo início da ligação de Eva Braun com Hitler. Igualmente incerta era sua relação pessoal, assim como a de sua segunda esposa, Erna, com a namorada do amigo proeminente, a qual, embora não existisse oficialmente, tinha um papel especial na vida de Hitler. Em todo caso, o fato de Gretl, a irmã caçula de Braun, também ter sido empregada de Hoffmann sugere certa preocupação com a segurança financeira das duas mulheres. Como mostram as fotografias do segundo casamento de Gretl em 1950, a ligação não se rompeu totalmente mesmo depois da guerra.[49] Nas memórias de Hoffmann, publicadas em 1955, o relato dos fatos em torno a Eva Braun permanece curiosamente superficial. É possível que isso se deva muito a que o processo de desnazificação contra Hoffmann só foi definitivamente encerrado pouco antes de seu falecimento em 16 de dezembro de 1957. Portanto, convém ler suas memórias como a tentativa de um cúmplice de se eximir de toda culpa.[50]

2. MUNIQUE DEPOIS DA PRIMEIRA GUERRA MUNDIAL

Quando Eva Braun conheceu Hitler em Munique, no outono de 1929, a capital bávara já se encontrava sob o firme controle do NSDAP. Desde a refundação do partido em 1925, sua militância mais que triplicara. Agora o NSDAP da Baviera já não era apenas um entre muitos movimentos nacionalistas; em quatro anos, havia eliminado todas as organizações rivais. Participara das eleições estaduais em todo o Reich, angariando seus primeiros sucessos. Mas, embora Hitler, o presidente e agitador mais bem-sucedido do partido, já fosse nacionalmente conhecido e, em 16 de novembro de 1928, tivesse discursado para um público de 16 mil pessoas no Sportpalast de Berlim, seu reduto continuava sendo Munique. Havia anos que era uma atração em sua cidade predileta. Toda semana, milhares de pessoas lotavam cervejarias como a Hofbräuhaus para ouvi-lo. Ademais, com o quarto congresso do partido em Nuremberg, entre 1º e 4 de agosto de 1929, ele havia logrado encenar pela primeira vez um verdadeiro espetáculo de propaganda, ao qual em breve se seguiriam outros.[1]

Uma cidade entre extremos

Mas por que os nacional-socialistas tinham tanto sucesso justamente na Baviera? O que transformou a região, após a derrota da Alemanha na Primeira Guerra Mundial, em solo fértil para um nacionalismo exacerbado, assim como para ideias antidemocráticas e antissemitas? Uma explicação plausível é o modo como se operou, na fase final do conflito, a iminente e drástica alteração do sistema político no reino da Baviera. Como se sabe, a revolução alemã de 1918 ocorreu em primeiro lugar na capital bávara. Lá foi mais radical e durou mais tempo que em qualquer outra parte do Império alemão. Antes mesmo do fim das operações de combate, em 7 de novembro, quatro dias antes que se estabelecesse oficialmente o armistício em um vagão de trem nas proximidades da cidade de Compiègne, no norte da França, o desgaste da guerra, a miséria social e o radicalismo político que os acompanhava liquidaram rapidamente a secular monarquia bávara dos Wittelsbacher. O rei Luís III fugiu de Munique após uma grande manifestação de massa liderada por Kurt Eisner, um jornalista judeu e socialista radical — dois dias antes da deposição do kaiser Guilherme II, em Berlim, e da abolição da monarquia em todo o Reich. Para e extrema direita da Baviera, foi aí que nasceu a chamada *Dolchstoßlegende*.* Poucos anos depois, a fabulação segundo a qual os alemães teriam perdido a guerra devido à "traição" dos judeus e comunistas do próprio país seria explorada com sucesso pela propaganda nacional-socialista contra o "bolchevismo judeu".[2]

Seguiu-se um governo provisório revolucionário chefiado por Eisner, então presidente do Conselho dos Trabalhadores, Soldados e Camponeses, que tomou posse com a palavra de ordem "Viva a paz! Abaixo a dinastia!" e proclamou o "Estado Livre da

* *Dolchstoßlegende* [lenda da punhalada], teoria da conspiração criada pelo alto comando militar alemão, que atribuía à social-democracia a culpa da derrota do Reich na Primeira Guerra Mundial. Segundo ela, longe de ter sido vencido no campo de batalha, o Exército alemão teria sido apunhalado pelas costas por civis impatrióticos na própria Alemanha. (N. T.)

Baviera", assim como a "República Democrática e Social da Baviera". Não obstante, depois de remover, nas palavras de Eisner, "essa escória que são os reis Wittelsbacher", o novo governo mostrou-se completamente inepto.[3] Os planos de reforma agrária de inspiração soviética mostraram-se incapazes de solucionar os problemas econômicos e sociais da região. Além disso, Eisner, que sonhava com uma "comunidade do espírito" e se julgava o representante de uma nova Alemanha pacifista, era um perfeito fracasso como político. Seus camaradas revolucionários, segundo Hagen Schulze, "todos literatos, músicos, impostores e inclusive psicopatas", não ofereciam panorama melhor.[4] O governo de esquerda radical de Eisner opunha-se diametralmente à população quase toda conservadora, principalmente a do campo. Mas a maioria dos representantes da burguesia urbana também abominava seu regime. Thomas Mann, por exemplo, constatou que Munique, bem como toda a Baviera, estava sendo governada por "literatos judeus", traficantes, especuladores e "judeuzinhos", e indagou por quanto tempo "aquilo ainda seria tolerado".[5]

De fato, desde o começo, Eisner — que, aliás, não era natural da Baviera — foi alvo de exaltados ataques antissemitas. Recebia cartas infamantes e ameaçadoras, e eram muitos os que exortavam a seu assassinato. Essa campanha chegou ao fim no dia 21 de fevereiro de 1919, quando Eisner, após a eleição da Assembleia Nacional bávara e pouco antes de apresentar sua renúncia, foi morto a tiros em plena rua pelo conde Anton von Arco-Valley, um estudante e ex-oficial. Na ausência de uma ordem pública digna desse nome, o atentado trouxe consigo o fantasma da anarquia. "Eles não o entendiam", assim explicou a escritora Ricarda Huch o estado de espírito de seus conterrâneos bávaros,

> e Eisner não os entendia. Como podiam entendê-lo? Nele não havia uma só gota da hospitalidade, da rudeza, do desleixo e da sim-

> plicidade bávara; ele era um moralista abstrato, podia escrever boas críticas teatrais e, sem dúvida, compunha poemas ruins. Mas a crítica e a teoria não fazem nem o governante nem o artista; é preciso ter talento.[6]

Sucederam-se duas repúblicas comunistas que precipitaram Munique definitivamente no caos político. A primeira, liderada por Ernst Niekisch, o presidente da Central da República Soviética Bávara em Munique, dissolveu o Landtag [parlamento estadual], depôs o primeiro-ministro social-democrata [o sucessor legal de Eisner] e, fiel ao ideal soviético, rompeu "relações diplomáticas" com o Reich; no entanto, na história da Baviera, constitui um episódio de apenas uma semana. Sua sucessora, a segunda república comunista, dirigida pelo Komunistiche Partei Deutschlands [Partido Comunista da Alemanha] (KPD) de Munique e apoiada pela União Soviética, não durou mais que catorze dias. No entanto, a violência que as acompanhou marcaria durante anos o clima político, com sangrentas batalhas entre os revolucionários comunistas e seus adversários. Assim, no dia 3 de maio de 1919, durante a repressão da chamada "Ditadura do Exército Vermelho" pelas tropas do Exército do Reich e as federações de corpos de voluntários para isso criadas, mais de seiscentas pessoas perderam a vida nos combates de rua em Munique. As principais figuras da República Soviética acabaram assassinadas pelos corpos de voluntários ou foram condenadas a pesadíssimas penas por alta traição, como ocorreu com os escritores Ernst Toller e Erich Mühsam. Milhares de militantes espartaquistas* foram en-

* A Liga Espartaquista (*Spartakusbund*), também chamada Liga Spartacus, foi um movimento de esquerda, marxista e revolucionário, organizado na Alemanha durante e imediatamente após a Primeira Guerra Mundial. Seu nome faz alusão a Spartacus, líder da maior rebelião escrava da Roma Antiga. Foi fundada em 1915 por Karl Liebknecht, Rosa Luxemburgo, Clara Zetkin, entre outros. (N. E.)

carcerados. Depois disso, a metrópole bávara transformou-se no baluarte de um anticomunismo extraordinariamente exaltado e de um antissemitismo radical.[7]

O dia a dia e o ambiente político

A vida cotidiana em Munique foi muito afetada nos primeiros dias da revolução e no período do "reinado do terror" que se seguiu ao assassinato de Eisner. Boa parte do comércio fechou, pois o abastecimento de víveres não funcionava ou as lojas eram saqueadas. O tráfego de bondes foi paralisado, as atividades do correio restringidas. Impôs-se o toque de recolher durante algum tempo, as conversas telefônicas particulares foram proibidas, a correspondência era censurada. À parte isso, durante os confrontos entre as tropas governamentais e o segundo governo soviético, Munique ficou totalmente excluída do fornecimento de gêneros alimentícios provenientes de fora da cidade. O sistema de pagamento entrou em colapso.

As avaliações dos fatos variavam muito — conforme a posição política, a idade, a profissão, o sexo e a classe social.[8] No dia 17 de maio de 1919, por exemplo, Thomas Mann registrou em seu diário: "Por ora, há escassez de alimento. Terei de almoçar no hotel. A casinha está fria, de modo que receio o resfriado, especialmente nos dentes. Mas os meus dois pequenos cômodos são muito aconchegantes e tranquilos; o perfeito sossego".[9] Em compensação, para amplos segmentos da população, a fome, a desordem, a luta armada na rua e o assassinato constituíram, ante o pano de fundo da derrota na Primeira Guerra Mundial, uma experiência traumática que gerou um solo fértil para o surgimento de numerosos agrupamentos nacionalistas. Nesse aspecto, pouca coisa mudou com a paulatina estabilização da situação econômica verificada na Alemanha a partir de 1924.

Todavia, não se pode falar em um desenvolvimento inevitável rumo ao posterior domínio nazista. Afinal, a irrupção política do NSDAP só ocorreu com o início da crise econômica mundial de 1929-30.[10] Mas o antissemitismo já existente, propagado até mesmo por jornais de renome como o *Münchner Neuesten Nachrichten*, contava com uma base sólida na metrópole bávara desde as tropelias das repúblicas comunistas, cujos protagonistas em muitos casos eram de origem judaica.[11] Klaus Mann, cuja vida cotidiana de grande burguês foi "muito pouco" afetada, recordava que, na juventude, ele achava a Munique pós-revolucionária "a cidade mais boba, enfadonha e provinciana do mundo", especialmente "nos círculos liberais" e dispunha de uma "imprensa ruim":

> Munique era considerada o bastião da reação, o centro das correntes e intrigas antidemocráticas. O editor de um semanário de esquerda berlinense apresentava as notícias da capital bávara sob o título "Do hostil país estrangeiro". Os locais, por sua vez, estavam convencidos de que Berlim era governada por um bando de agiotas judeus e agitadores bolchevistas.[12]

De fato, a partir de 1920, o então governo direitista bávaro do primeiro-ministro Gustav Ritter von Kahr, que seguia um rumo contrário à República de Weimar, possibilitou à extrema direita inimiga da República aumentar consideravelmente sua esfera de influência. Tanto que Von Kahr, ex-funcionário real e monarquista, agora membro do Bayerische Volkspartei (BVP), via em Hitler não um adversário político, e sim um aliado no combate ao comunismo. E a chamada "Defesa Bávara do Império", surgida a partir dos corpos de voluntários em luta contra a república comunista, também tinha orientação nacionalista e preparou a base do desenvolvimento de um forte poder antidemocrático e autoritário na Baviera. Sem esse ambiente político especial e sem o incentivo e o apoio financeiro de segmentos nacionalistas influentes da sociedade de Munique, a ascensão de Hitler não teria sido possível.

O movimento nacional-socialista

Não se pode subestimar a importância das tradicionais cervejarias de Munique no recrutamento de um grande número de adeptos do NSDAP. Grande parte da vida partidária decorria nas tabernas da cidade. Mas isso nada tinha de novo. Na Alemanha, os restaurantes e bares eram tradicionais locais de reunião política. Nesse aspecto, nada havia mudado desde a época das guerras camponesas do início do século XVI, mas principalmente desde a revolução burguesa de 1848, com seus "republicanos de taberna". Em Munique, esses estabelecimentos também eram um componente central da cultura política. De modo que não foi por acaso que o NSDAP nasceu em uma mesa de frequentadores assíduos de uma das inúmeras cervejarias da cidade. Seu antecessor, o DAP, tinha sido fundado em 5 de janeiro de 1919 no Fürstenfelder Hof. Oito meses mais tarde, no dia 12 de setembro, Hitler se acercou a esse grupinho de extrema direita cujo primeiro escritório seria inaugurado, um mês depois, em um salão anexo à cervejaria Sterneckerbräu, que também servia de ponto de encontro semanal. Hitler anunciou o primeiro programa do NSDAP na famosa Hofbräuhaus, com seus 3500 lugares, na qual os comunistas haviam proclamado a segunda República Soviética Muniquense em 13 de abril de 1919.

Já na virada do século, aquele estabelecimento do centro da cidade antiga, originalmente fundado para fornecer cerveja de fermentação especial à corte real, despertava o interesse de clientes do mundo todo. O jornalista e comentarista de turismo francês Jules Huret escreveu que era preciso ir à Hofbräuhaus para entrar em contato "com os verdadeiros bebedores de cerveja":

> Um terrível cheiro de cerveja e fumo inunda os salões. Às pesadas mesas de carvalho, centenas de bebedores sentam-se lado a lado em bancos rústicos, fumando charuto ou um comprido cachimbo. Trata-se de gente do povo, operários, peões, taxistas, lado a lado com funcionários públicos de todas as idades, empregados, comerciantes, pequenos burgueses [...].

Reinava um tom "sumamente livre, por vezes turbulento até", "a desinibição e a naturalidade" não deixavam "nada a desejar".[13] Com essa descrição do público da Hofbräuhaus, Huret caracterizou, dez anos antes da fundação do NSDAP, a estrutura social do partido — composta por todas as camadas da população. Entre as metas declaradas do Programa de 25 Pontos, que Hitler anunciou a cerca de 2 mil espectadores no Hofbräuhaus, em 24 de fevereiro de 1920, figuravam a união de todos os alemães em uma "Grande Alemanha", o cancelamento dos tratados de paz de Versalhes e de Saint Germain, a reivindicação de "terra e chão" para o povo alemão, assim como a determinação de que nenhum judeu pudesse ser cidadão e de que todos os "não alemães" imigrados depois de 2 de agosto de 1914 — o dia da mobilização do exército alemão — fossem obrigados a deixar o Reich.[14] Com esse programa, o NSDAP procurava, em megaeventos, distinguir-se dos outros agrupamentos nacionalistas, como a Deutschvölkische Schutz- und Trutz-Bund [Associação Nacionalista Alemã de Proteção e Defesa], fundada em Bamberg em fevereiro de 1919 e que era de longe a mais forte organização desse tipo, operando em todo o Reich. No fim de 1919, contava 25 mil adeptos, ao passo que o NSDAP, no fim de 1920, ainda não superara meros 2350 militantes. O requisito para ingressar na Trutz-Bund, assim como no NSDAP, era comprovar origem ariana. O emblema dos dois agrupamentos de extrema direita era o mesmo: a cruz gamada.[15]

Mas já em 1920, Hitler mostrou-se um ótimo propagandista de seu até então insignificante partido. Apresentava-se várias vezes por mês, muito mais que qualquer outro correligionário, geralmente nas cervejarias ou no Zirkus Krone de Munique, mas também em Rosenheim, Stuttgart e na Áustria, e, flanqueado pelo seu agressivo grupo paramilitar, a SA, lotava inclusive os salões mais espaçosos. Na verdade, seus discursos tinham um alto "valor de entretenimento". Não obstante, para a ascensão do NSDAP, era necessário mais do que a retórica fascinante de Hitler e seu poder sobre a alma das massas naquele ambiente esfumarado de tabaco. Era necessária uma grave atmosfera de crise, assim como fomentadores e patrocinadores provenientes da nata da sociedade.[16]

No começo da década de 1920, o escritor nacionalista Dietrich Eckart, um socialite boêmio que vivera em Berlim antes da Primeira Guerra Mundial, facilitou o contato — que renderia frutos sociais e econômicos — de Hitler com o fabricante de pianos berlinense Edwin Bechstein e sua esposa Helene. Ambos residiam tanto na capital do Reich quanto em Munique e, inicialmente, além de serem os mais importantes financiadores do NSDAP, franquearam a Hitler outras influentes ligações, por exemplo, com a família do compositor Richard Wagner, em Bayreuth.[17] Ernst Hanfstaengl também se empenhou desde 1922 em favorecer Hitler. Encantado com sua "aura incomum" e "aparência singular", tornou-se um companheiro indispensável nas relações internacionais. Entre os admiradores financeiramente poderosos na metrópole bávara figurava ainda o casal de editores Hugo e Elsa Bruckmann. Ricos e politicamente influentes, ambos contribuíram muito e em diversos aspectos para o reconhecimento social de Hitler.[18]

À parte isso, em 1923, com o auge da inflação na Alemanha, o NSDAP alcançou sua popularidade máxima até então. O número de afiliados chegou a ultrapassar os 50 mil.[19] Mas com o fracassado putsch de Hitler — a chamada Revolução Nacional contra o "governo judeu de Berlim", aventura que custou a vida de catorze golpistas e quatro policiais —, em 9 de novembro de 1923, em Munique, o movimento ascendente chegou ao fim. O NSDAP foi proibido, e Hitler e vários de seus companheiros acabaram na prisão ou foram obrigados a fugir. Os nazistas pareciam liquidados. Coisa que a refundação do partido na Bürgerbräukeller, em 27 de fevereiro de 1925, pouco conseguiria alterar. Os problemas financeiros, as querelas internas, bem como o moroso recrutamento de novos militantes, davam em todo o Reich a impressão de declínio do movimento nacional-socialista. Mas a situação mudou abruptamente em 1929. O início da crise econômica mundial, a penúria e o aumento do desemprego colocaram a democracia parlamentar alemã em uma situação cada vez mais difícil e impulsionaram o NSDAP a uma nova expansão no país. Contudo, o centro do partido continuou em Munique. Hitler, o "dervixe uivante", como o chamou Carl Zuckmayer, estava à beira da escalada política quando, no outono de 1929, conheceu Eva Braun no ateliê fotográfico de seu amigo Hoffmann: a mulher com a qual ele morreria em Berlim dezessete anos depois.[20]

3. A FAMÍLIA BRAUN

Eva Braun, batizada Eva Anna Paula Braun, era a segunda das três filhas de um professor de escola profissionalizante de Munique. Quando ela nasceu, em 6 de fevereiro de 1912, um período conturbado aguardava a Alemanha e o mundo. Os Bálcãs, com seus Estados multiétnicos, eram um barril de pólvora prestes a explodir. No dia 28 de junho de 1914, o atentado em Sarajevo que matou o príncipe herdeiro do trono austríaco, o arquiduque Francisco Ferdinando, e sua mulher desencadeou a Primeira Guerra Mundial. O Reich alemão sairia perdedor no conflito, e ainda teria de amargar pesadas indenizações, nos termos do Tratado de Versalhes, de 1919. Também no âmbito privado, a atmosfera na família Braun estava carregada de tensão: em 1919, depois de onze anos casados, os pais, Friedrich e Franziska Braun, mergulharam em uma crise conjugal que terminou em divórcio no dia 3 de abril de 1921. Não se sabe o porquê desse desfecho. Possivelmente, como acontecia com muitos casais, os anos de separação física em virtude do recrutamento de Friedrich levaram ao distanciamento. Em 1914, ele se alistara voluntariamente e, tendo sido enviado primeiro à Sérvia, acabou prestando serviço em um hospital militar de Würzburg no fim de abril de 1919. Nesse ínterim, Franziska Braun, filha de um veterinário e, até se casar, costureira em uma empresa têxtil de Munique, passou a maior parte do tempo sozinha com as três meninas. Quando do divórcio, obteve da Justiça a guarda das filhas que então tinham treze, nove e seis anos. Mas a separação durou pouco. Um ano depois, em 16 de novembro de 1922, Friedrich e Franziska se reconciliaram.[1]

Normalidade burguesa

É bem provável que motivos financeiros tenham contribuído para que a família Braun voltasse a se unir. Afinal, desde o fim da guerra, a fome grassava no Reich. A inflação descontrolada chegou ao seu primeiro pico em agosto de 1922, quando a taxa de câmbio do dólar subiu a 860 marcos. Ao mesmo tempo que uma enxurrada de estrangeiros lá desembarcava a fim de comprar a preço baixo, para a população alemã era cada vez mais difícil pagar os gêneros de primeira necessidade com seu dinheiro desvalorizado.[2] Isso resultava em greves, manifestações contra a fome e agitação entre os desempregados. É bem verdade que Friedrich

Braun, sendo professor, não foi afetado pelo desemprego. Contudo, na época da hiperinflação de 1922-3, quando meio quilo de manteiga custava 13 mil marcos, o salário dos empregados do serviço público, assim como o dos profissionais liberais, artesãos e pequenos empresários, sofreu uma depreciação enorme. Em tais circunstâncias — declínio da renda e inflação —, não havia quem pudesse manter duas casas.[3]

Só a implementação da reforma monetária de novembro de 1923 propiciou algum desafogo à situação econômica. Com ela, o chanceler do Reich Gustav Stresemann, no poder havia apenas três meses, conseguiu estabilizar a moeda e iniciar conversas para renegociar as reparações de guerra. Desde 28 de junho de 1919, data da assinatura do tratado de paz de Versalhes, elaborado pelas potências vencedoras, a controvérsia entre a Alemanha e os Aliados acerca do valor e do modo de pagamento não fazia senão se intensificar. Mas, graças à habilidade de negociador de Stresemann — sobretudo perante a França —, chegou-se a um novo e menos severo programa de financiamento para o Reich em 16 de agosto de 1924, em Londres, com a ajuda decisiva de banqueiros norte-americanos. O Plano Dawes — que levava o nome do advogado e banqueiro norte-americano Charles G. Dawes, cuja participação foi fundamental em sua formulação — buscava fortalecer a economia alemã a fim de incentivar a reconstrução da Europa. Mediante um empréstimo de 800 milhões de marcos e o concurso de investidores privados, nos anos subsequentes muito dinheiro fluiu dos Estados Unidos para a Alemanha, fato que possibilitou enfim a tão esperada recuperação econômica. Iniciavam-se os chamados "Anos Dourados de 1920" da República de Weimar, durante os quais a indústria de exportação, principalmente, viveu um grande boom, embora a taxa de desemprego permanecesse elevada e a dívida pública não cessasse de crescer.[4]

Para os Braun, esse desenvolvimento significou uma melhora substancial na situação financeira. Em 1925, eles se mudaram para um espaçoso apartamento com empregada na Hohenzollernstraße, 93, em Schwabing, o bairro artístico e boêmio de Munique. No ano seguinte, a família teve condições de comprar carro: um BMW 3/15, pago com o dinheiro de uma herança.[5] Tudo indica que, depois da amarga experiência do período inflacionário, eles acharam melhor aplicar seus ativos em bens. No entanto, apesar da vida material despreocupada, o casal não era dos mais felizes. Assim se referiu Herta Ostermayr à situação familiar de Eva Braun, a sua melhor amiga, que chamou ainda de "pouco satisfatória" a vida conjugal dos Braun. Por esse motivo, acrescentou Ostermayr, Eva passou "quase toda a juventude na casa dos meus pais" e, mesmo nas férias, preferia ficar "comigo na propriedade rural de uns parentes meus". A ligação de Eva com os pais da colega de escola teria se tornado tão íntima que ela os chamava de "papai e mamãe".[6] Herta Ostermayr, que ao se casar em 1936 passou a se chamar Schneider, conhecia Eva Braun desde o curso primário e era sua única amiga íntima. Ela e os filhos foram assíduos frequentadores do Berghof até o fim do regime nazista.

As afirmações dessa amiga têm importância porque contradizem as da família Braun. Principalmente as de Franziska Braun, que fez questão de frisar para o jornalista Nerin E. Gun que sua filha tinha sido criada em uma família perfeita. E garantiu que não havia "uma só mácula" em seu casamento, "nem mesmo uma briguinha".[7] Considerando-se que o casal chegou a se divorciar oficialmente, tal declaração é evidentemente falsa. Franziska Braun, que, como todos os membros da família, a partir de 1945, foi obrigada a justificar publicamente sua relação pessoal com Hitler, construiu retrospectivamente um idílio privado que na realidade nunca existiu.

A família Braun (da esq. para a dir.): Ilse, Friedrich, Franziska, Gretl e Eva Braun (1942)

Em todo caso, em meados da década de 1920, Friedrich Braun teve condições de proporcionar à família um nível de vida de classe média. Isso se estendeu à educação das filhas. Ao concluir o curso primário (1918-22), Eva Braun se matriculou em um ginásio da Tengstraße, próximo ao apartamento dos pais. Em 1928, passou um ano no tradicional instituto católico Marienhöhe, em Simbach am Inn, junto à fronteira com a Áustria. Uma gravura de Merian, realizada por volta de 1700, mostra a vista de Simbach de uma velha ponte de madeira em Braunau, vilarejo onde, no dia 20 de abril de 1889, nasceria Adolf Hitler. Poucos anos antes, o instituto de Simbach abrira uma escola de economia doméstica. A instituição, dirigida pela ordem Institutum Beatae Mariae Virginis, submetida aos exercícios e estatutos de Inácio de Loyola, existia desde 1864. Fundada pela freira inglesa Mary Ward (1585-1645) — uma das mulheres mais importantes do século

XVII — e por isso conhecida na Alemanha como Instituto das Damas Inglesas, essa ordem é até hoje considerada como precursora da educação feminina moderna.[8] Lá Eva Braun aprendeu contabilidade e datilografia, além de economia doméstica. Assim, foi preparada para uma futura vida profissional — trajetória que, na época, nada tinha de natural para uma moça da classe média. Em 22 de julho de 1929, quando retornou de Simbach para Munique, Eva Braun, agora com dezessete anos, voltou a morar com os pais. Meses depois, em setembro de 1929, encontrou vaga de aprendiz em um anúncio de jornal: o fotógrafo Heinrich Hoffmann estava procurando empregados para seu ateliê.[9]

A acompanhante permanente: Margarete Braun

Eva Braun não foi a única na família a trabalhar para Hoffmann. Três anos depois, no começo de abril de 1932, seguiu-a a irmã caçula Margarete Berta, apelidada Gretl, que assumiu a função de auxiliar de escritório na editora do fotógrafo. Aos dezesseis anos, já havia deixado o colégio feminino das franciscanas de Medingen, na cercania de Willingen an der Donau, passando a orbitar na esfera do NSDAP.[10] É bem provável que tenha sido recomendada por Eva Braun, que na época já tinha relacionamento íntimo com Hitler. Além disso, Hoffmann precisava de empregados, pois sua empresa, em 1931 declarada pelo próprio proprietário "Setor de propaganda fotográfica nacional-socialista Hoffmann", expandiu suas atividades para o NSDAP no início do ano crítico de 1932.[11]

Aproximavam-se eleições importantes, como a do presidente do Reich em 10 de abril e a do Reichstag [parlamento] em julho. Ademais, reinava o desemprego em massa. Quase 6 milhões de alemães estavam sem trabalho. Em tais circunstâncias, o NSDAP podia contar com um aumento enorme dos votos e tratou de acionar sua máquina de propaganda a todo vapor. Assim, no dia 1º de abril de 1932, pouco antes de contratar Gretl Braun, Hoffmann, na qualidade de fotógrafo do partido de Hitler, foi encarregado da "cobertura fotográfica da campanha eleitoral para presidente do Reich".[12] Nessa ocasião, sua editora publicou, pela primeira vez, livros ilustrados nazistas em grande estilo, e, na metade de 1932, Hoffmann também assumiu o escritório de ilustração de um fotógrafo jornalístico de Berlim para finalmente estar presente no centro dos acontecimentos políticos.[13] No entanto, não deixa de ser curioso o fato de as duas irmãs Braun, que agora gravitavam na órbita privada de Hitler, trabalharem para Hoffmann. Não se sabe se a contratação de Gretl Braun foi uma "cortesia" do fotógrafo para Eva Braun, com a qual prestou um favor indireto ao Führer. São incertas as circunstâncias exatas de suas relações particulares e profissionais com Gretl Braun. O próprio Hoffmann omitiu até o fim da vida sua convivência familiar com as irmãs Braun.[14]

Em todo caso, Eva e Gretl permaneceram inseparáveis nos anos subsequentes. Em 1935, as duas saíram juntas da casa dos pais e se mudaram primeiro para um apartamento em Munique e, poucos meses depois, para uma casa comprada por Hoffmann por ordem de Hitler. À parte isso, Gretl Braun fazia companhia à irmã em suas temporadas de semanas no Obersalzberg e também nas viagens internacionais, como, por exemplo, à Itália.[15] No mais tardar em 1936, passou a integrar o círculo íntimo do Berghof em torno de Hitler. Entretanto, raramente é mencionada na memorialística. Apenas as secretárias Christa Schroeder e Traudl Junge observaram, posteriormente, que o líder nazista às vezes tentava casar a irmã de sua namorada. Quanto a isso, Junge, que só esteve no Berghof em março de 1943, recordou que Gretl Braun se apaixonou por Fritz Darges, tenente-coronel da ss e ajudante de ordens do Führer. Mas o rapaz considerou "um tanto perigosa a falta de privacidade" que um relacionamento com aquela moça pessoalmente tão próxima de Hitler poderia gerar.[16]

Se o papel de Eva Braun e sua importância para Hitler causaram controvérsia no pós-guerra, o perfil de sua irmã continua obscuro até hoje. Como ela transitava no Berghof? Que relação mantinha com Hitler e Eva? O certo é que Gretl Braun só saiu da sombra da irmã mais velha em 1944. Ao que parece, adaptava-se às necessidades de Eva — agia nos bastidores como sua comensal, uma hóspede ou uma dama de companhia. Coisa que só mudou com seu casamento, no dia 3 de junho de 1944, o que lhe conferiu o cobiçado status de esposa: Gretl Braun casou-se com Hermann Fegelein, o oficial de ligação de Heinrich Himmler no quartel-general do Führer e — segundo Albert Speer — uma das "figuras mais repulsivas do círculo de Hitler".[17] Instigada desde cedo pela irmã, ela se amoldou a um ambiente político que a aprisionou até o amargo fim, o que só piorou com o casamento com Fegelein.

A irmã afastada

Ilse Braun, em compensação, sempre se manteve apartada — pelo menos fisicamente — da vida das irmãs. Foi a primeira a sair da casa dos pais em 1929 e, segundo ela própria informou, passou anos morando no consultório do patrão em Munique, o otorrinolaringologista Martin Marx.[18] Ele era catorze anos mais velho que a empregada e, tal como ela, nascera em Munique; havia se doutorado na Universidade Ludwig Maximilian em 1922 e, desde então, exercia a medicina na capital bávara.[19] Ilse Braun não explicou o que a levou a residir no consultório do patrão. Não respondeu quando lhe perguntaram se ela tinha um relacionamento com o médico ou se ele apenas lhe fizera o favor de pôr um cômodo à sua disposição. Por certo, as condições de vida de Ilse Braun, frontalmente opostas às expectativas morais da época, permitem presumir que a convivência familiar na casa dos Braun continuasse sendo problemática. Além disso, o fato de Ilse trabalhar no consultório de um, como ela mesma disse, médico "judeu", por certo há de ter levado a tensões com sua irmã Eva, que, na mesma época, não só trabalhava para Hoffmann — e, portanto, para o NSDAP — como tinha contato pessoal com Hitler. Em todo caso, depois da guerra, Ilse Braun relatou que a irmã lhe chamou a atenção "para o absurdo de nossas atividades tão opostas" e a exortou a romper as relações profissionais e pessoais com o médico.[20] É de supor que Eva Braun receasse que, se a ligação da irmã mais velha com o dr. Marx chegasse ao conhecimento dos nazistas, seu relacionamento cada vez mais íntimo com Hitler estaria arruinado.

Não obstante, Ilse Braun passou mais oito anos no papel de secretária do médico, do qual, como ela enfatizou durante um interrogatório em outubro de 1946, só se separou em 1937, a conselho dele, que já havia tomado providências para emigrar.[21] De fato, em todo o Reich, a discriminação e a exclusão dos médicos judeus — que, aliás, constituíam um quarto desses profissionais em Munique — desencadeou-se pouco depois que Hitler chegou ao poder. Na capital bávara, por força de um novo decreto de abril de 1933, 80% dos médicos ditos "não arianos" perderam a licença para exercer a profissão. Em Munique, governada pelo prefeito Karl Fiehler desde março de 1933, a "limpeza" da área médica, exigida pessoalmente por Hitler, foi levada a cabo com mais determinação que em qualquer outro lugar, pois Fiehler, um nazista convicto de primeira hora e antissemita radical, também impôs a demissão racista dos médicos das instituições, clínicas e universidades públicas.[22] O consultório particular do dr. Marx, no qual Ilse Braun trabalhava e morava, não foi atingido de imediato. Assim como muitos colegas seus, ele continuou trabalhando apesar do expurgo no setor público.

A situação em Munique só ficou crítica com a promulgação das Leis de Nuremberg em 15 de setembro de 1935, entre as quais constava a Lei de Proteção do Sangue e da Honra Alemães. Tanto o casamento quanto o intercurso extraconjugal de "judeus com cidadãos alemães ou de sangue congenérico" passaram a ser criminalmente perseguidos, bem como o emprego de mulheres "arianas" com menos de 45 anos de idade em domicílio "judaico".[23] A partir de então, a amizade de Ilse Braun com o patrão e, principalmente, o fato de ela habitar as dependências do consultório expunham ambos ao perigo de prisão por "comportamento racial infamante". A Gestapo se encarregava de fiscalizar, seguindo suspeitos e apurando boatos. Mesmo assim, Ilse Braun e Martin Marx não foram molestados até o fim de sua relação profissional e pessoal no início de 1937.

Entrementes, Eva Braun tornara-se uma constante na vida do dirigente nazista e, sempre que este ficava no Obersalzberg, fazia-lhe companhia em seu refúgio. Ela, que se dedicava inteiramente a Hitler e a sua existência, devia achar intolerável a situação domiciliar e profissional da irmã. Aliás, o desenvolvimento profissional posterior de Ilse sugere que foi Eva Braun quem enfim obteve sua demissão e, simultaneamente, ajudou-lhe a fazer uma notável mudança de local de trabalho e de cidade. No dia 15 de março de 1937, logo depois de se despedir do dr. Marx, Ilse Braun assumiu um novo emprego: secretária no escritório de Albert Speer, em Berlim.[24] Um mês e meio antes, em 30 de janeiro de 1937, mediante um assim chamado *Führererlaß* [Decreto do Führer], Hitler nomeara Speer inspetor-geral de obras da capital do Reich, incumbindo-o da transformação arquitetônica de Berlim na "Germânia, Capital do Mundo". Tido como confidente do líder nazista, o ambicioso arquiteto de 32 anos era um dos comensais mais assíduos no Berghof, de modo que conhecia Eva Braun. E não há de ter sido sem prazer que se prontificou a fazer um favor à namorada de seu líder, o que explica porque Ilse Braun foi uma das primeiras colaboradoras de Speer em sua nova repartição em Berlim, a subitamente requisitada Academia Prussiana de Arte, na Pariser Platz, 4.[25]

Quanto a Martin Marx, seu patrão de muitos anos, só saiu da Alemanha em janeiro do ano seguinte e, em 1938, emigrou para os Estados Unidos — que, desde 1936, era um importante destino dos médicos alemães. Como muitos profissionais da área com consultório estabelecido havia muitos anos, o dr. Marx demorou a tomar a decisão de se refugiar no estrangeiro. Depois da guerra, Ilse Braun declarou que havia "intercedido em seu favor", embora ela soubesse perfeitamente que "nem minha irmã e muito menos eu tínhamos influência suficiente para obter resultados". O mais plausível é que a quarta regulamentação da Lei dos Cidadãos Alemães de 25 de julho de 1938, que cassou o diploma de todos os médicos judeus da Alemanha, o tenha impelido a tomar a decisão. Oficialmente, o dr. Marx se exilou em 5 de abril de 1939, conforme a lista de expatriados publicada no *Deutschen Reichsanzeiger* meio ano depois, no dia 15 de novembro de 1939. O cancelamento de seu título de doutor pela Universidade Ludwig Maximilian ocorreu em 25 de outubro do mesmo ano.[26]

Ilse Braun se casou em Berlim ainda em outubro de 1937 e, depois de apenas seis meses, desistiu de trabalhar com Speer.[27] Nada se sabe de seu marido, um tal sr. Höchstetter. Eles se separaram três anos depois. Mas Ilse Braun continuou em Berlim. Desde o começo de 1939, sua irmã Eva possuía um pequeno apartamento na antiga Chancelaria do Reich e, ocasionalmente, ficava na capital do país. Em 1940, Ilse Braun concluiu um estágio na redação do suplemento cultural do *Deutsche Allgemeine Zeitung* (*DAZ*) e lá exerceu o cargo de editora até o verão de 1941.[28] O prestigioso, nacionalista e conservador *DAZ*, outrora propriedade do industrial do vale do Ruhr Hugo Stinnes e seus herdeiros, tinha sido transferido para o nazista *Deutsche Verlag*, no início de 1939. De modo que o *DAZ*, assim como a grande maioria dos jornais da capital do Reich, agora fazia parte do truste jornalístico nacional-socialista controlado por Max Amann, o poderoso presidente da Câmara Nacional da Imprensa e companheiro de Hitler desde os primórdios do NSDAP.[29]

Entretanto, é difícil compreender como e por intermédio de quem a ex-secretária de consultório médico Ilse Braun conseguiu vaga de aprendiz de jornalista no *DAZ* ao mesmo tempo que Elisabeth Noelle-Neumann, sete anos mais nova, que acabava de se doutorar com Emil Dovifat, o famoso professor de jornalismo da Universidade de Berlim. Noelle-Neumann, que depois da guerra granjeou renome ao fundar o Instituto de Pesquisa de Opinião de Allensbach, era altamente qualificada, fiel ao regime e provinha de uma riquíssima família da alta burguesia.[30] Nada disso se aplicava a Ilse Braun. Ao que tudo indica, porém, Ursula von Kardorff, redatora do suplemento cultural do *DAZ* de 1939 a 1945, já sabia quem era sua nova colaboradora e que sua irmã Eva Braun "frequentava o Berghof de Hitler". Pois Kardorff manteve contato com a "antiga aprendiz" mesmo depois da breve incursão de Ilse Braun no mundo jornalístico de Berlim, tanto que anotou em seu diário que ela não parecia ser "tão nazista assim". E Kardorff observou em 30 de julho de 1944, depois de uma visita a Ilse Braun, ocasião em que viu fotografias de suas irmãs Eva e Gretl com Hitler no Berghof: "Pensei cá comigo que essa relação, em todo caso, talvez venha a ser útil se a coisa ficar muito complicada".[31]

Depois de se casar pela segunda vez em 15 de junho de 1941, Ilse Braun deixou Berlim. Com o marido — um tal Fucke-Michels —, mudou-se para Breslau, onde foi editora do *Schlesische Zeitung* até 1943.[32] Um artigo publicado no *New York Times* de 12 de abril de 1998 dá uma pista de quem poderia ter sido seu marido; em uma alusão a uma conferência internacional sobre "Holocausto — Arte saqueada" realizada em Washington, o esquisito nome Fucke-Michels é citado. Segundo a matéria, em 1942, um "assessor cultural nazista" identificado como dr. Fucke-Michels notificou Hans Posse, o diretor das galerias de arte estatais de Dresden e comissário artístico de Hitler, que um valioso manuscrito medieval fora confiscado em 1938, pois havia o perigo de seu proprietário, que era judeu, sair do país.[33] Trata-se realmente do marido de Ilse Braun? Na memorialística dos integrantes do círculo do Berghof, a irmã mais velha de Eva Braun não é mencionada nem uma vez sequer; por conseguinte, não há referência a seu marido. Somente nos escritos fragmentários do historiador Percy Ernst Schramm, que durante a guerra se encarregou do diário do Alto Comando do Exército e, em 1945-6, no curso de seu trabalho para a divisão de história do Exército americano, presenciou o interrogatório dos médicos pessoais de Hitler, menciona-se que Ilse Braun teria sido casada com um "homem da propaganda" em Breslau.[34] Em todo caso, pelo menos diante do pano de fundo de sua atividade profissional em Berlim, pode-se duvidar da posterior alegação de Ilse Braun, segundo a qual ela não recebeu nenhum privilégio nem ajuda financeira da irmã Eva.[35] Sua fuga de Breslau para o Obersalzberg, no fim da guerra, também dá indícios de que ela não era assim tão distante da irmã.

4. COM HITLER A CAMINHO DO PODER

Os contatos de Eva Braun com Hitler se intensificaram a partir de 1931. Ele, porém, não perdia oportunidade de frisar, inclusive entre os seus correligionários, que vivia unicamente para a política e, por isso, renunciara à vida privada. Otto Wagener, o primeiro chefe do estado-maior da SA, que conviveu com seu líder de 1929 a 1933, recordou uma longa conversa durante a qual Hitler afirmou que não podia se casar: "Eu tenho outra noiva: a Alemanha! Sou casado: com o povo alemão, com seu destino! [...] Não, não posso casar, não estou autorizado".[1] No entanto, ele se encontrava frequentemente com Eva Braun, embora as circunstâncias exatas e os aspectos íntimos do relacionamento sejam desconhecidos.

Amante do Führer à distância

A esse respeito, Heinrich Hoffmann, que se encontrava quase diariamente com Eva Braun e amiúde com o presidente do NSDAP, observou que Hitler não deixava transparecer a existência de uma relação mais próxima: ou por falta de interesse pela moça, ou simplesmente porque ele "não queria falar nada". Na opinião do fotógrafo, Eva Braun foi amante de Hitler só "muitos anos depois".[2] Em compensação, a filha dele, Henriette von Schirach, afirmou em suas memórias que o "caso amoroso" de Braun com Hitler datava pelo menos do inverno de 1931-2.[3] Anni Winter, a empregada doméstica do líder nazista, que com o marido Georg e mais uma sublocatária, Marie Reichert, morava no apartamento da Prinzregentenplatz, 16, também disse que Eva Braun passou a ser amante de Hitler no começo de 1932.[4] Essa versão, primeiramente apresentada por Nerin E. Gun sem identificar a fonte, foi depois confirmada pelo historiador Werner Maser com base em uma informação pessoal de Anni Winter em 1969.[5]

Portanto, é plausível que o relacionamento íntimo tenha mesmo se iniciado em 1932, especialmente porque Erich Kempka, um dos motoristas de Hitler, também declarou no pós-guerra haver conhecido Eva Braun naquele ano, de modo que ela já devia gravitar em torno ao dirigente do NSDAP.[6] Referindo-se aos

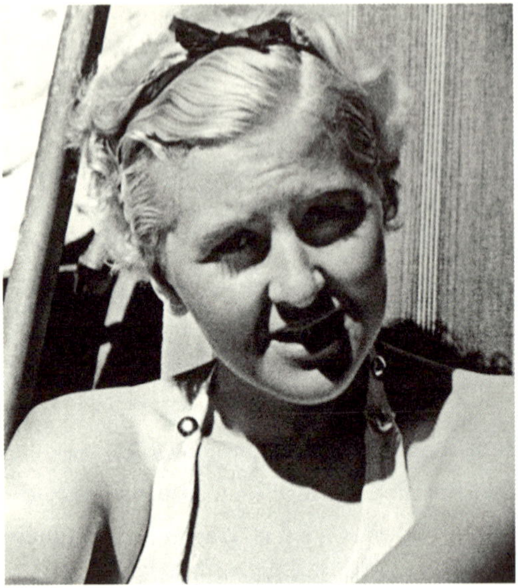

Eva Braun (s.d.)

Spandauer Tagebücher [diários de Spandau]* de Albert Speer, Anna Maria Sigmund afirmou igualmente que as relações sexuais entre Eva Braun e Hitler começaram nos primeiros meses de 1932, no apartamento dele.[7] Ocorre, porém, que Albert Speer não faz nenhuma alusão a isso nem nos diários de Spandau nem em suas memórias: compreensível, já que, em 1932, ele ainda não pertencia ao séquito mais próximo de Hitler, era arquiteto autônomo em Mannheim, havia ingressado no NSDAP e na SA no ano anterior e apenas começara a receber missões do partido.[8]

No apontamento datado de 15 de fevereiro de 1947, Speer recordou uma visita particular a Hitler onze anos antes, em Munique, onde este morava desde 1929 no bairro nobre de Bogenhausen, no segundo andar de um imponente prédio de esquina em

* Spandau é um distrito de Berlim onde se localiza a prisão homônima na qual ficaram detidos os criminosos de guerra condenados no Julgamento de Nuremberg. Speer ficou preso em Spandau de 1947 a 1966. (N. E.)

estilo art nouveau flamboyant, imóvel atualmente tombado.[9] Se lá Henriette von Schirach admirou principalmente os "quadros impressionantes" e qualificou o apartamento de "perfeito", com móveis "pesados, escuros e severos",[10] Speer, que durante a chancelaria de Hitler se alçou a seu principal arquiteto e responsável pelo planejamento urbano sob o comando de Rudolf Heß, ficou bem menos impressionado. Nos diários de Spandau, registrou:

> A mobília era de feição pequeno-burguesa. No quarto de solteiro, móveis de carvalho maciço ricamente entalhado, livros por trás de portas de vidro, fronhas bordadas com epígrafes delicadas ou vigorosas saudações partidárias. Num canto, um busto de Richard Wagner; nas paredes, idílicas pinturas da Escola de Munique guarnecidas com grossas molduras douradas. Nada denunciava que o proprietário daquele apartamento fosse o chanceler do Reich alemão havia três anos. Cheirava a óleo de fritura e a lixo azedo.[11]

Obviamente, a descrição desdenhosa de Speer exprime sua visão ulterior dessa época. Já Eva Braun, que lá se encontrava com Hitler, há de ter visto o apartamento com olhos tão deslumbrados quanto os de Henriette von Schirach, quase da mesma idade. Praticamente não havia outra possibilidade de eles ficarem a sós. Eva Braun continuava morando com os pais, como convinha às mulheres solteiras naquele tempo. Mas o próprio Hitler só passou a morar sozinho no outono de 1931. Angela Maria Raubal, "Geli", a filha de sua meia-irmã, fora morar com o tio na Prinzregentenplatz em 1929. Nascida em Linz em 4 de julho de 1908, mudara-se de Viena para Munique dois anos antes; tendo abandonado o curso de medicina na Universidade Ludwig Maximilian, foi obrigada — por Hitler — a pôr fim a um affaire com seu motorista Emile Maurice.[12] No dia 18 de setembro de 1931, quando ela se suicidou com um tiro no pulmão, surgiram imediatamen-

Hitler com a sobrinha Geli Raubal (Julho de 1930)

te boatos acerca da relação do líder nazista com a sobrinha de 23 anos.[13] Incesto e ciúme teriam sido as possíveis causas do suicídio. Também se aventaram hipóteses de homicídio. Afinal de contas, a arma usada pertencia a Hitler: uma pistola modelo Walther, calibre 6,35 mm. Mas a polícia excluiu a participação de terceiros.[14] Por sua vez, Hitler e Joseph Goebbels — o gauleiter de Berlim, editor do jornal de propaganda nazista *Der Angriff* e diretor nacional de propaganda do NSDAP —, já de olho nas eleições parlamentares regionais de abril de 1932, trataram de usar o suicídio da moça para esconder cada vez mais o homem Hitler atrás do personagem artificial e mistificado do Führer abnegado.

Assim, apenas seis dias depois da morte da sobrinha, Hitler declarou em uma reunião do NSDAP em Hamburgo: "O que mais me dói e mais trabalho me dá é aquilo que eu mais amo: o nosso povo".[15] E, no registro datado de 27 de outubro de 1931 em seu diário endereçado à posteridade, Goebbels assim se referiu a um diálogo com Hitler: "Então ele me fala em Geli, a quem tanto amava. Ela era a sua 'boa camarada'. Brotam-lhe lágrimas. [...] Esse homem, no zênite do sucesso, sem nenhuma felicidade pessoal, comprometido unicamente com a felicidade dos amigos. O bondoso Hitler!". Poucas semanas depois, em 22 de novembro, Goebbels apontou que o "chefe" havia lhe falado "nas mulheres que ele muito ama" e "na única que não podia encontrar".[16] Com efeito, Hitler propalava entre os correligionários que agora já não tinha nenhum "vínculo com o mundo" e pertencia "exclusivamente ao povo alemão". E insistia em seu antigo credo no celibato, tão necessário à "tarefa" política que o aguardava e ao "movimento" nacional-socialista. Antes disso, já havia sublinhado que só lhe restava "abrir mão" da felicidade pessoal, pois todos os seus sentidos e todo o seu empenho pertenciam ao escravizado e desprezado povo alemão.[17]

Ora, qual a relação da morte da sobrinha de Hitler com sua decisão de permanecer solteiro? Suas alegações nesse sentido não davam margem a especulações sobre o tipo de relação que o ligava a Geli Raubal? Na verdade, a exaltação patética e exagerada do papel exercido pela moça em sua vida, bem como as extravagantes declarações que fez acerca do casamento como "religião", permitem concluir que agora ele estava mais empenhado que nunca em disfarçar sua situação pessoal, da qual tanto se falava, para dar a ela uma nova interpretação política. E o estratagema surtiu efeito entre seus seguidores. Otto Wagener, por exemplo, que na qualidade de chefe do setor econômico da direção nacional do NSDAP integrou durante três anos a equipe pessoal do Führer, ao ouvir essas aparentes confidências, acreditou estar diante apenas "do ser humano Adolf Hitler".[18] E, muitos anos depois, Heinrich Hoffmann continuava afirmando que a morte da sobrinha modificara "totalmente o caráter" do dirigente nazista, que "um pedaço da humanidade de Hitler" morrera com ela. Seu trabalho passou a ter "um único objetivo único": "A conquista do poder!".[19]

Foi assim que Hitler e Goebbels criaram, no interior do partido e para o público em geral, um mito de solidão e isolamento, visando a tornar o líder nazista pessoalmente inatacável e emprestar mais verossimilhança a sua imagem de "redentor" do povo alemão. E isso vinha muito a calhar. No fim de 1931, o NSDAP estava em plena ascensão. Em dez anos, aquele agrupamento extremista restrito à Baviera havia se convertido em uma força política importantíssima que, desde sua vitória espetacular nas eleições do Reichstag de 14 de setembro de 1930, tinha um papel cada vez mais relevante no cenário nacional. Em outubro de 1931, ao lado do DNVP, uma parcela do Deutsche Volkspartei [Partido dos Trabalhadores Alemães] (DVP) e dos *Stahlhelm*,* o NSDAP — ainda atrás do Sozialdemokratische Partei Deutschlands [Partido Social-Democrata] (SPD), mas já o segundo partido mais forte do Reichstag — formou a chamada "Frente Nacional" contra o Estado de Weimar. Ademais, em 10 de outubro, Hitler e seu assessor político Hermann Göring foram recebidos pela primeira vez no gabinete de Paul von Hindenburg, o presidente do Reich.[20] Com isso, Hitler, que na época nem cidadania alemã tinha, chegou aos píncaros da glória em termos de publicidade.[21]

Fazia mais de um ano que o marechal de campo Von Hindenburg, um celebrado herói de guerra de 84 anos, pusera a condução dos negócios de Estado nas mãos de um assim denominado "gabinete presidencial" — que prescindia da aprovação do Parlamento, tantas vezes castigado desde o início da crise econô-

* *Stahlhelm* (Bund der Frontsoldaten) — Capacete de aço (Liga dos soldados do front): organização paramilitar de veteranos da Primeira Guerra Mundial que servia de braço armado do DNVP. (N. T.)

mica mundial de 1929 e da recessão na Alemanha. A Constituição de Weimar lhe garantia amplos poderes ditatoriais "para restaurar a segurança e a ordem públicas", com os quais ele não chegou a resolver os problemas do país, mas, no primeiro momento, impediu o colapso do Estado.[22] Enquanto a democracia vacilava e o número de desempregados subia de 4,84 milhões em novembro de 1931 para 6,12 milhões em fevereiro de 1932, o NSDAP mobilizava eleitores de todas as camadas sociais. Ganhou as eleições para o Landtag* da província de Hesse no dia 15 de novembro de 1931 e, no início de 1932, apresentou a candidatura de seu líder máximo ao cargo de presidente do Reich contra Hindenburg.

Embora Hitler, com 36,8% dos votos contra a maioria absoluta de 53% de Hindenburg tenha sido obrigado a se dar por vencido na segunda votação, em 10 de abril de 1932, o "jogo de xadrez pelo poder" estava apenas começando, como bem formulara Goebbels no início do ano.[23] Ainda restavam as eleições do Landtag na Prússia, na Baviera, em Württemberg e em Anhalt, assim como as da Câmara regional de Hamburgo. Por último, em 30 de maio de 1932, ao impor a renúncia do chanceler Heinrich Brüning, nomeado dois anos antes por Hindenburg, a direita política abriu caminho para a dissolução do Reichstag e a convocação de novas eleições em 31 de julho.[24] Assim, até o fim desse mês, Hitler percorreu incansavelmente o país no papel de orador com seu entourage, do qual faziam parte, em composição variada, Julius Schaub, Julius Schreck, Wilhelm Brückner, Hermann Esser, Sepp Dietrich, Max Amann, Otto Dietrich e, naturalmente, Heinrich Hoffmann. Tal como na campanha eleitoral pela presidência do Reich, ele empreendeu novos e espetaculares voos pela Alemanha que o levavam de um lugar a outro em uma

* Landtag: o parlamento provincial, equivalente a uma assembleia legislativa. (N. T.)

verdadeira maratona, coisa que reforçou a imagem do Führer onipotente e salvador.[25]

Enquanto isso, o NSDAP, tendo à frente Goebbels e proclamando a palavra de ordem "Mais perto do povo", preparava comícios e manifestações, mandava produzir filmes de propaganda e discos com o "Apelo à Nação" de seu presidente.[26] Nesse meio-tempo, a Direção Nacional de Propaganda foi transferida de Munique para Berlim e se instalou na Hedemannstraße, próxima à estação Anhalter, no atual distrito de Friedrichshain-Kreuzberg. Lá, em 9 de julho de 1932, Goebbels discursou em um comício do NSDAP no Lustgarten, enquanto Hitler, no mesmo dia, comemorava em Berchtesgaden um assim chamado "Grande Dia Alemão".[27] O Ateliê Hoffmann também trabalhava a todo vapor. Cada evento da campanha eleitoral era fotografado e avaliado, depois as publicações do partido se encarregavam de divulgar o material selecionado. Em 1932, apareceu o primeiro de uma série de livros ilustrados editados por Hoffmann, os quais promoviam o "culto do Führer", a mistificação de Hitler como "redentor" e a glorificação do "seu" movimento.[28]

Por trabalhar no laboratório fotográfico, Eva Braun tinha a oportunidade de acompanhar de perto o progresso da campanha eleitoral e as intervenções públicas de seu amante secreto através do material de propaganda maciçamente produzido por Hoffmann e ainda não submetido à censura. Mas, para a relação propriamente, quase não havia tempo. Mesmo depois da eleição do sexto Reichstag, que transformou o NSDAP na maior força política da Alemanha, com 37,4% dos votos e 230 cadeiras no Parlamento, Hitler não se permitiu mais que uns poucos dias de descanso em Munique e Berchtesgaden. Acompanhado de Goebbels, que sempre lhe dava conselhos, viajou ao Tegernsee, visitou a ópera de Munique e depois se recolheu na casinha de veraneio "Wachenfeld", por ele alugada em 1928 e cuja administração estava a cargo de sua meia-irmã Angela Raubal, a mãe da falecida Geli. Lá reuniu os membros da direção do NSDAP — Goebbels, Göring, Strasser, Frick — para juntos determinarem as exigências a serem impostas caso chegassem a assumir o governo.[29] Não se sabe quando nem como se encontrava com Eva Braun, se é que isso acontecia. Mas Otto Wagener, que, como ele mesmo disse, acompanhou Hitler "na maior parte de suas frequentes viagens", relatou em suas memórias que, durante a campanha eleitoral de 1932, Hoffmann geralmente levava a pequena assistente de laboratório Eva Braun, "que, à noite, Hitler gostava muito de ter à mesa para espairecer".[30]

O certo é que, com a vitória eleitoral, o líder nazista e seus correligionários queriam tomar o caminho mais rápido para o poder e buscavam febrilmente um meio de fazê-lo. Afinal, Hitler ainda não havia atingido a meta de ser nomeado chanceler do Reich. Em 6 de agosto de 1932, fracassaram as negociações secretas com Kurt von Schleicher, o tão inescrutável quanto influente ministro da Defesa do gabinete nacionalista-conservador do premiê Franz von Papen, ocasião em que Hitler exigiu a chefia do governo, assim como seis ministérios-chave, entre os quais o do Interior, o da Economia e o da Fazenda.[31] Mais que qualquer um, Hindenburg repeliu, com veemência, as pretensões do presidente do NSDAP. Coisa que não se alterou na reunião de 13 de agosto de 1932 no gabinete do presidente do Reich, na Wilhelmstraße, 73, o antigo Ministério da Casa Real, quando Hitler rejeitou a proposta de assumir a vice-chancelaria.[32]

Abnegação ou cálculo?

Nessa fase politicamente decisiva, Hitler não tinha tempo para encontros regulares com a namorada de Munique. Em todo caso, permanecia cada vez mais tempo em Berlim, onde, desde fevereiro de 1931, ocupava uma suíte no lendário hotel Kaiserhof, na Wilhelmplatz, 4, a antiga Ziethenplatz, em frente à Chancelaria do Reich. Aquele que tinha sido o primeiro hotel de luxo da cidade, inaugurado em 1875, servira, três anos depois, de palco ao Congresso de Berlim, presidido pelo chanceler Otto von Bismarck. Desde o início dos anos 1920, os administradores do hotel simpatizavam com as correntes nacionalistas de direita contrárias ao Estado de Weimar que grassavam no país, de modo que não era por acaso que o hotel agora servia de sede provisória do NSDAP.[33]

Apesar da frequente ausência de Hitler, afirmar que desde o começo ele mantivera uma "relação despretensiosa e limitada no tempo" com Eva é tão difícil de provar quanto o contrário.[34] Em compensação, está muito bem documentado o fato de a moça de vinte anos haver tentado se suicidar com a arma do pai em 1932. Depois da guerra, tanto testemunhas contemporâneas próximas de Hitler quanto membros da família Braun narraram esse acontecimento. As versões divergem quanto ao momento e ao desenrolar do incidente. Em suas memórias do pós-guerra, Hoffmann escreveu que, certa "manhã do verão" de 1932, Eva Braun não se apresentou no trabalho, e, ao meio-dia, o cunhado dele, o médico Wilhelm Plate, o informou da tentativa de suicídio. A própria Eva Braun teria telefonado para Plate de madrugada, pois fora "dominada pelo medo" depois de dar o tiro.[35] Hoffmann não esclareceu como a jovem conseguira fazer isso, já que vivia com os pais na Hohenzollernstraße, 93, que na época não tinham telefone. Tampouco ficou explicado por que, ferida e apavorada, ela chamara justamente o cunhado de seu patrão. Não era mais provável que pedisse socorro diretamente a Hoffmann, que então se encarregaria de solicitar o auxílio do cunhado e médico da família? Outra incongruência nessa versão é a afirmação de que Hoffmann só teria avisado Hitler do acontecimento dramático à tarde, quando este apareceu casualmente na loja fotográfica.[36] Portanto, o relato é pouco fidedigno e não faz senão denotar a intenção do fotógrafo de mascarar a posteriori seu papel na relação entre Eva Braun e o chefe nazista.

Bem mais aceitável, além de mais preciso cronologicamente, é o relato do genro de Hoffmann, Baldur von Schirach, ainda que ele só possa ter sabido da ocorrência por intermédio do sogro ou do dr. Plate. Nas suas palavras, essa primeira tentativa de suicídio de Eva Braun ocorreu na madrugada do dia 10 para o dia 11 de agosto de 1932. Na manhã de 11 de agosto — pouco antes de uma planejada viagem a Berlim —, Hitler recebeu no Obersalzberg uma carta de despedida de Eva e cancelou a viagem imediatamente. Na noite do mesmo dia, esteve com o dr. Plate no apartamento de Hoffmann e soube do ocorrido. A seguir, manifestou ao fotógrafo a vontade de cuidar da "pobre menina". Só no dia seguinte — sexta-feira, 12 de agosto —, foi que viajou a Berlim.[37]

Esses dados coincidem com as declarações de Goebbels datadas de 11 e 12 de agosto de 1932, segundo as quais Hitler se achava no Obersalzberg na manhã de 11 de agosto e, ao meio-dia, viajou com ele a Prien, à beira do Chiemsee, para uma reunião. Quando Goebbels embarcou no trem noturno para Berlim, Hitler ficou em Munique. "O Führer", anotou Goebbels, "seguirá de automóvel." Só às dez horas da noite de 12 de agosto Hitler e Goebbels se reencontraram em Caputh para discutir a iminente reunião do dirigente do NSDAP com o presidente Hindenburg.[38]

Uma terceira versão muito diferente é a de Nerin E. Gun, baseada em um relato de Ilse Braun, que situa a tentativa de suicídio da irmã na madrugada do dia 1º para o dia 2 de novembro de 1932. Conforme Nerin, nessa noite, em que os pais estavam viajando, Ilse encontrou inesperadamente a irmã Eva jogada na cama do casal, toda ensanguentada e sozinha no apartamento sem calefação. Apesar de ferida, Eva Braun estava consciente e avisou pessoalmente o médico, que providenciou para que a levassem ao hospital. "A bala ficou alojada perto da carótida", disse Ilse Braun, segundo o relato literal de Gun. "O médico a extraiu facilmente. Minha irmã havia usado a pistola 6,35 mm de meu pai, que ficava guardada na gaveta do criado-mudo."[39] Esse relato não esclarece de onde Eva Braun teria telefonado para avisar o médico. Também a época — os primeiros dias de novembro —, difere consideravelmente da que foi fornecida por Hoffmann e Schirach. Não obstante, o fato pode ter ocorrido, como mostra um exame mais detido da agenda de Hitler.

Naquele período, o líder nazista estava fazendo exaustivas viagens de campanha e, entre 11 de outubro e 5 de novembro de 1932, empreendeu seu quarto "voo pela Alemanha". Longe de resolver o problema da ingovernabilidade da República de Weimar, as eleições de julho de 1932 serviram principalmente para enfraquecer as forças democráticas no Parlamento, tanto que, já em 12 de setembro, na segunda sessão do recém-eleito Reichstag, o primeiro-ministro Von Papen, nomeado por Hindenburg, fracassou retumbantemente. Um voto de desconfiança requerido pelo KPD e endossado pelo NSDAP e por todos os grandes partidos derrubou o governo. Consequentemente, o Reichstag foi dissolvido pela segunda vez em um ano; marcaram-se novas eleições para 6 de novembro. Para os nacional-socialistas e seu Führer, tratava-se de mobilizar ainda mais as massas para que das eleições finalmente saísse um vencedor absoluto.[40]

Na noite de 1º de novembro de 1932, depois de haver discursado em Pirmasens e Karlsruhe durante o dia, Hitler voltou de avião a Berlim, onde, na noite seguinte, ia falar em um grande comício no Sportpalast.[41] Deve ter sabido do incidente em Munique ainda na madrugada do dia 2 de novembro, pois deixou a capital no começo da manhã desse mesmo dia.[42] Goebbels, que estivera em um comício em Schönebeck, ao sul de Magdeburg, até uma hora dessa mesma madrugada, e chegou a Berlim por volta das quatro horas, comentou pouco depois em seu diário: "A Berlim [...] chegada às quatro da manhã. Hitler acaba de partir".[43] Conforme o relato de Gun, na manhã de 2 de novembro, Hitler foi a Munique de carro, acompanhado de Hoffmann e de um assessor, para visitar Eva Braun no hospital. Hoffmann teria ido com ele. Lá, na presença do médico de plantão, o líder nazista teria manifestado dúvidas quanto à seriedade da intenção de suicídio da moça. No entanto, quando lhe explicaram que Eva Braun havia "apontado para o coração", ele observou diante de Hoffmann que "precisava cuidar dela dali por diante", uma coisa dessas não podia "voltar a acontecer".[44]

Embora as circunstâncias exatas do ocorrido continuem obscuras, as testemunhas contemporâneas e os historiadores concordam quanto ao motivo da tentativa de suicídio: Eva Braun estava se sentido abandonada e, portanto, agiu de maneira calculada para chamar a atenção de Hitler e prendê-lo com mais firmeza.[45] E foi deliberadamente que chamou o dr. Plate, cunhado de Hoffmann, e não o dr. Max, amigo de sua irmã, pois queria assegurar que o líder do NSDAP fosse prontamente avisado pelo fotógrafo.[46] O fato é que, apenas um ano depois do suicídio da sobrinha Geli Raubal e em plena campanha pela Chancelaria do Reich, cujo sucesso em muito dependia da "expectativa no Führer" e do "culto do Führer", slogans fabricados pela propaganda e totalmente centrados na figura do líder, Hitler não podia se permitir um novo escândalo que tornasse a expor sua vida pessoal à discussão pública. Era preciso pôr ordem em uma relação que, ao que tudo indica, ele tinha avaliado mal. Assim, a partir daquele momento, sua relação frouxa com Eva Braun transformou-se em uma ligação firme. Hitler explicou a Heinrich Hoffmann, segundo seu relato depois da guerra, que "o incidente havia lhe mostrado que a moça o amava realmente", e ele "tinha a obrigação moral de cuidar dela".[47] Em compensação, no tocante aos seus próprios sentimentos, o Führer preferiu calar.

Não obstante, apenas uns poucos iniciados sabiam da relação de Hitler com a moça de vinte anos. Dizia-se que o próprio Hitler a mantinha cercada por um "muro de silêncio". Os dois nunca apareciam juntos em público. Depois de 1933, a imprensa publicou uma única vez em doze anos uma fotografia em que Hitler e Eva Braun apareciam juntos. Trata-se de uma foto tirada em fevereiro de 1936, em um evento durante os Jogos Olímpicos de Inverno em Garmisch-Partenkirchen: Eva Braun está sentada na segunda fila, atrás do ditador.[48] Todavia, nada nessa imagem sugere um vínculo pessoal entre eles. Oficialmente, Eva Braun, na função de sua secretária particular, integrava o pessoal do Berghof.[49] Só pouco antes do fim da guerra o público alemão soube que Hitler morava com uma mulher e que, inclusive, havia se casado com ela. Na época, muita gente considerou essa notícia um mero boato.[50]

No entanto, ele não conseguia ocultar seu relacionamento com Eva Braun das pessoas próximas a ele: os companheiros do partido e as respectivas esposas, os assessores e empregados. De modo que, alguns meses depois da tentativa de suicídio, na noite de domingo, 1º de janeiro de 1933, ela o acompanhou, com o casal Rufolf e Ilse Heß, Heinrich Hoffmann e a noiva Erna Gröbke, assim como o ajudante de ordens Wilhelm Brückner e a namorada Sofie Stork, a uma apresentação na Ópera Real de Munique. Hans Knappertsbusch, o diretor musical da Ópera da Baviera, dirigiu *Die Meistersinger von Nürnberg* [Os mestres cantores de Nuremberg] de Richard Wagner.[51] A montagem dessa ópera, que estreara justamente naquele teatro em 1868, foi uma espécie de prelúdio, no primeiro dia de 1933, das comemorações previstas em todo o país no ano do quinquagésimo aniversário da morte de Richard Wagner, em 13 de fevereiro.

Simultaneamente, a poucas quadras da Max-Joseph-Platz e do drama musical nacionalista sobre a vida e as atividades dos trovadores pré-modernos, Erika Mann, de 27 anos, estreava seu cabaré político-literário *Die Pfeffermühle* [O moedor de pimenta] no Bonbonniere, um palco meio improvisado da Hofbräuhaus.[52] Entre os nacionalistas de Munique, Erika Mann, que nessa noite satirizava os "novos tempos" com muita graça e enorme sucesso, era tão detestada quanto seu pai Thomas Mann. Aliás, foi justamente Hans Knappertsbusch, um ilustre representante da vida intelectual de Munique, que três meses depois lançou contra o escritor o "Protesto de Munique, a cidade de Richard Wagner", publicado no *Münchner Neuesten Nachrichten*. A causa foi o suposto "insulto" ao compositor, por parte de Mann, na palestra "Sofrimento e grandeza de Richard Wagner", ministrada na universidade em meio às homenagens a Wagner, afronta considerada intolerável por Knappertsbusch e os mais de quarenta signatários do abaixo-assinado.[53]

Hitler também tinha grande admiração por Wagner e sua música, e entre os primeiros patronos que o financiaram figuravam certos wagnerianos da alta burguesia, como o editor de Munique Hugo Bruckmann e a esposa Elsa ou o fabricante de pianos berlinense Edwin Bechstein e a esposa Helene. Nesse meio, circulava igualmente o filho do editor Hanfstaengl, Ernst, em cujo apartamento na Pienzenauer Straße, nas imediações do Herzogpark, Hitler e seus acompanhantes terminaram a noite wagneriana daquele 1º de janeiro.[54] Nessa ocasião, Eva Braun foi recebida pela primeira vez na residência de Hanfstaengl, que, como este depois escreveu retrospectivamente, ficara impressionado quando a conhecera na loja fotográfica de Hoffmann: "Era uma moça loira de aparência agradável, cheia de vida, de olhos azuis e dona de um charme modesto, quase tímido". Naquela noite, Hitler estava "descontraído", além de "bem-humorado e falante, como no começo

Hitler e Eva Braun no centro da fotografia de grupo de Ano-Novo (Depois de 1932)

dos anos 1920" e declarou: "Este é o nosso ano. Isso eu escrevo e assino embaixo".[55]

No entanto, a harmonia privada naquele início de 1933 contrastava fortemente com a situação política precária após a eleição de novembro. Com participação menor que no verão, o NSDAP perdera 2 milhões de votos e, com eles, 34 de seus 230 mandatos no Reichstag. Mesmo assim, os nacional-socialistas, com o KPD, que ganhara votos, representavam mais de 50% das cadeiras do Parlamento, de modo que continuava sendo impossível constituir maioria governamental sem a participação dos partidos radicais. Em 17 de novembro, quando o chanceler Franz von Papen renunciou devido ao fracasso de seu plano de dissolução do Reichstag e seu ministro Kurt von Schleicher assumiu o poder — nomeado por Hindenburg em 3 de dezembro —, desencadeou-se uma crise na direção no NSDAP.[56] Gregor Strasser, diretor nacional da organização, líder da ala esquerda do partido e, havia anos, o único adversário interno sério de Hitler, disposto a formar uma coligação, começou a negociar com Schleicher a participação dos nazistas no governo em uma aliança de direita,[57] atitude diametralmente oposta à do intransigente presidente do NSDAP, que aspirava ao poder absoluto. Mas, com tal orientação, Strasser não tinha condições de prevalecer sobre Hitler nem no interior do partido. Por isso, no dia 8 de dezembro, renunciou a todas as suas funções no NSDAP, ao passo que Hitler, recordou depois da guerra o outrora poderoso gauleiter de Schleswig-Holstein Hinrich Lohse, "na mais dura prova do movimento" mostrou que "ele era o mestre; e Strasser, o aprendiz".[58]

Nas semanas subsequentes, Hitler não só destroçou o poder de Strasser no NSDAP como, em 15 de dezembro de 1932, em um "Memorando sobre os motivos internos para aumentar a capacidade ofensiva do movimento", voltou a firmar o aspecto organizativo de seu domínio baseado na lealdade pessoal. Eis o que disse:

> O alicerce da organização política é a lealdade. Nela se manifesta a mais nobre expressão da necessidade da obediência como prerrequisito da construção de toda e qualquer comunidade humana [...]. Não se pode substituir a lealdade na obediência por nenhum tipo de medida e procedimento técnico formal.[59]

Ou seja, Hitler exigia lealdade incondicional dos membros do partido, principalmente dos gauleitern, que constituíam a base. Para ele, qualquer desvio do dogma da fidelidade significava a perda da legitimidade de sua liderança e, portanto, não podia ser tolerado. A verdade é que buscava aquilo que Max Weber certa vez definiu tipologicamente como "poder carismático". Tal sistema de domínio só admite a existência ideal-típica do líder e do liderado, sendo que "o líder há de ser obedecido pessoalmente e por conta de suas qualidades [...] pessoais" enquanto for capaz de comprovar seu "caráter de líder", seu "carisma", sua "virtude heroica". A competência, o preparo ou os privilégios têm um papel tão insignificante quanto a consideração por vínculos tradicionais.[60] O próprio Hitler falava na necessidade de "apóstolos fanáticos" para disseminar a ideologia nacional-socialista.[61]

Pois bem, que impacto teve sobre a relação com Eva Braun esse vínculo líder-liderado existente pelo menos entre Hitler e seu entorno mais íntimo — Hoffmann, Heß e Goebbels, por exemplo, depois também Speer e Bormann? Afinal, na visão dos "liderados", seu ídolo, idealizado como sobre-humano pela propaganda, não estava virtualmente proibido de se mostrar imperfeito a ponto de manifestar necessidades humanas? E acaso Eva Braun estava sujeita aos mesmos imperativos morais de confiabilidade e submissão que Hitler designava como a pedra angular de toda e qualquer (!) comunidade humana? Se a definição de Max Weber for aceita, o "líder carismático" não distingue vínculos privados de profissionais, já que seu poder se baseia exclusivamente em "relações sociais-pessoais".[62] Diante desse quadro, é possível que, aos olhos de Hitler, Eva Braun, com a tentativa de suicídio, tenha demonstrado ao máximo a lealdade e a adoração, assim como a enorme abnegação, que ele esperava de seus adeptos. De fato, em janeiro de 1933, ficou claro que, apesar da grande distância física, Eva Braun passara a ter uma importância enorme na vida de Hitler.

Entrementes, Hitler conferenciou várias vezes, em Colônia e Berlim, com o intrigante Franz von Papen, o adversário do recém-nomeado chanceler Kurt von Schleicher. Ciente de tais contatos, o presidente Hindenburg os aprovou, ao passo que Schleicher quando muito suspeitava das traiçoeiras manobras para derrubá-lo.[63] Simultaneamente, em 15 de janeiro de 1933, a vitória do NSDAP nas eleições do Landtag do Estado livre de Lippe-Detmold, superestimada pela propaganda, deu vantagens táticas a Hitler. Mas foi a obstinada intermediação do empresário Joachim von

Ribbentrop, em cuja mansão em Dahlem Hitler teve encontros com Von Papen e, na noite de 22 de janeiro, com Oskar von Hindenburg, filho e assessor do presidente do Reich, assim como a renúncia do governo Von Schleicher em 28 de janeiro e o grande empenho de Von Papen em prol de um gabinete Hitler, o que causou a inflexão na questão do chanceler.[64] Quando conservadores como o ministro de Relações Exteriores Konstantin Freiherr von Neurath, o ministro da Fazenda Lutz Graf Schwerin von Krosigk, o ministro do Correio e dos Transportes Paul Freiherr von Eltz-Rübenach e o presidente do DNVP Alfred Hugenberg se dispuseram a colaborar com um governo dirigido por Hitler, Hindenburg, em 30 de janeiro de 1933, o nomeou chanceler do Reich.[65]

Hitler atingira seu objetivo. Logo depois de prestar juramento, cercado de uma multidão exultante, percorreu de carro os poucos metros que separavam a Chancelaria do hotel Kaiserhof.[66] Aguardavam-no diversos adeptos, entre os quais Göring, Goebbels, Heß, Hanfstaengl e Hoffmann. Juntos festejaram o ingresso no centro do poder do Reich. "A Wilhelmstraße nos pertence", registrou o satisfeitíssimo Goebbels em suas anotações que, um ano depois, foram publicadas com o título *Vom Kaiserhof zur Reichskanzlei* [Do Kaiserhof para a Chancelaria do Reich].[67] Heß escreveu à esposa Ilse que não lhe restava senão "morder a língua", pois acabava de presenciar a "realização" daquilo que ele havia considerado "impossível até o último instante".[68] O fato é que o recém-nomeado gabinete de Hitler se reuniu pela primeira vez às cinco da tarde. E o novo chanceler ficou nas dependências da sede do governo até altas horas da noite. Por volta das oito e meia, assomou à janela e acenou para os partidários que — mobilizados às pressas por Goebbels —, saíram com tochas em desfile, do qual participaram milhares de berlinenses, desde a Großer Stern, no Tiergarten, até a Wilhelmstraße, passando pelo portão de Brandemburgo.[69] Embora os contemporâneos não chegassem a ver uma ruptura na inesperada transmissão do poder para o presidente do NSDAP, os dirigentes nacional-socialistas criaram imediatamente a lenda do "despertar da nação" e mesmo a do início de uma "revolução alemã", passando a se comportar como arrivistas combativos. Inebriados com o sucesso, só saíram da Chancelaria do Reich nas primeiras horas da manhã de 31 de janeiro.[70]

Hindenburg, que desde outubro de 1932 ocupava provisoriamente a residência oficial da Chancelaria, ficou à janela até depois da meia-noite, saudando a multidão que passava. Inicialmente, reuniram-se com Hitler o vice-chanceler Franz von Papen, o novo ministro do Interior Wilhelm Frick, o ministro sem pasta e chefe do ministério do Interior prussiano Hermann Göring, assim como Joseph Goebbels, Rudolf Heß, o responsável pela seção jurídica do NSDAP Hans Frank, Heinrich Hoffmann, além de outros correligionários. De madrugada, o novo governante recolheu-se em uma sala contígua ao salão de festa e recepção da Chancelaria e ainda passou horas monologando entre os companheiros.[71] Antes disso, em virtude da mudança de governo, recebeu inúmeros telefonemas e telegramas de todo o país e do exterior, o que fez a linha telefônica ficar temporariamente congestionada. No entanto, consta que naquela noite Hitler tentou entrar em contato com Eva Braun em Munique.[72]

Acontece que, na época, ela ainda não tinha telefone. No início dos anos 1930, esse aparelho era um artigo de luxo que, em um período de crise econômica, poucas famílias tinham condições de adquirir. As longas conversas telefônicas ainda eram incomuns; via de regra, transmitiam-se apenas breves mensagens ou pedidos de socorro em caso de emergência. Mas em Berlim, metrópole de 4 milhões de habitantes, já havia 400 mil aparelhos instalados. Aliás, o correio começava a distribuir um folheto publicitário intitulado "O telefone é indispensável também para você".[73] Mas, para falar com Eva Braun, Hitler precisava telefonar para a loja de seu amigo Hoffmann. De modo que ela deve ter passado a noite no escritório, dormindo em um banco, à espera da chamada do amante.[74] Depois da tomada do poder, só quando foi apresentado a Herta Ostermayr, a melhor amiga de Eva, Hitler passou a ligar — como aquela recordou posteriormente — "sempre de Berlim" para a casa dos pais dela, "pois os Braun não tinham telefone".[75] Mas essa situação não durou muito. Na lista telefônica de 1º de maio de 1934, Eva Braun já figurava como assinante na Hohenzollernstraße, 93. Embora esse fosse o endereço de seus pais, a assinante era ela.[76] Isso mostra que o aparelho fora instalado exclusivamente para que pudesse telefonar comodamente para Hitler.

Mas, no dia 30 de janeiro de 1933, isso ainda era impossível. Segundo afirma Nerin E. Gun, naquela tarde, quem deu a notícia de Berlim à família Braun foi uma freira que estava pedindo doações de porta em porta. Inicialmente, Eva Braun se alegrou muito e, nos dias subsequentes, na Photohaus Hoffmann, reuniu fotografias das passeatas nazistas, conquanto seu pai e sua irmã Ilse se manifestassem contrários à mudança de governo. Ainda conforme Gun, Franziska e Ilse Braun, que, depois da morte do pai em 22 de janeiro de 1964 passaram a morar juntas na casa da família, dias depois da primeira fase de euforia, Eva Braun ficou muito pensativa, pois receava ter ainda menos contato com Hitler do que antes.[77]

MUNDOS OPOSTOS

1. A MULHER NO NACIONAL-SOCIALISMO

A imagem oficial da mulher, tal como divulgava a propaganda, dava a impressão de um projeto de vida uniforme. Em inúmeros panfletos, livros didáticos, ensaios e discursos, construía-se um mundo feminino totalmente restrito ao âmbito doméstico e social. Eis o que declarou Hitler perante a Liga das Mulheres Nacional-Socialistas, no congresso do partido em Nuremberg no dia 8 de setembro de 1934: "Quando se diz que o mundo do homem é o Estado, que o mundo do homem é sua luta, a dedicação ao coletivo, talvez também se possa dizer que o mundo da mulher é o marido, a família, os filhos e o lar".[1] Mais adiante, referiu-se à "natureza", a "Deus" e ao "destino" reservado a "esse mundo especialíssimo" que, em um quadro muito delimitado, dela fizera a "ajudante do homem", assim como sua "mais fiel amiga" e "irmã de armas".[2]

Na mesma ocasião, a "líder nacional das mulheres" Gertrud Scholtz-Klink, de apenas 32 anos, que, pouco depois, se encarregou de promover a unificação das associações de mulheres e a organização do trabalho voluntário feminino, exortou suas companheiras de gênero a participarem do povo e da história através da "maternidade". Mas, ato contínuo, fez um apelo às mulheres empregadas na indústria ou na agricultura ao declarar: "Abram caminho para todas as outras mulheres e não perguntem o que o nacional-socialismo pode fazer por nós; antes perguntem, e perguntem repetidamente, o que nós estamos dispostas a fazer pelo nacional-socialismo".[3] Evidentemente, a "líder nacional das mulheres" — ao contrário de Hitler — estava empenhada em integrar as mulheres profissionalmente ativas à comunidade nacional tanto quanto as donas de casa, e não em excluí-las.[4]

Ideologia e realidade

Efetivamente, a imagem traçada por Hitler e a propaganda nazista da vida das mulheres e moças na Alemanha pouco tinha a ver com a realidade. Em 1932, na pior fase da depressão econômica, havia mais mulheres que homens trabalhando em tempo integral.[5] E mesmo depois de 1933, o número de mulheres em atividade na indústria subiu continuamente, passando de 1,2 milhão para 1,84 milhão em 1938.[6] Portanto, à parte "o culto da maternidade", a vida real das mulheres no Terceiro Reich era significativamente mais complexa do que geralmente se supõe.

No entanto, a partir de 1933 elas foram excluídas de numerosas atividades. Hitler, pessoalmente, proibiu-lhes o exercício da profissão de juízas ou promotoras públicas na Alemanha. Além disso, decidiu que "as mulheres basicamente não devem integrar o alto funcionalismo público". As únicas exceções eram as "funções particularmente adequadas ao sexo feminino no setor de assistência social, educação e saúde".[7] E no congresso do partido de 1936, voltou a declarar a "todos os sabichões literários e filósofos da igualdade" que existiam "dois mundos na vida de um povo: o mundo da mulher e o mundo do homem".[8] Não obstante, os imperativos econômicos, como a falta de mão de obra no campo, e também as metas políticas dos dirigentes nazistas, como o rearmamento acelerado a partir de 1936 e a consequente necessidade de força de trabalho, impediram a implementação de uma ideologia uniforme, baseada em princípios biológico-raciais, na política da mulher e da família.[9]

Somente no fim da década de 1970 a pesquisa histórica começou a investigar seriamente a realidade da vida das mulheres no Estado nacional-socialista. Até então, os estudiosos do nazismo tinham se concentrado particularmente na análise das estruturas de dominação, nas quais a influência das mulheres — excluídas que estavam das altas funções políticas, econômicas e militares no Estado —, era considerada irrelevante e recebia pouca atenção. Essa visão manifestou-se principalmente nos estudos biográficos de nazistas destacados como Hitler, Speer ou Himmler. Uma exceção foi a escritora britânica Gitta Sereny, que, ao preparar a biografia de Speer, decidiu entrevistar sua esposa Margarete, a qual, pelo menos durante algum tempo, "conviveu quase diariamente" com Hitler e, segundo acreditava Sereny, não podia estar "totalmente desinformada" quanto aos crimes perpetrados pelos nazistas.[10] Joachim Fest, ao contrário, observou ainda no início da década de 1990 que o culto das primeiras fomentadoras do líder nazista, todas elas provenientes da "nata da sociedade", como Helene Bechstein, Elsa Bruckmann ou Viktoria von Dirksen, podia ser atribuído ao "entusiasmo de certas mulheres avelhuscadas que procuravam satisfazer os seus frustrados impulsos interiores na vertigem das grandes manifestações noturnas diante da fascinante figura de Hitler". Fest não fala nas possíveis motivações políticas nem na postura decididamente antidemocrática e antissemita dessas senhoras; fala, isto sim, em decadência moral, em *taedium vitae*, em "concupiscência reprimida" e em um "sentimento maternal" projetado no dirigente nazista.[11]

Por outro lado, tal interpretação das disposições femininas favoreceu a memorialística dos companheiros mais ou menos próximos de Hitler na busca de explicações para sua eficácia com as massas. Ademais, as esposas, namoradas ou parentas eram mencionadas apenas marginalmente, como presença passiva. Por exemplo: "Ela não se interessava por política", escreveu Albert Speer acerca de Eva Braun, "nunca tentou influenciar Hitler". Quanto à sua esposa, garantiu que também "era apolítica". Em geral, manteve a família quase inteiramente excluída de suas memórias no pós-guerra. A mulher e os filhos eram, como se queixou sua caçula, "quase inexistentes".[12] Por outro lado, as próprias esposas trataram de dar a impressão de só se haver ocupado de assuntos privados durante os doze anos de regime nazista, criando para si, a posteriori, a imagem de dedicadas companheiras dos maridos, mas politicamente passivas e isentas de qualquer culpa pessoal, já que desconheciam por completo a situação vigente. Margarete Speer, que até o fim da vida se negou a falar em seu papel no grupo do Berghof e em sua relação com Eva Braun ou com Anni Brandt — a mulher do médico particular de Hitler, o dr. Karl Brandt —, foi descrita pelos filhos como "sempre absolutamente apolítica".[13] Maria von Below, cujo marido Nicolaus von Below integrou a equipe pessoal de Hitler, entre 1937 e 1945, como ajudante de ordens da Força Aérea, e com ele, no decorrer dos anos, desenvolveu uma "crescente e mútua relação de confiança", declarou ulteriormente que na época, quando passou a fazer parte do círculo de mulheres do Obersalzberg, "não gostou nada de entrar naquele mundo político": ela e o marido tinham sido sempre "totalmente apolíticos".[14]

De fato, depois da guerra, a maior parte das mulheres declarou não ter tido nada a ver com política no período anterior a

1945. A propalada tese da "inocência feminina" não serviu apenas de justificativa nos anos 1950. Décadas depois, a psicanalista Margarete Mitscherlich corroborou a tese, em uma obra muito respeitada sobre *Die friedfertige Frau* [A mulher inofensiva], de que o antissemitismo era algo genuinamente masculino: uma "doença social" estreitamente relacionada com o "desenvolvimento masculino típico". Já as mulheres, por "medo da perda do afeto", tendiam a se adaptar aos "preconceitos masculinos". Consequentemente, no Estado nacional-socialista, elas, "como todos os fracos e oprimidos em uma sociedade", se identificavam com o "agressor".[15] Mesmo hoje, o fato de uma mulher como Eva Braun certamente não ter participado "das decisões que levaram ao pior crime do século" continua servindo de comprovação de uma existência exclusivamente privada, "a-histórica".[16] Ora, participar acriticamente da *Weltanschauung* [ideologia] e das concepções políticas de Hitler já não teria bastado para transformar a vítima em colaboracionista?

Por esse motivo, impõe-se cada vez mais a visão segundo a qual as mulheres dos figurões ou funcionários do partido nazista não devem ser consideradas como meras dependentes ou ajustadas, e sim como "coniventes" ou mesmo "cúmplices" ativas. Essa perspectiva modificada já conduziu a pesquisas que deslocaram para o centro das atenções mulheres que eram propagandistas do NSDAP ou atuavam no aparelho da SS. Mas também lançou luz sobre a vida até agora despercebida das esposas dos homens da SS e seu significado para o "clã". O resultado foi previsível: as mulheres consentiam ativa ou passivamente com a "realidade assassina" que as rodeava diariamente e, em geral, careciam de sentimento de culpa. O apoio a atos criminosos era socialmente aceito como um "comportamento normal".[17]

No caso de Eva Braun e das outras mulheres que participavam da sociedade fechada do Berghof, apesar da escassez de fontes, também convém procurar reconstruir sua verdadeira vida cotidiana e seu comportamento no Estado nacional-socialista, sem perder de vista a "imagem da mulher" na propaganda vigente, as posteriores estratégias para inocentá-las ou o mito da "dominação masculina" no regime nazista.[18] Afinal, só se pode compreender o status e a função social de Eva Braun no âmbito privado de Hitler, assim como sua importância no interior do grupo do Berghof, se houver uma resposta à questão das motivações que a impeliam. Entretanto, até o presente, não consta sequer que ela tenha perseguido objetivos próprios. Como prova de seu comportamento presumivelmente apolítico apresenta-se a circunstância formal de Eva Braun nunca ter se filiado ao NSDAP nem participado de qualquer outra organização partidária. Assim, na percepção pública, ela continua sendo considerada apenas uma vítima obediente ou beneficiária de motivações masculinas. Mas até que ponto ela se identificava com o Estado nacional-socialista? Havia, dentro dos limites que lhe eram socialmente impostos pelo fato de ser mulher e amante secreta de Hitler, pelo menos certo espaço de manobra que ela usasse ativamente? Segundo afirmou Albert Speer em uma conversa com Gitta Sereny poucos anos antes de sua morte, Eva Braun ajudou "muita gente nos bastidores", sem que ninguém soubesse.[19] Fica por demonstrar a insinuação de Speer. O certo é que Eva Braun não condiz com a imagem comum da amante totalmente ignorante e desinteressada.

Em todo caso, o microcosmo das esposas e amantes da elite nazista apresenta-se conforme padrões ocultos do público — frequentemente opostos aos princípios preconizados pela propaganda do regime. No pós-guerra, o diplomata e escritor de viagens Hans-Otto Meißner criticou em suas memórias o "fundador do nacional-socialismo", que, em eventos formais, violava descaradamente "os princípios do Terceiro Reich". Meißner, filho do dr. Otto Meißner, durante muitos anos chefe da Secretaria Presidencial do Reich e criado na residência presidencial na Wilhelmstraße, afirmou que "a representação oficial da Chancelaria em Berlim" era "tanto esquisita [...] quanto singular" e transgredia abertamente as normas proclamadas pelos funcionários do partido em todo o país. De fato, Meißner, que de 1935 a 1939 trabalhou para o serviço diplomático alemão em Londres e Tóquio e cujo pai, sendo "chefe da Secretaria Presidencial do Führer e chanceler", se ocupava quase exclusivamente de assuntos representativos e formais, conhecia muito bem os usos e costumes do governo nazista no cenário internacional. Observou que, nos banquetes oficiais oferecidos por Hitler em Berlim, eram de bom tom tanto o reacionário beija-mão quanto a degustação de "artigos de luxo estrangeiros", como o "velho borgonha" e o "champanhe francês", tão execrados pela propaganda.[20] E, enquanto o NSDAP rompia as baterias de sua campanha nacional antitabaco, sobretudo contra as consumidoras de cigarro, espalhando nos restaurantes e cafés cartazes com os dizeres "A mulher alemã não fuma!", na Chancelaria do Reich, segundo Meißner, criados agaloados ofereciam cigarros egípcios às senhoras. "As damas à mesa do Führer", revelou o ex-diplomata aos seus compatriotas em 1951, trajavam vestidos de noite de "Lanvin e Patou" e exalavam "perfume Chanel e Chypre".[21]

Magda Goebbels: a primeira-dama do Terceiro Reich

Magda Goebbels se sentava assiduamente à "mesa do Führer" e, a seu lado, assumia o papel de "primeira-dama do Terceiro Reich" em recepções, bailes e visitas oficiais. Como Eva Braun, a namorada sempre escondida do público, estava totalmente excluída dos deveres de representação e, portanto, jamais participava de um banquete oficial na "residência do chanceler" na Wilhelmstraße, essa tarefa cabia às esposas dos ministros do mais alto escalão. Isso se aplicava principalmente à sra. Goebbels, que, segundo consta, era bonita, elegante, sofisticada e, além disso, tinha uma relação pessoal estreita com Hitler.[22] Já Ilse Heß, Emmy Göring e Annelies von Ribbentrop não passavam de suplentes: quando muito, substituíam a esposa do ministro da Propaganda nas ocasiões em que esta não estava disponível.

Tudo indica que Hitler detectou precocemente as providenciais qualidades propagandísticas de Magda Quandt — assim se chamava pouco depois de se divorciar do primeiro marido, o industrial milionário Günther Quandt. E não foi por acaso que ele a conhecera no hotel Kaiserhof de Berlim na primavera de 1931. Ela própria arranjara o encontro, mandando o filho Harald, de dez anos, metido em uma espécie de farda azul, à suíte do presidente do NSDAP para se apresentar "ao Führer dele".[23] A manobra surtiu o efeito desejado sobre o líder nazista, que chegara a Berlim na véspera. O desempenho do garoto, assim como a subsequente conversa com Magda no café do saguão do hotel, organizada por Goebbels, convenceu-o de que aquela mulher podia "ter um grande papel" em sua vida: constituir "a contrapartida feminina" em seu trabalho.[24]

Tratava-se enfim de "fazer boa figura" com ela. Seu ex-marido, que estava disposto a financiar a campanha eleitoral de Hitler, fazia parte da elite econômica alemã.[25] Ela continuava a se relacionar com a nata da sociedade berlinense e tinha até contatos internacionais. Além disso, era financeiramente independente e militava no NSDAP desde 1º de setembro de 1930. Logo depois de se filiar ao partido, procurou deliberadamente aproximar-se de Goebbels, que então acumulava os cargos de diretor de propaganda do NSDAP e gauleiter de Berlim, e, em nada menos que quatro semanas, ela assumiu a administração de seu "arquivo particular"[26] — em um momento em que os nazistas, apesar do sucesso nas eleições do Reichstag de 14 de setembro de 1930, ainda não haviam se estabelecido na capital do país. No âmbito nacional, o NSDAP seguia sendo insignificante, e o primeiro-ministro prussiano Otto Braun estava empenhado em cassar o partido, considerado inconstitucional, medida essa que ele pretendia ampliar para todo o Reich. No dia 4 de fevereiro de 1931, o chefe de polícia berlinense Albert Grzesinski, ex-ministro prussiano do Interior, proibiu o diário *Der Angriff*, o órgão oficial do partido, e Goebbels teve de enfrentar vários processos por difamação perante os tribunais prussianos. Era uma época em que o NSDAP se achava dividido entre manter o curso legalista ou desencadear a guerra civil, e Hitler, alheio à violência política de seu partido ou da SA, estava pessoalmente empenhado em obter o reconhecimento da alta burguesia.[27] Ele garantia reiteradamente que o NSDAP não visava a nenhum golpe violento e perseguia seus objetivos exclusivamente pela via legal. A incipiente relação amorosa entre Goebbels e a socialite Magda Quandt veio muito a calhar para apagar a imagem rufianesca do partido.[28]

Quanto ao que teria motivado Magda Quandt, então com 29 anos, a se aproximar dos nazistas, seus biógrafos ficaram inteiramente à mercê das declarações das testemunhas contemporâneas que se dispuseram a falar no pós-guerra. Consta, por exemplo, em uma recordação de sua mae, Auguste Behrend, publicada em uma revista de 1952, que, em 1930 Magda Quandt andava en tediada e em busca de "propósitos na vida" até que, tendo ido a um comício eleitoral do NSDAP, ficou fascinada com o orador Goebbels e decidiu, espontaneamente, engajar-se no partido. A personalidade de Goebbels, seu carisma e seu "efeito quase erótico" a arrebataram; o ódio e o desprezo que aquele homem tinha pela humanidade, isso ela não viu.[29] Também Albert Speer, que anos depois figurou temporariamente entre seus amigos íntimos, descreveu Magda Quandt como uma mulher "emocional, às vezes inclinada ao sentimentalismo".[30] Asseverou ainda que as mulheres dos correligionários mais graduados geralmente se mostravam "relutantes com as tentações do poder" e encaravam as "fantasias" do marido com "reserva".[31]

Ora, essa descrição é verossímil? E condiz com Magda Quandt? As memórias de Speer dão a impressão de que sua visão de mundo não combinava com a de uma mulher com convicções ou mesmo ambições políticas. Hitler não admitia interesse por assuntos políticos em nenhuma mulher de seu círculo mais íntimo: nem mesmo na sua amante. No caso de Magda Quandt, porém, o fato de ter sido amiga, antes de conhecer Goebbels, do líder sionista de esquerda Chaim Vitaly Arlosoroff indica que ela, nessa época, procurava uma reorientação não só privada como também política.[32] Diante da crescente radicalização da República de Weimar, Magda Quandt, como muitos alemães de sua geração, estava convencida de que a democracia fracassara e de que, no futuro, a humanidade seria obrigada a decidir entre a esquerda e a direita, muito embora os efeitos da crise econômica mundial — a penúria financeira e o desemprego — não a tivessem afetado pessoalmente. No ano crítico de 1930, como muitos outros alemães de todas as camadas sociais, principalmente os de menos de quarenta anos, ela se sentiu atraída pelo culto de Hitler e pela ideia difusa, mas agradável, de que só uma sociedade nova, uma "comunidade nacional" — a lutar, unida, pelo espaço e pela raça —, tinha condições de recobrar a grandeza nacional da Alemanha.

No entanto, as mulheres raramente figuravam entre os militantes ativos do partido. Entre 1925 e 1932, constituíram apenas 7,8% das novas filiações. Mas nem a extração burguesa, nem o alto grau de instrução, nem o fato de seu padrasto Richard Friedländer ser judeu impediram Magda Quandt de se unir aos turbulentos, sectários e antissemitas membros do NSDAP.[33] Ao contrário dos enfadonhos e fossilizados parlamentares de Weimar, eles representavam uma dinâmica revolucionária e juvenil. Davam respostas simples a perguntas complicadas e possibilitavam a "evasão do cinzento dia a dia".[34]

Já em 21 de fevereiro de 1931, Magda Quandt acompanhou Goebbels, que no ano anterior fora nomeado "diretor nacional de propaganda" do partido, a um evento do NSDAP em Weimar.[35] E, por ocasião do Festival Richard Wagner em Bayreuth, de 21 de julho a 19 de agosto, chegou a participar do entourage de Hitler ao lado de Goebbels, Erna Gröbke e Heinrich Hoffmann, Jakob Werlin (diretor-geral da Daimler Benz AG), a secretária Johanna Wolf, Julius Schaub e outros.[36] Nos anos anteriores a sua chegada ao poder, o Führer só viajava a Bayreuth em companhia dos camaradas mais chegados. Lá satisfazia sua paixão pela ópera de Wagner e cultivava a amizade de Winifred Wagner, que dirigia o festival desde a morte do marido Siegfried Wagner, filho do compositor. Portanto, menos de um ano depois de ingressar no partido, Magda Quandt, na qualidade de "Pompadour de Goebbels", conseguiu ser aceita no mais seleto círculo nazista.[37]

O fato de Magda Quandt ter envolvido o filho Harald desde o começo não deixa dúvida quanto ao seu engajamento e seu entusiasmo pela visão antidemocrática, antissemita e anticomunista dos novos amigos. No dia 17 de outubro de 1931, ela o levou a Braunschweig, onde, no dia seguinte, cerca de 75 mil nazistas, entre eles membros da SA e da SS, desfilaram perante Hitler. Durante a manifestação, houve violentos confrontos entre nazistas e comunistas que resultaram em dois mortos e sessenta feridos graves.[38] Portando uniforme da SA, o menino ficou na primeira fila com Goebbels, o ministro nazista do Interior Thüringen, Wilhelm Frick e o diretor nacional de organização Gregor Strasser. Magda Quandt não podia mostrar mais explicitamente sua convicção nacional-socialista e sua confiança em Goebbels.[39]

O filho de Magda Quandt (depois Goebbels), Harald, de dez anos, ao lado de Goebbels durante desfile da SA em Braunschweig (Outubro de 1931)

Não obstante, ainda é difícil avaliar a relação de Magda Quandt com o nazismo nessa época e inclusive depois. Ela se converteu em uma representante fanática dessa ideologia ou foi a mera ambição de poder que a impeliu a "fazer carreira de oportunista" em 1931?[40] Convém considerá-la vítima de uma refinada manobra psicológica de que ela mesma não se dava conta? Existe uma tese segundo a qual Magda e Goebbels foram manipulados por Hitler, que, movido por interesses pessoais, os teria levado a se casar precipitadamente em 19 de dezembro de 1931.[41] Outra hipótese, aventada por gente do grupo mais chegado ao dirigente nazista, sugere que Magda Goebbels era apaixonada por Hitler e, para estar perto dele, casou-se com o aleijado Goebbels. Este, por sua vez, parece que se remordia de ciúme e desconfiança no início do relacionamento. Tanto é que, meses antes do casamento, registrou em seu diário que "muito sofria", pois, na presença do Führer, sua namorada nem sempre se comportava como uma “verdadeira dama”, tampouco dava provas de grande fidelidade.[42] Semanas depois, chegou a afirmar que era a Hitler que Magda Quandt amava; ao saber do iminente casamento com ele, Goebbels, aquele teria ficado “arrasado”. No entanto, não se sabe até que ponto tais observações se fundamentam em fatos ou procedem da imaginação do diretor de propaganda, que, desse modo, tentava dar ênfase a sua virilidade e capacidade de autoafirmação. Pelo menos nesse caso, ao conquistar Magda Quandt, ele, baixinho, com uma perna mais curta que a outra e um pé deformado, triunfou sobre o todo-poderoso Hitler, acerca do qual observou com desprezo: “Não tem sorte com as mulheres. Trata-as com muita frouxidão. Disso mulher nenhuma gosta. Precisam sentir o peso do senhor em cima delas”.[43]

O fato é que, a partir dos anos 1980, muito se escreveu e especulou, mas pouco se pesquisou a respeito das esposas dos dirigentes nazistas ou das mulheres importantes no regime. No tocante a Magda Goebbels, a escassez de fontes facilitou o surgimento de dados contraditórios e datações erradas, assim como a confirmação de lendas. O que merece registro é: ela não foi nenhuma vítima. Agia independentemente e de moto próprio. As decisões que tomou para sua vida e a de seu filho, a partir de 1930, decorriam de convicções profundas. Os anos posteriores a 1933, principalmente, nos quais, atuando em prol da imagem nazista da mãe e da família, ela se colocou com os filhos à frente da propaganda partidária, não dão margem a dúvidas. Inegavelmente, desde o começo, havia entre ela e Hitler um “vínculo de amizade e adoração”, como observou Otto Wagener.[44] É o que comprovam os frequentes encontros daquele com o casal Goebbels em Berlim. Mas é equivocada a ideia de que o dirigente nazista, para atingir seus objetivos, teria imposto obediência a Magda Goebbels ou a qualquer outra pessoa em sua órbita. Mais vale admitir que a esposa do ministro da Propaganda estava fanaticamente con-

Hitler conversando com Magda Goebbels e Eva Braun na Kehlsteinhaus, no Obersalzberg; à esquerda na foto, Gerda Bromann (Outubro de 1938)

vencida da missão do Führer e da ideologia nacional-socialista em geral.

Mas que relação ela mantinha com Eva Braun? É certo que ambas passaram juntas as últimas semanas da vida no bunker sob a Chancelaria do Reich. Antes da guerra, encontravam-se ocasionalmente no Berghof.[45] E, na primavera de 1945, foram as únicas esposas de dirigentes nazistas que se suicidaram por livre e espontânea vontade ao lado do marido. Mas esse fato permite deduzir uma postura política coincidente? Houve consenso e ligação antes do lendário fim da existência das duas? Acaso elas disputavam o afeto de Hitler, como se afirma reiteradamente?[46] Essa ideia parece derivar das frequentes aparições públicas de Magda Goebbels ao lado do ditador, como modelo de mulher e supermãe do Estado nazista, ao passo que a Eva Braun só era dado existir escondida do público. No entanto, não há provas de tal conflito.

Emmy Göring e Ilse Heß

Tanto quanto Magda Goebbels, a alta e loira Emmy Göring, que durante dez anos fora atriz do Teatro Nacional Alemão em Weimar, sentia-se como a "primeira-dama" do Estado nazista. Afinal, seu marido, que acumulava diversos cargos, como o de primeiro-ministro da Prússia, supremo comandante da Luftwaffe, investido de autoridade ditatorial, era politicamente muito mais poderoso que o ministro da Propaganda. E, ao que tudo indicava, caso Hitler se retirasse da política ou morresse, Göring o sucederia como Führer e chanceler do Reich alemão. Na metade da década de 1930, Göring e Goebbels deviam ter uma espécie de relação de amor e ódio, enquanto as respectivas esposas, cada qual por seu lado, comandavam um "salão berlinense" na capital do país, nos quais recebiam diplomatas e políticos do universo nacional-socialista.[47]

Emmy Göring, que ao se casar em 1935 já completara 42 anos e ainda não era filiada ao NSDAP, convidava regularmente as esposas dos demais dirigentes nazistas, entre as quais Ilse Heß, para o chá em seu apartamento em Berlim, na Leipziger Platz, 11A, ou em Carinhall, sua propriedade rural em Schorfheide.[48] É provável que a rivalidade entre ela e Magda Goebbels fosse maior que a desta com Eva Braun, a quem era vetado mostrar-se em público. Todavia, em suas memórias publicadas pela primeira vez em 1967, Emmy Göring acentuou que "se dava bem" com Magda Goebbels e "gostava muito dela", apesar da relação fria mantida pelos respectivos maridos.[49] Em compensação, nunca teve contato com Eva Braun, ainda que os Göring também possuíssem casa em Obersalzberg. Se for verídico o relato de Emmy Göring, durante a guerra ela tentou mais de uma vez estabelecer relação pessoal com a jovem namorada de Hitler. Mas o Führer não tardou a coibir tal empenho.[50] Em todo caso, em 1939, ele aquiesceu ao desejo de Emmy Göring de ingressar no NSDAP e, para tanto, autorizou-a pessoalmente. Contudo, em suas memórias do pós-guerra, ela omitiu essa decisão e seus motivos. Pelo contrário, tratou de se apresentar ao público dos anos 1960 como a então ingênua, ignorante e totalmente apolítica esposa de Hermann Göring, mulher que "nunca se preocupou em saber" se "fazia compras em loja de judeu ou de ariano".[51]

Já Ilse Heß, a terceira "primeira-dama" potencial, representava uma exceção entre as esposas dos líderes nazistas. Ao contrário das outras, era uma das mais antigas militantes do movimento nacional-socialista e, como ela mesma informou, aderira ao nazismo "por convicção interior".[52] Filha de um médico de Berlim, estava em Munique preparando-se para os exames de conclusão do curso colegial quando, em abril de 1920, conheceu o estudante de economia, história e geopolítica Rudolf Heß na pequena pensão de Schildberg. Ainda na primavera de 1920, presumivelmente em 1º de junho, ele a levou a uma "discussão noturna" do NSDAP, durante a qual, em uma salinha de fundo, o para ela desconhecido Adolf Hitler expôs as metas do partido e convenceu os dois. Como ela reconheceu posteriormente, Hitler falava uma linguagem que a empolgou, pois, "pela primeira vez desde 1918", alguém tinha a coragem de "voltar a falar na Alemanha".[53] Como tantas representantes de sua geração, ainda mais sendo filha de um oficial médico do Primeiro Regimento de Guarda de

Potsdam, Ilse amargava um forte sentimento de humilhação pela "degradação do povo alemão entre todos os povos" devido ao Tratado de Versalhes.[54]

Na época, Hitler começava a ficar conhecido na capital da Baviera como o agitador antissemita que promovia grandes comícios contra as "imposições de Versalhes". Propagandista do NSDAP (só um ano depois, em 29 de julho, ele assumiu a presidência do partido), discursava uma ou duas vezes por semana nas cervejarias da cidade. Embora Rudolf Heß tivesse ingressado no partido "logo depois" da "discussão noturna" de que ambos participaram, Ilse, que até se casar se chamava Pröhl, tornou-se "secretária política" e, no fim de 1920, já estudante de filologia alemã e biblioteconomia na Universidade Ludwig Maximilian, acumulou as funções de "secretária, assessora e membro do estado-maior". Na época, como ele próprio escreveu em uma carta aos pais de 14 de setembro, Heß já estava em contato "quase diário" com Hitler. E Ilse Pröhl, como ela reconheceu retrospectivamente em 1955, tinha "uma participação fortíssima" no vínculo "quase mágico" de seu futuro marido com Hitler.[55] Enfim, em 1921, filiou-se ao NSDAP e escreveu a sua ex-professora do ginásio:

> Aqui em Munique, um movimento começa a atrair muito todos os rapazes, forças vigorosas e inteiramente sadias. [...] Trata-se do Partido Nacional-Socialista dos Trabalhadores Alemães. Ele brota, quero adiantar, em solo absolutamente nacional alemão, ou, para exprimir o movimento de forma negativa e em poucas palavras: nós somos antissemitas. E, aliás, o admitimos consequentemente e sem exceções! Mas é no significado desse antissemitismo que se escoram os dois pilares do nosso movimento: o nacional e o social. Acima de qualquer interesse pessoal, o amor à Pátria e aos compatriotas.[56]

Ilse Heß ao lado do marido, Rudolf Heß, após sua vitória na competição "Zugspitzflug" em 10 de março de 1934 (à esquerda na foto, o líder nacional de Esporte Aéreo Bruno Loerzer; no fundo, o coronel Erhard Milch, secretário de Estado no Ministério da Aeronáutica)

Assim, a moça de vinte anos expressou clara e decididamente seu compromisso com um partido que, na época, não passava de um dos muitos agrupamentos nacionalistas de Munique. Mas, para Ilse Pröhl, como esclarece a carta, o antissemitismo representava um fundamento plenamente aceito da ideologia nazista. Convencidos de que a aspiração a um socialismo de base nacional incluía "automaticamente a luta contra o judaísmo", ela e Rudolf Heß fizeram do apoio a Hitler, a quem chamavam de "Tribuno", o conteúdo de sua própria vida. Portanto, na realidade, Ilse Heß, que no pós-guerra ressaltou que "como mulher, sempre fora passiva", era uma ativista de primeira hora. Suas cartas, às quais a pesquisa agora tem acesso, oferecem um panorama do mundo intelectual da época, coisa que raramente se encontra nas esposas da elite nazista.

Quando, depois do fracassado putsch de 9 de novembro de 1923, do qual Heß também participou, Hitler foi encarcerado em Landsberg e começou a escrever sua obra *Mein Kampf* [Minha luta], Ilse Pröhl voltou a ajudá-lo. A estudante influenciada pelo romântico *Jugendbewegung** enviou ao namorado Heß, que estava preso com Hitler, como estímulo para este, as *Elegien* [elegias] de Friedrich Hölderlin. Mas o líder nazista não mostrou o menor interesse pela poesia de Hölderlin, que, alternando esperança e queixume, invocava a certeza em uma renovação da humanidade. Da "forma" ele até gostou, disse Heß, referindo-se à reação de Hitler, mas "não acha graça nenhuma nas elegias".[57] Além disso, Ilse Pröhl, com Josef Stolzing-Cerny, o editor e crítico cultural do *Völkischer Beobachter*, fez a revisão do manuscrito e, em 1925, colaborou na redação da versão final. Em compensação, é pouco provável que Rudolf Heß tenha participado. É bem verdade que Hitler o encarregou da revisão, mas essa tarefa ele preferiu deixar para a namorada.[58]

Depois de se casar com Heß — em 20 de dezembro de 1927 —, Ilse, agora "secretária particular" e uma das confidentes mais íntimas de Hitler, correspondia-se com editores e eminências do partido, assim como com suas esposas, entre as quais as famílias Goebbels e Göring. A troca de cartas sugere uma relação muito afetuosa, que incluía presentes nas ocasiões festivas. Casada com o excêntrico ministro sem pasta, subordinado unicamente ao Führer, do qual era o "representante" nas questões partidárias, Ilse Heß se empenhava em cultivar relações e polir as possíveis arestas. Por exemplo, de Heinrich Himmler, que em 1933 assumiu o

* *Jugendbewegung*: "Movimento da Juventude" que, na Alemanha das primeiras décadas do século XX, rejeitando a vida urbana marcada pela industrialização, propunha a volta à natureza, uma reforma cultural, educacional e do ensino do alemão, assim como o retorno a valores culturais tradicionais, o resgate do folclore e das antigas canções populares (*Volksliedern*). (N. T.)

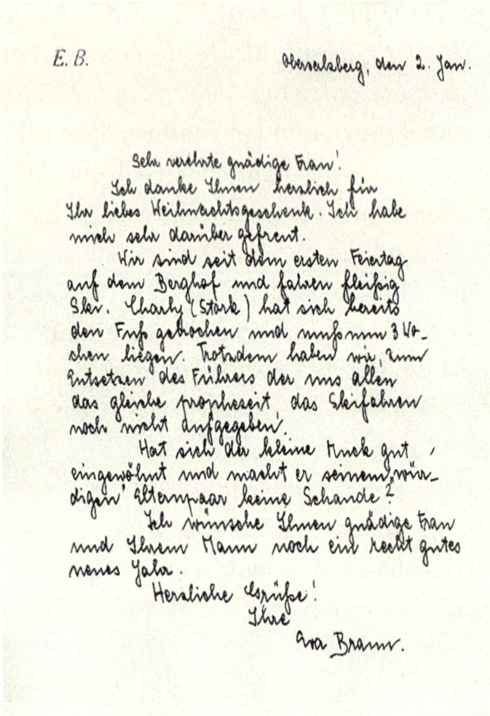

E. B.

Obersalzberg, den 2. Jan.

Sehr verehrte gnädige Frau!

Ich danke Ihnen herzlich für Ihr liebes Weihnachtsgeschenk. Ich habe mich sehr darüber gefreut.

Wir sind seit dem ersten Feiertag auf dem Berghof und fahren fleißig Ski. Charly (Stork) hat sich bereits den Fuß gebrochen und muß nun 3 Wochen liegen. Trotzdem haben wir, zum Entsetzen des Führers der uns allen das gleiche prophezeit das Skifahren noch nicht aufgegeben!

Hat sich der kleine Muck gut eingewöhnt und macht er seinem „würdigen" Elternpaar keine Schande?

Ich wünsche Ihnen gnädige Frau und Ihrem Mann noch ein recht gutes neues Jahr.

Herzliche Grüße!

Ihre

Eva Braun.

Fac-símile de uma carta de Eva Braun a Ilse Heß

cargo de chefe de polícia de Munique e a quem ela tratava, ironicamente, de "o mais adorado de todos os chefes de polícia", escreveu em tom enigmático-espirituoso que tinha "o hábito certamente louvável" de "vigiar os inimigos da Pátria". Ora, por que mandava vigiar também os "bons ministros" e os irritava com "ridículos chiados de grampo no telefone"? Caso não fosse ele o transgressor, talvez tivesse a possibilidade de "um dia mandar averiguar" sua suspeita.[59]

Ao contrário de Emmy Göring, Ilse Heß tinha contato com Eva Braun. Não se sabe quando essa relação começou, nem se além de trocarem cartas elas se encontravam. Sabe-se que a namorada de Hitler recebia presentes de Natal de Ilse Heß, os quais agradecia cordialmente à "prezadíssima senhora".[60] Tal como as outras "primeiras-damas" do Terceiro Reich, Ilse Heß representava papéis públicos, embora menos glamourosos que os de Magda Goebbels. Fotografias de Ilse Heß e seu filho Wolf Rüdiger, cujo padrinho era Hitler, apareciam em revistas de ampla circulação como a *Berliner Illustrirte Zeitung*. E, até dia 10 de maio de 1941, quando seu marido, em uma missão autoatribuída, partiu para a Escócia pilotando um caça, a "senhora de ministro do Reich" tinha nada menos que duas secretárias incumbidas de administrar o enorme fluxo da correspondência. Mesmo depois disso, manteve os contatos, na qualidade de "teoricamente proscrita", e se conservou, como diante dela declarou o escritor Hans Grimm em novembro de 1944, "inabalavelmente fiel à lei [...] que em 1920 assumimos sob a bandeira do Führer". Até o fim, nutriu a ideia de que o marido, "sendo um dos mais leais, voltaria a galgar as alturas, ao lado do Führer, como um fiador e potencial de inalterável vontade de resistência", um "lindo sonho".[61]

O papel de Eva Braun

Mesmo depois de 1933, a falta de tempo com Hitler e a descontinuidade da relação parecem ser o dilema de Eva Braun — que entrementes completara 21 anos, chegando à maioridade legal. É impossível determinar quando e com que frequência se encontrava com o amante nos primeiros anos de Chancelaria, ou seja, de 1933 a 1935. Mas estudos biográficos anteriores, baseados no conteúdo do diário que Eva Braun supostamente escreveu entre 6 de fevereiro e 28 de março de 1935, afirmam que eles se encontraram amiúde naquele ano.[62] Aliás, as anotações de Goebbels também dão a entender que, nos meses posteriores a sua nomeação para o cargo de premiê, Hitler passava longas temporadas em

Munique. Em fevereiro de 1933, passou metade do mês na capital da Baviera.[63] Enquanto em Berlim, após a transferência do cargo, começava a "tomada do poder" e Hitler instava o presidente Hindenburg a dissolver o Reichstag, marcar novas eleições para 5 de março e promulgar o decreto de emergência "Para a proteção do povo alemão", suprimindo a liberdade de imprensa e de reunião, o líder do NSDAP viajava semanalmente a sua cidade predileta, na qual permanecia vários dias. E, pelo menos de acordo com o depoimento que sua empregada da Prinzregentenplatz deu no pós-guerra, "sempre que Hitler estava lá, Eva Braun também estava". Às vezes "era levada para casa de madrugada", mas havia ocasiões em que pernoitava "no apartamento".[64]

Assim, enquanto Hitler era convertido na mítica figura do salvador, e o NSDAP, especialmente em Berlim, lançava mão de todos os meios disponíveis para intimidar e perseguir os adversários políticos com prisões arbitrárias e ataques violentos da SA, o líder do partido escapulia da campanha eleitoral que dele tanto dependia.[65] Na noite de 3 de fevereiro de 1933, por exemplo, ele viajou a Munique depois de anunciar a oficiais de alta patente na sede do comando das Forças Armadas na Bendlerstraße — o atual Bendlerblock — um rearmamento sem precedentes. Na manhã de 5 de fevereiro, um domingo, depois do "funeral de Estado" encenado por Goebbels na catedral de Berlim em homenagem a Hans Eberhard Maikowski, desordeiro membro da SA, assassinado em 30 de janeiro, Hitler tornou a deixar a capital para, no dia seguinte, 6 de fevereiro, comemorar o 21º aniversário de Eva Braun em Munique.[66] Lá passou o fim de semana. Onze dias depois, em 17 de fevereiro, após seu discurso de campanha em Dortmund, voou uma vez mais a Munique, onde passou outro fim de semana.[67] Quatro dias depois, em 23 de fevereiro, terminado um comício em Frankfurt, ficou mais cinco dias na Baviera: até 27 de fevereiro — data do incêndio do Reichstag.[68]

Por que o chanceler passava tanto tempo em Munique? Por causa de Eva Braun? E como justificava ausências tão frequentes da sede do governo? Ocorre que, apesar de sua ascensão política espetacular, ele não estava disposto a abandonar a vida solta e informal. Era tão notoriamente impontual que, um dia depois da posse, Rudolf Heß anunciara com certo apuro e surpresa o estabelecimento de um novo cronograma. Conforme escreveu com entusiasmo a Ilse em 31 de janeiro, o "chefe" tornara-se repentinamente mais pontual, chegando aos compromissos até com alguns minutos de antecedência, de modo que ele, Heß, precisava comprar um relógio.[69] Mas Hitler continuava agitado e inquieto.[70] Berlim não era o centro de sua vida. Ele seguia morando no hotel Kaiserhof; só depois, durante a reforma de seu apartamento na antiga Chancelaria, se mudou para o "último andar da residência oficial" de seu secretário de Estado Hans Heinrich Lammers.[71] Na Baviera, pelo contrário, comprou em 1933 não só o apartamento da Prinzregentenplaz, 16, até então alugado, como a casinha Wachenfeld, no Obersalzberg.[72] E, por ocasião da eleição do Reichstag, em 5 de março, não foi em Berlim que se candidatou ao imprescindível assento no parlamento, e sim no 24º distrito eleitoral, Alta Baviera-Suábia.[73] Mas é duvidoso que tenha "mergulhado de cabeça na campanha eleitoral", como se afirma.[74] Aliás, mandou seu chefe de propaganda divulgar que ele vivia "modestamente como qualquer homem do povo", "não tinha prazer nem descanso, só o seu trabalho e sua missão"; mesmo depois da eleição, quando, em uma entrevista, a atriz alemã Tony van Eyck lhe perguntou se era feliz, ele respondeu: "Feliz?! Como há de ser feliz um homem como eu, com uma missão tão difícil pela frente? Esperançoso, sim, isso eu sou!".[75] Ora, a imagem criada por Hitler e Goebbels do Führer ascético que, "como por milagre", suportava todas as "pressões físicas e espirituais", nada tinha a ver com a realidade.[76] Pelo contrário, os primeiros meses de

Chancelaria mostraram claramente que Berlim era apenas o "palco" em que a propaganda nazista encenava o "culto do Führer"; enquanto isso, o Hitler "pessoa" desaparecia sem que ninguém notasse.[77] A tranquila Munique e arredores continuavam sendo seu retiro apartado do público.

Principalmente no período que se seguiu à eleição do Reichstag — no dia 5 de março, o NSDAP venceu com 43,9% dos votos, embora sem atingir seu objetivo, a maioria absoluta —, os registros no diário de Joseph Goebbels documentam a ausência de Hitler, que dificilmente passava dez ou quinze dias seguidos na capital do país.[78] Pelo contrário, prolongava sua permanência na Baviera, como entre 26 de março e 4 de abril, quando ficou vários dias na casa de campo no Obersalzberg. Com os ministros em Berlim, mantinha contato telefônico e pelo serviço de telex, recém-instalado e ainda em construção. Foi assim que, em 27 de março, Goebbels, agora diretor do novo Ministério da Educação do Povo e da Propaganda, informou-o da campanha de boicote às lojas de judeus. E, dias depois, prestou contas, por telefone, do impacto dessa mobilização.[79] Em todo caso, a distância não o impedia de estar bem informado e de tomar pessoalmente as decisões importantes.[80]

A cada semana, alteravam-se o clima social e o cenário político do Reich. Sucediam-se decretos, leis e ordens visando à destruição definitiva dos governos estaduais, à eliminação dos adversários políticos, assim como ao afastamento dos cidadãos judeus da vida pública, tudo com o objetivo de tornar paulatinamente o NSDAP o único agente de poder no país. Só em abril, entraram em vigor nada menos que doze disposições desse tipo, entre as quais a *Reichsstatthaltergesetz* [Lei dos governadores do Reich], de 7 de abril, e a Lei de Restauração do Funcionalismo, promulgada no mesmo dia, que exonerava ou aposentava os servidores públicos politicamente indesejáveis ou "de origem não ariana".[81] No entanto, como observou Kershaw, na primavera de 1933, Hitler estava quase inativo e “praticamente não teve participação pessoal” na transformação do país.[82] Aliás, passou boa parte do mês de abril em Munique e arredores. No dia 10, viajou uma vez mais para lá depois de passar cinco dias em Berlim cuidando dos assuntos da Chancelaria; desembarcou na capital na manhã do dia 21, uma sexta-feira, e já no dia seguinte retornou à Baviera, onde ficou até a quarta-feira seguinte.[83] Em tais circunstâncias, era difícil criar uma rotina de trabalho. Na verdade, escreveu posteriormente o “porta-voz do Reich” Otto Dietrich — que, a partir de 1933, passou a ser um de seus acompanhantes mais assíduos —, Hitler era incapaz de “discernir a vida oficial da privada”, ocupava-se “dos assuntos públicos em meio à vida privada e vivia uma vida privada em meio aos negócios da Chancelaria e à administração”.[84]

Ele se furtou até mesmo às comemorações de seu quadragésimo quarto aniversário, em 20 de abril de 1933, pela primeira vez festejado em toda a Alemanha. Enquanto o chanceler, como registrou Goebbels em seu diário, “descansava em algum lugar da Baviera”, estando praticamente incomunicável, o ministro da Propaganda se encarregava de organizar o “aniversário do Führer” em Berlim. A celebração de seu aniversário, dali por diante e até o fim da ditadura nazista, seria considerada um acontecimento no calendário alemão, com festas do partido, solenidades e desfiles em todo o país.[85] Mas naquela noite de 20 de abril, foi Goebbels, não Hitler, quem compareceu à cerimônia em homenagem ao aniversariante no Teatro de Berlim, no Gendarmenmarkt — a atual Sala de Concerto de Berlim. Lá o escritor nacional-socialista Hanns Johst, desde março de 1933 dramaturgo-chefe do outrora lendário Teatro Real Nacional, ia estrear o drama *Schlageter*, por ele escrito e dedicado a “Adolf Hitler com afetuosa reverência e lealdade inabalável”.[86] Poucas horas antes, Goebbels havia se dirigido ao público em um discurso radiofônico. O texto intitulava-se "O nosso Hitler" e enaltecia o ausente como herói nacional e continuador de Bismarck, cuja "obra" assumira para si e "estava prestes a levar a cabo", ao mesmo tempo que seguia sendo "um homem entre homens" e "um camarada".[87]

Mas o que fazia Hitler enquanto a glorificação de sua pessoa atingia um "novo patamar"?[88] Acompanhado de seu indefectível "Chauffeureska", passeava à toa por Munique, visitava seus locais preferidos, a ópera e o teatro, e relaxava com amigos íntimos na vila de Heinrich Hoffmann. Além disso, encontrava-se frequentemente com Eva Braun, sem, no entanto, deixar que isso virasse rotina ou criasse sensação de segurança. Afinal, a existência de uma amante que, ao contrário da esposa, carecia de "ramerrão e legitimidade" e, por isso, não podia engendrar nenhum "caráter definitivo" condizia perfeitamente com o estilo de vida boêmio e antiburguês de Hitler.[89] Ele recebia Eva Braun em seu apartamento da Prinzregentenplatz, levava-a para almoçar ou jantar na Osteria Bavaria e a convidava a sua casa de campo no Obersalzberg. Espontaneamente, a moça fazia as malas e entrava no Mercedes com motorista enviado por Hitler — oficialmente a serviço da Photohaus Hoffmann — que a aguardava na esquina da Türkenstraße, a poucos metros da loja fotográfica.[90]

Entretanto, não há evidências dessas atividades a dois — a não ser depoimentos de terceiros e umas poucas fotografias da época.[91] Em todo caso, Albert Speer, que no outono de 1933 passou a auxiliar Paul Ludwig Troost, o "arquiteto do Führer", na reforma da Chancelaria do Reich em Berlim e, pouco depois, ingressou no círculo íntimo do ditador e por este era levado regularmente a Munique a fim de "discutir a obra", descreveu de modo impressionante em suas memórias o curso habitual das estadas de Hitler na Baviera. Segundo ele, o chanceler, "em seus dias de Munique, quase não se ocupava dos negócios do Estado ou do partido", passava a maior parte do tempo flanando por "canteiros

Eva Braun com Hitler junto à lareira na casa Wachenfeld; à esquerda, o motorista de Hitler, Julius Schreck (1935)

de obras, ateliês, cafés e restaurantes". Poucos dias depois, realizava a viagem em vários carros — conversíveis quando fazia bom tempo — ao Obersalzberg, "à aconchegante casinha de madeira de Hitler, com telhado de beiral largo e cômodos simples". Somente horas depois de sua chegada, prossegue Speer, é que vinham as duas secretárias Johanna Wolf e Christa Schroeder e, com elas, "geralmente uma mocinha simples de Munique".[92] O Mercedes fechado dessas mulheres "nunca era autorizado a acompanhar a caravana oficial". Então Hitler se instalava "na casinha com Eva Braun, um assessor e um empregado", ao passo que as secretárias e os convidados — entre os quais, além de Speer, geralmente se achavam Martin Bormann e o porta-voz Otto Dietrich — se hospedavam em uma pensão das redondezas.[93]

As reminiscências de Speer dos primeiros anos de contato mais estreito com Hitler projetam uma imagem bem diferente da criada pela propaganda do culto do Führer: um homem de paletó de linho azul que, durante o dia — retirado num longínquo chalé montanhês —, se dedicava a examinar plantas baixas ou empreender longos passeios no bosque e passava as noites com a jovem amante.[94] Eva Braun é descrita como simples, gentil, animada e modesta. Sobre sua relação com Hitler, apenas uma lacônica menção crítica. Segundo Speer, mesmo entre os amigos mais próximos no Obersalzberg, os dois mantinham uma "distância inútil e aparentemente tensa", evitando, por um lado, toda e qualquer intimidade (mesmo nos passeios, Eva Braun "sempre ia no fim da fila, junto com as secretárias"). Por outro lado, à noite, eles se enfurnavam "nos aposentos do primeiro andar". Os conflitos provocados pela "situação ambígua", conforme Speer a classificou, de Eva Braun na casa de Hitler são sugeridos com poucas palavras: por exemplo, quando ele escreve que a moça de Munique mantinha distância de todos, e que muitos enxergavam arrogância em sua "atitude reservada".[95]

Esse retrato em certa medida positivo e até elogioso de Eva Braun contrasta notoriamente com as descrições quase sempre implacáveis e depreciativas de outros membros do grupo íntimo. O único que manifestou igual simpatia por ela foi o dr. Karl Brandt, que, em 1934, aos trinta anos de idade, passou a ser médico particular de Hitler. Em junho de 1945, interrogado na condição de prisioneiro de guerra dos americanos, declarou "tê-la visto durante muitos anos na companhia de Hitler", sem compreender "quem e o que ela era". Eva Braun nunca "avançava ao primeiro plano", ficava sempre "em seu lugar".[96] Ao que parece, pelo menos até 1936, a relação de Hitler com ela não era um "segredo de polichinelo". No entanto, as informações de Brandt e, principalmente, os apontamentos de Speer comprovam que, pelo menos a partir de 1934, Eva Braun foi uma hóspede regular no Obersalzberg.[97]

Mas acaso Speer, que formulou seu juízo a uma distância temporal bem maior, é uma testemunha confiável? De fato, surgiram dúvidas a esse respeito, assim como quanto às declarações de quase todas as testemunhas. Estudiosos mais recentes também questionaram o valor dos diários de Spandau e das memórias, que, na opinião dos críticos, não passavam de "construções tardias eivadas de ficção", nas quais Speer obviamente se empenhava em encobrir sua participação nos crimes nazistas e em transmitir uma autoimagem edulcorada e engrandecida.[98] Os diários equivalem a mais ou menos todas as publicações dos protagonistas do Estado nazista que sobreviveram; as memórias têm os vícios comuns às memórias. Embora não seja totalmente inválido, o depoimento das testemunhas contemporâneas exige sempre inspeção e análise críticas.

O relato que Speer faz do passado não deixa de ser revelador, particularmente porque, durante mais de dez anos, ele foi íntimo confidente de Hitler. Seu filho mais velho, que também se chama Albert e é arquiteto, chegou a dizer ao cineasta e escritor Heinrich Breloer que entre seu pai e Hitler havia "uma relação de reciprocidade muito genuína, profunda e emocional".[99] Quanto a isso, o próprio Speer observou em carta ao amigo e ex-colega de trabalho Rudolf Wolters:

> Minha relação com Hitler era dividida [...]. Provavelmente, muitas amizades são feitas de contradições. Pois eu nunca tive a sensação de haver encontrado um amigo em Hitler. Vocês, vendo de fora, talvez tivessem outra impressão. Eu sempre vivi "no temor do senhor", não era fácil lidar com ele e conservar seu afeto ou, quem sabe, intensificá-lo.[100]

Em suas memórias, Speer afirmou que, apesar de ter sido "servo" de Hitler, jamais conheceu sua "verdadeira cara". Pelo contrário, teria o acompanhado "sem vontade e quase sem consciência em um mundo" que lhe era "virtualmente estrangeiro".[101] Portanto, ele construiu uma imagem de si mesmo como um outsider seduzido pelo líder, quase como um viciado-dependente, teleguiado até — papel que também atribuiu a Eva Braun, sete anos mais nova, com a qual o arquiteto de quase trinta anos na época desenvolveu uma relação de confiança. Conversando com Joachim Fest, Speer explicou sua amizade com a amante de Hitler pelo fato de ela, tal como ele, ser prisioneira dos próprios sentimentos, submissa e dependente: "Ela e eu fomos escravizados pelo poder hipnótico de Hitler. Os dois nos deixávamos afetar por ele, às vezes o detestávamos, mas não conseguíamos nos livrar dele".[102]

Ora, essa visão tardia crítica de Hitler, ao qual Speer, para se isentar, conferiu a dimensão de um "Mefistófeles", não faz pensar também em Eva Braun?[103] Ela não aparece comparavelmente mais dependente, subserviente e inativa do que teria sido na realidade? Ela partilhava das posições ideológicas centrais do amante ou não passava de uma "trágica escrava" que, quando muito, se beneficiava do poder de Hitler, desfrutando da vida faustosa que ele lhe oferecia? Enfim, ao contrário daqueles que mesmo depois de 1945 insistiram em adorar Hitler e seguiram desenvolvendo o culto do Führer, Speer não tinha necessidade de diminuir a importância de Eva Braun. Por isso, a despeito de todas as suas estratégias de inocentar-se e criar lendas, ele continua sendo uma testemunha-chave devido a sua excepcional afinidade com o ditador.[104]

O "diário"

Em compensação, quase não existem anotações ou cartas de Hitler e sua companheira de longos anos que informem sobre a essência de seu relacionamento ou esclareçam o papel de Eva Braun. Sabe-se que ele raramente escrevia cartas privadas, apenas bilhetes de agradecimento ou parabéns. Logo depois da guerra, sua secretária Christa Schroeder declarou que o Führer considerava "um grande triunfo" o fato de "nunca ter escrito uma carta, nem mesmo no 'tempo da luta'", ou seja, nos primeiros anos do partido nazista. Afinal, tais documentos podiam cair em mãos erradas e serem "usados".[105] E, antes de se suicidar, ele mandou destruir sua supostamente escassa correspondência particular. Para tanto, no fim de abril de 1945, seu antigo assessor Julius Schaub recebeu ordem expressa de sair do bunker da Chancelaria, em Berlim, com a missão de queimar as cartas e documentos privados guardados no cofre tanto do apartamento de Munique quanto do Berghof.[106]

Não foi diferente a declaração de Johannes Göhler, o ex-ajudante de ordens do oficial de ligação Hermann Fegelein, casado com Gretl Braun. Em conversa com o historiador britânico David Irving, que passou anos empenhado em localizar as cartas de Hitler a Eva Braun, Göhler afirmou que, em 22 ou 23 ou então em 28 ou 29 de abril de 1945, viajou de Berlim a Berchtesgaden no avião de Hitler, um JU 290, a fim de providenciar a destruição de toda a sua correspondência particular. Lá, guardadas em um baú, havia, entre outras, várias centenas de cartas manuscritas de ou para Eva Braun.[107] Isso despertou o interesse de Irving, que, anos depois, entrevistou a mulher de Göhler. Ela lhe contou que havia trabalhado para o Counter Intelligence Corps [Batalhão de Contra-Inteligência] (CIC) do Exército norte-americano de agosto de 1945 a fevereiro de 1946; nesse período, ajudara "um oficial americano do CIC a empacotar os tão falados diários de Eva Braun de 1933 a 1945, assim como sua correspondência com Hitler". A própria sra. Göhler disse possuir cartas escritas por Eva Braun a sua irmã Gretl entre 1930 e 1932. E acrescentou que esses documentos privados guardados no Berghof não tinham sido destruídos em 1945, estavam em poder do ex--chefe de departamento do CIC Robert A. Gutierrez. Irving, que ali farejou algo sensacional, viajou imediatamente aos Estados Unidos e enfim localizou Gutierrez. Mas com ele não achou nenhuma carta particular de Hitler nem de Eva Braun.[108]

Eva, aliás, na derradeira carta escrita em Berlim, em 23 de abril de 1945 — uma semana antes de se suicidar ao lado de Hitler —, havia instruído a irmã Gretl a "envolver em material impermeável e eventualmente enterrar" todas as "cartas do Führer", assim como o "rascunho de suas próprias respostas", papéis esses que ela legara à irmã em um testamento de 16 de outubro de 1944. E sublinhou com veemência: "Por favor, não destrua nada!!". No entanto, o resto da correspondência particular e "principalmente a papelada comercial" deviam ser eliminados imediatamente. Eva Braun, que era cliente assídua da conhecida estilista berlinense Annemarie Heise, enfatizou que "em hipótese alguma as contas da Heise" podiam ser encontradas.[109] Ao contrário de Hitler, que, no fim, tratou de apagar inteiramente os vestígios de sua existência privada, Eva Braun, com a ajuda da irmã, empenhou-se em garantir que a posteridade soubesse de sua relação com o Führer e da vida ao lado dele. Sua carta de 23 de abril de 1945 mostra uma mulher que, na hora da morte, pensou na imagem que ia deixar para a história. Ocorre que até hoje não se encontrou nenhum dos escritos confiados à irmã. É lícito presumir que Julius Schaub, que chegou ao Berghof em 25 de abril de 1945 — dois dias depois que Eva Braun escreveu a última carta à irmã —, tenha destruído essa correspondência, junto com os documentos de Hitler, antes que Gretl Braun a resgatasse. Mas isso nunca se comprovou.

Posteriormente, Nerin E. Gun relatou que, na ocasião, Gretl Braun e Herta Ostermayr esconderam "álbuns de fotografias, filmes, cartas, joias e outras lembranças" no parque do palácio de Fischhorn, em Salzburger Pinzgau, perto de Zell am See. De fato, no fim da guerra, a antiga sede da SS no armazém de campo de Fischhorn, parte do campo de concentração de Dachau, serviu de depósito de arte roubada e outros "bens" da elite nazista em vias de desaparecer. E, quando Gretl Braun revelou seu "segredo" a um "refugiado alemão" depois desmascarado como "agente" americano, o legado de Eva Braun foi apreendido pelo Exército dos Estados Unidos e enviado a Washington. Gun disse depois ter encontrado os documentos "acidentalmente num canto do arquivo americano".[110] No caso, trata-se principalmente dos escritos, álbuns de fotografias e filmes feitos por Eva Braun que hoje estão nos National Archives de Washington. Material que não contém nenhuma carta de Hitler nem de Eva Braun.

Portanto, quem quiser saber detalhes e se informar sobre a natureza da relação dos dois deve recorrer a outras fontes, as quais são igualmente escassas. Assim, a maior parte dos comentários de Hitler que autorizam inferências genéricas sobre sua visão da mulher procede das memórias de antigos partidários, publicadas no pós-guerra, ou, no que se refere a 1942, dos registros de conversas feitos por Martin Bormann. De quando em quando, também se acham indícios em outras anotações ou cartas. Mas Eva Braun não aparece. Por isso é difícil reconstruir sua relação com Hitler. De modo que se coloca a questão do efeito que sobre ele tinha o charme dessa moça, sobretudo sobre seu comportamento diante de terceiros. No caso de Speer, dizem que Hitler o escolheu, aconselhado por seus arquitetos, porque, em comparação com os outros partidários, era modesto, "normal", jovem e influenciável, e o ditador podia ter certeza da admiração daquele rapaz dezesseis anos mais moço que ele.[111] Mas isso não valeria também para Eva Braun, a mais jovem do círculo próximo do notoriamente desconfiado Hitler, que, justamente devido a sua juventude e origem pequeno-burguesa, assim como à intimidade da relação, devia ser bem mais maleável que os outros membros do grupo?

Nesse aspecto do legado de Eva Braun, somente um fragmento de 22 páginas de diário redigidas na escrita alemã antiga oferece um breve insight do caráter da relação. Mas até hoje se discute se a autoria é realmente dela. Se, em 1967, Nerin E. Gun fez com que Ilse Fucke-Michel, a irmã mais velha de Eva Braun, atestasse por escrito a autenticidade do documento, Anton Joachimsthaler afirmou que a própria caligrafia comprova que se trata de falsificação.[112] Por sua vez, o historiador Werner Maser declarou que o diário revela "mais sobre a relação de Hitler com as mulheres" que a maioria das interpretações "de biógrafos supostamente bem informados".[113] Apesar dessa dubiedade — ou justamente por causa dela —, desde que foi encontrado, o referido "diário" deu asas à imaginação de muita gente e foi objeto tanto de tratados científicos como tema de relatos ficcionais.[114]

Em que consistem afinal essas notas que Anna Maria Sigmund classificou de "espelho da psique de Eva Braun"? Trata-se, na verdade, de pensamentos de uma moça de 23 anos — a maior parte escrita a intervalos de uma a três semanas — que giram principalmente em torno ao errático ir e vir de seu amante muito mais velho. Assim se constata que, no dia 6 de fevereiro de 1935, Eva Braun passou seu aniversário sem Hitler em Munique. Este se achava em Berlim, mas providenciou, através de Wilma Schaub, esposa de seu ajudante de ordens Julius Schaub, para que entregassem "flores e um telegrama" à namorada na Photohaus Hoffmann.[115] Enquanto isso, na capital, Hitler — apoiado pelo ministro da Propaganda — continuava fazendo gênero de solteirão solitário. Em todo caso, Goebbels, que não se cansava de enfatizar em seus diários a profunda amizade que o ligava a Hitler, anotou depois de conversar com ele em 3 de fevereiro: "Grande colóquio com o Führer. Pessoal [...]. Sobre mulheres, casamento, amor e solidão. Só comigo ele fala assim". Três dias antes, Goebbels havia registrado, após um encontro no apartamento de Hitler na Chancelaria, que este discorrera sobre "sua solitária e triste vida privada", sem "mulheres, sem amor, sempre povoada pela lembrança de Geli".[116]

Os escritos de Eva Braun dão a entender que, na época, ela ainda não estivera em Berlim. No entanto, parece que era iminente uma visita à capital, ao apartamento e ao gabinete reformados de Hitler na antiga Chancelaria.[117] Já em 1933, Paul Ludwig Troost e sua esposa, a arquiteta Gerdy (Gerhardine) Troost, assim como seu assistente Leonhard Gall, haviam iniciado a reforma da chamada "residência do Führer". Os salões de recepção foram transferidos para o primeiro andar e o térreo e, nos andares superiores, instalaram-se um gabinete de trabalho e uma suíte para Hitler e, posteriormente, os aposentos de Eva Braun.[118]

Segundo o "diário", Hitler só se encontrou com a namorada nos dias 11 e 18 de fevereiro, ocasiões em que insinuou que não queria que ela continuasse trabalhando na loja do amigo Hoffmann e que desejava dar-lhe uma "casinha" de presente. Seria "tão bom" já não ter de "ser balconista", observou Eva Braun.[119] Doze dias depois, em 2 de março, um sábado, aconteceu o encontro seguinte no apartamento de Hitler, na Prinzregentenplatz, 16.[120] Se os apontamentos estiverem corretos, os dois passaram "algumas horas maravilhosas até meia-noite". Depois disso e com o "consentimento" de Hitler, como a própria Eva Braun frisou, ela se divertiu até as duas da madrugada no "Baile da Cidade de Munique", a festa de carnaval realizada anualmente no Teatro Alemão, o evento mais charmoso da temporada.[121] No dia seguinte, Hitler partiu "repentinamente" para Berlim, "sem se despedir". Sua amante e seu fotógrafo pessoal acudiram à estação ferroviária, mas não chegaram "a ver senão as lanternas traseiras" do trem já em movimento. Nesse domingo, Eva Braun esperou em vão um contato do amante. Seu telefonema para a Osteria Bavaria foi tão em vão quanto a tarde que passou aguardando na casa de Hoffmann, "como que sentada em brasa", na esperança de que ele aceitasse o convite para "o café e o jantar".[122]

Enquanto a moça se descabelava para entender por que o amante partira "tão cedo" e sem se despedir, Hitler andava às voltas com a iminente — dia 5 de março — visita a Berlim do ministro de Negócios Estrangeiros britânico, sir John Simon. Muita coisa estava em jogo. Desde a posse de Hitler e a subsequente e inesperada saída da Liga das Nações, a Alemanha estava diplomaticamente isolada. A Inglaterra, a França, a Áustria e até a Itália de Benito Mussolini haviam protestado contra a agressiva política de anexação da Áustria e o esforço notório dos nazistas para rearmar-se. Embora se mostrasse disposto a negociar, o governo britânico anunciara, pouco antes do encontro, o aumento das despesas militares, explicando que o rearmamento alemão "ameaçava a paz".[123] Por esse motivo, Hitler adiou abruptamente a reunião com Simon e, em 16 de março, proclamou aos quatro ventos o restabelecimento do serviço militar obrigatório e a formação de 36 divisões, ou seja, o recrutamento de mais de meio milhão de soldados alemães.[124] Tratava-se de uma violação flagrante do Tratado de Versalhes.

No mesmo dia, Eva Braun observou que era "natural" que ele "agora não tivesse muito interesse por ela", já que a atividade política se intensificara tanto. Aliás, Hitler, que a partir de 15 de março havia passado mais uma semana na Baviera, viajara a Berlim sem a encontrar, como de costume.[125] Atormentada, ela esperara por ele; na segunda-feira, passou horas em meio a uma multidão de curiosos, à entrada do hotel Carlton de Schwabing, para vê-lo entregar um buquê de flores à estrela do cinema Anny Ondra, esposa do pugilista alemão Max Schmeling, felicitando-a pela vitória do marido na luta pelo campeonato mundial contra o americano Steve Hamas.[126] Eva Braun conhecera Ondra um ano antes, quando Hitler mandou convidar a atriz e o marido, no fim de semana de Pentecostes — presumivelmente no dia 20 de maio de 1934 —, para um café na casa de Franz Xaver Schwarz, à margem do Tegernsee. Schwarz, o poderoso tesoureiro nacional do NSDAP, era íntimo do Führer. Por isso, na ocasião, Eva Braun pôde sentar-se à mesa com Hitler, Hoffmann — que era amigo de Schmeling —, Schaub e Brückner. Em suas memórias, o boxeador escreveu que, na ocasião, a moça desconhecida lhe chamara a atenção, pois, "apesar da sua evidente modéstia, dirigia-se a Hitler com uma muito natural e manifesta familiaridade". Quando Schmeling perguntou a Hoffmann quem ela era, este primeiro fez mistério, mas enfim disse seu nome e explicou que se tratava de uma funcionária.[127]

Hitler e os dirigentes nazistas não se cansavam de usar o sucesso esportivo de Schmeling na propaganda. Este, por sua vez, ao vencer por nocaute em Hamburgo no dia 10 de março de 1935, não hesitou em fazer a saudação hitlerista no ringue, diante de 25 mil espectadores.[128] Poucos dias antes do arriscado golpe diplomático que vinha preparando, Hitler se serviu conscientemente da popularidade do "casalzinho ideal" Schmeling-Ondra (protagonistas de um filme intitulado *Knock-out. Ein junges Mädchen — ein junger Mann* [Nocaute. Uma moça — um rapaz], que dias antes, em 1º de março, estreara nos cinemas alemães) para promover a identificação das massas com o Estado nazista. Assim, por um lado, satisfazia a necessidade de grandeza nacional da sociedade alemã; por outro, mostrava ao mundo o revigoramento da Alemanha e sua disposição para a luta, como tinha comprovado Schmeling de modo tão espetacular. A decisão unilateral de Hitler de fazer pouco caso das restrições militares de Versalhes e, assim, "esnobar o tratado", como escreveu o correspondente norte-americano William L. Shirer, rendeu uma popularidade tremenda ao governo nacional-socialista. Mas a pobre Eva Braun, que se remordia de ciúme e receava o fim de seu relacionamento, não tinha ideia do que se passava.[129]

E, quinze dias depois, em 31 de março de 1935, quando Hitler a incluiu entre os amigos de Munique convidados a jantar no luxuoso hotel Vier Jahreszeiten, ela não se dignou a escrever uma linha sobre o evento no diário. Afinal, não tivera um único encontro privado com Hitler nas últimas quatro semanas. Por isso não se sentiu lisonjeada com o convite semioficial ao hotel preferido do líder nazista para suas comemorações, no qual ficava o escritório da Sociedade Thule, um agrupamento nacionalista e antissemita.[130] Pelo contrário, Eva Braun achou constrangedor passar "três horas sentada ao seu lado", sem "poder trocar uma palavra com ele". Igualmente frustrada, naquela noite, ficou sua expectativa de "uma saudação" ou uma "palavra meiga". Ao se despedir, Hitler se limitou a lhe entregar "um envelope com dinheiro, como em outra ocasião".[131] Nos anos subsequentes, continuaria abastecendo ocasionalmente a namorada de dinheiro. Speer contou a Joachim Fest que, em 1938, após uma refeição no hotel Vier Jahreszeiten com "membros do grupo do Berghof e dirigentes do partido", Hitler, "ao passar" por Eva Braun, entregou-lhe um envelope em um gesto "um tanto formal". Décadas depois, o arquiteto ainda se mostrava "visivelmente indignado" com aquela manifestação de desprezo do Führer pela amante, especialmente porque aquele comportamento contradizia muito seus modos "vienenses" no trato com as mulheres e, segundo Speer, lembrava um personagem de "filme de gângster americano".[132]

Ocorre que, no fim de março de 1935, a Hitler não faltavam motivos para estar eufórico e pródigo. Nos dias 25 e 26, a visita a Berlim do ministro britânico Simon e do lorde do Selo Privado Anthony Eden havia transcorrido muito satisfatoriamente apesar

Hitler, no Obersalzberg, ao receber por telefone o resultado final do referendo do Sarre (Janeiro de 1935)

da flagrante violação do tratado por parte da Alemanha. Cheio de si e mediante longas preleções, Hitler justificou para seus pacientes interlocutores a necessidade do rearmamento alemão: um tema que "fazia anos era tabu" nas assembleias da Liga das Nações.[133] A polida omissão dos britânicos, concebida em nome do equilíbrio entre as nações, que até concordaram com futuras negociações sobre um pacto naval, possibilitou à liderança nazista mais uma grande vitória diplomática e o aumento de seu prestígio quando do plebiscito de 13 de janeiro de 1935, no qual 91% da população do Sarre aprovou a reintegração à Alemanha. A Grã-Bretanha premiou a inescrupulosa política externa alemã com a aceitação de uma revisão do Tratado de Versalhes.[134]

Na vida privada, porém, essa falta de escrúpulos levou a uma nova catástrofe. Do início de abril ao fim de maio, Eva Braun passou três longos meses à espera da habitual visita ou, pelo menos, de uma "palavrinha" do amante, como escreveu em seu diário. Mas Hitler não tinha tempo para ela. Trabalhava febrilmente na "aliança com a Inglaterra" para romper os tratados internacionais vigentes e pôr fim ao isolamento da Alemanha no exterior. "Por ora, ao que parece, o amor está fora de seus planos", anotou Braun no diário em 29 de abril.

Contudo, motivos pessoais — hipotéticos ou reais — também retinham Hitler em Berlim: um suposto affaire com a baronesa Sigrid von Laffert, além do fato de ele estar com a saúde abalada. Até a primavera de 1935, circulou na capital um boato acerca desse caso amoroso — ainda que platônico — com a jovem sobrinha de Viktoria von Dirksen.[135] No fim da década de 1920 e no início da de 1930, essa senhora, viúva do conselheiro privado imperial Willibald von Dirksen, nazista notória e antiga fomentadora de Hitler em Berlim, promovera em seu salão da Margaretenstraße o mais importante espaço de contato entre a antiga nobreza e os figurões nacional-socialistas. Seu irmão Karl August von Laffert, proprietário rural de Mecklemburgo, foi um dos muitos aristocratas que ingressaram na elitista e sectária SS na primavera de 1933, passando a financiá-la e abastecê-la de lideranças qualificadas.[136]

Portanto, não admira que Viktoria von Dirksen tenha facilitado o acesso à elite nazista da parenta de dezenove anos, que morava com ela. Em 1932-3, a jovem cumpriu o ainda não obrigatório *Pflichtjahr* [ano de trabalho comunitário] na Liga das Moças Alemãs, o equivalente feminino à Juventude Hitlerista, e, em 1938, filou-se ao NSDAP.[137] Posteriormente, o mordomo Heinz Linge afirmou que Sigrid von Laffert era uma das maiores beldades do entorno de Hitler, que fazia questão de "convidá-la a todos os eventos comemorativos". Por exemplo, no dia 1º de maio de

Hitler e Sigrid von Laffert com o casal Goebbels no camarote de honra da Ópera Alemã de Berlim; à esquerda, o ajudante de ordens de Hitler, Wilhelm Brückner (Dezembro de 1935)

1934, quando o governo montou um gigantesco espetáculo de propaganda para instaurar o "Feriado nacional do povo alemão", calcado nas tradições germânicas da primavera, a jovem e loiríssima Laffert se apresentou no Tempelhofer Feld rodeada dos mais graduados dirigentes nazistas. Não lhe faltava, está claro, importância no papel de uma das representantes públicas do regime, para o qual Hitler em pessoa escolhia as visualmente mais dotadas.[138] Ainda em março de 1939, Laffert foi uma das convidadas a um banquete oficial na casa do chanceler do Reich.[139] É bem possível que no começo de 1935, em Munique, Eva Braun, a quem tais aparições eram proibidas, haja tomado conhecimento dos rumores que circulavam em Berlim.

Por outro lado, na primavera de 1935, Hitler andava mal de saúde. Desde o começo do ano, vinha se queixando de um zumbido noturno e de disfonia, coisa que o levou a recear um câncer na laringe, como ocorrera com o kaiser Frederico III. Em 23 de maio de 1935, dois dias depois de sua segunda "conversação de paz" na Ópera Kroll berlinense, acompanhada com muito interesse no exterior, com a qual aplanou definitivamente o caminho das negociações navais com a Inglaterra, ele se submeteu a uma operação na Chancelaria. O cirurgião Carl Otto von Eicken, professor da faculdade de medicina de Berlim e uma sumidade na área, extraiu um pólipo das pregas vocais do chanceler e lhe recomendou quatro semanas de repouso. Anos depois, a revista americana *Time* de 14 de novembro de 1938 publicou um artigo baseado em uma entrevista de Von Eicken, que estava participando de um congresso médico na Filadélfia, segundo o qual aquela intervenção, embora simples, havia causado muita preocupação na época, pois, uma vez anestesiado, Hitler dormira catorze horas seguidas.[140] Depois disso, teve de esperar três meses para fazer seu primeiro discurso público em Rosenheim, dia 11 de agosto de 1935.

Tão sobrecarregado na política e com a saúde abalada, é compreensível que ele não tivesse tempo para Eva Braun. Mas ela não via senão hostilidade no comportamento do amante. Em 28 de maio, cinco dias depois da cirurgia, quando na Chancelaria do Reich os preparativos para as negociações sobre armamento avançavam a todo vapor, ela, em Munique, tentou pôr termo à vida pela segunda vez em três anos. Não com o revólver do pai, mas com uma superdose de sonífero que, segundo se lê no fragmento de seu diário, deveria ser "realmente 'letal'".[141]

Mas será que Eva Braun queria mesmo morrer? Tratava-se de um ato de desespero ou de mais uma chantagem emocional? Afinal, se dermos crédito ao diário, no mesmo dia da tentativa de suicídio, ela enviou a Hitler uma carta "decisiva". Não há como saber se ela anunciava a sua morte, pois a missiva já não existe e, ademais, não se conhece nenhuma outra referência a ela. Seja como for, o sucedido no dia 28 de maio de 1935 é incerto e só foi citado no relato de Nerin E. Gun, que menciona suas conversas com a família Braun — embora sem rigor de historiador. Segundo ele, naquela noite, tal como na primeira vez, Ilse Braun encontrou a irmã "profundamente inconsciente", socorreu-a e chamou um médico. Também teria sido Ilse Braun quem, na ocasião, achou o diário e arrancou certas páginas a fim de manter em segredo a segunda tentativa de suicídio e seu motivo. A memorialística omite esse incidente. Tampouco se sabe se Hitler chegou a se inteirar do fato, embora estivesse em Munique na ocasião.[142] No entanto, os acontecimentos dos meses subsequentes confirmam tal hipótese.

2. O MITO DO FÜHRER OU O HERR HITLER PRIVADO

Um primeiro indício é o fato de Eva Braun ter deixado a casa dos pais, no dia 9 de agosto de 1935, e se mudado com a irmã caçula Gretl e uma empregada húngara para um apartamento de três cômodos na Widenmayerstraße, 42, alugado por Heinrich Hoffmann. Hitler, cuja residência na Prinzregentenplaz ficava a apenas cinco minutos de distância, havia proposto esse arranjo e o pagava através de seu procurador Hoffmann.[1] Ao mesmo tempo que sustentava Eva Braun, dando-lhe assim uma clara demonstração de afeto, Hitler fazia o possível para não chamar a atenção e sobretudo evitar o inevitável escândalo resultante de uma bem-sucedida tentativa de suicídio da amante. Além disso, permitiu-lhe uma aproximação maior. Agora Eva podia aparecer mesmo nos eventos públicos, dos quais ficara excluída até então.

O congresso do partido em Nuremberg, 1935

Em setembro de 1935, quatro meses depois da segunda tentativa de suicídio e quatro semanas após a mudança para o apartamento financiado por Hitler, ela participou pela primeira vez de um congresso do NSDAP em Nuremberg.[2] Esse grande encontro anual, tal como as passeatas, os desfiles noturnos com tochas, as paradas militares e os comícios, servia unicamente à propaganda e era concebido sob medida para Hitler, que, como um messias, recebia a aclamação de centenas de milhares de adeptos. Naquele ano, o evento se estendeu de 10 a 16 de setembro e foi intitulado "Congresso da Liberdade", em referência à suspensão — pelo menos parcial — do Tratado de Versalhes e à recuperação do espaço de manobra militar.[3] Além disso, em 15 de setembro, durante a festa em Nuremberg, Hitler convocou excepcionalmente o Reichstag para aprovar as apressadamente elaboradas "Leis Raciais de Nuremberg" que excluíam os cidadãos judeus da "comunidade nacional" e os privavam dos direitos civis.[4]

Ignora-se até que ponto Eva Braun estava informada disso e também quando chegou em Nuremberg. Contudo, há indícios de que viajou com o patrão e sua família — mulher e filho —, assim como os outros empregados da Editora Heinrich Hoffmann de Fotografias Nacional-Socialistas.[5] Como Hoffmann, que agora dirigia essa grande empresa com faturamento de milhões, acompanhou o congresso desde o começo (na função de "correspondente fotográfico nacional do NSDAP"), é presumível que Eva Braun estivesse presente já no primeiro dia, quando Hitler percorreu a cidade em carro aberto e foi recebido pelo prefeito na Câmara Municipal.[6] Ernst Hanfstaengl, designado para saudar a imprensa internacional na tarde de 10 de setembro no salão nobre da Associação Cultural, recordou que Braun chegou "discretamente" ao congresso, mas trajando um "luxuoso casaco de pele".[7] É presumível que ela também tenha acompanhado o espetáculo de propaganda eficazmente montado por Albert Speer no campo Zeppelin, cinco quilômetros a sudeste do centro da cidade; lá foi realizado o discurso do *Reichsarbeitsdienst* [serviço do trabalho do Reich], arrematado com um desfile "perante o Führer"; no dia seguinte, foi a vez da fala dos dirigentes políticos e, no último, 16 de setembro, a partir das nove horas da manhã, houve paradas das Forças Armadas, encerradas com uma grande cerimônia militar noturna.[8] Mas, em 1935, o campo Zeppelin ainda era um descampado. Só dois anos depois foram erguidas as conhecidas edificações monumentais de pedra, inclusive uma gigantesca suástica dourada. A tribuna, assim como a águia colossal iluminada por vários faróis, ainda era de madeira, e as "cúpulas luminosas" idealizadas por Speer, formadas por holofotes antiaéreos, chegaram a ser testadas, mas não foram utilizadas.[9]

Para Eva Braun, o congresso do partido representou uma nova guinada em sua relação com Hitler. Pela primeira vez, pôde participar de um evento do NSDAP na companhia de outras mulheres de nazistas importantes, como Ilse Heß, Margarete Himmler e Gerda Bormann. No entanto, sua presença suscitou a rejeição de algumas senhoras, principalmente a de Angela Raubal, a enérgica meia-irmã de Hitler que administrava sua casa em Berchtesgaden. Herbert Döhring, que viria a ser zelador do Berghof, lembrou depois da guerra que a "sra. Raubal e a sra. Goebbels e todas as esposas de ministros [...] ficaram chocadíssimas" com a presença "na tribuna de honra daquela mocinha petulante e de ar contrariado".[10] Döhring, que na época tinha 22 anos — pouco menos que Eva Braun — e era membro dos *Führerschutzkommandos* da SS, os destacamentos encarregados da guarda pessoal de Hitler no hotel Deutscher Hof, dificilmente há de ter observado de moto próprio o mal-estar entre as mulheres na tribuna de honra. Na ocasião, é possível que nem conhecesse Eva Braun. Seu juízo deve ser recebido, por um lado, como boato e, por outro, como fruto de experiências posteriores no Berghof.

Mas Julius Schaub, durante anos ajudante de ordens e confidente de Hitler, que, segundo a secretária Christa Schroeder, seguia o líder nazista "feito uma sombra", também declarou que, durante o congresso, estabelecera-se "uma relação muito tensa" entre Raubal e Braun.[11] A própria Schroeder, que desde 1933 era secretária do "ajudante de ordens pessoal do Führer" na Chancelaria, observou em suas anotações que Angela Raubal detestou Eva Braun logo no primeiro instante e se queixou ao irmão do comportamento, em sua opinião, "muito espalhafatoso", da moça em Nuremberg. Por determinação de Hitler, Raubal teve de "ir embora de 'Berg'", e "todas as outras senhoras" que "fizeram comentários desfavoráveis", passaram muito tempo "sem poder desfrutar da hospitalidade da casa".[12]

De fato, Angela Raubel partiu do Obersalzberg no dia 18 de fevereiro de 1936, depois de sete anos, mas parece que continuou fazendo visitas ocasionais. Pelo menos, em carta a Rudolf Heß escrita em Dresden no dia 22 de maio de 1936, comunicou que no fim de junho iria fazer uma viagem com o marido, e passariam por Munique e Berchtesgaden. E acrescentou: "Especialmente, desde que meu irmão esteve aqui em Dresden, e eu, depois de muito tempo, voltei a falar com ele, e ele aceitou vir tomar café em minha casa, estou tão contente que até receio a inveja dos deuses".[13] Hitler, assim, retomou o contato com a meia-irmã poucos meses depois. Não se pode afirmar com certeza que Eva Braun tenha sido o único motivo da discórdia.[14] Todavia, as memórias dos assessores pessoais de Hitler mostram como foi espetacular a ascensão de Eva Braun aos olhos dos empregados e funcionários. A súbita exclusão da meia-irmã deu-lhes a entender que quem se atrevesse a criticar Eva Braun ou seu relacionamento com Hitler seria demitido. Coisa que tornou praticamente inexpugnável a situação da moça no interior do círculo mais chegado.

A arrivista invisível

Não obstante, eram poucos os que sabiam quem era Eva Braun. Para todos os efeitos, ela continuou invisível. Ela não se hospedou no Kaiserhof, como as esposas e outras convidadas de honra — entre as quais Gerdy Troost, a arquiteta de Hitler, Marga Himmler e Gerda Bormann —, hotel que, como todos os outros da cidade durante o congresso do partido, só permitia a entrada mediante a apresentação de um "cartão de hospedagem". Muito provavelmente, foi na qualidade de empregada de Heinrich Hoffmann que ela transitou nesse meio — em companhia da amiga Marion Schönmann, trazida de Munique.[15] Portanto, é possível que, como seu patrão e todo o séquito de Hitler, tenha ficado no hotel Deutscher Hof, no Altstadtring, em frente à Ópera, no qual Hitler, em suas estadas na "mais alemã de todas as cidades", costumava ocupar o primeiro andar. Ele havia proibido pessoalmente as mulheres dos correligionários de lá se hospedarem. Queria ter certeza de que, na companhia de Hoffmann, Eva Braun chamasse menos atenção.[16]

Na época, participavam do grupo de Hoffmann, como mostra a fotografia tirada em seu quinquagésimo aniversário, dia 12 de setembro de 1935, em Nuremberg, além de Eva Braun e Marion Schönmann, seus familiares e outros empregados, o fotógrafo Atto Retti-Marsani e o boxeador Max Schmeling.[17] É provável que, por intermédio de Hoffmann, ela tenha recebido convites especiais para certos eventos do congresso. Em geral, os convites para o congresso do partido, enviados pela Casa Parda, em Munique, em nome do Führer e assinados por Rudolf Heß, eram muito cobiçados e difíceis de conseguir. Por isso Ilse Heß, sempre fiel à linha do partido, recusou peremptoriamente o pedido de uma parenta pouco antes do evento, escrevendo: "Infelizmente, os convites são tão escassos que muitos antigos militantes do movimento foram excluídos. Em tais circunstâncias, é impossível favorecer uma parenta que não faz parte da velha militância".[18] Mas, com a ajuda de Hoffmann, Eva Braun manteve a discrição, mesmo sendo uma componente fixa do círculo íntimo de Hitler. Em apenas um ano — com ou sem tentativa de suicídio —, conseguiu alterar decisivamente e com muita vantagem a situação de sua vida com o ditador.

Poucos meses depois do congresso, mudou-se com a irmã Gretl para uma casa com quintal no bairro nobre de Bogenhausen, em Munique. Além disso, a partir de 1936, passou a fazer parte do pessoal permanente do Berghof e ficava com Hitler em seu refúgio no Obersalzberg, que, além de Munique, tornou-se seu segundo domicílio. De quando em quando, ela o acompanhava inclusive em viagens internacionais. Vendo-a em meio a sua comitiva como "secretária particular", não ocorria a ninguém de fora que a moça loira fosse amante do ditador solteirão. A "presença constante" de Eva Braun, como recorda Hanfstaengl, só chamava a atenção daqueles que tinham ou haviam tido contato estreito com Hitler.[19]

Uma "vida perdida"?

Sem embargo, o status de esposa lhe era negado. Acaso isso significa que sua vida se "perdeu", como assevera a biógrafa britânica Angela Lambert já no título de seu livro *The Lost Life of Eva Braun* [A vida perdida de Eva Braun]?[20] Em que era distinta sua existência das de outras mulheres ou namoradas de políticos nazistas de alto coturno? Eva Braun correspondia ao modelo de comportamento das mulheres de sua época e classe social? Ou, devido à ligação com Hitler, assumiu o "indigno papel de odalisca"? E é verdade que vivia como escrava e só podia sair de Munique com autorização de Hitler ou Bormann?[21]

O próprio Ernst Hanfstaengl, que afirmou isso depois da guerra, tinha grande fascínio por Hitler e, apesar da extração burguesa e de haver estudado em Harvard, apoiava o NSDAP desde 1922. Tanto que, logo depois de sua malograda tentativa de golpe em 9 de novembro de 1923, Hitler se refugiou em uma casa da família Hanfstaengl, em Uffing, à beira do Staffelsee, no sopé dos Alpes bávaros, a setenta quilômetros de Munique. E, depois, quando ele cumpria um ano de reclusão em Landsberg am Lech, Hanfstaengl era um dos amigos que frequentemente o visitavam no presídio.[22] Mas seu conhecimento íntimo das relações pessoais de Hitler restringiu-se à década de 1920 e ao início da década de 1930. Quando do congresso do partido de 1935, já fazia um ano que ele fora excluído do trato pessoal com Hitler. Tendo caído em desgraça, foi para a Inglaterra em 1934 e lá, por intermédio do chefe da Chancelaria do Reich e do gauleiter de Nuremberg, tentou inutilmente ser reabilitado como "patriota e correligionário".[23]

Anos depois, o fato de ter tido uma estreita relação privada com Hitler concedeu-lhe inesperadas vantagens. Durante a Segunda Guerra Mundial, Hanfstaengl foi libertado de um campo de prisioneiros no Canadá, em que a Grã-Bretanha o havia internado como "estrangeiro inimigo", e, em 1942, passou a colaborar com o serviço secreto do Office of Strategic Services (OSS), a agência de inteligência precursora da CIA. Usando o nome de guerra "Dr. Sedgwick", forneceu informações a John F. Carter, o assessor e analista de notícias do presidente Franklin D. Roosevelt, sobre como desestabilizar o poder político dos nazistas na Alemanha.[24] A ulterior avaliação de Hanfstaengl da relação de Hitler com Eva Braun reflete, por um lado, as normas culturais vigentes nos anos 1930 — baseadas na legislação e na Igreja —, que consideravam a sexualidade extraconjugal antinatural e imoral; por outro, a caracterização da presença de Braun no círculo íntimo de Hitler, que ele qualifica de vergonhosa e perturbadora, denota a persistência da projeção do mito de um Führer que não podia ser julgado mediante critérios humanos, o qual Hanfstaengl — que, aliás, era um notório mulherengo — não queria ver desvalorizado a posteriori por causa de um relacionamento inconveniente.[25]

Hitler e a família Braun

Diante da moral sexual restritiva predominante na Alemanha e da educação católica monástica de Eva Braun, não surpreende que os pais Friedrich e Franziska Braun tenham inicialmente reprovado o estilo de vida da filha. Não se sabe quando nem em que circunstâncias tomaram conhecimento de sua relação com Hitler. No entanto, parece pouco plausível que só tenham sabido do romance no fim do verão de 1935, quando teriam supostamente encontrado Hitler no apartamento próprio para o qual Eva recentemente se mudara, ou então em 1937.[26] Mas a mera ideia de semelhante relação devia parecer tão estapafúrdia para os pais que, no começo, é mesmo provável que eles atribuíssem os hábitos desenvoltos da filha — a súbita instalação de um aparelho telefônico, as idas e vindas irregulares, as noites passadas fora de casa — ao seu trabalho na Photohaus Hoffmann.

Provavelmente, os pais de Eva Braun tiveram o primeiro encontro com Hitler na Lambacher Hof, uma estalagem à margem norte do Chiemsee, aproximadamente a meio caminho entre Munique e o Obersalzberg, que existe até hoje. Hitler, que antes da construção da autopista Munique-Salzburgo viajava pela antiga estrada ao longo do Chiemsee, lá comia frequentemente com seus acompanhantes. Em um domingo do fim de agosto de 1935, ou talvez no dia 1º de setembro, ao retornar da inauguração de um "Pôlder Adolf Hitler" em Dithmarschen, Schleswig-Holstein, o líder nazista teria sido apresentado aos pais da namorada. Nerin E. Gun relata que, na ocasião, os Braun fizeram uma excursão dominical a Lambach e lá toparam inesperadamente com a filha, que, sendo empregada de Heinrich Hoffmann, estava na comitiva do chanceler. Eles se cumprimentaram rapidamente, mas com amabilidade. Na época, os dois nada saberiam da relação de Eva com o líder nazista.[27]

Já Henriette von Schirach afirma em suas anotações que Friedrich Braun percorreu os cerca de cem quilômetros entre Munique e o restaurante de Lambach com a intenção de conversar com Hitler, pois via na ligação "uma boa oportunidade para a sua filha predileta". Hitler teria comentado que essa fora a conversa "mais desagradável de sua vida". Em todo caso, logo depois, Eva Braun passou a contar com o conforto de uma casa e uma mesada.[28]

Mas, com base nas escassas e difusas declarações da família no pós-guerra, não se pode senão especular sobre o que Friedrich e Franziska realmente sabiam e pensavam e sobre o papel que tiveram as irmãs Ilse e Margarete.[29] Quando se trata de retroceder uma grande distância — de pelo menos vinte anos nesse caso —, convém ter em conta que, com o passar do tempo, a percepção subjetiva pode ser discutida, alterada, ordenada e corrigida muitas vezes. No caso da família Braun, no tocante ao grau de familiaridade com Hitler e, portanto, à conivência e talvez até à cumplicidade com os crimes nazistas, é de supor que tenha havido omissões por vergonha ou medo de perseguição criminal.[30] Portanto, confrontados com o jornalista Gun depois de um longo tempo de silêncio, os Braun não teriam bons argumentos para negar um conhecimento anterior do relacionamento de Eva com Hitler e até para afirmar que se opunham ao romance?[31]

Aliás, em 1947, Friedrich e Franziska Braun tiveram de dar explicações perante um tribunal civil em Munique. A Lei de Libertação do Nacional-Socialismo e do Militarismo, promulgada pelas autoridades militares americanas em 1946, atribuiu a essa corte composta por promotores públicos a função de proceder à desnazificação, competindo-lhe classificar os réus em "culpados graves", "culpados", "culpados leves", "indiciados", "partidários" ou "inocentes". Conforme a reportagem intitulada "Hitlers Schwiegereltern vor Gericht" [Sogros de Hitler no tribunal], publicada pelo jornal *Die Welt* em 2 de agosto de 1947, a promotoria incluiu o "professor Fritz Wilhelm Otto Braun e sua esposa Franziska Katharina" no grupo dos culpados, ao qual, segundo dispunha a lei, pertenciam os "ativistas", os "militaristas" e os "beneficiários". Eles estavam sujeitos à pena de reclusão, confisco dos bens e — particularmente o pai — proibição do exercício da profissão e perda da aposentadoria. No mínimo, prosseguia a reportagem, Fritz Braun tinha conhecimento da relação da filha com Hitler, aprovava-a e até se orgulhava dela. Mesmo a mãe, que nunca se filiou ao partido, foi designada como "ativista" pelo promotor público.[32] O arrazoado da acusação, em 9 de julho de 1947, dizia que a investigação constatara que os "acusados passaram o ano orgulhosos da filha que conseguira ser amante do Führer. Os réus sentiam-se em casa no Obersalzberg. Como já eram membros da família, não tinham necessidade de ingressar no partido".[33]

No tribunal, pressionados, ameaçados em sua existência — o pai, professor exonerado do serviço público, ganhava a vida como operário em uma carpintaria —, os Braun se empenharam em minimizar o grau de intimidade da filha com Hitler. Declararam que, em 1933, Eva Braun era "governanta" do ditador. A partir de então, ele havia tido com ela uma relação amorosa "nunca bem explicada e aparentemente muito platônica".[34] E, no dia 1º de dezembro de 1947, Fritz Braun afirmou em uma sessão pública do tribunal civil de Munique: "Não sei quando começaram as relações de minha filha Eva com Hitler. Em 1937, eu tomei conhecimento delas através de um jornal tcheco. Até então, achava que ela era secretária dele".[35]

Além disso, por intermédio de seu advogado Otto Gritschneder, o casal Braun comunicou ao jornal *Die Welt* que ia "apresentar provas de que sempre se opuseram ao relacionamento da filha com Adolf Hitler". Segundo eles, tinham escrito uma carta ao ditador afirmando que não tolerariam mais aquela "relação indecente". No entanto, essa missiva "se extraviou e nunca foi apresentada".[36] Fritz Braun declarou perante o tribunal que escrevera "ao Führer, comunicando-lhe que não achava correto tirarem minha filha de casa sem nos avisar". Ele teria ficado indignado "com Hitler".[37]

É duvidosa a existência dessa carta capaz de livrar Friedrich e Franziska Braun da acusação de terem sido "ativistas" no Estado nazista ou "beneficiários" no círculo mais próximo do chanceler nazista. O único documento citado como prova procedia da própria família. Se for verídico o relato de Gun, tratava-se da cópia de uma carta de Friedrich Braun a Hitler datada de 7 de setembro de 1935 — cerca de um mês depois da mudança de sua filha —, a qual teria sido entregue a Heinrich Hoffmann para que a encaminhasse ao Führer.[38] Naquele dia, Hoffmann visitou e fotografou as obras da Königsplatz, em Munique, que, conforme os planos do recém-falecido Paul Ludwig Troost, seria transformada em terreno de desfiles mediante a instalação de mais de 20 mil ladrilhos de granito e a aplicação de emblemas nazistas.[39] O próprio Hitler se achava no Obersalzberg, como era seu hábito às vésperas do início do congresso do NSDAP em Nuremberg; lá se recolhia regularmente semanas antes do evento para escrever suas alocuções. Afinal, no iminente congresso, faria nada menos que dezessete discursos.[40]

É perfeitamente possível que Friedrich Braun tenha entregado a Hoffmann a carta em que pedia a Hitler que convencesse sua filha "a voltar para a família". Mas seria despropositado apresentar semelhante escrito — caso existisse — a posteriori como prova de indignação com Hitler, coisa que só podia ser interpretada como um ato de desespero. Pois, por um lado, a missiva não chegara ao destinatário — ou porque simplesmente não existia, ou porque Hoffmann e Eva Braun providenciaram para que Hitler não a recebesse —; e, por outro, o comportamento dos pais nos anos subsequentes invalidava a tese segundo a qual, para eles, a relação da filha com Adolf Hitler era uma "amarga vergonha".[41]

O fato é que, ao sair da casa dos pais no começo de agosto de 1935, Eva Braun não tinha rompido com a família. Pelo contrário, nos dez anos seguintes, Franziska Braun foi uma hóspede muito bem acolhida no Obersalzberg e acompanhou a filha em várias viagens, especialmente à Itália, mas também a Viena, em 1938. Todavia, nada se pode afirmar acerca de sua relação pessoal com Hitler. Faltam tanto testemunhos contemporâneos quanto depoimentos de terceiros no pós-guerra. Não obstante, Hitler a incluiu em seu último testamento pessoal de 29 de abril de 1945, ditado um dia antes do suicídio com Eva Braun no bunker sob a Chancelaria do Reich. Franziska figura como único membro da família Braun quando ele instrui seu secretário Martin Bormann, nomeado testamenteiro, a transferir para os irmãos do ditador e "principalmente para a mãe de minha esposa", assim como para os "leais colaboradores", "tudo quanto tenha valor de lembrança pessoal ou que seja necessário à manutenção de uma modesta vida burguesa". De modo que, acima dos parentes consanguíneos de Hitler, Franziska Braun se equiparava aos fiéis companheiros que o "apoiaram durante anos com seu trabalho". A importância atribuída à mãe de Eva chama a atenção especialmente ante o fato de que o testamento não menciona nem suas irmãs nem seu pai.[42]

Eva Braun em Florença, com suas companheiras de viagem (da esq. para a dir.): Franziska Braun, Margarete Speer, Anni Brandt e Marion Schönmann (s.d.)

Isso permite inferir uma relação deteriorada entre pai e filha ou mesmo a oposição de Friedrich Braun ao regime nacional-socialista? Sem dúvida alguma, a motivação dessa última disposição de Hitler é um enigma. Se, por um lado, Friedrich Braun só se filiou ao NSDAP no dia 1º de maio de 1937, admitiu, por outro, no tribunal, em 1947, ter acreditado no Führer "até o fim". E sua filha, segundo o depoimento de 1º de dezembro de 1947, "jamais teria ficado com ele [...] se Hitler fosse uma pessoa ruim".[43] No entanto, é possível que não tenha sido a relação de Eva Braun com Hitler o que causou o tardio ingresso de seu pai no partido. Afinal, sabe-se que Hitler proibia qualquer atividade política aos parentes. De acordo com o depoimento de sua irmã Paula Wolf, todos eles foram convidados ao congresso nacional do NSDAP em Nuremberg, em 1929, e lá assumiram o compromisso de não ingressar no partido.[44] Portanto, é lícito supor que Eva Braun também estivesse sujeita a esse preceito e tenha sido expressamente instruída pelo líder nazista a não se filiar ao NSDAP. A ele convinha evitar de antemão qualquer interferência privada em assuntos políticos. No caso de sua meia-irmã Angela Raubal, cujo nome de casada passou a ser Hammitzsch, isso nem sempre foi possível. Como deixa claro sua carta a Ilse Heß, mesmo depois de afastada do Obersalzberg, ela não hesitava em se intrometer e, através de "reiteradas solicitações", se queixar às repartições públicas e às instâncias do partido — inclusive ao ministro Wilhelm Frick — quando achava que algo "não estava sendo bem encaminhado".[45]

Em tais circunstâncias, é difícil imaginar que Hitler se empenhasse particularmente na admissão do pai de sua amante no NSDAP, e menos ainda que a impusesse. É bem mais provável que Friedrich Braun, como muitos professores, tenha passado por um período de adaptação e, a seguir, por oportunismo, aderido à nova ideologia. Mais de 80% dos profissionais do ensino só ingressaram no NSDAP depois de 30 de janeiro de 1933 e, por esse motivo, eram chamados de oportunistas pela direção do partido.[46] Para impedir esse tipo de adesão, as novas filiações foram suspensas em 1933 e assim ficaram até 20 de abril de 1937. No entanto, além da ficha de inscrição, os novos "aspirantes" eram obrigados a responder um questionário de duas páginas, no qual comprovavam minuciosamente sua dedicação ao "movimento" até então. A data da admissão desses novos militantes, independentemente da data de inscrição, foi o dia 1º de maio de 1937.[47]

Por outro lado, a partir de 1935, a política educacional nazista desenvolveu-se no sentido de transformar a totalidade dos professores em "educadores do povo nacional-socialista". Principalmente na Baviera, o espaço de manobra daqueles que não eram membros do partido encolheu consideravelmente no fim de novembro de 1936, quando Adolf Wagner, o poderoso gauleiter e ministro do Interior, famoso pelo antissemitismo fanático, assumiu o Ministério Estadual de Educação e Cultura. Como Friedrich Braun, segundo suas próprias declarações, entregou o pedido de inscrição exatamente nessa época, é possível que, além de motivos pessoais, a entrada de Adolf Wagner no Ministério da Educação, vago havia dois anos, tenha sido essencial para o ingresso de Friedrich Braun no NSDAP.[48]

Mas sua adesão não foi meramente formal. Pouco depois do início da guerra, em 8 de novembro de 1939, por ocasião das comemorações do malogrado putsch de 9 de novembro de 1923, ele compareceu ao Bürgerbräukeller, em Munique, misturando-se aos "antigos combatentes".[49] Obviamente, não pertencia à "velha guarda", mesmo porque fazia apenas dois anos que entrara no partido. Tampouco se sabe se era particularmente ativo no NSDAP de Munique. De modo que não devia ter acesso aos eventos reservados exclusivamente para os "fanáticos do partido". Mas é possível que Eva Braun — talvez por intermédio de Heinrich Hoffmann — tenha obtido um convite para que o pai ouvisse o Führer. Seja como for, naquela noite, Friedrich Braun estava presente quando um atentado a bomba contra Hitler matou oito pessoas e feriu outras 63. Ele sobreviveu ao ataque, mas ficou ferido, ao passo que Hitler, cujo discurso de uma hora tinha sido, como constatou Goebbels, "um incisivo acerto de contas com a Inglaterra", deixara o salão quinze minutos antes da detonação.[50] Esse episódio mostra que não se pode falar em uma cisão intransponível entre pai e filha nem em oposição ao Estado nazista por parte de Friedrich Braun.

A ascensão de Eva Braun do anonimato para o círculo íntimo de Hitler implicou obrigatoriamente novos conhecimentos e novas relações que impunham exigências consideráveis à jovem sem tarimba social. Por esse motivo, no começo, ela se mostrava muito reservada com os visitantes que integravam o grupo de colaboradores do líder nazista. Em compensação, procurava a companhia da irmã caçula ou de amigas que ela mesma se encarregava de convidar ao Berghof ou de levar consigo de Munique. Com raras exceções, só no Obersalzberg é que Eva Braun entrava em contato com o staff direto do chanceler. Em todo caso, inicialmente, esse convívio se restringia a umas poucas pessoas selecionadas pelo próprio Hitler e por ele consideradas dignas de confiança.

Albert e Margarete Speer

Albert Speer era uma figura central no círculo íntimo de Hitler. Reciprocamente, para ele e para sua situação no regime, nada mais importante que frequentar — com a esposa — a "corte de Hitler", como a denominava o próprio arquiteto. Afinal de contas, até 1932 ele vivera praticamente sem renda digna de menção, e desfrutar a proximidade "humana" de Hitler prometia acesso ao triunfo e ao poder. Por isso, repentinamente, antes de completar trinta anos, ele se viu diante das "mais animadoras" perspectivas profissionais e, em 1937, nomeado por Hitler e a ele subordinado diretamente, foi promovido ao posto de inspetor geral de construção da capital do Reich. O planejamento e a implementação da reforma arquitetônica de Berlim ficaram inteiramente em suas mãos.

Posteriormente, porém, Speer descreveria a vida social no Obersalzberg como pura "perda de tempo". Era um "suplício" e

Margarete Speer no terraço do Berghof (*s.d.*)

não lhe deixou senão "a lembrança de um extraordinário vazio".[1] Não obstante, ele cultivava com muita diligência a participação naquela sociedade e, desde o começo, tratou de nela introduzir a esposa Margarete. Além disso, segundo as anotações de Margret Nissen, a filha caçula do casal, o papel de sua mãe no Obersalzberg consistia "em participar, em representar ao lado do marido".[2] Sempre que solicitados, os Speer estavam presentes em almoços ou jantares, distrações vespertinas ou comemorações, no Berghof ou onde quer que fosse. E tinham o cuidado de incluir Eva Braun, que, tal como eles, gostava de praticar esporte; levavam-na, por exemplo, a esquiar, embora Hitler, receando ferimentos, não visse essas excursões “com bons olhos”.[3] Em um escrito privado de poucos anos antes de sua morte, do qual a filha publicou trechos, Margarete Speer mencionou o quanto sua rotina cotidiana no Obersalzberg se fixava nas necessidades de Hitler. Assim descreveu o procedimento habitual de um “almoço com o Führer”: “O telefone toca, podem ser duas, três, às vezes quatro horas até. ‘O Führer convida à mesa.’ Uma simpática voz de homem. Faz tempo que eu estou pronta, sentada, esperando. Eles vêm nos buscar, a Albert e a mim [...]”.[4]

Enquanto Margarete Speer era servida no Berghof — às vezes, depois de ter passado horas aguardando o telefonema em seu apartamento —, uma babá e uma empregada se incumbiam de cuidar dos seis filhos do casal. A mais nova afirmou, referindo-se a sua infância no Obersalzberg, que, naqueles anos, ela crescera quase “totalmente sem pais”, pois tanto um como o outro passavam “mais tempo viajando” que em casa.[5] As atividades da mulher de Speer não se limitavam à vida doméstica, como se pode supor. Pelo contrário, ela chegava a descuidar da família para fomentar a carreira do marido, cujo único esteio era a ligação pessoal com Hitler. Para tanto, Margarete Speer agia não no cenário político, e sim no âmbito “privado”, não menos importante para impulsionar uma carreira. Mas ela gostava daquela existência. Diferentemente do marido, que depois manifestou desdém por tudo aquilo, diante da jornalista Gitta Sereny, Margarete Speer classificou de “fascinante a vida naquele grupo” em torno a Hitler,[6] Para Joachim Fest, antes mesmo da publicação das memórias do marido, ela criticou e condenou a visão que Speer tinha do passado: ele não pensa “um segundo sequer que fomos felizes na época”. Depois de ler as memórias, que foram best-seller, ela teria dito a Albert Speer: “A vida não me deixou muito! Mas agora você destruiu o pouco que restava!”.[7]

Eva Braun patinando no gelo (s.d.)

No entanto, o estilo de vida dos Speer mostra claramente que eles não poupavam esforços para pertencer ao Berghof. Albert chegou a dizer que a "engrenagem" de lá "prejudicava" seu trabalho, que a rotina era "cansativa", e o grupo de pessoas reunidas, "enfadonho". Não obstante, ficava permanentemente na vizinhança de Hitler, sentia-se "quase em casa no seu círculo íntimo". Ele e a esposa eram "mais assíduos no Berghof de Hitler" que em sua "própria velha casa de madeira".[8] Speer registrou com frequência e com muita precisão quem caía nas graças de Hitler. E, nesse aspecto, é surpreendente que ele, tão consciente de sua capacidade, usasse justamente Eva Braun como indicadora da influência exercida por uma pessoa no entorno do ditador.

Portanto, era um "privilégio" conduzir Eva Braun à mesa, ela que sempre se sentava "à esquerda de Hitler": prerrogativa exclusiva de Martin Bormann "a partir de 1938". Segundo Speer, com esse apanágio, "ficou inequivocamente demonstrada a predominância" de Bormann na corte.[9] Mas por que a namorada do Führer, depois descrita como desprezada, suburbana, humilhada e totalmente alheia à política, tinha tanta importância no Berghof? No verão de 1945, ao ser interrogado por oficiais aliados no castelo Kransberg, no Taunus, Speer mencionou as "possibilidades" de Eva Braun. E declarou que lá ela "podia [...] fazer uso de sua posição exatamente como os colaboradores proeminentes de A. H".[10] Só a comparação com os "colaboradores proeminentes" de Hitler já mostra a relevância atribuída por Speer ao papel de Eva Braun, e permite supor que, poucos anos depois da estabilização de seu relacionamento com Hitler, ela ocupou um lugar central no círculo do Berghof.

Diante disso, suas relações com os demais visitantes da casa, com o pessoal e inclusive com o casal Speer adquirem um peso bem diferente. Vale indagar se a simpatia de Speer por ela provinha — como ele afirmou — apenas de um "certo sentimento de pena devido a sua situação" e se a relação de amizade que desenvolveu com a moça era deveras desinteressada.[11] Não havia cálculo nas atividades em conjunto e na crescente intimidade com Eva Braun? Não era possível para ele estreitar ainda mais o vínculo pessoal com Hitler através dela? Afinal, muito embora tenha existido, conforme as observações de Joachim Fest, "desde o primeiro instante" uma inclinação de profunda natureza emocional entre Speer e Hitler, a posição do jovem arquiteto estava sujeita a "ameaças constantes".[12]

Seja como for, tudo indica que Margarete Speer não compartilhava a afinidade do marido pela namorada de Hitler. E, posteriormente, ao contrário dele, não lhe atribuiu nenhuma timidez ou modéstia. Afirmou que Eva Braun tinha "plena consciência de sua posição" no grupo de mulheres e dela sabia se valer. Nas viagens, comportava-se como anfitriã, impondo sua

Eva Braun e Albert Speer no Obersalzberg (1941)

vontade "muito claramente".[13] Essas linhas denotam rejeição, apesar das muitas noites passadas juntas, das muitas viagens e excursões de esqui. Tal como Magda Goebbels, Margarete Speer não considerava Eva Braun uma amiga pessoal, apenas a incluía na "equipe" de seu marido, à qual ele dava prioridade sobre os próprios filhos nas horas livres.[14] De modo que, na avaliação que fez a posteriori da amante de Hitler, Margarete Speer não endossou as declarações do marido, apresentadas desde 1945 e mantidas nas publicações ulteriores. Suas observações deixam claro que, na época, ninguém se atrevia a contrariar os desejos de Eva Braun e, assim, questionar-lhe a superioridade na hierarquia do Berghof.

Karl e Anni Brandt

Outra mulher que figurava no círculo de amigas entusiasmadas pelo esporte em torno de Eva Braun e Margarete Speer era Anni Brandt, a esposa do médico pessoal de Hitler, Karl Brandt. Em suas memórias, Albert Speer chegou a incluir o casal Brandt entre os amigos "mais chegados".[15] Durante dez anos, desde 1934 até sua demissão em 1944, o dr. Karl Brandt, que ingressou no NSDAP em 1932 e no mesmo ano conheceu Hitler em Essen, participou da esfera privada do ditador.[16] Sua mulher, Anni Rehborn, várias vezes campeã alemã de natação pelo SV Bochum, era nacionalmente famosa e já tivera contato com Hitler na década anterior, pois de 1923 a 1929, entre outras coisas, vencera seis vezes o campeonato alemão de cem metros costas. E o ambicioso político de extrema direita gostava de manifestar interesse pelos atletas alemães bem-sucedidos, adequados à imagem, desejada por ele e seu partido, do corpo forte, sadio, puro e ariano.[17] A família da jovem esportista, por sua vez, para a qual a beleza e a saúde físicas — que correspondiam ao culto do corpo em voga nos anos 1920 — também tinham grande importância, apoiava o movimento nacional-socialista desde antes de 1933. Anni Rehborn e seu pai ingressaram no NSDAP em 1932.[18] Portanto, parece plausível que a jovem campeã tenha apresentado seu então noivo ao presidente do NSDAP e, no mais tardar no verão de 1933, o tenha levado ao Berghof.[19]

Na época, Karl Brandt era médico assistente em uma clínica de acidentes de Bochum e ingressou na SA já na primavera de 1933. Admirador do teólogo protestante, médico e filósofo Albert Schweitzer, poucos anos antes ele ainda sonhava em ir ajudá-lo no hospital de doenças tropicais de Lambaréné, na África. Mas achou melhor aproveitar a oportunidade de ascensão que a ligação pessoal de sua noiva com Hitler lhe oferecia. Não se sabe por que ele deu essa guinada, afastando-se de Schweitzer e aderindo ao nazismo. Maior não podia ser o contraste ideológico entre a postura cristã "de reverência pela vida" de Schweitzer e as concepções profundamente desumanas e racistas da "luta pela sobrevivência dos povos" e do "aniquilamento do fraco" de Hitler. Podem-se detectar pontos de contato na crítica de Schweitzer à modernidade, em sua condenação das "conquistas do saber" que produziram a "máquina", lesando o homem espiritualmente e despersonalizando-o. Schweitzer também diagnosticou a fragmentação política e o depauperamento material do Estado moderno. Mas a solução de todos esses problemas, ele a vislumbrava na vontade de reconciliação dos povos e na construção de um "Estado cultural" que, conduzido por uma "atitude cultural ética", não se realizaria "segundo as presunções do nazismo e da cultura nacional".[20]

No entanto, Brandt, que compartilhava da desorientação e perplexidade de muitos homens e mulheres de sua geração após a derrota na Primeira Guerra Mundial e, acima de tudo, estava à procura da figura de um redentor carismático, optou pelo caminho nacional. Em um ensaio elaborado no pós-guerra para dar, como se dizia então, um "esclarecimento" teórico do ocorrido, ele escreveu que Hitler "abrira os olhos" do povo alemão, "tinha lhe mostrado novamente sua própria alma e lhe devolvera a fé em si". Graças a ele, segundo Brandt, "antigos nomes e valores tornaram a ganhar vida" e "o espírito alemão voltou a brilhar [...] no presente".[21] Em 1933, o jovem ambicioso e pouco dado a aventuras só estava à espera do momento certo — pelo menos é o que diz seu biógrafo Ulf Schmidt — para, através da noiva, se aproximar de Hitler e lhe chamar a atenção. De fato, a carreira do médico de menos de trinta anos avançou vertiginosamente a partir do verão de 1933. Em novembro desse ano, ele saiu de Bochum para assumir o cargo de médico do partido na reinaugurada e renomada Clínica Universitária de Cirurgia, na Ziegelstraße, em Berlim.[22] Quando se casou, em 17 de março de 1934, teve por padrinhos nada menos que Hitler e Hermann Göring. A festa foi no apartamento de Göring em Berlim.[23] Depois disso, é possível que Brandt já tivesse percebido que não tardaria a assumir um posto próximo a Hitler. Em todo caso, já em abril de 1934, ele próprio tratou de abrir caminho solicitando ingresso na SS. Dois meses depois, foi convidado a acompanhar o chanceler nas viagens ao exterior, servindo-lhe de médico de emergência.[24] Desde então, Brandt e a esposa tornaram-se hóspedes constantes no Obersalzberg.

Visto retrospectivamente, o vínculo de amizade entre os casais Brandt e Speer — Margarete Speer também qualificava Anni Brandt como sua melhor amiga — não parece nada casual. São evidentes as coincidências na carreira dos dois homens. Speer e Brandt, que eram quase da mesma idade, não pertenciam à geração dos "velhos combatentes" dos primeiros tempos do NSDAP, só se aproximaram do círculo mais chegado a Hitler depois da tomada do poder. Ambos deviam a ele — não ao partido — a rápida ascensão profissional, assim como um poder político cada vez maior. Por isso Brandt, bem como Speer, tinha um grande interesse em estar sempre perto da "corte", muito embora ainda não fosse o médico pessoal e, a rigor, seu serviço de acompanhante cirúrgico só se fizesse necessário nas viagens, particularmente em caso de acidente ou atentado.[25]

A posição privilegiada que Brandt, ao lado de Speer, alcançou em pouco tempo é evidenciada pelo fato de ambos, que tinham domicílio e local de trabalho em Berlim, terem se transferido para a cercania imediata de Hitler, no Obersalzberg, em 1935. Enquanto se preparava o rigoroso isolamento da área em um raio de catorze quilômetros, eles e seus familiares se alojaram na vila Bechstein, então situada na "zona de segurança do Führer", imóvel comprado por Bormann no fim de 1935 e transformado em casa de hóspedes.[26] Goebbels também se hospedava lá quando ia ao Berghof, coisa que para os dois carreiristas, ainda desconhecidos no NSDAP, significou um ganho enorme de prestígio: estar muito perto dos eleitos de Hitler. Além disso, Speer, Brandt e as respectivas esposas estavam autorizados a acompanhá-lo anualmente ao Festival Wagner, em Bayreuth: uma honra que, segundo Speer, estava ao alcance de poucos. Winifred Wagner, a diretora do festival, fez amizade com Brandt, fato que mais tarde, durante a guerra, foi útil para que ela pudesse enviar cartas a Hitler sem ter de passar pelo crivo de Martin Bormann.[27]

Mas o que significava ser um escolhido do homem mais poderoso da Alemanha, ser promovido graças à "amizade do Führer"? A posterior confissão de Speer, segundo a qual ele era "feliz" na época, permite entrever, ainda que vagamente, a euforia e o êxtase que devem ter se apoderado dos dois homens. Em tais circunstâncias, Hitler não podia esperar deles gratidão, lealdade e obediência até o fim da vida? De fato, depois de preso em 1945, Brandt declarou por escrito que sua relação com Hitler era uma "ligação para o bem ou para o mal". E, décadas depois, em setembro de 1974, Speer também se sentiu na obrigação de fazer a Joachim Fest uma "confissão horrenda", na opinião deste: até seu último encontro com Hitler no bunker sob a Chancelaria, ele se sentiu ligado a ele por uma inabalável fidelidade pessoal e amizade.[28]

Karl Brandt, que também ficou ao lado de Hitler até o fim da guerra, transformou-se em seu virtual factótum. Tal como Speer, tinha acesso direto ao cada vez mais recluso líder nazista e o acompanhava a toda parte: visitas oficiais, congressos do partido em Nuremberg, vernissages, bailes e concertos dentro e fora de Berlim e, a partir do outono de 1939, em viagens aos diversos quartéis-generais do Führer. Nessas ocasiões, Brandt executava todo tipo de tarefa e compartilhava a paixão de Hitler pela arte e pela arquitetura. Praticamente não lhe restava tempo para a atividade médica na Clínica Universitária de Berlim.[29] E, ainda que a relação do ditador com ele parecesse menos intensa do que a que tinha com seu arquiteto, o jovem médico não deixava de exercer função comparável. Desconhecido do público e praticamente isolado da influência dos grandes do partido, na qualidade de íntimo do Führer, atuou em diversos ramos da medicina — inclusive no planejamento da remodelação das clínicas universitárias de Berlim.[30] Com a eclosão da guerra, Hitler o incumbiu de "missões especiais", ou seja, do assassinato de doentes e deficientes e, para tanto, investiu-o de amplos "poderes especiais" na saúde pública.[31] Ao lado do antigo militante do partido Philipp Bouhler, chefe de gabinete do Führer, o ambicioso médico de 35 anos foi promovido a "delegado de eutanásia". Ademais, implementou, comprovadamente, experiências com seres humanos em campos de concentração.

Brandt cumpria todas as ordens de Hitler e, com Speer, Hoffmann e Bormann, integrava a nata da "sociedade do Berghof". Mas, diferentemente dos outros membros, Brandt e Speer figuravam entre os chamados representantes especiais "imediatos do Führer", que eram pouquíssimos no Estado nazista. Por isso, constituíam uma exceção na horda de representantes, agentes especiais, inspetores gerais e comissários do Reich, tão característica da estrutura interna do domínio nazista. Paralelamente às autoridades tradicionais do país e por determinação específica do Führer, eles ocupavam — Speer na indústria da construção e Brandt no setor de saúde —, nichos de poder, nos quais, em estreito consenso com o ditador, punham em prática, o mais efetivamente possível, os elementos essenciais da *Weltanschauung* nazista. Os dois participaram ativamente da política racial do regime: Brandt mandando assassinar doentes e fazer experiências com seres humanos, Speer lançando mão de prisioneiros dos campos de concentração para suprir a escassez de mão de obra para seu plano de reforma da capital e confiscando a moradia dos judeus para depois deportá-los.[32] Não se sabe ao certo como se tomavam as decisões e se distribuíam as tarefas no entorno imediato e privado de Hitler. Em compensação, é inegável que a atitude e o método de seus dois "jovens carismáticos" provinham não só de uma grande afinidade pessoal como também da conformidade ideológica entre eles e o ditador. Não se pode falar de modo nenhum em "ignorância" da situação.[33]

Speer negou esse vínculo até o fim da vida. Sempre teimou em dizer que era um arquiteto sem ideologia e fundamentalmente apolítico, que mal suspeitava dos crimes perpetrados. Nada sabia da propaganda antissemita e se justificava dizendo que encarava o "ódio maluco ao judeu" de Hitler "como um acessório vulgar" de suas visões em tudo o mais persuasivas. Diante disso, suas declarações sobre os outros integrantes do "grupo do Führer", como dizia Speer, particularmente seu amigo Karl Brandt e Eva Braun, por ele defendida com veemência, devem ser consideradas no mínimo duvidosas. Sua defesa ("Politicamente, eu era um zero à esquerda!") compromete seu juízo de Eva Braun, que ele descrevia também como politicamente desinteressada e sem influência.[34]

Já que Brandt e Speer tinham uma extraordinária relação de lealdade com Hitler, não é demais indagar se também tinham uma relação especial com Eva Braun. Em todo caso, chama a atenção o fato de, no pós-guerra e ao contrário de todas as outras pessoas do círculo mais próximo, nenhum dos dois haver negado o caráter íntimo da relação de Eva Braun com Hitler nem diminuído sua importância no grupo que o cercava. Em um relatório de abril de 1947, o serviço de inteligência militar do Exército americano concluiu, a partir dos depoimentos de Brandt, que o relacionamento de Hitler com a namorada era marcado pela franqueza e pela sinceridade. Com o tempo, Eva Braun, de caráter mais ás-

Karl Brandt e Eva Braun no terraço do Berghof (c. *1937*)

pero e rígido que feminino e flexível, de mocinha medíocre que era, teria se transformado em uma dama com estilo. A ocasional observação de Hitler "Quanto mais importante o marido, mais insignificante a mulher" não se aplicava a ela.[35]

Durante os primeiros interrogatórios a que foi submetido no verão de 1945, Brandt fez o possível para dar boa impressão aos oficiais americanos e britânicos que o ouviam. Obviamente, negou participação na morte de doentes e deficientes. Mas seus relatos exalavam uma inabalável admiração por Hitler. De modo que surpreendeu quando criticou moderadamente os "eleitos" que o circundavam. Inicialmente, observou, Eva Braun se sentiu oprimida ao ascender ao mundo dos ricos e importantes e, nos anos decorridos até o começo da guerra, magoava "certos hóspedes" do Berghof com seu humor instável.[36] Essa declaração reveladora para a posterior avaliação de Eva Braun — principalmente porque foi dada por membros da equipe de assessores — coincide com as anotações feitas no verão de 1945 pelo historiador e colaborador da divisão de história do Exército americano, Percy Erns Schramm, durante o interrogatório dos médicos de Hitler. Segundo estes, Eva Braun criava "encrenca" no séquito de Hitler e "irritava as pessoas".[37] Mas nunca se soube quem eram as "vítimas". Brandt, particularmente, preferiu omitir se ele próprio sofrera em suas mãos ou, quem sabe, sua esposa, que em setembro de 1937, por ocasião do IX Congresso Nacional do NSDAP, aparece ao lado de Eva Braun, sorrindo para a câmera, em uma tribuna montada no mercado central de Nuremberg.[38]

Martin Bormann

Foi importante o papel de Martin Bormann na relação de Hitler com Eva Braun. Filho de um funcionário dos correios e ex-músico militar, ele ingressou no NSDAP no dia 27 de fevereiro de 1927 e, em poucos anos, veio a ser uma das figuras mais poderosas do entourage de Hitler. Mas começou em um posto muito subalterno na hierarquia do partido, em Weimar, na Turíngia. Tendo sido condenado em 1924 por participação em agressão com ferimento grave e cumprido um ano de reclusão, não podia ser muito exigente e se dispunha a fazer todo tipo de trabalho para o partido: contador, caixa, motorista. Era ele que, em seu pequeno Opel, levava Fritz Sauckel, o gauleiter do NSDAP na Turíngia, a eventos em todo o estado. Posteriormente, Bormann foi diretor distrital de imprensa, assim como gerente distrital, e, nessa função, conheceu Hitler e Rudolf Heß, que, até 1933, viajavam com frequência à Turíngia para juntos se apresentarem em público.[39]

Um ano e meio depois de se filiar ao partido, na metade de novembro de 1928, o notoriamente prestativo e dedicado Bormann já estava trabalhando na sede regional do NSDAP em Munique. O líder supremo da SA, Franz Pfeffer von Salomon, o encarregou de administrar o seguro dos membros da organização. Bormann conseguiu transformar o seguro caro e problemático dos membros da SA em uma lucrativa "caixa de socorros do partido" e, desse modo, reduzir a manifesta penúria financeira dos nazistas. Assim, ganhou fama de bom administrador e grande organizador, e impressionou Hitler com seu apuradíssimo tino comercial.[40]

Além disso, o jovem carreirista provinciano consolidou sua situação em 2 de setembro de 1929 ao se casar em Munique com Gerda Buch, filha do correligionário de longa data e "velho combatente" do movimento nacional-socialista Walter Buch, agora deputado do NSDAP no Reichstag. Hitler frequentava a casa de Buch havia anos e, na ocasião, foi padrinho de casamento juntamente com o pai da noiva. Sete meses depois, quando nasceu o primeiro filho do casal, o Führer e Ilse Heß batizaram a criança.[41] Gerda Bormann, de vinte anos e um palmo mais alta que o marido, professora de jardim da infância, tinha sido criada no espírito "ultranacionalista" e ferozmente antissemita.[42] Além disso, o contato pessoal com Hitler e suas ideias a influenciou desde a adolescência. Logicamente, Joachim Fest atribuiu-lhe um "descarado radicalismo nos preconceitos" e afirmou que ela era "a mais pura manifestação do tipo ideal da mulher nazista".[43] Gerda Bormann se filiou ao NSDAP logo depois de se casar e, nos treze anos seguintes, deu à luz nove filhos. Entretanto, não tinha nenhum papel na apresentação pública do regime nazista.

Em compensação, Martin Bormann, agrônomo de formação, soube conquistar a confiança de Hitler e tornar-se indispensável. Em 1933, passou a administrar o patrimônio do Führer. À parte isso, controlava o "Fundo Adolf Hitler", iniciativa de Gustav Krupp von Bohlen und Halbach, que garantia uma renda anual

Eva Braun conversando com Martin Bormann (1944)

milionária ao partido e sobretudo a Hitler pessoalmente. Até 1945, as doações ao fundo, que acabaram transformadas em contribuições compulsórias, ultrapassaram 700 milhões de marcos. Bormann se ocupava das questões financeiras de Hitler. Providenciava as compras e efetuava todos os pagamentos, fossem aquisições pessoais, despesas com empregados, doações para os correligionários, ou as necessidades financeiras de Eva Braun. Portanto, não admira que tenha expandido cada vez mais suas funções no gabinete do "representante do Führer", dirigido por Rudolf Heß, exercidas a partir de julho de 1933. Quando este se afastou do grupo mais próximo de Hitler, Bormann e a esposa não tardaram a fazer as vezes de família "postiça" do ditador no Berghof.[44] É verdade que, para além da liderança nazista, poucos o conheciam.

Contudo, era ele que, com discrição e confiabilidade permanentes estava sempre à disposição de Hitler — características, aliás, que o associavam a Eva Braun. Graças a essa estreita relação pessoal de confiança com Hitler, Bormann ascendeu a uma posição de poder quase invisível para quem via de fora.[45]

O apadrinhamento do líder nazista era característica comum a todos os membros do círculo do Berghof, mesmo Speer e Brandt. Embora eles ocupassem um lugar publicamente visível junto a Hitler, deviam também sua carreira à "proteção" do ditador. Entre eles e Bormann reinava, evidentemente, uma relação de implacável rivalidade. Depois da guerra, Brandt descreveu Bormann como a figura mais poderosa na órbita de Hitler. Aquele que viria a ser "secretário do Führer" (a partir de 12 de abril de 1943) agia de modo arbitrário, feroz e com influência tão grande que era perigosíssimo contrair sua inimizade.[46] Na memorialística, com raras exceções, Bormann também é apresentado negativamente. Por exemplo, o ministro da Agricultura e Alimentação Richard Walther Darré caracterizou-o como um cruel "jogador em causa própria", para quem Hitler era o "alfa e ômega de seu trabalho prático". Por isso, não lhe interessava o apoio de outras esferas, a não ser alianças proveitosas no interior do partido.[47] A secretária de Hitler, Christa Schroeder, foi a única a se queixar, em suas memórias, de que a Bormann eram atribuídas, injustamente, as "piores qualidades", muito embora ele fosse um "dos poucos nazistas honrados", que apenas cuidava, "amiúde implacavelmente, às vezes com brutalidade, para que as disposições e ordens de Hitler fossem cumpridas".[48]

Mas como era a relação de Martin Bormann com Eva Braun? Segundo o chefe nacional de Imprensa, Otto Dietrich — que, devido à sua função, era um dos acompanhantes permanentes de Hitler desde 1931 —, Bormann se encarregava de impedir que se tomasse conhecimento do relacionamento de Hitler com Eva

Braun e da contínua presença dela no Berghof. Isso lhe permitiu consolidar e ampliar sua influência sobre Hitler, pois o ditador lhe era grato pelo apoio nesse assunto.[49] Avaliação parecida deixou Robert Ley, o líder da *Deutsche Arbeitsfront* [Frente Alemã do Trabalho] (DAF) — o sindicato unificado nacional-socialista e "gigantesca máquina de propaganda" (Ian Kershaw) —, que se suicidou em 25 de outubro de 1945, depois de cinco meses de prisão em Nuremberg. Acoimado no Terceiro Reich de "beberrão federal" corrupto, Ley se conservou até o fim da vida um acrítico e devotado ajudante de Hitler. Suas palavras de despedida — "Mas ser chamado de criminoso, isso eu não admito" — dão a medida de seu envolvimento e de sua limitação intelectual.[50] Quanto a Bormann, ele afirmou em suas "notas" escritas no presídio militar que se tratava de um "matuto brutal, implacável, atarracado (sic!)". Nunca se afastou "da pessoa do Führer", procurava "adulá-lo prestando pequenos serviços agradáveis" e se intrometia "silenciosa e furtivamente nos assuntos íntimos de um grande homem sobrecarregado". "Isso é com Bormann" era um adágio. Ele satisfazia todos os desejos de Hitler, encarregava-se de tudo e também "transmitia conversas a Munique, à srta. Braun".[51] Seja como for, nessas caracterizações retrospectivas, convém ter em conta que Ley, mas também outros adversários anteriores de Bormann, como Brandt e Speer, se mostrariam tanto mais inofensivos quanto mais poderoso e perigoso pintassem Bormann.

O fato é que o papel de intermediário assumido por Bormann entre Hitler e o mundo exterior também afetava Eva Braun. Afinal, ela fazia parte da vida privada do líder nazista, protegida como um segredo de Estado. Por outro lado, é plenamente concebível que Bormann, a mando de Hitler, não só cuidasse dos assuntos financeiros da moça como também controlasse o seu estilo de vida. Em sua posterior defesa escrita, Heinrich Hoffmann chegou a afirmar, referindo-se principalmente ao período da guerra, que "a satisfação de um desejo de Eva Braun sempre passava por Bormann".[52] Mas ele sabia perfeitamente da importância da jovem e deve ter feito o possível para que ela não se tornasse sua inimiga. Mesmo porque, a julgar pela observação de Ley, Bormann procurava ganhar a simpatia "de todas as pessoas ao redor do Führer".[53] Por sua vez, Eva Braun dependia do ambicioso funcionário. Isso vale sobretudo para o período posterior a 1935, quando ambos se instalaram no Obersalzberg, na proximidade imediata de Hitler, e lá se encontravam regularmente à mesa. Caso ela também o detestasse, como afirmaram no pós-guerra sua família e Albert Speer, nunca o demonstrou abertamente e sempre evitou conflito.[54]

4. A VIDA NO OBERSALZBERG

Em janeiro de 1942, Reinhard Spitzy, o ajudante de ordens e assessor pessoal do embaixador alemão em Londres, Joachim von Ribbentrop, acompanha o chefe pela primeira vez a uma conferência com Hitler no Obersalzberg. Para Spitzy, um ex-piloto militar austríaco de apenas 24 anos, oriundo de uma família da alta burguesia e, desde 1933, membro do NSDAP, da SA e da SS, pôr os pés no Berghof, este "lugar lendário", é uma experiência fascinante, uma "grande emoção". Ele tem adoração por Hitler, "venera-o". Hirto de respeito, fica postado no grande salão com sua pasta de documentos, "feito uma estátua" junto à parede, e, diante dele, Hitler e Ribbentrop passam duas horas conversando e passeando de um lado para outro. De repente, uma jovem de cachos loiros aparece à porta e exorta o chanceler a "finalmente" levar os convidados à mesa. Já "passou da hora", não se pode esperar mais.

Chocado, Spitzy se pergunta quem é aquela que se atreve a "falar assim com o Führer". Depois da refeição, Brückner, o ajudante de ordens de Hitler, esclarece que este tem "direito a vida privada". Mas é melhor Spitzy esquecer tudo quanto viu e ouviu. O jovem adepto fica perturbado ao ver que o Führer, "que ele imaginava um asceta, acima do sexo e da luxúria, escolhera para si uma mulherzinha tão simples".[1]

Refúgio e centro do poder

O evento descrito por Spitzy mostra claramente a nova posição de Eva Braun no círculo próximo a Hitler, a qual ficou mais evidente a partir do fim de 1935. Além de Munique, o Obersalzberg passou a ser seu segundo domicílio, onde só depois da partida de Angela Raubal ela pôde "fincar pé", como observou Henriette von Schirach.[2] Nessa época, ia a todo vapor a reforma que transformaria a casinha de campo Wachenfeld no grande e representativo "Berghof". Em 1932, já lhe haviam acrescentado um pátio e uma varanda. Mas, em 26 de junho de 1933, Hitler comprou o imóvel, até então alugado, e transformou o lugarejo quase desconhecido no segundo centro do poder do Reich: a filial de Berlim. Em 1934, iniciaram-se a ampliação e a modernização técnica da antiga e modesta "casa de férias de estilo alpino".[3] Até a inauguração, em 8 de julho de 1936, surgiram uma nova ala principal, que incorporava a casa velha, e vários anexos. No primeiro andar do prédio principal, Eva Braun passou a ter uma suíte contígua ao aposento de Hitler.[4] Posteriormente, Albert Speer contou ao historiador Werner Maser que a reforma do Berghof era obra de um arquiteto de Tegernsee "a partir de esboços de Hitler". A arquitetura interior e o mobiliário ficaram "nas mãos do ateliê Troost". Speer não "fora consultado".[5]

Hitler no Obersalzberg: assim que o descobriam, segundo Bormann, "os camaradas alemães se aglomeraram junto à cerca" (1934)

Entrementes, o vilarejo montanhês transformou-se em uma espécie de centro de romaria. Estimulado pelo culto de Hitler e pela divulgação de sua residência nos livros ilustrados de Heinrich Hoffmann, o turismo na região teve um inesperado boom. Os adeptos ou meros curiosos peregrinavam aos milhares à casa Wachenfeld para ver o Führer. Segundo Bormann, assim que a descobriam, "os camaradas alemães se aglomeravam junto à cerca".[6] Até certo ponto, a propaganda nazista usou essa manifestação histérica para manter a lenda da identificação de Hitler com o povo e a natureza, mas, em 1935, procedeu-se ao confinamento de todo o Obersalzberg, rapidamente declarado "área de segurança do Führer". Por ordem do ditador, Bormann obrigou os outros proprietários da região a venderem casas e pensões ao NSDAP. Comprou tudo, "peça por peça, terreno por terreno", e, como ele mesmo disse, "mandou pôr abaixo [...] todas as construções velhas".[7] Agora o acesso só era franqueado aos grupos previamente agendados de visitantes das diversas organizações do partido, cujo desfile diante de Hitler obedecia a normas rigorosas e a um programa minucioso. Foi proibido o afluxo espontâneo de turistas comuns.

Consequentemente, assim que chegava ao Berghof, Eva Braun desaparecia em um setor isolado e muito vigiado, protegido por uma cerca de segurança de dois metros de altura; tudo controlado por funcionários do serviço de segurança do Reich. A entrada só era permitida aos portadores de um documento especial emitido pela "Administração Obersalzberg", subordinada a Bormann.[8] Diferentemente de Munique, lá Eva Braun vivia segregada do mundo exterior. Idêntica era a situação dos demais moradores do Berghof, assim como de seus empregados e serviçais. A secretária de Hitler, Christa Schroeder, que desde agosto de 1933 ia regularmente "ao Berg", como ela dizia, afirmou em suas memórias que, a partir de então, passou a ter uma "vida atrás de cordões de isolamento e cercas vigiadas", quase totalmente apartada "da existência cotidiana civil e normal".[9] No pós-guerra, a cozinheira Therese Linke, que trabalhava na casa de hóspedes do partido, Clubheim/Platterhof (Gästehaus Hoher Göll), vendida compulsoriamente, lembrou-se sobretudo das mudanças nos anos 1936-7: "Agora havia uma cerca ao redor do Berghof e o resto tinha sido demolido. Todos éramos obrigados a passar pelos postos a cada portão [...]. Nessa época, fazia tempo que os camponeses haviam desaparecido. Tudo foi comprado e derrubado".[10]

Nesse meio-tempo, Hermann Göring, Albert Speer e Martin Bormann também adquiriram casas no Obersalzberg. Seguiu-se a edificação de outras acomodações para hóspedes e hotéis, de um quartel para o chamado Comando Obersalzberg de Proteção ao Führer, da sede da SS, de uma Fazenda Obersalzberg, com sede, currais e vários prédios de administração, e, enfim, de duas casas de chá: uma abaixo do Berghof e outra no Kehlstein, um pico de 1885 metros de altitude nos Alpes de Berchtesgaden. Tais reformas, por sua vez, tornaram necessária a construção de estradas, túneis e cercas novos. O próprio Hitler concebeu os planos do resort Berchtesgaden, no qual pretendia realizar um grande fórum do partido. Não chegou a tanto. Em vez disso, durante a guerra, lá iniciou a construção de cavernas e bunkers antiaéreos, nem todos concluídos a tempo. Mas as obras no "Berg" de Hitler prosseguiram ininterruptamente até o fim do conflito.[11]

Apesar das muitas alterações arquitetônicas, a casa no Obersalzberg continuou sendo o domicílio mais familiar do Führer. Naquele lugarejo, em que ele se cercava unicamente de ajudantes de longa data e de toda confiança, assim como dos respectivos parentes e amigos, a vida "se moldava amplamente à sua privacidade", como declarou Speer, no verão de 1945, perante os oficiais aliados que o interrogavam.[12] E sempre que lá estava, coabitava com Eva Braun. Em agosto de 1941, Christa Schroeder observou em carta a uma amiga que ele ficava invariavelmente "com o mesmo grupo exclusivo".[13] Eva Braun e Hitler continuavam se encontrando em Munique ou em Berlim. Mas no Berghof, a despeito da presença constante de assessores e funcionários, imperava certa domesticidade, que o apartamento de Munique e a Chancelaria na capital não ofereciam.

Terminado seu período de ajudante de ordens pessoal de Hitler em 1938, Fritz Wiedemann escreveu que o ditador se sentia "o dono da casa em sua propriedade" e "gozava de aconchego e de uma espécie de vida familiar". Lá "as damas estavam sempre presentes", "as mulheres de seus conhecidos, como a sra. Hoffmann e a sra. Speer e também as esposas dos assessores militares". Já na Chancelaria do Reich, a visita de mulheres era "rara".[14] Quanto ao dia a dia no Berghof, Wiedemann relatou que Hitler acordava à uma ou às duas horas da tarde, almoçava e ia "passear pela área

O Berghof depois da reforma (1935-6)

interditada", sendo que, no verão, primeiro havia o "desfile" de 2 mil a 3 mil visitantes e depois a confraternização no terraço, o jantar às sete e, para terminar, um filme.[15]

Ele não fez nenhuma alusão a Eva Braun, que geralmente se incumbia da escolha e da projeção dos filmes fornecidos pelo Ministério da Propaganda em Berlim.[16] O próprio Wiedemann, que saiu da Alemanha em janeiro de 1939 e, até 1941, dirigiu o Consulado Geral alemão em San Francisco, encarregou-se de explicar essa omissão. Já na primeira página de seus escritos, dizia que um diplomata precisava ser discreto: "Não convém que apareçam relatos que só podem provir de mim ou de outro confidente, isso me tornaria inconveniente em todos os tempos e em todos os países. Qualquer coisa rigorosamente confidencial que seja do conhecimento somente de um pequeno grupo e que caia em domínio público levará o mundo inteiro a concluir que a informação procede de mim [...]".[17]

A relação de Hitler com a amante muito mais jovem era, obviamente, algo que não devia ser comentado pelos presentes — pelo menos em público. Por isso, ao falar sobre o cotidiano do Berghof, Wiedemann procurou ser bem genérico no tocante às relações de Hitler com as mulheres. Enfatizou sua "grande adoração pelas mulheres" e observou que, quando tinha afeto por alguém, ele era "leal e perenemente benévolo". Todas as "histórias e boatos sobre um caráter ambíguo", frisou, não passavam de "mentiras"; a relação de Hitler com as mulheres era "deveras a mais digna que se pode imaginar".[18]

Mas, na realidade, o fato de que justamente o Führer tinha um relacionamento "irregular" gerava mexericos perigosos. Quase quarenta anos depois, Nicolaus von Below se lembrou de que, ao chegar pela primeira vez ao Berghof como um jovem ajudante de ordens da Força Aérea, era "totalmente ignorante" do grupo que cercava Hitler; a presença de Eva Braun o impressionou de tal modo que, mesmo depois de retornar à capital do país, ele seguiu pensando "vivamente" no que lá se passava. Mesmo porque, nas festas em Berlim, a vida privada de Hitler era um "tema de conversação" indefectível.[19]

No entanto, o chanceler do Reich continuava se ausentando da capital por semanas a fio. Principalmente no verão, passava longas temporadas no Obersalzberg. Para assegurar a fluência dos negócios do governo, o chefe da Chancelaria, Hans Heinrich Lammers, também se deslocava para a Alta Baviera, acompanhado de uma pequena equipe de funcionários. Para tanto, era necessário alugar, durante meses, casas particulares espalhadas por toda Berchtesgaden, as quais não bastavam nem mesmo para as exigências de segurança. O próprio Lammers, que, como ele escreveu, lá se "fixava oficialmente" todo ano por desejo expresso do Führer, sempre se hospedava em uma ampla casa de campo.

Mas, no verão, com o habitual afluxo de turistas, era difícil conseguir acomodação.[20]

No início de 1936, Hitler mandou construir uma "pequena Chancelaria" em Berchtesgaden. A presença de Lammers — o advogado de 57 anos que ingressara no NSDAP em 1932 e, no dia da posse de Hitler, tinha sido nomeado secretário de Estado na Chancelaria do Reich — era fundamental onde quer que Hitler estivesse. Com a supressão dos governos estaduais, a revogação do Reichstag e a fusão do cargo de presidente do Reich com o de chanceler, por ocasião da morte de Hindenburg em 1934, todas as funções do Estado concentraram-se nas mãos do Führer, e, consequentemente, na Chancelaria do Reich. Lammers transmitia as decisões de Hitler às devidas repartições, transformava suas ideias em leis[21] e controlava o acesso a ele. Além disso, como as reuniões do gabinete passaram a ser apenas esporádicas depois da promulgação do Ato de Concessão de Plenos Poderes de 23 de março de 1933, e, a partir de 1938, deixaram de ser convocadas, Lammers se transformou no — muitas vezes único — elo entre os diversos ministérios e o chanceler. Ele era o único a assessorar diretamente o chefe de Estado. Com um governo de tal maneira esvaziado, Hitler impedia o advento de um novo rival no interior do partido, como tinha sido o líder da SA Ernst Röhm, e tornava-se "o eixo do aparato governamental" (Ian Kershaw).

Esse estilo de liderança, que favorecia o papel das "repartições" no processo de decisão política, significou um aumento enorme do poder de Lammers. A ele cabia a organização das operações do dia a dia, não a Otto Meißner, o diretor da Chancelaria Presidencial, nem ao portador da "Ordem do Sangue" Philipp Bouhler, que, diretamente subordinado a Hitler, dirigia a Chancelaria do Führer no NSDAP. Fazia parte das tarefas de Lammers informar Hitler toda manhã sobre os assuntos em pauta e os compromissos pendentes.[22] Além disso, por determinação do Führer, o chefe da Chancelaria administrava suas contas no Reichsbank [Banco Central], assim como um fundo constituído por doações isentas de tributação dos ministros e correligionários. Em 1944, por ocasião de seu aniversário de 65 anos, ele mesmo recebeu desse fundo uma dotação de mais de 600 mil marcos, além de um chalé de caça no Schorfheide. Também competia a Lammers pagar as despesas de aquisição de obras de arte para o *Führerbau*, um edifício do NSDAP em Munique, inaugurado em setembro de 1937, assim como para o projetado e jamais construído Museu de Arte de Linz.[23] De modo que ele era o "braço direito" de Hitler e, durante anos, uma figura poderosa e influente na hierarquia nazista.

Foi diante desse pano de fundo que, em 1937, surgiu uma filial da Chancelaria do Reich em Stanggass-Bischofswiesen, a noroeste de Berchtesgaden e a cerca de seis quilômetros do Obersalzberg. Na cerimônia em comemoração da conclusão do telhado do prédio, em 17 de janeiro de 1937, Hitler declarou, em um breve discurso na presença de Lammers, que só no Berghof ele se tornava "intrépido, adquiria confiança e bravura". Por esse motivo, seu secretário de Estado também precisava "estar aqui com a Chancelaria do Reich".[24] Nesse sentido, em setembro de 1936, ainda na fase de planejamento do novo edifício público, em carta ao ministro da Fazenda Lutz Graf Schwerin von Krosigk, Lammers comunicou que, "dali por diante", Hitler pretendia ficar na Alta Baviera "com mais frequência e durante mais tempo".[25] Quanto à conexão com a capital do país, já se havia providenciado o Aeroporto Governamental Reichenhall-Berchtesgaden.

De fato, Hitler passou a governar e se apresentar oficialmente em seu querido Berghof. Nos anos subsequentes, foi lá, e não na sede do governo em Berlim, que maquinou planos políticos e militares decisivos, outorgou leis e decretos. Além disso, era no Berghof que recebia visitantes estrangeiros, entre os quais o primei-

No terraço do Berghof (s.d.)

ro-ministro britânico Arthur Neville Chamberlain e o rei Eduardo VIII — depois de sua escandalosa abdicação —, o que deu a Hitler a oportunidade de posar de estadista. No entanto, a questão que se coloca é se esse foi o modo por ele escolhido de simplesmente fugir ao controlado encadeamento dos deveres oficiais e da rotina diária do governo ou se também houve influência da relação com Eva Braun, que ficava em Berchtesgaden sempre que ele ia para lá. Afinal, Berlim era terreno de difícil controle, no qual não era possível se esquivar de pessoas incômodas e compromissos maçantes. No Obersalzberg, pelo contrário, vigorava a atmosfera de uma "sociedade fechada". Sem dúvida, desde 1937, tanto em termos logísticos como graças à instalação da mais moderna tecnologia de comunicação, a residência de Hitler estava perfeitamente conectada ao mundo exterior, de modo que não era possível falar em "isolamento montanhês" em meio à natureza intacta, como queria o ministro da Propaganda.[26] Mas os correligionários não tardaram em entender que o Führer, quando queria, ficava inacessível no "Berg". Posteriormente, até mesmo Fritz Wiedemann afirmou que, uma vez concluído o novo Berghof, o chanceler passou a se ocupar cada vez menos dos assuntos cotidianos do governo. Segundo suas memórias, "a jornada de trabalho mais ou menos regular" reduziu-se de tal modo que ficou "cada vez mais difícil" obter de Hitler "decisões que, na qualidade de chefe de Estado, só ele podia tomar". No Obersalzberg, a situação era "ainda pior" que em Berlim.[27]

Mesmo Lammers, que morava em sua segunda residência oficial a poucos quilômetros de distância, empenhava-se cada vez com menos sucesso em ser recebido pelo chanceler. Suspendeu-se o despacho diário habitual nos primeiros anos de governo. Agora o chefe da Chancelaria precisava solicitar audiência aos ajudantes de ordens Wilhelm Brückner e Fritz Wiedemann. Em 1938, após a assinatura do Acordo de Munique e a invasão por tropas alemãs da região dos Sudetos, povoada principalmente por alemães e anteriormente cedida à força pelo governo tchecoslovaco, Lammers — agora com dignidade de ministro — passou semanas seguidas sem conseguir entrar em contato com Hitler. Em ofício de 21 de outubro a Brückner, ele observou que, desde o dia 4 de setembro, não tinha tido um "despacho detalhado" do Führer, mas agora precisava submeter "algumas leis inadiáveis a sua aprovação". E solicitou "encarecidamente" ao ajudante de ordens que "levasse o problema ao conhecimento do Führer" e o notificasse "tão cedo quanto possível da data da requerida audiência". Em uma segunda carta de mesma data, solicitou o agendamento de uma audiência para o ministro da Economia Walther Funk,[28] que, na semana anterior, concluíra uma prorrogada viagem à Iugoslávia, à Turquia e à Bulgária, e agora precisava relatar suas conquistas no comércio exterior com o sudeste europeu. Mas, em 24 de outubro, o general da SS Brückner comunicou que "o Führer não tem condições" de ouvir a exposição de Funk no Obersalzberg e prefere receber o ministro "somente após seu retorno definitivo a Berlim".[29]

Lammers encaminhou ao ajudante de ordens mais uma solicitação, em seu próprio nome, para que Hitler fosse avisado da "necessidade urgente" de um despacho.[30] Com a anexação do chamado Reichsgau dos Sudetos, a reorganização da administração daquele território tinha necessidade, entre outras coisas, de proceder à "perseguição administrativa" da população judia.[31] A necessária Lei da Reintegração do Território dos Sudetos ao Reich alemão, preparada na Chancelaria, aguardava assinatura. Mas naquele momento, recordou Wiedemann, Hitler "não estava com a menor vontade de receber Lammers". De modo que "o senhor ministro do Reich", a apenas seis quilômetros de distância, no sopé do Obersalzberg, teve de esperar mais uma semana para, no dia 31 de outubro de 1938, ser autorizado a se apresentar no Berghof para uma conversa.[32]

Tal episódio revela não só uma "maneira desordenada, desleixada até" de governar, como a imprecisão de relatos segundo os quais, já nessa época, Hitler se dedicava exclusivamente à política externa, e considerava irrelevantes as questões domésticas.[33] Afinal, tanto no caso de Lammers quanto no de Funk e seus acordos comerciais nos Bálcãs, úteis à preparação de medidas de economia de defesa e de guerra, tratava-se da implementação da política expansionista originalmente imposta pelo próprio Führer.[34] Ao contrário, o que aqui se detecta é que o líder nazista, no alto do Obersalzberg, cercado de seu staff pessoal e de seu círculo social mais íntimo, fazia questão de se distanciar dos principais companheiros políticos. Ele simplesmente não tomava decisões, ou então as postergava, coisa que não permite concluir que fosse fraco ou ineficiente no exercício do poder. Não era esse o caso.[35]

Mas por que se escondia tanto? Acaso lançava mão desse meio psicológico para reforçar a imagem do inacessível senhor absolu to? Ou receava, ainda que provisoriamente, enfrentar o mundo exterior ao seu "Grand Hotel", como Eva Braun costumava chamar o Berghof?[36] Wiedemann, cujas memórias dão a impressão de que, a partir de 1936, Hitler passou a negligenciar as tarefas políticas, afirmou mais tarde que as "personalidades menos importantes" que Lammer "já não podiam" se aproximar dele.[37] Mas ocorria justamente o contrário. Pelo menos em agosto de 1945, ao depor sobre o método de trabalho de Hitler, Speer declarou que, "quando ele precisava tomar decisões importantes", ia para o Obersalzberg e, "durante horas e horas de reiteradas conversas" com os assessores militares, procurava "se inteirar de tudo".[38] Portanto, os supostos "insignificantes", como os membros da assessoria, as secretárias, os médicos, Martin Bormann e, enfim, Eva Braunn — que continuava desconhecida do público —, tinham mais "acesso ao dono do poder" que os grandes figurões políticos da elite nazista, entre os quais Göring e Heß.[39]

A "corte"

Quem eram os homens e as mulheres daquela sociedade seleta que constituía o entorno privado de Hitler no Berghof e com ele convivia diariamente? Tratava-se de fato, como geralmente se afirma, de pessoas "comuns e correntes" e, ainda por cima, ignorantes e sem a menor influência política? Como se formou esse grupo? Qual era a relação dos membros entre si? E que papel tinha Eva Braun nessa agremiação?

Joachim Fest asseverou que Hitler nunca deixou de dar preferência "ao meio acrítico e cinzento da gente simples" que ele conhecia desde a infância. Guido Knopp também afirmou que, no "cotidiano [...] do Berg", a "família postiça" do ditador consistia em submissos "médicos pessoais, fotógrafos, guarda-costas, secretárias e assessores".[40] No entanto, essa visão já está superada.

Na realidade, o entorno mais chegado a Hitler não era um grupo homogêneo. A única coisa certa é que, com exceção de Goebbels e Speer, a maioria dos "poderosos e grandes" do Reich não participava dele. O ambicioso Hermann Göring, o homem mais poderoso na hierarquia nazista depois de Hitler, chefe da Força Aérea e, na qualidade de comissário-geral do Plano Quadrienal, dono de grande influência no desenvolvimento da economia de defesa, tinha casa no Obersalzberg. Mas não havia contato privado entre ele e o chanceler. Segundo Speer, convidar socialmente Göring e sua esposa Emmy ao Berghof estava "totalmente fora de cogitação".[41]

Heinrich Himmler, que, sendo *Reichsführer SS** e chefe da Polícia Alemã desde 1936, era responsável pelo terror, pela perseguição e pelo extermínio e estava diretamente subordinado a Hitler, só se apresentava na sua residência alpina para despachos. A lealdade incondicional e a firmeza de convicção garantiam-lhe o favor de Hitler, o qual ele usava para expandir sua esfera de influência e erigir determinados conceitos pessoais baseados na tradição marcial e no elitismo racial. Contudo, não consta que sua ligação com o Führer o incluísse no âmbito familiar.[42] E mesmo Joachim Ribbentrop, que Hitler teria chamado de "segundo Bismarck", parece que só comparecia ao Obersalzberg para despachos ou recepções oficiais, como a visita do ex-premiê britânico David Lloyd George em 4 de setembro de 1936. Ribbentrop, que nesse mesmo ano foi nomeado embaixador em Londres e, em 1938, assumiu o Ministério das Relações Exteriores, função na qual, ao lado de Hitler, foi um dos principais "instigadores da guerra", era detestado pelos correligionários do alto escalão devido a sua arrogância.[43] Igualmente excluído do círculo privado do ditador ficou o "represen-

* *Reichsführer SS*: o mais elevado posto na hierarquia da ss, correspondente ao de general de campo no Exército. (N. T.)

tante do Führer" Rudolf Heß, que dirigia a sede do partido em Munique. É bem verdade que, até 1933, ele foi um de seus acompanhantes mais constantes, considerado o "sumo sacerdote do culto do Führer". No entanto, quando da construção do "novo Berghof", já havia se afastado da órbita de Hitler. É possível que um dos principais motivos tenha sido o fato de o "ex-secretário particular" ser uma pessoa difícil, um esquisitão solitário com interesses obscuros, inconveniente para distrações inócuas.[44]

De modo que o acesso à esfera privada era, em geral, vedado aos maiorais do partido e do Estado. Todavia, entre os grupos que gravitavam em torno a Hitler no Berghof, é preciso distinguir pelo menos três com funções diversas: *primeiro*, o pessoal, do qual faziam parte os médicos, os assessores pessoais, as secretárias, os serviçais, os motoristas e os guarda-costas; *segundo*, os assessores militares e os representantes do governo, das Forças Armadas e do partido, ao qual pertenciam Albert Speer, Martin Bormann, Karl Brandt, Sepp Dietrich, Hermann Esser e Franz Xaver Schwarz, entre outros; *terceiro*, o círculo social da amante, suas parentes e amigas, assim como Heinrich Hoffmann e família.[45] Da liderança do NSDAP, somente Goebbels e Speer eram considerados "amigos" do inacessível Hitler, sempre "arredado de todas as relações pessoais essenciais".[46]

Mas será que o círculo do Obersalzberg tinha um caráter puramente privado, como afirmou Speer aos militares que o interrogaram em 1945? Na ocasião, ele informou que Hitler selecionava o grupo "apoliticamente", por simpatia pessoal, e só convidava "quem não lhe perturbasse as ideias com palpites políticos".[47] Ou seja, as primeiras declarações de Speer sobre a composição do núcleo do Berghof e seu significado dão a impressão de que seus frequentadores regulares — inclusive ele — eram apenas amigos pessoais do ditador, os quais, pelo menos até o início da guerra, pouco ou nada tinham a ver com a política do regime. Política, aliás, não era, segundo Speer, tema de conversação naquele agrupamento privado — asserção essa que todos os envolvidos que sobreviveram à guerra se obstinaram em reiterar. Mas acaso era possível uma nítida separação entre a esfera privada e a política naquele segundo centro do poder, paralelo a Berlim? E como se ajusta essa observação à hipótese de Hitler não ter vida privada?

Conquanto não houvesse igualdade de status e sexo entre os diversos habitués do Berghof, a fronteira entre o círculo social e o quadro funcional era bastante flexível. Conforme o grau de confiança com Hitler, que constituía o centro no qual todos se fixavam, apagavam-se as linhas de demarcação. Assim, depois de 1935, desenvolveu-se no isolamento da residência alpina uma espécie de parceria de conveniência, em que os membros almoçavam juntos, reuniam-se à noitinha, faziam excursões, festejavam e — alternadamente — ocupavam lugar na tribuna dos congressos do partido.[48] Também viajavam juntos. Por exemplo, no outono de 1936, Joseph Goebbels, Heinrich Hoffmann e Karl Brandt estiveram na Grécia e, em visita semioficial de oito dias, foram recebidos pelo monarca reentronizado e seu primeiro-ministro Ioannis Metaxas; poucas semanas antes, Eva Braun integrou uma excursão particular à Itália, em torno de Heinrich Hoffmann Jr., que visitou Veneza e Milão, entre outras cidades.[49]

A partir de 1937-8, o coronel da Luftwaffe e barão Nicolaus von Below, de 29 anos, acompanhado de sua esposa Maria, de dezenove, foi um visitante regular do Obersalzberg, e achava a convivência com Hitler "uma experiência fascinante". Below, que fora designado ajudante de ordens de Hitler, recordou mais tarde que, apenas quatro semanas depois de sua primeira nomeação em 23 de junho de 1937, já participava do círculo privado do chanceler. E alegou que isso acontecera tão depressa graças ao interesse comum pela música clássica. Mas a agenda de Hitler nas horas livres não era da alçada de Von Below. À diferença dos asses-

Soirée *no grande salão do Berghof (1944)*

sores pessoais, os quatro ajudantes de ordens militares, oriundos dos quatro ramos das Forças Armadas, prestavam uma espécie de plantão, no qual, no sentido mais amplo, tratavam unicamente de informações e diligências concernentes às Forças Armadas, inclusive "requerimentos e pedidos de clemência de soldados e seus familiares".[50] Mas é presumível que Hitler tenha simpatizado imediatamente com o jovem e garboso ajudante de ordens da Força Aérea, pois, já em 27 de julho, convidou pessoalmente o casal Below ao Festival Wagner em Bayreuth.[51]

Nicolaus von Below era da faixa etária de Brandt e Speer, com os quais fez amizade.[52] Tal como eles, acompanhava o líder nazista tanto nas viagens oficiais como nas privadas. Mesmo porque, desde o início de fevereiro de 1938, quando Hitler destituiu o alto comando das Forças Armadas, assumindo pessoalmente o controle, exigiu a presença constante de um assessor militar. Desde então, Von Below passou a ser presença constante tanto no apartamento de Munique quanto no Obersalzberg. E recordou posteriormente que, na Prinzregentenplatz, 16, "a governanta estava sempre em contato com Eva Braun" e estabelecia a "comunicação telefônica dela com Hitler".[53] No verão de 1939, Von Below viajou primeiro a Viena para a *Reichstheaterwoche* — um evento teatral organizado pelo Ministério da Propaganda que, desde 1934, acontecia anualmente em diferentes cidades do Reich —, e a seguir a Linz. Por fim, no Berghof — alternando-se com Speer —, acompanhava Hitler em "longas idas e vindas pelo grande salão", deixando-se impressionar pelas ideias do Führer, que giravam em torno ao "aniquilamento" do "bolchevismo judeu". Foi quando, reconheceu ele em suas memórias, se convenceu de que, com "aquela ameaça permanente [...], o povo alemão não podia viver em paz".[54]

Sua esposa Maria von Below, filha de um proprietário rural, que, a convite de Hitler, passou a Páscoa de 1938 no Berghof, declarou algo muito parecido em 1985 em entrevista a Gitta Sereny: Hitler não conquistava a "lealdade" dos que o cercavam "recrutando-os para seus planos assassinos". O que fazia era *convencer* a todos, "porque os fascinava". "Justamente aqueles primeiros anos" no Berghof não tiveram nada de "maçantes". Hitler cativava a todos com sua personalidade e "seu conhecimento realmente fenomenal da história e da arte". Por isso Maria von Below achava inconcebível o posterior aviltamento da sociedade do Berghof pelas publicações de Speer. Como era possível que ele tivesse esquecido "o quão emocionante era para todos nós? E quantas vezes fomos felizes lá?".[55]

Portanto, em um retrospecto de mais de quarenta anos, Maria von Bellow, que em 1938 era de longe a mais nova daquele grupo metade oficial, metade privado, defendeu o período vivido na esfera em torno a Hitler com a mesma determinação e quase com as mesmas palavras que Margarete Speer. Como entender essa postura diante das atrocidades do regime nazista, das quais as mulheres devem ter tomado conhecimento pelo menos a posteriori? Por que se aferraram tão obstinadamente à ideia de um suposto mundo idílico no Berghof? Acaso porque elas — ao contrário dos maridos — escaparam à necessidade de se justificar no banco dos réus depois do colapso do Estado nazista? De qualquer forma, o fato é que, fosse qual fosse o grau de cumplicidade que as comprometia, nenhuma delas vinculou sua existência no Berghof aos acontecimentos políticos reais daqueles anos.

Nicolaus e Maria von Below conheceram Hitler e seu círculo íntimo no momento em que o ditador, graças à invasão da Áustria pelas tropas alemãs em 12 de março de 1938 e à chamada "anexação (Anschluß) da república alpina", chegara ao máximo do poder e da popularidade. Não eram só seus adeptos mais chegados que comemoravam o novo golpe; a maciça maioria da população partilhava de seu entusiasmo, e o considerava um estadista genial. O ajudante de ordens Von Below, um dos muitos acompanhantes de Hitler na "marcha triunfal" sobre Viena, observou ulteriormente em seus escritos que, durante a viagem, ele compreendeu "cada vez mais" por que o líder nazista "conquistava o apoio e o amor das pessoas".[56] O entusiasmo de Maria von Below, ao recordar aquela época, também reflete o estado de espírito então generalizado e oferece uma amostra das emoções no Berghof.

No entanto, ainda é difícil estimar sua relação com Eva Braun. As memórias de seu marido dão poucas indicações de possíveis contatos amistosos. Em um capítulo intitulado "Vida tranquila no Berghof", ele relata que, na primavera de 1944, Hitler insistiu em manifestar gratidão pelo fato de ela ter "uma relação afetuosa com a srta. Braun".[57] E a última secretária contratada, Traudl Junge, que em fevereiro de 1943 se transferiu com o staff de Hitler do quartel-general na Prússia Oriental para o Obersalzberg, tinha a impressão de que Anni Brandt e Maria von Below eram "muito amigas" de Eva Braun.[58] Em compensação, Christa Schroeder certificou que a amante do Führer sempre escolhia uma "favorita", perante a qual as outras então se mostravam "cautelosas e reservadas".[59] Mas é curioso que Maria von Below, ao contrário das outras mulheres do grupo do Berghof, não apareça nas fotografias de Heinrich Hoffmann. Isso se explica, talvez, pelo fato de que ela era esposa de um assessor militar, e só viajava a Berchtesgaden quando o marido estava escalado para esse serviço. Ainda, parece que os Von Below só conseguiram conquistar a confiança de Hitler e Eva Braun nos últimos anos da guerra.

Já a artista de Munique Sofie Stork integrou-se ao círculo íntimo de Hitler e Eva Braun bem no começo, ou seja, em 1933. A bela morena de trinta anos, hábil escultora e pintora, filha de um fabricante de equipamento de pesca — o proprietário da conhecida H. Stork Angelgeräte-Fabrik —, era namorada do ajudante de ordens pessoal de Hitler, Wilhelm Friedrich Karl Brückner, dezenove anos mais velho. Graças a esse vínculo, filiou-se ao NSDAP no dia 1º de dezembro de 1931 e, pouco a pouco, logrou penetrar a esfera particular de Hitler.[60] Brückner, economista e oficial da Primeira Guerra Mundial, era um "veterano" dos velhos tempos do NSDAP. Tendo ingressado no partido no fim de 1922, assumiu o comando do Regimento de Munique da SA em janeiro do ano seguinte e, nessa função, participou do putsch de 9 de novembro de 1923. Consequentemente, em 1º de abril de 1924, a Justiça da 1ª Circunscrição de Munique condenou-o por alta traição a um ano e três meses de reclusão e multa de cem marcos.[61] A verdade é que Brückner, como todos os outros participantes do putsch, cumpriu somente uma parte da pena, aliás, bastante branda. Depois passou anos ganhando a vida nas mais variadas atividades, entre as quais a de instrutor de tênis, até voltar a gravitar ao redor de Hitler, que o designou ajudante de ordens pessoal. Otto Wagener, nomeado um ano antes chefe do estado-maior da SA, e, até

1933, um dos mais íntimos confidentes de Hitler nos "tempos de luta", não concordou com a escolha. Achava censurável o estilo de vida de Brückner, que, aos 45 anos, não tinha profissão definida nem contato com a SA. Mas, segundo as notas escritas pelo próprio Wagener em 1946, quando era prisioneiro de guerra dos ingleses, e publicadas postumamente em 1978, Hitler defendeu sua decisão alegando que queria ter por perto um homem "que só pela força física e a elevada estatura" infundisse "certa segurança" e inibisse uma tentativa de agressão.[62]

Tradicionalmente, os ajudantes de ordens pessoais, que sempre tinham patente de oficial e geralmente provinham da nobreza, eram designados para servir príncipes, generais, ministros da Guerra ou chanceleres do Reich. Cuidavam da correspondência e dos negócios, recebiam mensagens, transmitiam ordens e, ocasionalmente, cumpriam missões diplomáticas. O fato de Hitler haver nomeado um ajudante de ordens pessoal quando ainda se achava a anos de distância da Chancelaria revelava não só uma preocupação com a segurança como a tendência a um estilo de liderança egocêntrico e teatralizado. Com isso, não fez senão se distanciar ainda mais dos irmãos de armas no movimento nacional-socialista. Cultivava conscientemente uma "aura de inalcançável", como o expressou Ian Kershaw, não só para tornar exteriormente visível seu papel de líder único e inatingível como para se proteger, internamente, dos rivais no partido.[63]

Wilhelm Brückner, condecorado com a Ordem do Sangue, passou dez anos ao lado de Hitler. Foi promovido a ajudante de ordens chefe quando, em 1933, 1935 e 1938, foram nomeados outros três ajudantes de ordens: o antigo servidor Julius Schaub, o capitão reformado Fritz Wiedemann e Albert Bormann, o irmão caçula de Martin Bormann, bancário e chefe da Chancelaria privada de Hitler, a qual passou a se chamar Escritório Central I ao ser integrada à Chancelaria do Führer no NSDAP, dirigida por Philipp Bouhler.[64] Brückner, que em 15 de janeiro de 1936 recebeu o título de cidadão honorário de Detmold — o qual lhe foi retirado em 1945 — e, em 1936, integrou durante dois anos a bancada do NSDAP no Reichstag, participava necessariamente da vida política e privada de Hitler em Berlim, Munique e no Obersalzberg. Um dia antes do falecimento do presidente Paul von Hindenburg em 1º de agosto de 1934, foi o único a acompanhar Hitler ao leito de morte do idoso chefe de Estado.[65]

Sem dúvida nenhuma, o assessor pessoal do Führer acumulava um poder nada subestimável. Nicolaus von Below chegou a afirmar que Brückner havia conquistado uma "posição primordial"; sua "autoridade" era acatada tanto pelos ajudantes de ordens pessoais quanto pelos assessores militares.[66] Ademais, uns e outros — Brückner acima de todos — tinham acesso imediato e quase irrestrito a Hitler. Constituíam a ligação do distante Führer com o mundo exterior, proviam-no de todo tipo de informações e contatos. Além disso, coordenavam as visitas. Em 1938, o próprio chefe da Chancelaria do Reich, Hans Heinrich Lammers, foi obrigado a solicitar a Brückner, por escrito, uma audiência com Hitler. E as possibilidades financeiras dos ajudantes de ordens eram das mais pródigas. Eis um relato retrospectivo de Fritz Wiedemann: "Quem precisasse de dinheiro, Brückner o encaminhava [...] a Bormann, que lhe dava 50 mil marcos. Ele ficava com a parte do leão e repassava o resto proporcionalmente, conforme a antiguidade e a hierarquia, a Schaub e a mim".[67]

O líder nazista repeliu uma reclamação de Martin Bormann, que administrava sua verba pessoal, contra a soma das despesas, e classificou de intolerável a intromissão do partido em "seus gastos".[68] De fato, Brückner ou Schaub pagavam as contas particulares de Hitler em restaurantes ou viagens, ou seja, administravam seus "trocados". Interrogado em agosto de 1947, Brückner declarou que somente Schaub pagava as contas de Eva Braun.[69] Mas não é fácil estimar o papel de Brückner no círculo privado. Em maio de 1967, respondendo a uma pergunta de Joachim Fest, Albert Speer, na época ansioso por estabelecer a maior distância possível entre si e o "grupo do Führer", por ele descrito como tétrico, frisou nunca ter tido nada em comum "com Schaub, Brückner ou Morell". Quem podia ser "mais estranho a mim?", perguntou ao interlocutor.[70] Seu amigo Nicolaus von Below, pelo contrário, lembrava-se de uma "convivência particularmente boa e amistosa" com o general da ss Brückner, a qual logo adquiriu "caráter privado".[71]

Ao que tudo indica, a amante de Brückner, Sofie Stork, também não tardou a se integrar à sociedade do Berghof e a fazer amigos. As fotografias de Heinrich Hoffmann mostram-na em festas, réveillons ou aniversários, mas também em excursões ao lado de Erna, a mulher de Hoffmann, Eva Braun e Anni Brandt.[72] Durante a transformação da casa Wachenfeld no Berghof, a jovem artista chegou a receber encomendas de Hitler — e de sua namorada. Foi ela quem pintou os azulejos da lareira da sala, do bufê e das mesas de centro, assim como a porcelana de Eva Braun; e em todos imprimiu o seu monograma.[73] É evidente que Sofie Stork caiu nas graças de Hitler. Coisa que não se alterou com a separação de Brückner, que com ela rompeu aproximadamente no início de 1936 e, pouco depois, se casou com outra. Ao lado de Karl Brandt, Heinrich Hoffmann, Eva e Gretl Braun e as secretárias Christa Schroeder e Gerda Daranowski, Sofie Stork continuou fazendo parte do grupo íntimo do Berghof.[74]

Brückner, pelo contrário, foi afastado quatro anos depois. No dia 18 de outubro de 1940, Hitler o demitiu do cargo de ajudante de ordens pessoal. A partir de 1935, todo ano houve uma defecção ou demissão no âmbito privado do ditador: em 1936, a atingida foi Angela Raubal, a meia-irmã e administradora da casa Wachenfeld; pouco depois, o motorista Julius Schreck morreu de morte natural; em 1937, o chefe do Escritório de Imprensa Estrangeira, Ernst Hanfstaengl, fugiu para a Inglaterra; em 1938, Fritz Wiedemann foi transferido para o Consulado Geral alemão de San Francisco; em 1939, o serviçal Karl Krause foi despedido. De modo que é falsa a ideia de que Hitler tenha mantido, desde 1933, um inalterável ambiente de serviçais e assessores. Mas até hoje é difícil entender a causa da demissão de Brückner. Em suas memórias, Von Below diz que foi consequência dos desentendimentos entre Brückner e Arthur Kannenberg, o mordomo de Hitler, por conta de picuinhas.[75] Desde 1933, Kannenberg, um corpulento cozinheiro e dono de bar de Berlim, cuidava com a esposa da residência do Führer na Chancelaria. Supervisionava os banquetes oficias em Berlim e no Obersalzberg e, quando do Festival Wagner, sempre viajava a Bayreuth. Lá, secundado por uma legião de empregados, servia Hitler e seus comensais em uma casa emprestada pela família Wagner, o chamado *Führerbau*. Kannenberg também ficou famoso por suas contribuições como acordeonista solo quando o chanceler recebia os artistas. Mais tarde, Winifred Wagner o designou como "um pedacinho da gente" — indispensável no universo particular de Hitler.[76] Mas Nicolaus von Below lamentou o "afastamento" do amigo Brückner. Nunca perdeu a esperança de que ele "retornasse um dia", ao passo que "Bormann e Eva Braun aplaudiram sua exoneração". Christa Schroeder falou em uma "intriga" de Kannenberg, que ela considerava um "aproveitador", e até sugeriu uma relação entre a "inclemência" de Hitler com Brückner e o fim do relacionamento deste com Sofie Stork.[77] Tais avaliações decerto eram feitas de acordo com as simpatias ou antipatias de cada um ou por mera boataria, mas deixam claro que a sociedade do Berghof estava longe de ser uma comunidade coesa. Nela, os ciúmes, as disputas pelo poder e o nepotismo determinavam o cotidiano.

Os interesses materiais que cada membro do círculo íntimo de Hitler defendia constituem um capítulo especial da vida no Berghof. Acima de tudo, eles evidenciam que o ditador se ocupava, e muito, dos assuntos pessoais dos integrantes de seu grupo mais chegado e, quando necessário, os ajudava financeiramente. É o que mostram os documentos de Albert Bormann, que preservou o intercâmbio pessoal e comercial de Sofie Stork com Hitler pelo menos até 1941. Dirigente nacional do NSDAP e general de brigada do Nationalsozialistischen Kraftfahrkorps [Corpo Automotivo Nacional-Socialista] (NSKK), Albert Bormann processava e arquivava a correspondência pessoal de Hitler na Chancelaria Particular do Führer, sediada na Nova Chancelaria do Reich desde 1939 e por ele dirigida. Um "registro diário" preservado arrola as entradas e saídas dos anos 1939-40, referentes principalmente ao círculo mais próximo, incluindo Schaub, Brückner, Heinrich Hoffmann e Hermann Esser, assim como — mais raramente — comunicações particulares, como com o sobrinho de Hitler Leo Raubal, filho de sua meia-irmã Angela, ou com Sigrid von Laffert. Mas, no "caso Stork", logo se detectam vários itens que denunciam as polpudas contribuições financeiras do chanceler. Já em setembro de 1936, ele providenciou para que a artista recebesse a importância, na época astronômica, de 45 mil marcos para salvar das dificuldades financeiras a empresa de equipamento de pesca de seu falecido pai, em Munique.[78] À parte isso, contratou e pagou um consultor financeiro que, "por ordem do Führer", passou anos cuidando da firma. O auditor enviava-lhe regularmente um relatório anual à Chancelaria.[79]

Como mostram os registros de Albert Bormann, nos anos subsequentes Sofia Stork continuou recorrendo diretamente ao ditador quando tinha problemas na fábrica. No começo do verão de 1940, pediu ajuda para adquirir bambu de Tonkin (especial para a produção de varas de pesca), cuja importação do Extremo Oriente, da Austrália ou dos Estados Unidos se tornara mais difícil com a eclosão da guerra. Em setembro de 1940, voltou a solicitar diretamente a Hitler autorização de viagem e licença para fazer compras na Bélgica e na França, países poucos meses antes ocupados pelas forças alemãs. A metade norte da França, com grandes regiões industriais, estava sujeita à administração militar alemã e, por isso, era um espaço comercial cobiçado pelos homens de negócios do Reich. E Sofie Stork obteve a tal concessão, como comprova o registro de Bormann, pois, em 13 de outubro de 1940, tornou a escrever perguntando se, na viagem, seu representante comercial podia utilizar aviões pertencentes à frota aérea de Hitler.[80]

Ora, por que Sofie Stork merecia tantas facilidades e tanto apoio financeiro? É plausível que Hitler, como posteriormente afirmou sua secretária particular Christa Schroeder, tenha ficado de tal modo contrariado com a separação de Wilhelm Brückner daquela mulher que resolvera compensá-la financeiramente "de moto próprio e com muita generosidade"?[81] Como explicar essa reação sentimental? Tudo indica que a forte relação de amizade de Sofie Stork com Eva e Gretl Braun tenha sido uma das causas da gradual perda de simpatia e, por fim, da expulsão de Brückner. Mas, para a jovem artista, bastaram a amizade das irmãs Braun e, graças a ela, a participação na esfera pessoal de Hitler para obter benefícios desmedidos. Esse não foi o único caso em que Hitler favoreceu companheiros políticos e, principalmente, amigos pessoais com todo tipo de vantagens materiais.[82]

Outra amiga de Eva Braun, Marianne (Marion) Schönmann, de Munique, treze anos mais velha que a amante de Hitler, ingressou no círculo do Berghof por intermédio de sua velha amiga Erna Hoffmann, a segunda mulher de Heinrich Hoffmann.[83]

Tanto Erna quanto Marianne provinham de família de artistas. Antes mesmo da Primeira Guerra Mundial, a tia de Schönmann, Luise Perard-Petzl, uma cantora de ópera conhecida em Viena e Berlim, obtivera sucesso como soprano em óperas de Wagner, no papel de Sieglinde em *As valquírias* e no de Elsa em *Lohengrin*. Marianne Schönmann, como ela mesma afirmou, conhecera Hitler em 1934 na residência de Hoffmann em Munique. Sua relação com o mundo da ópera e com Wagner deve ter tido um papel importante no início dessa amizade. Politicamente também havia consonância. Três anos antes, em dezembro de 1931, Marianne Schönmann ingressara no NSDAP.[84]

Não se sabe ao certo quando e como Schönmann, que então se chamava Petzl e era solteira, conheceu Eva Braun. São vagas as informações por ela fornecidas no pós-guerra ao longo do processo de desnazificação. Em 1947, no tribunal, declarou ter sido apenas uma das muitas "conhecidas" que Braun costumava convidar a sua casa de Munique. Só em 1935 teria feito a primeira visita ao Obersalzberg.[85] No entanto, não tardou a figurar entre os visitantes regulares quando, no começo de 1936, a posição de Braun se tornou indisputável no Berghof. Poucos anos depois, Schönmann era uma das mulheres da órbita de Hitler. No dia 7 de agosto de 1937, quando se casou, aos 36 anos, com o construtor de Munique Friedrich (Fritz) Schönmann — também militante do NSDAP —, Hitler e Eva Braun estavam entre os poucos e selecionadíssimos convidados.[86]

Marianne Schönmann e Eva Braun tinham contato assíduo não só no Berghof como em Munique: a mansão dos Schönmann, junto ao Herzogpark, não ficava longe da residência das irmãs Braun em Bogenhausen. Depois da guerra, quando se tratava de minimizar relações estreitas com Hitler e seu entorno para salvar a própria existência, Schönmann declarou que Eva Braun "demonstrara tanta boa vontade" para com ela provavelmente apenas por interesse pelo universo da ópera. E frisou que sua relação com ela e Erna Hoffmann não a levara à "militância política": entre elas nunca houvera "politização". Nenhuma das duas "mencionava os acontecimentos ou as relações com Adolf Hitler ou Heinrich Hoffmann".[87]

A verdade, porém, é que Schönmann estava muito bem informada: em suas inúmeras visitas ao Obersalzberg, tinha oportunidade de acompanhar de perto os "acontecimentos" e as "relações". À parte isso, é óbvio que recebia dos outros membros do círculo íntimo informações sobre os incidentes ao redor de Hitler, nos quais todos os que o rodeavam estavam tão interessados quanto o público em geral. Posteriormente, Karl Brandt afirmou que era "muito amigo" dela.[88] E, décadas depois, Nicolaus von Below recordou em suas memórias a atitude autoconfiante de Schönmann na presença de Hitler — ela tivera a ousadia de criticar abertamente uma decisão do chanceler do Reich. Durante uma estada de quatro dias no Obersalzberg na Páscoa de 1938, que, segundo Von Below, decorreu "informalmente, em atmosfera privada", Hitler, cercado dos hóspedes, entre os quais Eva Braun, sua irmã e Marianne Schönmann, além dos casais Bormann, Speer e Brandt, falou muito "na Áustria durante as refeições e nas demoradas tertúlias noturnas". Naquele momento, fazia só cinco semanas que aquele país tinha sido ocupado por tropas alemãs e "integrado" à Alemanha.[89] Muitos dos presentes no Berghof tinham presenciado a marcha triunfal de Hitler sobre Linz, em 12 de março de 1938, e sobre Viena em 14 de março do mesmo ano. Viram seu Führer freneticamente aclamado pelas alegres massas austríacas após a consumação do "Grande Reich Alemão". Walter Schellenberg, funcionário do Escritório Central do Serviço de Segurança e, na ocasião, responsável pela segurança de Hitler em suas carreatas por Viena, falou em um verdadeiro "cortejo das flores".[90] Mais tarde, a secretária Christa Schroeder lembrou as "efusões quase histéricas de alegria", as quais qualificou de "inquietantes".[91] Nesses dias, Bormann, Von Below e Brandt também participaram da comitiva. Eva Braun, por sua vez, foi a Viena extraoficialmente e separada dos outros.[92] Para a surpresa de seus camaradas, Hitler tratou logo de encarregar Josef Bürckel, um professor da região do Palatinado e "velho combatente" do movimento, de assumir o NSDAP austríaco e organizar a Áustria. Pois foi justamente isso que a vienense Marianne Schönmann criticou no Berghof. Não escondeu seu descontentamento com a escolha de um não austríaco para "representar o Führer na construção do partido na 'Ostmark'".[93]* A verdade é que a nomeação de Bürckel deve ter chocado até mesmo os nazistas austríacos, que, depois da proibição do partido em 1933 e de anos de impotência política, esperavam enfim tomar as rédeas. Por isso mesmo, simultaneamente à invasão alemã, desencadearam uma perseguição implacável aos adversários políticos e às minorias religiosas, destituindo-os dos cargos que ocupavam. Mas Hitler, alheio a tudo isso, mandou o outsider Bürckel reorganizar o caótico NSDAP da Áustria e fazer a triagem de seus militantes. A Bürckel, que tinha sido comissário nacional para a reintegração do território do Sarre, cumpria assegurar o bom sucesso da "anexação" da Áustria. Diretamente subordinado a Hitler, ele se considerava um "monarca" investido de poderes ditatoriais para impor a "vontade do Führer". [94] Atropelava implacavelmente os desejos das instituições tradicionais e chegou a manifestar o intuito de refrear "a legião de aspirantes que se pretendiam qualificados para assumir determinados cargos nas repartições públicas e no partido" e inclusive "desarmar os carreiristas desse gênero".[95] Tais medidas, assim como a imediata desativação de todos os sindicatos e asso-

* *Ostmark*, antigo nome germânico da região central da atual Áustria, retomado pelos nazistas após a anexação: "província de Ostmark". (N. T.)

ciações da Áustria, a partir de então chamada de Ostmark, valeram a Bürckel tanto ódio, inclusive entre os companheiros de partido, que até mesmo no Berghof houve "acaloradas" discussões sobre se não seria o caso de "levar em consideração a mentalidade dos austríacos".

Mas de nada serviu Marianne Schönmann defender seus conterrâneos. Uma semana depois, no dia 23 de abril de 1938, Hitler nomeou Josef Bürckel comissário nacional para a reunificação da Áustria ao Reich alemão. Nem por isso, recordou Von Below, Schönmann deixou de apresentar "a Hitler, nos anos subsequentes, provas da desastrosa administração de Bürckel". Em compensação, Baldur von Schirach, que dois anos depois assumiu o cargo de gauleiter e governador em Viena, substituindo Bürckel, afirmou, retrospectivamente, que Schönmann "levou a Hitler os boatos a respeito de seu antecessor" até que o Führer o responsabilizasse pelo "sentimento de hostilidade ao Reich em Viena".[96] Von Below deixou em aberto se e como ele próprio e os demais presentes, entre os quais Eva Braun, participaram da discussão. Mas suas observações mostram que, mesmo antes da guerra, discutia-se política no Berghof e, ao contrário do que Speer asseverou mais tarde, as pessoas não se restringiam a debater "questões de moda, de criação de cães, de teatro e cinema, de opereta e suas estrelas".[97]

Tampouco a perseguição aos judeus era segredo no grupo do Berghof. Afinal, Eva Braun e suas amigas, assim como as famílias Speer e Brandt, moravam a maior parte do tempo em grandes cidades como Munique e Berlim e, mesmo no Obersalzberg, não ficavam de modo nenhum isolados do mundo exterior. De modo que não podiam ignorar, por exemplo, que o prefeito de Munique Karl Fiehler, um veterano do partido, participante do putsch de 1923 e companheiro de prisão de Hitler em Landsberg, tomara, prematuramente, medidas radicais contra os habitantes judeus da cidade. Já em 1938, proibira-lhes o uso dos parques, piscinas e restaurantes públicos. Compras, só as podiam fazer em poucas lojas.[98] Os classificados de todos os jornais alemães anunciavam abertamente a venda de empresas judaicas expropriadas "em prol da arianização". A segunda maior loja de departamentos de Munique sofreu inúmeras ações de boicote e terror antes de acabar saqueada e incendiada na madrugada de 9 para 10 de novembro de 1938.[99] Mas dificilmente se saberá até que ponto cada frequentador do Berghof tinha ciência de tais procedimentos empregados na perseguição dos judeus e a eliminação dos adversários políticos. Em todo caso, Speer garantiu que "nunca se impôs silêncio" ao "círculo privado em torno a Hitler". Mesmo porque, no caso das mulheres, Hitler achava "inútil" exigir discrição.[100] Todos eles eram testemunhas e confidentes. Por isso, aos sobreviventes desse grupo não faltavam motivos para omitir o que ouviram e viram na vizinhança de Hitler.

Enquanto isso, na Áustria, o gauleiter Bürckel e sua equipe estavam empenhados em transformar as estruturas materiais e humanas austríacas em "instituições imperiais alemãs" e em reorganizar o NSDAP do país. As reservas de divisas do Staatsbank austríaco, um total de 1,4 bilhão de marcos, também foram parar em mãos alemãs. Além disso, procedeu-se à "exclusão do pessoal não ariano do setor privado".[101] Entenda-se por isso a brutal privação de direitos e expropriação da população judaica. Os judeus austríacos, que na maioria moravam em Viena, fugiram aos milhares; seus bens, declarados propriedade de inimigos do Reich, foram confiscados pela SS.[102] Dessa maneira, valiosos acervos artísticos e bibliotecas mudaram de dono, sendo que o Führer exigiu poder pessoal de decisão sobre seu uso. Assim, em julho de 1938, ele mesmo se investiu do direito de definir o destino das obras de arte apreendidas em Viena. E ordenou ao *Reichsführer*

SS e chefe da Polícia Alemã Heinrich Himmler, que em 12 de março partira precipitadamente para a capital austríaca acompanhado da Waffen-ss, que pusesse aquelas obras de arte "à disposição [...] sobretudo das cidades pequenas da Áustria".[103] Nos meses seguintes, ficou claro que estava se referindo particularmente a Linz, às margens do Danúbio, a capital provincial da Alta Áustria, a "terra natal" de Hitler, para a qual, no verão de 1938, ele projetou uma reforma arquitetônica e a edificação de um museu de arte de padrão internacional. A meta: Linz viria a ser uma "metrópole".[104]

Para montar uma exposição concentrada exclusivamente em pintores alemães e austríacos do século XIX, Hitler passou a comprar — à parte as obras confiscadas aos colecionadores judeus — telas avulsas no mercado de arte. Entre os especialistas que o assessoravam nas aquisições, figurava principalmente o marchand berlinense Karl Haberstock, proprietário de uma galeria na avenida Kurfürstendamm.[105] Além disso, serviam de intermediários o incansável e já então milionário Heinrich Hoffmann e, possivelmente, Marianne Schönmann. Embora Hoffmann não fosse um experto, fazia anos que Hitler o consultava em questões artísticas. A notória intimidade do "fotógrafo pessoal" com o líder nazista, tão amante da arte, instigava os marchands a lhe proporem todo tipo de negócio. Assim se desenvolveu ao redor do ditador um animado intercâmbio de obras de arte. Não só Hitler, mas também sua namorada, os assessores e até as secretárias ganhavam valiosas peças de presente.[106] Além disso, Hoffmann valeu-se desses contatos para, com o passar dos anos, reunir um enorme acervo pessoal. Perante os oficiais aliados que o interrogaram em 1946, admitiu ter recebido quadros por intermédio de Marianne Schönmann, entre outros, inclusive uma obra de Anton Seitz.[107] Aliás, esse pintor alemão do século XIX, que representava o cotidiano da "gente simples" e pertencia à Escola de Munique, era um dos artistas que Hoffmann gostava de colecionar.[108] Em 1946, Karl Brandt declarou também ter adquirido pinturas por intermédio de Schönmann.[109]

Não obstante, continua incerta a extensão das atividades de Marianne Schönmann. Oficialmente, ela não participava das transações de obras de arte que aconteciam em torno de Hitler. Já a sua conhecida Maria Almas Dietrich, uma galerista de Munique, atuava comprovadamente junto a Karl Haberstock e Heinrich Hoffmann como fornecedora da chamada "Missão Especial Linz". Almas Dietrich, cuja filha era amiga de Eva Braun, foi apresentada a Hitler por Hoffmann em 1936.[110] Um ano depois, em agosto de 1937, esteve, ao lado de Hitler, Eva Braun e sua roda de amigos de Munique, entre os seletos convidados à cerimônia nupcial na residência de Marianne Schönmann. Ao todo, a galerista — em parte associada a Hoffmann — vendeu mais de novecentos quadros a Hitler, tornando-se uma das mais importantes agentes artísticas do "Museu do Führer" em Linz.[111] Fazia negócio por intermédio de Martin Bormann ou diretamente com o líder nazista, que então instruía seu ajudante de ordens pessoal a encaminhar as contas a serem quitadas ao chefe da Chancelaria, Hans Heinrich Lammers.[112] Embora Maria Almas Dietrich tenha colaborado notoriamente com o diretor nacional da Einsatzstab Reichsleiter Rosenberg (ERR),* que durante a guerra se dedicou a pilhar bens de propriedade judaica nos territórios ocupados pelas forças alemãs, a falta de provas materiais impediu até hoje a confirmação da suspeita de que negociasse obras de arte roubadas. Tampouco se sabe até que ponto iam suas relações de amizade com Hitler e seu círculo privado e se ela chegou a ser convi-

* Alfred Rosenberg foi um dos saqueadores alemães mais bem-sucedidos. O ERR, sob sua direção e concebido especificamente para a prática de saques, confiscava propriedades culturais nos territórios ocupados. (N. E.)

dada ao Berghof. Mas é certo que o contato com o ditador lhe rendeu enormes vantagens financeiras. Entre 1940 e 1944, Maria Almas lucrou mais de 600 mil marcos em negócios ligados à "Missão Especial Linz".[113] Em todo caso, ao redor do ditador havia um forte entrelaçamento de relações particulares e comerciais. Heinrich Hoffmann, em particular, soube aproveitar com astúcia a amizade com Hitler e a relação quase familiar com Eva Braun. Foi ele que, em 1936, introduziu mais uma pessoa na vida privada de Hitler, a qual, até o fim, teria muita influência sobre seu estado físico e mental: o médico dr. Morell.

O dr. Morell

O dr. Theodor Morell, que fora médico da Marinha antes da Primeira Guerra Mundial, tinha consultório particular na mundana Kurfürstendamm, em Berlim, e contava entre seus clientes artistas, políticos e também o fotógrafo Heinrich Hoffmann. Em 1935-6, quando Hitler foi acometido por problemas estomacais e eczema nas pernas, Hoffmann marcou — provavelmente de sua casa em Munique — uma consulta com Morell.[114] Ao que parece, este não tardou a persuadir o hipocondríaco chanceler do Reich — que não fumava, não bebia e observava uma dieta rigorosa — de sua competência médica. Dali por diante, Morell passou a tratar dele permanentemente, e estava a sua disposição a qualquer momento. Bastava ser chamado.

No mais tardar entre 1937-8, o "médico pessoal", bem como sua esposa, a atriz Johanna Moller, integraram-se ao círculo íntimo do ditador. Já em janeiro de 1937, depois que Hitler, como de costume, havia passado o Ano-Novo no Berghof, o dr. Morell estava presente. Ao lado de Hitler, Hoffmann e o ajudante de ordens Brückner, visitou o terreno da projetada casa de chá no Mooslahnerkopf. Em agosto de 1937, Theodor e Hanni Morell figuraram

O casal Morell com Eva Braun durante o último Congresso Nacional do NSDAP, em Nuremberg, em setembro de 1938

entre os convidados no casamento de Marion Schönmann. E, no Réveillon de 1937-8, o médico berlinense esteve uma vez mais no Obersalzberg, em companhia de Albert Speer, Sofie Stork e outros.[115] A partir de 1938, tornou-se definitivamente um dos acompanhantes constantes de Hitler. Fotografias de Hoffmann mostram-no com Karl Brandt e outros auxiliares no trem especial do chanceler a caminho de Klagenfurt, na Áustria, onde, no dia 4 de abril de 1938, Hitler fez um de seus muitos discursos de propaganda às vésperas do referendo sobre a "Anexação". No começo de setembro, foi fotografado envergando a farda do partido entre a esposa e Eva Braun em uma tribuna do último congresso do NSDAP, *Reichsparteitag Großdeutschland* [Congresso da grande Alemanha], em Nuremberg. No mesmo mês, compareceu às conferências de Bad Godesberg e Munique.[116]

Também estava presente quando Hitler, de modo teatral, sob ameaça de guerra e sofrendo de uma clara tensão nervosa, negociou a cessão dos Sudetos à Alemanha. O médico pessoal ainda o acompanhou às conversações com o premiê britânico Neville Chamberlain, realizadas entre 22 e 24 de setembro no luxuoso Rheinhotel Dreesen, e também às tratativas que levaram ao Acordo de Munique, de 28 a 30 de setembro, com Chamberlain, Mussolini e o primeiro-ministro francês Edouard Daladier, no *Führerbau* da Königsplaz.[117] No âmbito privado, os casais Brandt, Speer, Bormann e Morell, assim como a irmã e as amigas de Eva Braun, passaram a constituir o núcleo duro da comunidade do Berghof.[118]

No entanto, parece — pelo menos em retrospecto — que Morell era muito malquisto por lá e até desprezado profissionalmente, a não ser por Hitler. Speer, por exemplo, não lhe poupou críticas. Em suas memórias, classificou-o de "fanático da profissão e do dinheiro", cujos métodos de tratamento não pareciam "muito seguros" e que, na ausência de Hitler, era "alvo da chacota" dos outros.[119] Franz von Sonnleithner, representante permanente do Ministério de Relações Exteriores no quartel-general do Führer nos últimos anos da guerra, descreveu o médico pessoal como uma personalidade provocadora, de "compleição atarracada, tez pardacenta, com anéis nos dedos rechonchudos", incompatível com "a imagem ideal da época".[120] Até a família Wagner, de Bayreuth, achava-o "encardido" e de tal modo inconveniente que, em 1938, seu "cliente A" o instruiu a se afastar daquele meio.[121]

Do mesmo modo, a forte posição de confiança subitamente granjeada e, em consequência, o poder do médico inspiravam suspeita e rejeição tanto no grupo privado de Hitler quanto nos companheiros do primeiro escalão. Morell a lhe prescrever comprimidos "revestidos de ouro" e a lhe aplicar um grande número de injeções não combinava com a imagem do Führer infalível e intrépido, do homem em que as pessoas confiavam "cegamente" e cujos triunfos em política externa fizeram dele, na imaginação popular, uma espécie de super-homem: um "sujeito" que podia tudo que queria. Ademais, o público não podia saber dos ocasionais mal-estares de Hitler, pois sua popularidade dependia de sucessos constantes.[122] Por isso, a ideia de um homem como Morell, que tomava diariamente decisões sobre o estado de saúde do "herói" miticamente glorificado pela propaganda e, assim, tinha nas mãos o destino da Alemanha, só podia suscitar desconfiança. Göring o teria chamado com desprezo de "mestre da seringa do Reich", ao passo que Himmler, o chefe da Gestapo, mandou o serviço secreto vigiá-lo assim que a guerra começou, pois ele havia se tornado excessivamente poderoso.[123] O próprio Morell se queixava das frequentes difamações e do fato de ter de defender com unhas e dentes sua posição "ante o Führer".[124]

Não obstante, sobretudo durante a guerra, desenvolveu-se uma relação de dependência entre Hitler e Morell. Se no começo bastavam remédios para o estômago e vitaminas para melhorar o desempenho do paciente e afastar, pelo menos provisoriamente, o medo de uma doença grave, o consumo de medicamentos de Hitler chegou, nos últimos quatro anos de vida, a cerca de 88 preparados diferentes, principalmente estimulantes e calmantes. A solução de problemas físicos mediante a rápida administração de remédios satisfazia o desejo do líder nazista de um tratamento o mais discreto possível. Mesmo porque ele não admitia exames que exigissem a exposição de todo o corpo. Posteriormente, Ernst Hanfstaengl mencionou que o Führer tinha um "horror quase virginal de ser visto nu".[125] De fato, desde o início de sua ascensão política, Hitler se empenhou em impedir que sua vida privada fosse devassada. Especialmente quando ele estava no auge do poder, a lenda do Führer, laboriosamente adquirida, não podia ser ameaçada pela revelação de necessidades e fraquezas particulares. Por essa razão, favoreceu muito o discretíssimo Morell, nomeou-o professor universitário em 24 de dezembro de 1938, destinou-lhe uma dotação de 100 mil marcos isentos de tributação "por ocasião do dia 30 de janeiro de 1943", agraciou-o com a insígnia dourada do partido e fomentou de toda forma concebível a construção da empresa farmacêutica que Morell operava em Hamburgo e Olomouc, na Boêmia. Em suma: tornou-o riquíssimo.[126]

Além disso, parece que não havia praticamente ninguém no entorno de Hitler que não fosse tratado por Morell. Por medo de contágio ao menor sinal de doença, Hitler instava pessoalmente todos os membros de seu staff e inclusive Eva Braun a consultarem o "médico pessoal".[127] Speer, Ribbentrop, Heß, Lammers, Von Below, as secretárias, os membros da família Wagner em Bayreuth, sua antiga admiradora Unity Valkyrie Mitford (uma aristocrata britânica) e a cineasta Leni Riefenstahl figuravam, todos, por insistência de Hitler, entre os clientes de Morell.[128] No começo de 1938, Von Below confessou ter se deixado examinar "muito a contragosto". Mas então descobriu que Morell era um médico "diligente e apaixonado" e pôde "compreender melhor" por que "Hitler lhe tinha confiança".[129] Speer, segundo ele mesmo informou, visitou Morell em 1936, pouco depois do primeiro contato de Hitler com o médico. Conforme seu relato, ele chegou a ser o grande "trunfo medicinal de Morell" durante algum tempo, porque "após um exame superficial" e a administração de "bactérias intestinais, dextrose, comprimidos de vitamina e hormônio", se pôs a alardear o sucesso desse tratamento, muito embora ele tivesse consultado outro médico em Berlim. De modo que Speer mentiu, como ele escreveu, para "não aborrecer Hitler".[130]

Eva Braun, que, ao que se sabe, não sofria de nenhuma doença grave e, quando muito, às vezes se resfriava, teria dito a Speer, depois de se consultar com Morell, que este era "repugnantemente sujo" e que não voltaria a se tratar com ele.[131] Já não é possível averiguar se isso corresponde à verdade ou se, no caso, Speer quis usar Eva Braun como testemunha *ex post facto* de suas alegações contra Morell. Mas cabe indagar por que ela contaria justamente a ele, que tanto se esforçava para estar nas boas graças de Hitler e até fingira ter sido curado por seu médico pessoal, que tinha nojo de Morell. Uma vez mais, as observações de Speer parecem pouco plausíveis e até falsas.[132] Em 3 de fevereiro de 1938, Ilse Heß escreveu à mulher de Alfred Leitgen, o ajudante de ordens de Heß, que o médico pessoal "ajudara muito" seu marido e outros com problemas cardíacos. Também a "srta. Braun" — "a Everl" — tivera "sintomas bem parecidos", mas, graças a Morell, "estava novamente em muito boa forma".[133] Ademais, os poucos documentos preservados de Morell comprovam que Eva Braun continuava sendo sua cliente em janeiro de 1944.[134] Parece que, durante a guerra, ela chegou a acompanhar Hitler a um tratamento para o estômago sob a supervisão de Morell.[135] Enfim, é de supor que, em virtude de sua situação especial, ela, mais que qualquer outro na "corte", procurasse contentar o notoriamente desconfiado e arisco Hitler, chegando até a se envolver com seus problemas físicos e a participar solidariamente do tratamento de Morell.[136] Não lhe convinha demonstrar abertamente sua aversão, ainda que não gostasse do médico e, em fevereiro de 1944, tivesse dito a uma das secretárias que "não confiava nele e o detestava".[137]

Karl Brandt, que com sua equipe de médicos acompanhantes rejeitava totalmente os métodos curativos de Morell, não foi o único a descobrir como era perigoso contrapor-se a ele. Desde o começo, houve tensão entre os médicos, pois Brandt o considerava um impostor e charlatão.[138] Depois de anos de disputa velada, ele finalmente afirmou, em outubro de 1944, que os comprimidos de Morell estavam envenenando Hitler. Mas não apresentou provas, de modo que seu plano de pôr fim à carreira do outro fracassou. Em vez disso, o próprio Brandt acabou demitido em 10 de outubro de 1944, pois Hitler classificou o ataque a Morell de conspiração e traição contra o homem em que ele depositava confiança. E Brandt, que devia sua ascensão exclusivamente ao favorecimento de Hitler, sentiu na própria carne o que era ser excluído da "corte".[139]

Hermann Esser

Também se deve incluir no grupo expandido do Berghof o "veterano" e antigo camarada de Hitler Hermann Esser. Militante do NSDAP desde 1920, aos vinte e poucos anos já era redator-chefe dos jornais do partido *Völkischer Beobachter* e *Der Nationalsozialist*. Em 1923, foi o primeiro "diretor de propaganda do NSDAP" e, uma vez mais na função de redator-chefe, assumiu a direção do *Illustrierter Beobachter*, um semanário copiosamente ilustrado que noticiava principalmente as reuniões, comícios e desfiles do NSDAP e da SS. A ascensão de Hitler à Chancelaria promoveu o jornalista, conhecido como orador agressivo e antissemita radical, ao cargo de ministro da Economia da Baviera. Ernst Hanfstaengl, que considerava Esser um amigo, chamava-o de "*enfant terrible* do partido" e, além disso, classificava-o de talvez "o maior talento oratório depois de Hitler".[140] Como observou Nicolaus von Below, o Führer se encontrava com Esser sempre que ia à Baviera, e ele fazia parte do ambiente do líder nazista em Munique.[141] Era do "tipo bruto", como Ernst Röhm e Max Amann, e uma figura do mais fiel "núcleo duro" em torno a Hitler desde os primórdios do NSDAP. Dele é a frase "O Mussolini da Alemanha se chama Adolf Hitler", com a qual nasceu o culto do Führer conforme o modelo do fascista italiano.[142] Hitler não abria mão da amizade de Esser, apesar das divergências tanto políticas quanto pessoais e da controvérsia que sua personalidade brutal e grosseira suscitava entre muitos correligionários.[143] Albert Speer também recordou a contragosto o "grotesco entourage bávaro de Hitler", do qual ele "sempre manteve distância".[144]

No dia 6 de dezembro de 1946, interrogado em Nuremberg sobre sua carreira no Estado nazista, Hermann Esser afirmou que, em 1934, tivera com Hitler um desentendimento que o levara a renunciar ao cargo de ministro e a se afastar da vida política. A partir de 1935, abandonara a atividade política e deixara de comparecer aos eventos do congresso do partido em Nuremberg. Em 1936, aceitara unicamente a função apolítica de presidente da Federação Nacional de Turismo.[145] Ainda declarou que havia rejeitado e criticado a "arianização" e os atos de violência contra os judeus. Interrogado sobre seu livro, publicado em 1927 pela editora do partido, a Eher-Verlag, com o título infame *Die jüdische Weltpest. Kann ein Jude Staatsbürger sein?* [A peste mundial judaica. O judeu pode ser cidadão?], Esser justificou-se alegando que, na época, Alfred Rosenberg lhe fornecera material para a obra. Embora Rosenberg, pelo menos na década de 1920, fosse um de seus adversários internos no partido mais contundentes, Esser agora tentava sugerir que o verdadeiro autor do livro era o ideólogo do NSDAP, que, aliás, já havia sido executado por crimes de guerra.[146] Acerca da nova edição de 1939, publicada pouco depois do pogrom de novembro de 1938 e intitulada *Die jüdische Weltpest. Judendämmerung auf dem Erdball* [A peste mundial judaica. Crepúsculo dos judeus no globo terrestre], Esser nada quis declarar: não escrevera e nunca tinha visto tal livro.[147] Por fim, o interrogador americano protocolou o depoimento, dizendo que Esser se opusera à Lei Racial de Nuremberg de 1935 e que a "questão judaica" tinha sido uma das causas de seus desacordos com Hitler.[148]

Na realidade, a ele não faltavam motivos para se distanciar de sua obra eivada de ódio, na qual explicava a suposta maldade do "caráter racial" judaico, entre outras coisas, com base em falsas passagens do Velho Testamento e do Talmude. Já na introdução, dizia que era preciso "pôr fim" à "moral lacrimogênea de certos pseudointelectuais que não fazem senão lamuriar os 'pobres' e 'perseguidos' judeus". Estes eram "inimigos do mundo e dos homens", um "Reich com um governo nacional-socialista" devia "enfrentar a peste judaica como um inimigo mortal".[149] Portanto, o livro de Esser foi uma das primeiras obras da literatura nazista de justificação do assassinato dos judeus alemães e europeus, os quais ele estigmatizava como os verdadeiros criadores do racismo. Mas garantiu — naturalmente — que só no pós-guerra fora informado do "gaseamento" de judeus.[150]

Com suas declarações em Nuremberg, Esser, como muitos outros integrantes do séquito íntimo de Hitler depois da queda do Estado nazista, tentou se furtar à responsabilidade para salvar a vida. Dois meses antes de seu depoimento, a corte marcial de Nuremberg havia condenado mais de 22 criminosos de guerra do regime nazista, dez deles à morte. Todavia, inúmeras organizações e grupos continuavam no banco dos réus, entre eles, a Brigada do Führer do NSDAP, além de ministros e altos funcionários do governo. Os outros processos se estenderiam até a primavera de 1949. Por isso, Esser, que fora intimado como mera testemunha, tomou a precaução de "sumir" até 1949.[151]

A verdade é que, no seu caso, não se podia falar em afastamento da vida política nem em ruptura com Hitler em 1935. Mesmo porque o antigo correligionário continuou frequentando o Obersalzberg.[152] Lá, no dia 10 de janeiro de 1937, junto de Hitler, Goebbels, o chefe de Imprensa Otto Dietrich, Fritz Todt, depois comissário-geral para a Regulação da Construção Civil, e Albert Speer, visitou um modelo da Casa do Turismo Alemão, cuja pedra fundamental foi lançada em Berlim no dia 14 de junho de 1938.[153] Essa foi a primeira e única obra concebida por Hitler e Speer que chegou a ser totalmente concluída na "Germânia, Capital do Mundo". No centro de Berlim — mais ou menos onde hoje fica a Nova Biblioteca Nacional —, seria construída a luxuosa residência de Hermann Esser — caso o rumo tomado pela guerra não tivesse imposto a suspensão das obras. Por isso, o escritório de Esser ficava na vizinha Columbushaus, na Potsdamer Platz, 1, um dos últimos prédios do estilo chamado Neuen Bauern* em Berlim.[154] Ainda que ele não dispusesse de grande poder político, como Max Amann, o presidente da Câmara de Cultura do Reich, ou Alfred Rosenberg, o ministro dos Territórios Ocupados do Leste, é impossível dizer que tivesse se afastado da órbita de Hitler.[155] Pelo contrário, permaneceu bem perto, e o fato de haver sido investido nos importantes cargos de presidente do Comitê Nacional de Turismo, em 1936, e de secretário de Estado para o Turismo no Ministério da Educação do Povo e Propaganda, em 1939, estão longe de indicar distanciamento do regime nazista ou do círculo interno do poder.[156]

Na época em que Esser assumiu o Comitê Nacional de Turismo, todas as instituições privadas ligadas ao setor já estavam enquadradas e, graças à Lei da Federação Nacional de Turismo de 28 de março de 1936, estatizadas, ou seja, submetidas à supervisão direta do Ministério da Propaganda. Três anos depois, na qualidade de um dos três secretários subordinados a Goebbels, Esser passou a dirigir o Departamento de Turismo daquele ministério. Entre outras coisas, competia-lhe designar os dirigentes de todas as associações estaduais de turismo. Com isso, o regime nazista tratou de garantir "uma condução objetiva e disciplinada" do fomento ao turismo, como se dizia. Mas, acima de tudo, as férias e o lazer transformaram-se em um instrumento de propaganda política que muito contribuiu para legitimar o domínio nazista. Visando à formação de um "Estado nacional dos trabalhadores", cada cidadão devia se integrar a um grupo orientado, mesmo nos

* "Novos Edifícios", movimento arquitetônico que corresponde à Nova Objetividade na música e nas artes plásticas. (N. E.)

períodos de lazer. Incentivava-se um turismo popular e social politicamente organizado.[157]

Por orientação do Estado, verificou-se uma tendência antissemita cada vez maior no turismo doméstico alemão. A meta era a criação de "espaços livres de judeus". Preceituava-se a separação entre os hóspedes judeus e os não judeus nos balneários e estações de cura. Isso ocorria especialmente nos centros turísticos mais procurados, que lucravam com o turismo em massa organizado pela DAF: a Baviera, tal como os banhos do Norte, onde, antes mesmo de 1933, difundiu-se o "antissemitismo balneário".[158] A *Kraft durch Freude* [Força pela Alegria] (KdF), muito popular instituição de lazer da DAF, possibilitou pela primeira vez uma viagem de férias às camadas de baixa renda, coisa que deu muita popularidade aos nazistas.[159] O espetáculo anual do congresso do NSDAP em Nuremberg, que atraiu até 450 mil visitantes anuais entre 1933 e 1938, também teve um efeito enorme sobre o turismo. Mesmo nos primeiros anos da guerra, a administração do turismo continuou funcionando, embora o setor de hotelaria passasse a ser usado cada vez mais para fins militares. Enfim, em setembro de 1944, o departamento de turismo do Ministério da Propaganda foi desativado. Até então, Hermann Esser dirigira a política de turismo conforme a ideologia nacional-socialista. Seu cargo estava longe de ser uma mera instância administrativa apolítica.

O decisivo, porém, é que Esser continuou tendo grande importância pessoal para Hitler. Do contrário, seria difícil explicar o fato de seus problemas pessoais — o divórcio de sua primeira mulher — haverem se transformado em uma questão política.[160] Essa separação foi das mais complicadas e, em 1938, acabou envolvendo não só Hitler como o ministro da Justiça Franz Gürtner e o ministro Lammers, chefe da Chancelaria do Reich. No outono de 1938, Hitler, que evidentemente queria pôr fim ao esparrame familiar do amigo, pediu a Lammers informações sobre o andamento do processo de divórcio de Esser. Lammers solicitou ao ministro da Justiça os autos do processo, que àquela altura já contavam sete volumes e, no dia 29 de outubro de 1938, eles foram enviados ao Berchetesgaden. Além disso, Gürtner explicou ao colega Lammers o dilema de difícil solução de Hermann Esser, cuja esposa, com a qual ele era casado desde 5 de julho de 1923 e tinha dois filhos, não consentia com o divórcio por ele exigido havia anos. Em vão, Esser tentara várias vezes — em 1933 e em 1935 — dissolver o casamento. Todos os trâmites haviam fracassado, pois, conforme o Código Civil — de 1900 — em vigor, o divórcio só era possível mediante a violação dos deveres conjugais por parte de um dos cônjuges. O rompimento legal do vínculo do matrimônio sempre implicava uma acusação do cônjuge inocente contra o culpado e a comprovação de pelo menos um de quatro delitos: adultério, atentado contra a vida do cônjuge, abandono do lar ou violação grave dos deveres conjugais.[161] Ocorre, porém, que Hermann Esser vivia com outra mulher havia vários anos e com ela tinha dois filhos.[162] De modo que, pela lei em vigor, era culpado de adultério; por isso o divórcio não era viável para ele.

Na República de Weimar, já se havia tentado alterar essas disposições. Mas só com a anexação da Áustria o regime nazista soube aproveitar o momento para implementar uma reforma fundamental, sem a intromissão de opositores da Igreja católica e ancorada na ideologia nacional-socialista. Assim, a Lei do Divórcio de 6 de julho de 1938 revogou os motivos do divórcio até então em vigor, regulando-os de modo que o valor de um casal passasse a ser estimado por sua importância para a "comunidade nacional". Nesse sentido, a "recusa à procriação" e a "esterilidade do cônjuge" passaram a ser motivos de divórcio. Além disso, os legisladores nazistas introduziram pela primeira vez, no artigo 55 do Código Civil, a possibilidade de dissolução do casamento, independentemente de culpa, quando um casal ficasse três anos separado. É verdade que o cônjuge que não quisesse se divorciar tinha o direito de recorrer. Mas, no fim, os juízes decidiam se a preservação do casamento era "moralmente" justificável.[163]

Aparentemente, essa lei tinha tudo para desencalhar a situação particular de Hermann Esser. Dois dias depois da chegada dos autos do processo a Berchtesgaden, em 31 de outubro de 1938, Lammers expôs o caso a Hitler. Mas explicou que não era possível saber que decisão tomaria o tribunal, pois a nova lei não abolia totalmente o princípio da culpabilidade: o adultério continuava sendo um grave motivo de divórcio. Aqui se colocava sobretudo a questão do novo casamento, uma vez que, segundo o artigo 9 do Código Civil, "o cônjuge faltante não pode contrair matrimônio com a pessoa com a qual cometeu o adultério se este for o motivo da ruptura do vínculo matrimonial na sentença de divórcio".[164]

Endereçando-se a Gürtner — confidencialmente, como ele mesmo escreveu — Lammers observou que, na época em que se debatera a Lei Matrimonial, tratava-se principalmente de possibilitar o divórcio "em virtude da dissolução objetiva do casamento, sem que aquele implicasse a culpabilidade dos cônjuges". Durante esses debates, "o Führer [...] também tinha em mente o caso Esser". Se a Justiça não acatasse o artigo 55, ameaçou Lammers, "não restaria senão contemplar uma reformulação da disposição legal".[165] A interpretação de Hitler tinha "uma importância muito especial", pois na qualidade de "Führer e chanceler" ele era, em última instância, "o único legislador do Terceiro Reich". Caso a sentença do tribunal de primeira instância não determinasse o divórcio, explicou Lammers a Gürtner, "uma decisão sumária do processo na segunda instância, por ordem do Führer, surtiria o efeito desejável".[166] Evidentemente, para o advogado Lammers, que na época tinha 59 anos, o direito e a lei eram de somenos importância, muito embora ele tivesse estudado ainda no tempo do Império e ocupado o cargo de subsecretário do Ministério do Interior na década de 1920. Lammers estava disposto a violar a lei se esse fosse o desejo do Führer — ainda que tão pessoal. Para ele, Hitler consubstanciava a lei tal como o rei absoluto.[167]

O tribunal estadual de Berlim não teve como escapar a essa pressão provinda do alto. Decidiu a favor do culpado, enviando a esposa legal e moralmente inocente para o banco dos réus. Nos considerandos da sentença de 23 de dezembro de 1938, à demandada faltava "a verdadeira atitude conjugal". Ela não mostrara que "tinha séria vontade de preservar um casamento verdadeiro".[168] Em carta escrita no mesmo dia, Hermann Esser agradeceu cordialmente a Lammers o "apoio à causa", explicando que a Justiça "proferiu [...] hoje a esperada sentença", de modo que também para ele o Natal "seria uma festa da alegria".[169] Mas a sentença ainda não era definitiva, pois Therese Esser interpôs recurso, como lhe era de direito. O ministro da Justiça interferiu uma vez mais. Segundo garantiu Gürtner em carta a Lammers, em um encontro com o presidente do Tribunal de Justiça no dia 24 de janeiro de 1939, ele insistira para "que as razões de política social e populacional que levaram [...] o Führer a decretar a provisão fossem apresentadas aos juízes encarregados da causa do divórcio".[170] Por fim, o Tribunal de Justiça rejeitou o recurso da mulher de Esser no dia 17 de março de 1939.

Menos de três semanas depois, em 5 de abril de 1939, Hermann Esser se casou novamente. Entre os convidados, achavam-se Adolf Hitler e Eva Braun, os casais Bormann e Morell, assim como o ministro do Tesouro Nacional Franz Xaver Schwarz com sua esposa.[171] A presença de Hitler e Eva Braun mostra que Esser não havia caído em desgraça nem fora excluído do círculo mais chegado. Pelo contrário, indica uma afinidade familiar especial.

De fato, no dia 10 de novembro de 1940, Eva Braun batizou a filha de Esser, que recebeu o nome de Eva.[172] O próprio Hitler fora padrinho de casamento de vários companheiros mais íntimos, como Goebbels, Göring, Bormann e Brandt, e, mais tarde, padrinho de batismo de seus filhos. Por que Eva Braun não amadrinharia a filha de um acólito?[173]

A dona da casa no Berghof, 1936-9

Não se sabe se, em sua nova posição praticamente inexpugnável ao lado de Hitler, Eva Braun foi madrinha de outras pessoas. Sabe-se, contudo, que Martin Bormann também batizou uma filha com seu nome. Mas que significado atribuir a esse ato de apadrinhamento no círculo íntimo, ou seja, em um âmbito tão apartado do público? Afinal, na campanha de propaganda do regime nazista, o apadrinhamento não deixava de ser relevante para o aumento da taxa de natalidade. O próprio Hitler dissera a respeito do papel de mãe: "Cada filho que ela dá à luz é uma vitória na batalha pela existência ou não existência de seu povo". Assim, equiparou a maternidade à condição de soldado. Depois, com tino publicitário, assumiu pessoalmente o apadrinhamento do décimo filho de cada família comprovadamente "ariana".[174] Além disso, no caso de Esser, mostrou-se mais que um patrono da família do amigo veterano. O papel de benfeitor e defensor possibilitou-lhe apresentar-se quase como uma divindade protetora do povo alemão, até mesmo no âmbito privado. Sua regra de vida, divulgada publicamente — "Eu o sirvo com vontade e a ele dou a vida" — servia para enfatizar o mito do líder paternal.[175] Cabe indagar como Hitler, que coabitava sabidamente com Eva Braun, justificava, a si próprio e aos que conheciam suas circunstâncias pessoais, o fato de não ser casado nem ter filhos.

Hitler entre Eva e Gretl Braun na obrigatória fotografia de grupo no Ano-Novo, no Obersalzberg (1939)

Afinal de contas, para os nacional-socialistas, "o reforço e o fomento da vontade de procriar na comunidade nacional" eram considerados uma das "missões mais prementes da reconstrução" do país. Os médicos nazistas ocupados com a "biologia política" classificavam a "contracepção deliberada" de uma "atitude anormal por natureza" e chegavam a defini-la como uma manifestação de "decadência moral".[176] De modo que a atitude de Hitler para com Eva Braun devia causar assombro até mesmo no círculo íntimo do Berghof. Em um regime em que as necessidades pessoais do indivíduo se subordinavam às exigências da "comunidade nacional", cuja propaganda condenava o individualismo como uma atitude "judeo-liberal", sendo que o próprio Hitler declarava publicamente "que, entre todas as tarefas que nos cabe cumprir, a mais nobre e, por isso, a mais sagrada para o ser humano, é a preservação da espécie consanguínea", ele adotava critérios totalmente opostos na vida privada.

Mas ele rejeitava categoricamente o casamento e dizia abertamente que não queria ter filhos — atitude também atribuída a Eva Braun.[177] Ora, por quê? Por cálculo político, pelo desejo de, na qualidade de Führer, "elevar-se visivelmente" acima do meio?[178] Acaso ele fazia o papel de "ídolo" até mesmo no seu grupo mais chegado, como afirma Ian Kershaw?[179] E que efeito tinha essa atitude sobre Eva Braun e sua situação na comunidade do Berghof? Convém distinguir as manifestações para efeito de propaganda dos motivos reais. Em primeiro lugar, é preciso ter em conta que Hitler não inventou o estilo político de cultivar o culto público da mãe, sendo ao mesmo tempo o ídolo solteirão das mulheres. A historiadora Brigitte Hamann provou que ele não fez senão copiar as poses propagandísticas do popular prefeito antissemita de Viena (de 1897 a 1910) Karl Lueger, do qual era admirador, e que também usava o solteirismo como instrumento político. E, a exemplo de Lueger, que explicara à amante que não podia se casar, pois precisava "do mulherio" para "obter alguma coisa" em política, Hitler assim se manifestou: "Muitas mulheres sentem atração por mim pelo fato de eu ser solteiro. Isso foi importantíssimo na época do combate. É o que acontece com o artista de cinema: quando se casa, perde alguma coisa entre as mulheres que o adoram, deixa de ser seu ídolo".[180]

Não foi à toa que, em um discurso endereçado à elitista Associação de Mulheres Nacional-Socialistas no congresso do partido de 1936, disse que, "sem a tenacidade e a dedicação realmente amorosas da mulher ao movimento, o partido jamais teria alcançado a vitória". Hitler sabia que "as mulheres certamente apoiam de coração o movimento e estão eternamente vinculadas a mim". Eram seus filhos que davam sentido ao trabalho dele. Essas crianças pertenciam "à mãe tanto quanto [...] e simultaneamente a mim".[181] Ele comprometia as mulheres consigo ao associar a sua própria pessoa conceitos como dedicação, vínculo eterno e filhos, os quais lhe pertenciam. E se arvorava de marido de todas as mulheres e pai de todas as crianças alemãs — consoante o conhecido slogan do culto do Füher: "Hitler é a Alemanha! A Alemanha é Hitler!" —, satisfazendo o enraizado anseio por um "messias nacional".[182]

Deixando de lado a propaganda de massa, durante um chá em seu quartel-general da Prússia Oriental em janeiro de 1942, Hitler ofereceu uma revelação mais profunda da verdadeira causa de seu celibatarismo. Referindo-se à vida privada, disse que tinha muita sorte em não ser casado, pois o tempo demandado por uma esposa seria um fardo para ele. E prosseguiu: "Esse é o problema do casamento: cria obrigações! É muito mais conveniente ter uma amante. O fardo desaparece, e tudo continua sendo uma dádiva". Se as anotações forem confiáveis, essa confissão escandalizou as secretárias presentes, Christa Schroeder e Gerda Daranowski, o que fez Hitler acrescentar jocosamente que aquilo, naturalmente, só se aplicava a "homens extraordinários".[183]

Portanto, ao que parece, sua recusa a se casar com Eva Braun não tinha a ver com ela propriamente — tampouco significava, como afirmou Albert Speer, que Hitler a achasse "apenas limitadamente aceitável em sociedade".[184] Tudo indica que ele temia expor-se ao poder e à influência de uma esposa e tornar-se vulnerável no âmbito privado. Aliás, fazia questão de manter à distância qualquer um que pudesse se aproximar demais nessa esfera, inclusive os próprios membros de sua família. Chegou a exigir de sua irmã Paula, com a qual, entre 1929 e 1941, se encontrava anualmente em Munique, Berlim ou Viena, que adotasse o nome de "sra. Wolf" e se mantivesse o mais incógnita possível.[185] Ainda em 1924, em Landsberg, quando seu companheiro de prisão Rudolf Heß lhe sugeriu que transferisse a irmã de Viena para Munique,

Hitler entrou em pânico. Repeliu a ideia, escreveu Heß à futura esposa,

> "com todos os sinais de indignação; ficou nervoso subitamente, remexendo-se na cadeira, passando a mão no cabelo: por Deus, não! Com o amor que sentia por ela, seria um peso em sua vida, um constrangimento. Ela podia tentar influenciá-lo em uma grande decisão, persuadi-lo. Era justamente por isso que não se casava e até evitava inclinações mais fortes — insinuou — por uma mulher. De uma hora para outra, teria de se expor a todos os perigos sem a menor consideração humana, pessoal, e morrer se necessário.[186]

No entanto, como a propaganda e o culto da personalidade, transformando-o em uma endeusada figura paterna, proibiam uma relação como a que ele tinha com Eva Braun, era preciso guardar o mais rigoroso segredo. A namorada não podia aparecer em público para não prejudicar sua aura. Mesmo no Berghof, Eva Braun permanecia invisível quando chegavam visitantes oficiais ou estrangeiros. Sempre se recolhia a seus aposentos. Isso se aplicava não só a ela como a todos os convidados privados, segundo Speer, que, em tais ocasiões, ficavam "confinados no primeiro andar".[187]

Diante dessas restrições, acaso se pode qualificar Eva Braun de "dona da casa" no Berghof? Pelo menos a partir de 1936, ela assumiu cada vez mais o papel de anfitriã. Ao contrário de todos os outros — com exceção de Hitler —, tomava a iniciativa de convidar os amigos e seus filhos ou parentes ao Obersalzberg. Como explicou Speer em agosto de 1945, ela sofria de "complexo de inferioridade" e, por isso, "geralmente parecia presunçosa" aos de fora.[188] Mas em nenhum momento agia como "governanta" no Berghof. As atividades domésticas eram incumbência de outros, entre os quais o casal de caseiros e, nas ocasiões especiais, o mordomo de Hitler, Arthur Kannenberg.[189] Mas é provável que, de quando em quando, ela interferisse nos afazeres e tentasse impor suas ideias. Parece que, por diversos motivos, chegou a se indispor com parte do pessoal doméstico, os membros do staff e também com algumas visitantes frequentes do sexo feminino. No fim de 1945, Hanskarl von Hasselbach, cirurgião, tenente-coronel da SS e, ao lado de Karl Brandt e Werner Haase, o terceiro médico particular do líder nazista, criticou muito a conduta de Eva Braun no Obersalzberg. Segundo ele, nos últimos anos, ela se dizia "a dona do Berghof", embora reclamasse para si apenas os direitos inerentes a essa posição, sem cumprir os deveres a ela ligados. Com exceção de Hitler, acrescentou Hasselbach, todos na casa eram obrigados a satisfazer seus desejos, ao passo que ela não tinha o menor interesse pelo bem-estar dos empregados. Além disso, o médico, que pertencia à equipe de Karl Brandt desde 1934, responsabilizou a influência de Eva Braun sobre Hitler pela composição do grupo do Berghof e de seu "baixo nível intelectual e moral".[190]

No entanto, a existência de Eva Braun, sua presença ao lado de Hitler, mesmo levando-se em conta as concepções morais da época e a postura ideológica do chanceler no seu entorno mais íntimo, não exigiam explicação nenhuma. Era principalmente em seu refúgio no Obersalzberg que se achavam os adeptos leais e dedicados que não só partilhavam de suas convicções políticas como nele enxergavam uma figura de dimensões históricas, um verdadeiro herói.[191] Robert Ley, que mesmo sem participar do círculo do Berghof foi até o fim um dos defensores mais antigos e acríticos de Hitler, escreveu para a posteridade, em sua cela em 1945, que a vida do Führer fora "um sacrifício único por seu povo até o derradeiro suplício": "Nada, absolutamente nada — nem mesmo a mulher que ele amava — o influenciava, só o seu dever".[192]

Eva Braun no terraço do Berghof, fotografada por Walter Frentz (c. *1943*)

Em suas memórias, Emmy Göring mostra que Hitler não tinha a menor intenção de retificar esse quadro. Ela se queixa de nunca ter sido autorizada a conhecer Eva Braun, por mais que o solicitasse. Hitler mantinha a namorada "trancada a sete chaves" no Obersalzberg. No "segundo ano da guerra", ou seja, em 1940, quando ela convidou as mulheres do Berghof — Anni Brandt, Hanni Morell, Eva Braun e sua irmã — para um chá em sua casa de campo no próprio Obersalzberg, todas aceitaram; mas Hitler mandou chamar Hermann Göring tarde da noite e comunicou que Eva Braun não podia ir. Motivo: ela era "muito tímida, morria de medo" da mulher de Göring.[193] O fato é que já fazia alguns anos que o ditador mantinha longe de sua privacidade o segundo homem mais poderoso do Terceiro Reich. Ele fora padrinho no pomposo casamento de Hermann e Emmy Göring no dia 11 de abril de 1935, na catedral de Berlim, e, três anos depois, batizara a única filha do casal. Politicamente, o alçara a uma posição de poder sem igual e, em dezembro de 1934, mediante um decreto secreto, o nomeara seu sucessor. Mas, embora (ou justamente porque) continuasse acumulando poder, o popular Göring, que às vezes se apresentava aos diplomatas estrangeiros como o "Führer e sucessor do chanceler do Reich", jamais ingressou no círculo mais chegado de confidentes de Hitler.[194] Pelo contrário, este evitava a aproximação pessoal — possivelmente para não incitar a ambição e o desejo de fama de seu sucessor designado, tornando-os incontroláveis. Por isso, a tentativa de Emmy Göring de se acercar de Eva Braun e, assim, de sua vida privada deve ter sido considerada altamente indesejável.

O episódio revela menos "a tragédia dessa mulher" — Eva Braun —, como formulou Emmy Göring, que o caráter da relação de Hitler com Göring.[195] Em todo caso, cabe indagar por que só no segundo ano da guerra ocorreu a Emmy Göring convidar a namorada de Hitler a sua casa. Por que não o fizera antes, em

1937 ou em 1938? Como a perda de poder de seu marido já havia se iniciado em 1939 e se acelerara, a partir de setembro 1940, devido ao fracasso militar na guerra aérea com a Inglaterra, é justo supor que Eva Braun fosse apenas um meio para atingir um fim, ou seja, tentar compensar a perda de importância política e militar mediante uma aproximação na esfera pessoal.[196]

Mas, além de fortalecerem seu poder pessoal, a proteção da distância e o empenho em se isolar evitavam que Hitler expusesse sua vida pessoal e ficasse humanamente vulnerável. De fato, Hitler vivia à margem da sua ideologia de coletividade nacional e reclamava para si um lugar especial, o que também pode ajudar a explicar a "situação socialmente ambígua" de Eva Braun,[197] que gerava perplexidade não somente no círculo íntimo do Führer. A verdade é que o caráter de sua relação com ele continuava totalmente incerto. Nem no Berghof se viam manifestações públicas de amor ou sinais de contato físico — pelo menos nos anos anteriores ao início da guerra. Os dois eram "extremamente castos", afirmou Speer a Joachim Fest em maio de 1978. Hitler procurava igualmente manter certa distância de seu entourage e fazia questão de observar as convenções e procedimentos costumeiros. Mesmo em sua relação com Speer e Goebbels, nunca deixou de representar uma figura paterna.[198]

De modo que cada hóspede podia concluir por si só o que o ligava a Eva Braun. E assim, depois da guerra, não faltaram divergências sobre a natureza da relação: seria amorosa ou uma "falsa relação"? Speer, o jovem amigo e confidente, não duvidava que Eva Braun fosse amante do líder nazista. Interrogado em Kransberg por oficiais aliados no verão de 1945, registrou por escrito que Eva Braun era "muito importante" para Hitler, que se referia a ela com respeito e adoração. Para ele, Eva Braun era a "bem-amada". Mas quase um quarto de século depois, em suas memórias, Speer não mencionou nenhum sentimento de "amor" de

Hitler por Eva Braun. Vinte anos de prisão e a influência de seus conselheiros Joachim Fest e Wolf Jobst Siedler modificaram sua óptica. O outrora poderoso ministro do Armamento, obcecado pelo poder até o fim, preferiu distanciar-se política e pessoalmente do homem a quem servira com convicção até o amargo desfecho. Agora descrevia Hitler como um homem impenetrável, frio e desprovido de "senso de humor", que tratava a amante com crueldade, desconfiança e cinismo.[199] Vinte e cinco anos antes, em Kransberg, quando suas declarações ainda eram menos calculadas, o mesmo Speer havia estabelecido uma diferença entre o comportamento oficial de Hitler e seu trato com os demais "na vida privada". Oficialmente, dissera ele então, Hitler era arrogante e "raramente se mostrava como 'pessoa'", mas, na vida particular, tinha "sensibilidade" — ou seja, capacidade de empatia — "como qualquer outro homem".[200]

Interrogado pelo Sétimo Exército americano em 26 de maio de 1945, Max Amann, que conhecia Hitler desde a época em que juntos serviram na Primeira Guerra Mundial, descreveu a relação dele com as mulheres como "normal". A única mulher com que tinha "relações íntimas ocasionais" era Eva Braun. No protocolo do interrogatório, está escrito literalmente: "Amann descreve Hitler como um homem sexualmente normal. Sua única amiga do sexo feminino, com quem mantinha relações sexuais ocasionais, era Eva Braun, uma antiga funcionária do fotógrafo Hoffmann [...]. Durante o último mês, ela estava sempre perto de Hitler".[201] Dois meses depois, o "veterano" Franz Xaver Schwarz, companheiro de longa data e amigo íntimo de Hitler, manifestou-se de maneira quase totalmente oposta sobre o líder nazista e Eva Braun. Richard Walter Darré observou no pós-guerra que, desde a infância, Schwarz fora antissemita em cada fibra de seu ser e havia encontrado em Hitler o homem que "via e exprimia as coisas politicamente tal como ele as sentia".[202] Militante do NSDAP desde 1922 e, com a refundação do partido, em 1925, até o fim seu tesoureiro nacional, assim como general da SS, general da SA e deputado no Reichstag, Schwarz fazia parte, com sua mulher Bertha Breher, do grupo de amigos de Munique de Hitler e Eva Braun. Ambos eram muito bem-vindos no Obersalzberg.[203] Interrogado por oficiais aliados no dia 21 de julho de 1945, ele declarou que Hitler tinha uma "relação platônica" com Eva Braun desde 1931. O próprio Führer lhe havia dito que vivia exclusivamente para o trabalho, ponderando: "Mulher não tira absolutamente nada de mim. Eu não sei lidar com isso".[204] Entretanto, no tocante à sinceridade do ex-tesoureiro ao responder essa pergunta, convém levar em conta que ele não tinha nenhum motivo para revelar aos interrogadores americanos a tão bem guardada privacidade de Hitler. Em Nuremberg, em 1945, Schwarz dera a impressão de ser um "fanático sincero, que ainda revela uma ilimitada admiração pessoal por Hitler".[205]

Em compensação, a antiga secretária Christa Schroeder mostrou-se convencida da falsidade dos fatos apresentados sobre o lado erótico da relação de Eva Braun com Hitler. Três semanas depois da morte dos dois, durante um interrogatório em Berchtesgaden em 22 de maio de 1945, Schroeder deu a seguinte resposta quando um oficial americano quis saber se "Hitler considerava a srta. Braun sua esposa": "Ele a tratava como tal". Ante a insistência do interrogador — "Ele a considerava sua esposa?" —, ela replicou: "Claro que sim".[206] No entanto, em memórias publicadas mais tarde, ela se contradisse, e afirmou, tal como Franz Xaver Schwarz, que a relação de seu "patrão" com o sexo feminino era de natureza puramente platônica. A única que ele "amou" e com quem "certamente teria se casado" fora sua sobrinha Geli Raubal. Quanto a Eva Braun, Hitler só a incluíra em sua vida para "evitar novas ameaças de suicídio". "Sua presença" servia-lhe de "escudo contra todas as outras mulheres intrusivas."[207]

Nesses escritos tardios, Christa Schroeder sentia-se ratificada pelas supostas afirmações de Heinrich Hoffmann, Julius Schaub e Klaus von Schirach, assim como de Ada Klein, uma conhecida de Hitler dos anos 1920. A verdade é que nem Hoffmann nem Schaub se manifestaram nesse sentido. Ambos conheciam Hitler e Eva Braun de perto e, de um modo ou de outro, participavam de seu dia a dia. Mas nenhum deles pôs em dúvida a intimidade da relação. Em depoimento escrito em 1947, Hoffmann explicou que, em sua opinião, inicialmente a relação fora "de natureza apenas platônica". Mas acrescentou que, "muitos anos depois", assumira "certas formas" e que Eva Braun era mimada por Hitler "de maneira normal", como "qualquer um mima a amante".[208] Ele datou o começo desse desenvolvimento da época da compra da casa em Munique, isto é, por volta de 1935-6. Ademais, o "ex-fotógrafo particular" do Führer deixou claro que, dada a iminência do julgamento de seu caso por um tribunal de Munique, ele estava empenhado em prestar um "esclarecimento". Interessava-lhe, no tribunal, esquivar-se da acusação de, na época, ter instigado a relação amorosa de uma funcionária sua com o líder nazista para ganhar influência ou "poder político" na órbita de Hitler. A confirmação dessa suspeita podia gerar consequências desagradáveis para ele, que negava ter tido algo a ver com a política e a propaganda nazistas. De modo que lhe convinha enfatizar que Eva Braun, nos seis primeiros anos de contato com Hitler, não fora uma "relação séria" para este.[209]

Interrogado sobre esse tema no dia 12 de março de 1947, em Nuremberg, pelo promotor-geral Robert W. Kempner, Julius Schaub, o general da SS e ajudante de ordens pessoal de Hitler, não deu nenhuma informação sobre o tipo de relacionamento de seu líder com Eva Braun. Quando Kempner lhe perguntou se Hitler "amava" a namorada, respondeu: "Gostava muito dela". Ante a insistência do promotor em saber como interpretar sua resposta, o antigo confidente de Hitler, que com este convivera vinte anos, reiterou: "Ele a queria bem". Também contou que o líder nazista lhe dizia que não pretendia se casar por "não ter tempo para isso" e estar "sempre ausente". Ora, essa "opinião" não foi bem recebida no círculo íntimo: "Nós sempre nos perguntávamos por quê, não compreendíamos. Afinal, também éramos casados e estávamos longe de nossas esposas".[210] Evidentemente, o simplório Schaub nada sabia do medo de Hitler aos vínculos familiares. Ignorava as coerções ligadas a sua automitificação e ao fato de o poder, no sistema de domínio nacional-socialista, basear-se essencialmente no mito do Führer a pairar muito acima da política e dos problemas cotidianos.[211] Alheio a isso, Schaub, no pós-guerra, deu uma profusão de informações questionáveis ou mesmo falsas. No seu caso, deve-se considerar que, mesmo após a morte de Hitler, ele continuava sendo um admirador acrítico e um fiel protetor dos segredos do chefe.[212] Já Herta Schneider, a amiga de Eva Braun que talvez mais conhecesse sua relação com Hitler, declarou em junho de 1949: "Humanamente, na privacidade, Hitler era uma simpatia. Eva Braun o amava muito e ele também a amava".[213] Enfim, o que se pode dizer é que os dois — apesar do pudor que faziam questão de ostentar — coabitavam em uma relação semiconjugal, e não era outra a impressão que infundiam no seu entorno mais chegado.

Era Hitler quem definia os parâmetros do relacionamento, aos quais Eva Braun se ajustava. Há controvérsia quanto às razões de ela ter agido assim, quanto aos verdadeiros sentimentos que nutria e aos objetivos que acaso perseguia. Ora foi descrita como uma mulher infeliz, frustrada, apenas passivamente expectante, que suportava sua sina sem se queixar; ora a apresentaram como alegre, cheia de vida e pouco feminina. Naturalmente, o segredo que cercava sua pessoa e o fato de ela ter um papel notoriamente importante na vida de Hitler, apesar de indeterminável, suscitavam conflitos no círculo privado e no staff do líder nazista, de modo que, no Obersalzberg e em Munique, nem todos os membros daquela sociedade fechadíssima viam Eva Braun com bons olhos. Talvez isso explique os diferentes pontos de vista.

Em termos formais, mesmo depois de 1936 Eva Braun seguiu constando na lista de funcionários da firma de Heinrich Hoffmann. É bem verdade que não precisava se apresentar diariamente no escritório em Munique. Mas, nesse período, transformou-se em uma fotógrafa e cinegrafista apaixonada. Com muita frequência, "oferecia" ao patrão Hoffmann fotografias e também filmes coloridos do grupo íntimo do Berghof. Segundo ele, tirava "fotos valiosíssimas", parte das quais lhe eram vendidas a peso de ouro. Assim, segundo sua própria declaração, em 1940, Hoffmann pagou-lhe a soma astronômica de 20 mil marcos por um "trabalho fotográfico". Mas não recordava se a importância fora paga "diretamente a Eva Braun ou por intermédio de sua irmã". Tampouco se sabe se e como Hoffmann usou essas fotografias.[214] Em todo caso, não se pode dizer que Eva Braun tenha deixado de trabalhar para a Photohaus Hoffmann a partir de 1936. Afinal, no dia 15 de setembro de 1943, Alfons Brümmer, um empregado da empresa de Hoffmann, fez um depósito em sua conta de poupança no Bayerische Vereinsbank em Munique. Nesse dia, transferiu 5 mil marcos para a "secretária" — valor correspondente a uma renda anual.[215]

Portanto, não se detecta nenhum distanciamento profissional entre o "fotógrafo pessoal" e a namorada de seu amigo Hitler. Não admira que, na declaração escrita que apresentou por ocasião de seu processo no tribunal distrital em 1947-8, Hoffmann não tenha escrito nem uma palavra sobre a continuidade de seu vínculo profissional com ela depois de 1936. E, na audiência pública sobre Eva Braun no mesmo tribunal, tenha se limitado a afirmar que ela "oferecia suas coisas à loja", e que ele não tinha

Eva Braun fotografa Hitler conversando com Morell (1937)

"nada a ver com isso".[216] Considerando a quantidade de dinheiro que fluía, isso é mais do que questionável. É o caso de indagar se e por que Hoffmann procurava "amaciar" Eva Braun pagando-lhe altíssimas quantias. Acaso era assim que garantia "uma palavrinha" favorável dela no alto escalão? Fosse como fosse, parece que a amante do Führer, além das vantagens financeiras que este lhe outorgava pessoalmente, participava do favoritismo habitual nos círculos nazistas.[217]

Para não chamar a atenção no séquito de Hitler, Eva Braun recebeu o status de secretária particular. Posteriormente, Speer contou que, sempre que o líder nazista ficava no Obersalzberg, ela também era obrigada a ir para lá. Somente uma vez, diz ele em suas memórias, Hitler lhe deu oito dias de férias.[218] Mas a insinuação aí contida, segundo a qual, para Eva Braun, a presença no Berghof era uma espécie de prestação de serviço, é enganosa e só se pode atribuir à peculiaridade das memórias de Speer. Mesmo porque, em outro lugar, o próprio Speer insiste em frisar a fidelidade, a devoção e o amor abnegado de Eva Braun por Hitler. Mas, acima de tudo, seu acesso ao Berghof significava um privilégio ao qual nenhum membro do "círculo interno" renunciaria voluntariamente.[219]

Não obstante, Eva Braun passava a maior parte do ano em Munique. Ainda no verão de 1935, quando ela morava com a irmã caçula na Widenmayerstraße, Hoffmann comprou uma casinha construída quatro anos antes na Wasserburger Straße, 12, a atual Delpstraße, em Bogenhausen. O empresário Adolf Widmann a tinha posto à venda. Depois da guerra, ele declarou que Eva Braun visitara o imóvel; semanas depois, Hoffmann pagou o preço pedido — 35 mil marcos — com um "cheque particular". Em momento nenhum Hitler se envolveu com a transação.[220] Somente quando Widmann demorou a dar o preço de vários objetos, foi "instado verbalmente" por Hoffmann e seu procurador a apresentar a lista com a máxima urgência, "porque Hitler queria saldar a dívida".[221] Três anos depois, no dia 2 de setembro de 1938, a propriedade foi transferida para Eva Braun — "secretária particular em Munique".[222]

Hoffmann foi contraditório também ao depor a respeito desse episódio. Na sua defesa escrita de 1947, primeiro afirmou que Hitler havia comprado "uma casinha para Eva". Na audiência do tribunal distrital referente a Eva Braun em Munique, no dia 1º de julho de 1949, disse "já não ter lembrança" de como o imóvel fora adquirido; possivelmente, ele o comprara para seu genro Baldur von Schirach. Também não sabia se tinha recebido "uma compensação de Hitler". Por último, acrescentou: "No fim, eu não paguei a casa. O valor foi restituído, não lembro por quem, também não sei dizer de que forma".[223]

O alegado esquecimento de Hoffmann não convence, tampouco é concebível que o líder da Juventude do Reich se dispusesse a cogitar para si e sua família um domicílio tão despretensioso como a casinha de Bogenhausen. Na realidade, no dia 12 de março de 1936, Von Schirach tornou-se proprietário do castelo Aspenstein, construído no século XVII em Kochel am See, a cerca de 65 quilômetros de Munique, ao passo que Eva Braun e a irmã Margarete se mudaram para a Wasserburger Straße em 30 de março de 1936.[224] O novo lar da namorada de Hitler ficava perto das residências de proeminentes membros do partido. Max Amann, presidente da Câmara Nacional da Imprensa e diretor da Editora Central do NSDAP, morava na mesma rua. A vila de Heinrich Hoffmann ficava em uma rua paralela. O general de exército da SS Heinrich Himmler, o arquiteto e "inspetor-geral de Construção" Hermann Giesler e Martin Bormann eram também proprietários em Bogenhausen. Este último se apoderara da mansão confiscada ao pintor Benno Becker na Maria-Theresia-Straße, 26.[225]

Enquanto Eva Braun organizava a mudança em Munique, Hitler estava em "campanha eleitoral". Antes disso, no dia 7 de março de 1936, tornara a colocar as potências ocidentais diante de fatos consumados ao mandar o Exército invadir a zona desmilitarizada da Renânia. Tanto militares quanto diplomatas desaconselhavam tal medida. A violação dos acordos internacionais — o Tratado de Paz de Versalhes e o Tratado de Locarno, firmado em 1925 — ameaçava isolar ainda mais a Alemanha na Europa, expondo-a ao risco de outra guerra. Sem embargo, Hitler encenou seu golpe e, ao mesmo tempo que as tropas avançavam sobre a Renânia, convocou uma sessão do Reichstag, na qual, em meio ao aplauso frenético dos adeptos, anunciou que, naquele instante, as Forças Armadas alemãs estavam "a caminho [...] de suas futuras guarnições de paz". Jurou não retroceder "perante nenhuma potência e nenhuma força, para restabelecer a honra do nosso povo" e afirmou que, "no dia de hoje", chegava ao fim "a luta pela emancipação alemã". Ato contínuo, fez generosas propostas de "paz" aos vizinhos europeus — até mesmo de reingresso na Liga das Nações. Embora, na verdade, estivesse eivado de um imperialismo de inspiração racista que transpunha todos os limites e não contemplava acomodação nem reconciliação com as outras nações, seu discurso manifestava a esperança de, dali por diante, remover as "tensões do caminho do desenvolvimento de uma lenta e evolucionária colaboração pacífica".[226]

Ao discurso, seguiu-se a dissolução do Reichstag e a fixação de novas eleições no dia 29 de março de 1936. A audácia de Hitler foi premiada uma vez mais. Depois ele teria dito a Albert Speer que aquele havia sido o "seu gesto mais ousado".[227] Embora tivessem protestado contra aquela transgressão da lei, a Inglaterra e a França não intervieram militarmente. Em Genebra, a Liga das Nações restringiu-se a uma condenação formal da violação do tratado por parte da Alemanha.

Enquanto isso, Hitler saboreava o sucesso. Para ele, a campanha eleitoral para o Reichstag transformara-se em uma marcha triunfal. Percorrendo todo o país, apresentou-se como orador em Berlim, Munique, Karlsruhe, Frankfurt am Main, Königsberg, Hamburgo, Breslau, Ludwigshafen, Leipzig, Essen e Colônia. Goebbels, o ministro da Propaganda, havia planejado antecipadamente a "campanha eleitoral" de três semanas, que não tinha nenhum propósito a não ser deixar "o povo alemão enormemente entusiasmado".[228] Na verdade, tratava-se de uma campanha publicitária do regime que, mediante uma lista única do NSDAP, com o slogan "Reichstag para a liberdade e a paz", exigia tão somente que a população aprovasse a política de Hitler. Oficialmente, 98,9%

Eva Braun — escondida na comitiva, sentada atrás de Hitler — durante os Jogos Olímpicos de Inverno em Garmisch-Partenkirchen (Fevereiro de 1936)

dos eleitores lhe deram voto. Estimulada em todo o país, a euforia pelo Führer já não tinha limites. É duvidoso que o resultado oficial tenha refletido corretamente a votação, mas pouco importa. O inegável é que Hitler se achava no auge da popularidade, pois estava a um passo de realizar aquilo que, na República de Weimar, todos os partidos políticos exigiam em vão: a revogação do odioso Tratado de Paz de Versalhes.

E Eva Braun? Acaso as vitórias políticas de Hitler e sua popularidade em ascensão não tinham importância para ela? É inconcebível que a jovem de 24 anos não estivesse dominada pela ideia de ser a companheira de um semideus, a cujos desejos e necessidades ela, assim como todos os outros, tinha de se subordinar.

Sim, Eva Braun também devia se sentir eleita por uma força superior, pois o sucesso em política externa reforçava em Hitler o senso de missão e a fé em um destino que o guiava. O "destino" determinara o caminho a trilhar "com sonâmbula segurança", ele havia anunciado, no dia 14 de março de 1936, diante de 300 mil pessoas na Theresienwiese, em Munique. E não se tratava de mera propaganda. Mesmo entre os confidentes, Hitler não fazia segredo de sua fé em um "deus do destino". Paula, sua irmã, contou que ele lhe dissera que tinha "certeza absoluta de que sobre mim paira a mão protetora de Nosso Senhor".[229] Do mesmo modo, em 1941, ele observou em uma roda de chá noturna, no quartel-general do Führer na Prússia Oriental, que a "Onipotência" que cria "mundos" certamente "designava a missão de cada ser". "Tudo acontece como tem de acontecer!"[230]

Viagens

Um importante componente da vida dos membros do círculo de Hitler eram as viagens. Mas, até 1939 e mesmo depois do início da guerra, enquanto a equipe mais próxima de colaboradores, entre os quais os médicos e as secretárias, sempre o acompanhava nas viagens, Eva Braun tinha de se contentar com uma vida mais sedentária. Todavia, como ela, ao contrário das esposas dos políticos nazistas destacados, sempre viajava à margem da comitiva oficial, sem que seu nome aparecesse na lista do protocolo, hoje é difícil reconstituir os acontecimentos de que participou pessoalmente. Assim, somente uma fotografia de Heinrich Hoffmann acusa sua presença em uma viagem oficial, em Garmisch-Partenkirchen, durante um evento dos Jogos Olímpicos de Inverno inaugurados no dia de seu aniversário, 6 de fevereiro de 1936.[231]

Ela, que adorava esquiar, devia estar particularmente interessada nesses jogos, pois incluíam pela primeira vez competições de esqui alpino. Hitler, pelo contrário, recusava-se a praticar qualquer modalidade de esporte. Sua aversão tinha menos a ver com o medo de se machucar que com a certeza de se expor ao ridículo. "Quando a pessoa é muito famosa, os outros sempre esperam algo dela", comunicou ao seu círculo íntimo, em agosto de 1942, durante uma "conversa à mesa". Invocando Bismarck, afirmou que "pediriam coisas" que ele "não podia dar". Por isso, "esquiar" ou "banhar-se" estavam fora de questão para o líder nazista.[232] Era inesquecível a fotografia publicada na primeira página do *Berliner Illustrirte Zeitung* em 1919, três dias depois da posse do presidente Friedrich Ebert, na qual ele e o ministro da Defesa Gustav Noske apareciam de calção de banho e peito nu no balneário de Ostseebad Haffkrug. A foto causou um dano irreparável à imagem da jovem república.[233] Mussolini, que gostava de se exibir em público como atleta versátil — cavaleiro, piloto, nadador —, não fazia, aos olhos de Hitler, senão se expor ao ridículo, coisa a que ele "não se dispunha". Em sua opinião, o Duce devia era "governar sua Itália".[234]

Hitler chegou à cerimônia de inauguração das Olimpíadas de Inverno em seu trem especial. Acompanhado oficialmente pelo ministro do Interior Wilhelm Frick, o ministro do Interior da Baviera Adolf Wagner, o oficial encarregado dos esportes Hans von Tschammer und Osten e o prefeito de Garmisch-Partenkirchen, além dos membros da presidência do Comitê Olímpico Alemão, entrou no Estádio Olímpico de Esqui a pé, pisando a neve. Frick já lhe havia pedido que, durante os jogos, proibisse a propaganda antissemita cada vez mais intensa na região. Receava que "um eventual incidente em Garmisch" prejudicasse a comemoração esportiva — que, afinal de contas, atrairia meio milhão de espectadores até o dia 16 de fevereiro — e, principalmente, os Jogos Olímpicos de Verão, previstos para dali a poucos meses em Berlim.[235] De modo que os cartazes com os dizeres

"Aqui não queremos judeus", muito comuns no lugar, desapareceram provisoriamente.

Hitler visitou várias vezes os Jogos de Inverno de Garmisch com diferentes comitivas e geralmente flanqueado por eminentes correligionários como Göring ou Goebbels. Não se sabe em que dia e em que competição ele se fez acompanhar não só do chefe de Imprensa Otto Dietrich e Eva Braun como de outros amigos de Munique, entre os quais Helene Bechstein, Erna Hoffmann e Sofie Stork, todos autorizados a se sentarem na segunda fila, bem atrás dele. A única fotografia desse grupo, proveniente de Hoffmann, não informa a data nem o evento esportivo a que assistiram. Mas as aparições públicas do líder nazista em Garmisch-Partenkirchen foram muito protegidas. Os jornalistas admitidos tiveram de se submeter a normas rigorosíssimas. Heinrich Himmler, o chefe do Serviço de Segurança do Reich, notificou pessoalmente a Polícia Política da Baviera que o "acompanhamento do Führer pelos fotógrafos" estava "terminantemente proibido".[236]

Obviamente, durante os Jogos Olímpicos de Verão de 1936, que foram nada menos que o grande acontecimento midiático internacional do Estado nazista, a captação de imagens ficou sujeita a restrições severas. A meta da propaganda do regime nazista era mostrar ao público mundial uma Alemanha forte e, ao mesmo tempo, amante da paz. Para tanto, os responsáveis davam mais importância ao poder de expressão da imagem que ao da palavra escrita. Assim, apenas 125 fotógrafos alemães foram credenciados: os chamados "correspondentes fotográficos oficiais". O departamento de imprensa do comitê de organização dos jogos se incumbiu de fornecer o material selecionado aos 1800 jornalistas provenientes de 59 países.[237] Esse detalhe não chegou a afetar o entusiasmo internacional. A empresa de Heinrich Hoffmann fez incontáveis registros dos jogos, que, aliás, foram um grande sucesso de propaganda nos noticiários escritos, radiofônicos, assim como nas primeiras transmissões televisivas.[238]

Entretanto, não há registro fotográfico da presença de Eva Braun. Ao que tudo indica, ela foi proibida de assistir à "primeira grande e representativa atuação do novo Reich", conforme escreveu Rudolf Heß.[239] Tampouco na memorialística se encontra um vestígio de sua presença nos Jogos de Verão. Isso se repetiu em outros grandes eventos dos anos anteriores à guerra. Falta também a comprovação do relato — aparentemente oriundo da família — segundo o qual, a pedido de Hitler, Eva Braun, acompanhada da mãe e da colega de escola Herta Schneider, teria ido a Viena no dia 14 de março de 1938 para, no fim da tarde, assistir à marcha triunfal do amante após a "anexação" da Áustria à Alemanha.[240] Nicolaus von Below, Otto Dietrich ou Christa Schroeder, que com a secretária Gerda Daranowski, contratada no ano anterior, integraram a comitiva de Hitler, também não mencionaram em seus escritos posteriores a presença de Eva Braun nesse evento, muito embora todos tivessem se hospedado no hotel Imperial de Viena com Hitler e seu staff. Nesse contexto, todos os memorialistas evitaram citar nomes ou narrar os pormenores de sua experiência. Von Below se referiu unicamente à "comitiva" ou aos "numerosos acompanhantes", dizendo ter sido "testemunha de um momento histórico". Christa Schroeder limitou-se a aludir ao Comando de Escolta, assim como ao factótum Schaub, e a observar vagamente que, na ocasião, "tudo foi assombroso" para ela. O chefe de imprensa Dietrich deu a entender que havia assistido como uma testemunha totalmente desinteressada ao "ardente entusiasmo" das massas na Áustria. Speer, talvez o único que teria sido mais prolixo, não participou da comitiva dessa vez e afirmou só ter sabido "do acontecimento" alguns "dias depois, pelo jornal".[241]

Enfim, na memorialística dos protagonistas, reina um estranho silêncio em torno à composição exata do grupo que cercou Hitler em Linz e Viena. Como explicar isso? Afinal, todos os membros do círculo mais chegado estavam no olho do furacão: Brandt, Von Below, Hoffmann, Dietrich, Brückner, Schaub, as secretárias e Eva Braun. Mas por que guardaram para si as observações e experiências comuns? Para começar, nota-se uma vez mais que não se pode subestimar a coesão desse grupo para além do fim da guerra e da desnazificação.[242] Mesmo porque seus membros não eram meros espectadores. Não faziam parte das massas fora do hotel, delirantes de entusiasmo, para as quais Hitler era inalcançável: eles constituíam — ao lado dos representantes do regime presentes — o grupo de confidentes, cúmplices e coniventes leais que cercava o líder nazista. Nenhum deles revelou o óbvio: o regozijo com que, naquele dia, aplaudiram a entrada do Exército alemão na Áustria e até que ponto eles mesmos se identificavam com a visão de mundo nacional-socialista.

De fato, é difícil avaliar em que medida os integrantes do grupo mais íntimo enxergavam os objetivos políticos a longo prazo de Hitler e compartilhavam sua visão do "Grande Reich Alemão".[243] Os graus de conhecimento variavam de acordo com a relação de confiança e a função. No entanto, ficou evidente o efeito imediato da expansão imposta pelo líder nazista, que teve início na Áustria. Por exemplo, no arquivo fotográfico parcialmente conservado de Heinrich Hoffmann, existe uma foto de judeus vienenses que, observados por homens da SS, limpam uma rua com escovas.[244] Portanto, o antissemitismo racista, segundo Klaus Hildebrand a "principal lei do movimento" de Hitler, e que, ao mesmo tempo, era a pedra fundamental da propaganda nacional-socialista e o dogma do Estado nazista, não constituía nenhum segredo no seu entorno imediato. Pelo contrário, muito mais provável é que os assessores, secretárias, empregados domésticos e inclusive Eva Braun participassem incondicionalmente da hostilidade aos judeus de seu "chefe", como todos o chamavam. Por isso, protestos ulteriores, como o de Julius Schaub, que afirmava só ter ouvido falar em coisas como a "questão judaica" ou o extermínio de judeus depois da capitulação em 1945, não são dignos de crédito e se explicam principalmente pelo temor à perseguição penal.[245]

O primeiro testamento de Hitler, escrito à mão e datado de 2 de maio de 1938, mostra como era estreito seu vínculo com a roda de amigos e colaboradores mais próximos. Na tarde desse dia, ele partiu de Berlim à Itália para uma visita oficial de uma semana, até 9 de maio, da qual participou "a metade do governo", como depois se lembrou Paul Schmidt, o intérprete-chefe do Ministério de Relações Exteriores.[246] Fazia anos que Hitler tinha pressentimentos de morte e, temendo ser vítima de um atentado na Itália, tratou de cuidar antecipadamente dos assuntos particulares e, caso viesse a morrer, legaria todo o seu cabedal ao NSDAP.[247] Também assegurou o sustento dos parentes e colaboradores mais próximos até o fim da vida, entre os quais os ajudantes de ordens Schaub, Brückner e Wiedemann. Mas, em primeiro lugar, citou sua namorada, na época com 26 anos, determinando que, na eventualidade de seu falecimento, "a srta. Eva Braun — Munique" receberia do partido a importância vitalícia de "mil marcos mensais [...], ou seja, 12 mil marcos por ano".[248] Aliás, esse é o único texto remanescente de Hitler em que o nome de Eva Braun aparece explicitamente. Depois da guerra, sua família afirmou que ela não sabia da existência do testamento.[249] De fato, é de supor que poucos soubessem. Em todo caso, entre os informados estavam o diretor da Chancelaria do Reich Lammers, encarregado de guardar o documento, e o tesoureiro nacional do NSDAP Franz Xaver Schwarz, que Hitler pensava nomear testamenteiro. Além de "procurador-geral do Führer" em todos os assuntos patrimoniais, Schwarz era, como depois manifestou Richard Walter

Darré, o "rei não coroado do NSDAP", com o qual nenhum "dirigente do movimento" se atrevia a "entrar em conflito".[250]

Autorizada a participar da viagem, Eva Braun documentou-a em filme. Os três trens especiais com os mais de quinhentos membros da comitiva partiram da estação Anhalter, em Berlim, e se dirigiram à capital italiana via Munique. O Ministério das Relações Exteriores havia organizado um programa feminino, com atividades em conjunto, para as mulheres dos políticos importantes do NSDAP. Esse grupo era composto da mais fina flor: Annelies von Ribbentrop, a esposa do novo ministro das Relações Exteriores, Ilse Heß, Magda Goebbels e Marga Himmler. Só faltou Emmy Göring, pois, um mês antes, por força de um "decreto do Führer", o ministro da Aeronáutica fora nomeado seu sucessor e teve de ficar em Berlim para substituí-lo.[251] Em Roma, as damas se hospedaram no Grand Hotel, o atual St. Regis Grand Hotel — o primeiro hotel de luxo da cidade, construído em 1894 —, separadas de Hitler e sua comitiva, que se instalaram no Palácio do Quirinal, no Capitólio, a residência do monarca italiano.[252] Ocorre que o anfitrião oficial dos alemães não era Mussolini, e sim o rei Vítor Emanuel III — para grande irritação de Hitler, que viu em Mussolini um mero "adorno" naquela visita, pois, como primeiro-ministro, era subordinado ao chefe de Estado. Anos depois, o líder nazista continuava se queixando disso.[253] Em todo caso, no dia 4 de maio, as esposas foram convidadas ao banquete oferecido pelo soberano italiano no Quirinal — segundo o ajudante de ordens Wiedemann, o "mais tenso de todos os eventos" — e, três dias depois, a um jantar oferecido pelo Duce no palácio Venezia.[254]

Eva Braun ficou à margem de tudo isso. Tendo embarcado em Munique em um dos três trens especiais chegados de Berlim, juntou-se à retaguarda em companhia de Karl e Anni Brandt, do casal Morell e de Maria Dreesen, a esposa de um hoteleiro de Godesberg, e seu filho Fritz. Muito protegidos, viajaram em um dos vagões-dormitório do trem de Hitler, o chamado *Amerika*, que o Reich pusera em funcionamento em julho de 1937. Compunha-se de duas locomotivas, o vagão-salão de Hitler, um vagão de reuniões com estação de rádio e telégrafo, um vagão-restaurante e vários carros para o Comando de Escolta, o staff e os convidados.[255] De modo que, à parte seus companheiros de viagem, ninguém pôs os olhos em Eva Braun. Em Roma, ela também ficou separada dos outros, mas no não menos luxuoso e central Hotel Excelsior, um "palácio branco" construído na virada do século na Via Veneto, a rua mais famosa da cidade. Tão escondida dos demais viajantes, explorou a metrópole italiana sobretudo com as mulheres de seu grupo, ao passo que, em 4 de maio, Karl Brandt, ao lado de Goebbels, Himmler, Heß, Ribbentrop e Otto Dietrich, se uniram ao séquito de Hitler, que com Mussolini foi visitar o gigantesco monumento a Vítor Emanuel com o túmulo do soldado desconhecido.[256] Depois de um extenso programa de eventos em Roma e Nápoles, seguiu-se uma breve estada em Florença, de onde o trem especial alemão retornou a Berlim no dia 9 de maio de 1938.

Hitler, que depois da invasão da Áustria estava decidido a ocupar os Sudetos, região de minoria étnica alemã na Tchecoslováquia, havia atingido o objetivo da viagem: em caso de guerra, a Itália ficaria neutra.[257] Eva Braun, que não voltou imediatamente para a Alemanha e estendeu o passeio até a ilha de Capri com seus acompanhantes, provavelmente ignorava as intenções bélicas de Hitler e sua sondagem diplomática em Roma tanto quanto a maioria dos outros parceiros de viagem. Não participara de nenhuma cerimônia oficial e só vira de longe as manobras da frota italiana no golfo de Nápoles, às quais o líder nazista, acompanhado do rei e de Mussolini, assistira a bordo de um navio de guerra.[258] Ademais, não se sabe se ela chegou a estar com o amante nesses dias. Mas filmou e fotografou incessantemente. Se o testemunho de Henriette von Schirach estiver correto, no outono daquele ano, Eva Braun exibiu seus filmes no Berghof, tendo comentado com Hitler que agora, sim, ele iria ver a "verdadeira Itália".[259]

Concluída a visita oficial, o Führer voltou a se recolher no Obersalzberg. Estava com a atenção fixada na implantação de sua ideia de "espaço vital" no Leste e nos planos concretos de ataque à Tchecoslováquia. No dia 28 de maio de 1938, em Berlim, diante de Ribbentrop e Göring, dos generais mais graduados do Exército e dos respectivos ajudantes de ordens, declarou guerra e, por conseguinte, a destruição do sistema estatal europeu tal como fora erigido com base na Paz de Paris de 1919. Não houve objeção fundamental a sua estratégia de guerra nem à afirmação segundo a qual sua "vontade inabalável" era que "a Tchecoslováquia suma do mapa".[260]

Curiosamente, no verão de 1938, ao mesmo tempo que forçava pessoalmente uma guerra, elaborava planos operacionais e se ocupava dos pormenores da construção da chamada *Westwall* (Linha Siegfried) — uma série de várias centenas de quilômetros de fortificações defensivas ao longo da fronteira ocidental do Reich —, Hitler sonhava em retornar à vida privada. Uma vez alcançadas suas metas políticas, Linz, a capital da Alta Áustria, que ele antevia como uma metrópole artística — "uma espécie de Roma alemã" — e idealizava como sua "terra natal", conquanto nela só tivesse passado dois anos na juventude, seria seu refúgio de aposentado.[261] O líder nazista queria passar o outono da vida e ser enterrado em Linz, cuja reforma — que incluía um grande centro industrial e um porto — seria concluída até 1950. A construção da residência, recordou Speer, estava prevista "em um ponto bem elevado", com vista da cidade. Antes mesmo do início da guerra, à mesa no Obersalzberg, Hitler às vezes descrevia seu afastamento da política com palavras como: "Fora a srta.

Braun, eu não levo ninguém; a srta. Braun e o meu cachorro. Serei um solitário. Afinal, quem aguenta ficar muito tempo comigo? Ninguém há de saber de mim. Que todos corram atrás do meu sucessor!".[262]

De modo que, estando no auge do poder, Hitler começou a pensar em se afastar da política. É possível que, no íntimo, o medo do fracasso de suas ambições guerreiras ocasionasse tais ideias — ou que, segundo a opinião de Speer, tudo não passasse de um subterfúgio para cobrar a máxima lealdade dos colaboradores. Mas para Speer os arrojados planos de Linz não eram fáceis de engulir, pois, como explicou a Joachim Fest no outono de 1974, não lhe pediram um parecer, embora ele tivesse oferecido "contribuição".[263] De fato, outros arquitetos conceberam a maior parte dos projetos, muito embora continuasse sendo tarefa de Speer autorizar os planos depois de entrar em acordo com Hitler.

Assim, em julho de 1938, o Departamento Municipal de Construção, que, dirigido pelo arquiteto austríaco Anton Estermann, criou o primeiro esboço de remodelagem de Linz, passou a ser o centro mais importante de planejamento do projeto. Em março de 1939, sucedeu-o Roderich Fick, professor da Faculdade Técnica de Munique, que Hitler nomeou "consultor nacional de Construção para a reforma da cidade de Linz" e que já havia projetado vários prédios no Obersalzberg, entre os quais a "Vila Bormann" e o pavilhão de chá no Mooslahner Kopf. Poucas semanas depois de ser nomeado, Fick mostrou no terraço do Berghof, na presença de Speer, uma maquete da cidade de Linz.[264] No outono de 1940, Hitler mandou chamar o arquiteto e "inspetor-geral da Construção da Capital do Movimento" Hermann Giesler. Este, que era de uma família de arquitetos de Siegen e cujo irmão Paul, no NSDAP, fora promovido a gauleiter de Munique-Alta Baviera, era militante do partido e comensal de Hitler. Até a morte em 1987, continuou sendo um entusiasta confesso do líder nazista.[265]

Hitler encantado com a maquete da cidade de Linz (1943)

Não admira, pois, que Giesler tenha vencido a inevitável disputa de competência com Fick, na qual teve certa participação o gauleiter de Linz, August Eigruber. Em consequência, até o fim da guerra, Giesler, a quem foram concedidos todos os projetos monumentais, idealizou o "desenvolvimento da margem do Danúbio" de Linz, agora a "capital do Führer", assim como a casa de Hitler no monte Freinberg. Erguido em "um platô rochoso sobre o Danúbio", o imóvel tinha a "rigorosa forma cúbica da fazenda da Alta Áustria: o *Vierkanter*". Segundo as memórias apologéticas de Giesler, Hitler chegou a compará-lo com o miticamente glorificado Castel del Monte do imperador Frederico II Hohenstaufen, no sudeste da Itália.[266] Efetivamente, também erigido em uma colina, o Castel del Monte, obra do século XIII declarada Patrimônio da Humanidade pela Unesco em 1996, era não só um símbolo do poder como uma expressão da eternidade devido à forma octogonal de sua planta baixa com oito torres octangulares. O próprio Frederico II projetou a "acrópole hohenstauferiana", eternizando-se como arquiteto e fundador de cidades. Seu descanso da política e das inúmeras campanhas militares era a arquitetura. Onde quer que ele estivesse, seus mestres de obras tinham de lhe prestar contas.[267]

A vida e os feitos do monarca Hohenstaufen sempre ofereceram aos nazistas uma variadíssima superfície de projeção. Eles usaram o lendário imperador do Sacro Império Romano-Germânico como figura legitimadora de seu Terceiro Reich, reinterpretando-o como herói germânico e fabricando uma tradição histórica de seu Primeiro Reich, que na verdade nunca existiu. O próprio Hitler costumava procurar pontos de contato com Frederico II e se pretendia o renovador do império nos termos de seu modelo histórico. Foi assim que, em 1942, encomendou um óleo do Castel del Monte a Oskar Hugo Gugg, professor de pintura de paisagem em Weimar e amigo do arquiteto Paul Schultze-Naumburg, para a sua projetada residência em Linz. No ano anterior, Ribbentrop mandara fazer uma maquete da edificação em Roma, a qual foi entregue a Hitler no fim de 1941 em Berlim.[268] O nexo imaginário entre seu retiro em Linz e o "castelo dos castelos" do imperador Hohenstaufen revela a função que Hitler intentava dar a Linz e como se via naquele lugar. Ele, que não deixava de experimentar um sentimento de inferioridade nos cerimoniais palacianos — como na visita oficial à Itália —, imaginava para si uma existência parecida com a dos antigos príncipes europeus no futuro centro econômico e cultural do Terceiro Reich.

Naquele ano, Hermann Giesler viajou diversas vezes ao Berghof e aos vários quartéis-generais de Hitler para discutir os planos e os modelos do projeto. Às vezes, contou posteriormente, ele se demorava semanas.[269] No outono de 1942, foi ao quartel-general Werwolf [Lobisomem], provisoriamente transferido para o Leste, nas proximidades da cidade ucraniana de Winniza, a fim de discutir "outros detalhes da casa de Hitler". Três décadas depois, Giesler recordou que, quando procurou esclarecer certos pormenores do "pomar" e do "jardim", o líder nazista retrucou que isso era "coisa da srta. Braun", ele que "a consultasse", a "dona da casa" era ela. Mesmo porque, quando tivesse nomeado o sucessor e renunciado, pretendia "casar-se com a srta. Braun".[270]

Os relatos do pós-guerra dos "arquitetos da corte" Speer e Giesler mostram que o sonho de Linz não era exclusividade do Führer. Não se sabe se Eva Braun se envolveu com o projeto já em 1938 ou só durante a guerra. Mas o fato é que Hitler, com sua visão exaltada, oferecia à jovem companheira a fascinante perspectiva de um futuro esplêndido ao seu lado. A julgar pela ulterior afirmação de Henriette von Schirach, Eva Braun "se aferrou à visão pessoal de Hitler do futuro".[271] Nos anos subsequentes, ele dilatou cada vez mais o papel a ela atribuído. No fim, o ambicioso Speer, eternamente ressentido por ter sido preterido nesse projeto a favor do "bom Giesler", queixou-se até da primazia de Eva Braun. Contou a seu biógrafo Fest que, mesmo no último encontro com o líder nazista no bunker sob a Chancelaria, em 23 de abril de 1945, "Linz" foi tema de discussão. Segundo ele, nessa derradeira conversa, Hitler comunicou que "a srta. Braun", que já havia apresentado "propostas muito próprias", estava incumbida da configuração do centro da cidade e das alamedas de Linz.[272] Em face do colapso, parece que tanto Hitler como Eva Braun fugiram da realidade para se asilar na irracionalidade.

A QUEDA

1. ISOLAMENTO NA GUERRA

Os primeiros planos de Hitler de um dia se recolher em Linz com Eva Braun e entregar a direção do partido e do Estado a um líder mais jovem coincidiram, no tempo, com a concretização de seus planos de guerra na Europa Oriental. Premia-o a ideia de ainda não ter solucionado importantes problemas de política externa: a revisão da perda territorial imposta ao Reich alemão pelo Tratado de Paz de Versalhes e a conquista de "espaço vital no Leste". A decisão de atacar no outono de 1939 também deve ter sido motivada por considerações econômicas. Em todo caso, desde o começo, a realização da ideologia do espaço vital constituía o núcleo da política externa nacional-socialista. Em seu escrito biográfico-programático *Mein Kampf* [Minha luta], publicado em 1924, Hitler já havia determinado o seu objetivo: "Nós finalmente encerramos a política colonial e comercial do período anterior à guerra e passamos para a política territorial do futuro. Mas, hoje, quando falamos em novos territórios na Europa, pensamos principalmente na Rússia e nos Estados vizinhos a ela subordinados". A luta contra a União Soviética se transformou na "missão histórica do nacional-socialismo".[1]

Logo depois da tomada do poder pelos nazistas em 3 de fevereiro de 1933, Hitler, discursando em um jantar com a alta oficialidade das Forças Armadas, declarou que era preciso impor pela força das armas a "dilatação do espaço vital" dos alemães no Leste; o "solo" assim conquistado seria germanizado. Nenhum dos presentes, entre os quais se achava Wilhelm Brückner, o ajudante de ordens pessoal de Hitler, percebeu a imperiosa vontade do chanceler de empreender a guerra. Afinal, nos discursos públicos subsequentes, ele se mostrou inclinado à paz e à negociação.[2] Além disso, a expressão "espaço vital" e a ideia de que ele devia conquistá-lo para o povo alemão não eram de sua autoria; ambas pertenciam ao repertório geral da direita nacionalista. Ora, quatro anos e meio depois, no início de novembro de 1937, quando Hitler voltou a insistir — dessa vez em uma conversa com a cúpula das Forças Armadas — que "só o caminho da violência" levaria à "solução da questão alemã", a situação política interna e externa do país havia mudado radicalmente. A ditadura nacional-socialista estava consolidada, o rearmamento do Estado ia a pleno vapor, a Renânia fora ocupada sem a resistência das potências ocidentais, a anexação da Áustria e da Tchecoslováquia era um fato consumado. Agora o comando das Forças Armadas não podia duvidar da seriedade da intenção de Hitler de forçar a conquista militar de "solo agricultável" na Europa Oriental em prol "da segurança e do sustento das massas populares e de sua proliferação".[3]

No fim de janeiro de 1939, quando Hitler se encerrou no Obersalzberg, Goebbels registrou para a posteridade em seu diário: "Agora o Führer praticamente só fala em política externa. Anda ruminando novos planos. Uma natureza napoleônica [...]".[4] Mas acontece — e disso o ministro da Propaganda sabia muito bem

— que os planos não eram novos nem desconhecidos. Afinal, o desígnio exterminador do regime nazista já se revelara no pogrom dos judeus alemães do dia 9 de novembro de 1938, de cuja concepção o próprio Goebbels havia participado.[5] E Hitler continuava empenhado, mas agora como um possesso, em realizar sua "visão" da "próxima luta", a qual, como ele declarou no começo de fevereiro de 1939, seria, "uma guerra conscientemente nacional e racial".[6]

O início da guerra

É possível que Eva Braun, tão conhecedora do senso de missão e da ideologia racial de Hitler, nada soubesse de seus preparativos de guerra na primavera e no verão de 1939? Ora, em 30 de janeiro daquele ano, o líder nazista fizera um discurso diante do Reichstag, na Ópera Kroll, em Berlim, que, como relembrou Nicolaus von Below, havia suscitado "tanta discussão" como nenhum outro.[7] Na ocasião, deplorou os "belicistas" da Inglaterra e dos Estados Unidos, que queriam "provocar uma guerra a qualquer custo", e garantiu que absolutamente nada poderia dissuadir a Alemanha "de resolver a questão judaica". O melhor era que a solução desse "problema" viesse "o mais depressa possível". Ao mesmo tempo, afirmou ameaçadoramente que se houvesse guerra "o resultado não seria a bolchevização da Terra e, por conseguinte, a vitória do judaísmo, e sim o aniquilamento da raça judaica na Europa".[8] Below depois reconheceu que essas "passagens sobre política externa" o "deprimiram", pois era "fácil inferir" das "advertências a ingleses e judeus" que Hitler "estava prestes a tomar decisões dramáticas".[9]

Como esse discurso inesperadamente agressivo perante o Reichstag chamou muito a atenção do público, é de supor que, de um modo ou de outro, cada integrante do "grupo íntimo" do ditador tenha ouvido falar nele, sobretudo as esposas dos líderes nazistas, que, obviamente, "conversavam sobre as notícias diárias", como admitiu Margarete Speer para Gitta Sereny.[10] As providências tomadas por Hitler em Berlim, no curso de 1939, devem ter saltado à vista de Eva Braun. Mesmo porque sua vida com ele já não se limitava à capital da Baviera ou ao Obersalzberg. No dia 9 de janeiro de 1939, quando a nova Chancelaria do Reich ficou pronta e foi inaugurada em Berlim, ela recebeu um espaço próprio na denominada "residência do Führer" na antiga Chancelaria, cujos móveis foram projetados por Speer.[11] É certo que Eva Braun ganhou essa nova morada porque a partir daquele momento todos os eventos importantes se realizariam exclusivamente na monumental sede do governo de Hitler, recém-construída especificamente para isso na esquina da Wilhelmstraße com a Voßstraße.

A fachada externa de vinte metros de altura, os corredores internos, alguns dos quais tinham mais de cem metros de comprimento, assim como, na parte central, a galeria de mármore de 146 metros de comprimento, excediam tudo quanto existira até então. A nova Chancelaria correspondia à ideia de Hitler de uma imponente arquitetura do poder, que lhe possibilitasse "impressionar principalmente os pequenos potentados".[12] Mas, embora lá se houvesse previsto uma ala privada para Hitler, ele continuou usando o apartamento da Wilhelmstraße, 77, reformado quatro anos antes pelo escritório de arquitetura Troost. Eva Braun deixou de pernoitar no hotel Adlon quando estava em Berlim: disfarçada de secretária particular, podia chegar à moradia comum sem ser notada. Entrava, escreveu Speer em suas memórias, "por uma porta lateral e subia uma escada secundária". Só ficava nos antigos salões de recepção do térreo "quando velhos conhecidos se achavam no prédio". Ocasionalmente, o arquiteto lhe fazia companhia "nas longas horas de espera".[13]

No entanto, parece que a namorada de Hitler não passou totalmente despercebida na capital do país. Por exemplo, na edição de 18 de dezembro de 1939, a revista americana *Time* noticiou, invocando fontes confiáveis na Alemanha e um artigo publicado dois dias antes no *Saturday Evening Post*, que "uma bávara loira chamada Eva Helen Braun" havia se mudado, nos últimos dias de agosto, para a "residência oficial de Hitler em Berlim, a grande Chancelaria na Wilhelmstraße".[14] Não era bem assim. Mas a revista apresentou detalhes biográficos que indicavam que a vida privada do líder nazista não era segredo em todos os círculos da capital e que os boatos a esse respeito também chegavam aos ouvidos dos correspondentes norte-americanos.

Em 15 de maio de 1939, em um artigo intitulado "Primavera no Eixo", a *Time* já havia especulado acerca das namoradas de Mussolini e Hitler, citando o nome de Eva Braun. Dizia que a jovem de Munique tinha apartamento em Berlim pago pelo "velho amigo, que sempre que está na cidade vem ter com ela".[15] Entre os informantes da *Time*, encontrava-se, provavelmente, a colunista social berlinense Bella Fromm, exilada nos Estados Unidos desde 1938, que trabalhara para o *Vossische Zeitung*, entre outros, e tinha ótimos contatos com a sociedade política da cidade. Em seus apontamentos diários intitulados *Blood & Banquets*, publicados pela primeira vez em Londres em 1943 e logo transformados em best-seller, ela já mencionava "Eva Helene Braun" na entrada de 16 de setembro de 1937: a ex-assistente de Heinrich Hoffmann que possivelmente havia conquistado o coração de Adolf Hitler. Fromm se reportava a informações fidedignas do jornalista norte-americano Louis Paul Lochner, o diretor da sucursal berlinense da agência de notícias *Associated Press*, que tinha ligações com a liderança nacional-socialista.[16] Naturalmente, o público alemão nada sabia de tais informações no exterior. Afinal, vigorava a censura do Estado nazista, e não se vendiam jornais, revistas nem livros estrangeiros.

De fato, Eva Braun se achava em Berlim no fim de agosto de 1939. Mas antes havia presenciado o agravamento da situação da política externa tal como era apresentada no Berghof. Afinal, os objetivos expansionistas de Hitler no Leste, que — apesar da transigência das potências ocidentais no Acordo de Munique de setembro de 1938 — inicialmente previam a "liquidação do restante da '*Tschechei*'", a ocupação de Memel, pertencente à Lituânia, e a reconquista de territórios perdidos na Primeira Guerra Mundial, significavam guerra.[17] O regime nazista estava determinado a empregar a violência assim que um governo vizinho europeu do Leste se interpusesse em seu caminho. E, na realidade, o ministro polonês de Relações Exteriores Józef Beck, que em 5 de janeiro de 1939 esteve no Obersalzberg para conferenciar com Hitler, recusara-se, em nome de seu governo, a atender a exigência de devolução de Danzig à Alemanha e de concessão de vias de acesso à Prússia Oriental.

Essa atitude não se alterou em 15 de março, quando tropas alemãs entraram em Praga, e Hitler, no castelo Hradschin, declarou a Tchecoslováquia o "protetorado da Boêmia e Morávia", nem no dia 23 de março, diante da ocupação do antigo território prussiano oriental de Memel.[18] Três dias depois, o governo polonês voltou a rejeitar as pretensões das autoridades nacional-socialistas. Hitler ordenou preparativos de guerra concretos para um ataque à Polônia "a partir de 1/9/1939". Não admitia uma solução diplomática do conflito. Porque Danzig, observou ele a seus generais em maio de 1939, não era "o objeto de que se trata. Trata-se da ampliação do espaço vital no Leste [...]".[19] Na ocasião, tal como no caso da Tchecoslováquia, as potências ocidentais fracassaram, sem falar na Liga das Nações, que, afinal, tinha sido criada para garantir a paz mundial. O governo britânico restringiu-se a expedir uma frouxa declaração de garantia à Polônia e a tentar, inutilmente, um pacto de assistência mútua com a União Soviética. O fracasso dessa aliança deveu-se ao cálculo político de Hitler e Stálin, assim como da própria Polônia, que não confiava nos soviéticos como potência protetora. A despeito da inimizade ideológica, o ditador soviético queria uma aproximação com Hitler, pois seu país não estava preparado para a guerra nem se dispunha a ser empurrado a um conflito pelas potências capitalistas Inglaterra e França. Uma vez mais, Hitler teve de contemplar a possibilidade de uma guerra de duas frentes.[20]

No fim de junho, no Obersalzberg, toda noite Hitler se punha a andar de um lado para outro no grande salão de sua propriedade, ora acompanhado de Albert Speer, ora de Nicolaus von Below, e, como lembrou este mais tarde, "dava livre curso a suas ideias". Dizia que precisava preparar os fundamentos do futuro "trabalho de paz" do "império grão-alemão", aproveitando a oportunidade para "criar, mediante a solução do problema polonês, a base da inevitável luta contra a Rússia". Os ingleses "certamente calariam a boca se ele conseguisse firmar uma aliança com a Rússia" e "desmontar os poloneses de seu alto cavalo", pois eles tinham "mais medo dos russos [...] que de nós".[21] Assim, com uma franqueza brutal, explicava sua visão de mundo e suas intenções de guerra ao ajudante de ordens da Luftwaffe. Isso permite avaliar como era grande a tensão do líder nazista ante os conflitos bélicos por ele cogitados, da qual se aliviava longe de Berlim, no círculo íntimo. Por outro lado, percebe-se que ele não sentia necessidade de ser reservado na presença de seus adeptos leais no Berghof.

Não havia discrepâncias ideológicas no grupo mais chegado. Von Below depois admitiu ter se deixado impressionar pela "ideia" de Hitler, segundo a qual "o bolchevismo judaico era uma ameaça constante à Alemanha e à Europa"; sua "avaliação clara da situação" o convencia.[22] Já Speer, o protegido especial do Führer, que também passou a maior parte do verão de 1939 no Obersalzberg, preferiu omitir no pós-guerra as conversas políticas que teve na época. Em setembro de 1945, deu respostas evasivas às perguntas do interrogador americano, dizendo que suas informações não passavam de "percepções emocionais de um homem" que, "em questões de política externa, estava à margem daquele grupo fechado". Deixou essa mesma impressão em suas memórias publicadas ulteriormente. Ao contrário de Von Below, disse só ter ouvido falar em negociações com Moscou em 21 de agosto de 1939, durante o jantar no Berghof, quando Stálin telegrafou manifestando-se disposto a receber o ministro das Relações Exteriores alemão, no dia 23 daquele mês, para a assinatura do já ajustado Pacto de Não Agressão.[23]

No mais tardar nessa ocasião, as comensais, tidas por apolíticas, também ficaram sabendo do rumo que as coisas tomavam, embora Speer tenha frisado que elas foram excluídas de outras conversas a esse respeito.[24] No entanto, as fotografias de Eva Braun, raramente comentadas, contam outra história. Em meio à alta tensão que reinava no Berghof quando da viagem de Joachim von Ribbentrop a Moscou — acompanhado de Heinrich Hoffmann, entre outros, em 23 de agosto de 1939 —, ela registrou imagens do inquieto Hitler à espera de notícias do progresso das negociações na capital soviética. Naquela tarde, no salão do Berghof, cercavam-no Goebbels, Bormann, Otto Dietrich, Walther Hewel (diretor do staff pessoal do ministro das Relações Exteriores), Karl Bodenschatz (ajudante de ordens de Göring e chefe de gabinete do Ministério da Aeronáutica), assim como Julius Schaub. Speer e Von Below também estavam presentes, mas, como muitos outros, não aparecem nas fotografias. Goebbels anotou que eles passaram "horas" aguardando "notícias de Moscou" até que, enfim, à "uma da madrugada", chegou um comunicado: "O Führer e todos nós ficamos muito contentes".[25]

Já o chefe nacional de Imprensa, Dietrich, preferiu omitir esse dia de espera no Obersalzberg em suas anotações publicadas em 1955 e intituladas *12 Jahre mit Hitler* [12 anos com Hitler]. Escreveu que, na época, não sabia que Hitler pretendia "assaltar a Polônia, embora quisesse evitar a guerra com a Inglaterra".[26] Com certeza, não sabia das fotos de Eva Braun. Afinal, não se tratava de imagens posadas, e sim de instantâneos que denunciavam a tensão geral. Depois ela as colocou no álbum de fotografias, provendo-as de legendas datilografadas com observações como "então Ribbentrop partiu para Moscou" ou "e o Führer escuta a notícia no rádio".[27]

O ministro da Propaganda já havia instruído, na noite de 21 de agosto, todas as rádios e redações de jornal para que anunciassem o iminente acordo germano-soviético com muito alarde e "em letras garrafais na primeira página".[28] Na manhã do dia 22, em Berlim, deu uma entrevista coletiva aos correspondentes estrangeiros ao mesmo tempo que Hitler, em sua residência alpina, comunicava a cinquenta oficiais, entre os quais o comandante em chefe das Forças Armadas, que estava definitivamente decidido a entrar em guerra e a travá-la "dura e implacavelmente".[29] O líder nazista passou os dias subsequentes informando-se da repercussão interna e externa. No entanto, o anúncio do acordo entre os dois poderosos ditadores — que Goebbels qualificava como "sensação mundial" — não provocou a reação desejada na Grã-Bretanha nem na Polônia. Ambos os governos declararam imediatamente que não iam mudar de posição. Pelo contrário, os britânicos reafirmaram a aliança com a Polônia, que seria assinada formalmente no dia 25 de agosto. E, além disso, o governo polonês recusou-se a negociar com a liderança nazista.[30]

Consequentemente, encontra-se no diário fotográfico de Eva Braun o registro: "mas, apesar de tudo, a Polônia não quer negociar". Longe de ser "ingênua", essa observação correspondia à opinião de muitos alemães que acreditavam que, dada a situação, a Polônia não se arriscaria a um confronto armado com o poderoso vizinho.[31] Sua recusa a acatar a exigência alemã de cessão de Danzig e de uma passagem para a Prússia Oriental não foi criticada só na Alemanha. Os círculos nacional-socialistas não eram os únicos a considerar tais pretensões inteiramente legítimas. À parte isso, a propaganda nazista conseguira imputar às potências ocidentais as intenções bélicas de seu próprio regime. No dia 17 de junho de 1939, em discurso dirigido à população de Danzig, Goebbels culpou os "chauvinistas poloneses" de quererem "nos triturar, a nós alemães, em uma futura batalha em Berlim", enquanto a Inglaterra "lhes dá carta branca" e tenta "cercar o Reich e a Itália". E reiterou persistentemente, até o ataque à Polônia, a ideia fundamental da teoria da conspiração de Hitler, segundo a qual ele queria a paz, mas os "sitiadores" de Londres, Paris e Washington, preferiam a guerra. Assim, o líder nazista, que aparentemente tudo conseguia em amplos segmentos da população alemã, ganhou renome de habilidoso diplomata capaz de driblar as potências ocidentais, que muito gesticulavam, mas nada faziam.[32]

Acaso Eva Braun tinha consciência do significado histórico daquele dia que presenciou no Berghof e cujo aspecto dramático tentou fotografar? A esse respeito, não há depoimentos contemporâneos ou posteriores, tampouco declarações das mulheres presentes, entre as quais Margarete Speer, Anni Brandt e Gerda Bormann. Mas as fotografias parecem dizer que sim, tanto quanto o fato de Eva Braun ter viajado à capital do país logo depois. Portanto, é presumível que ela se encontrasse em um dos dez Mercedes que, no dia 24 de agosto de 1939, foram do Obersalzberg a Berlim via Munique. A "corte", nas palavras de Speer, transferiu-se para a Chancelaria do Reich.[33] No grande salão da antiga Chancelaria ficava a "mesa de reuniões" de Hitler, que, com o início da guerra, passou a ser o centro do "quartel-general do Führer" em Berlim.[34] Não se sabe até que ponto Eva Braun, que ocupava os aposentos do andar superior, tomou conhecimento da evolução desses dias. Mas, em 1º de setembro, ela e sua irmã Ilse, que então morava em Berlim, devem ter acompanhado a sessão do Reichstag, convocada com urgência por Göring, na qual Hitler declarou guerra à Polônia. Na sua justificação, disse que os poloneses "com tropas regulares" haviam "disparado contra o nosso território. Desde as 5h45 estamos respondendo ao fogo!". Dali por diante, "bomba será retribuída com bomba".[35] Ninguém sabia que o suposto ataque polonês a uma estação de rádio alemã em Gleiwitz (Alta Silésia), o qual a propaganda alemã converteu no "motivo da irrupção da guerra", tinha sido simulado pela SS, bem como os "incidentes na fronteira" nos dias anteriores.[36]

Na antiga Ópera Kroll, nas imediações do Portão de Brandemburgo, fechada em 1931 e que, desde o incêndio do Reichstag em 22 de fevereiro de 1933, servia de plenário provisório para o pseudoparlamento nazista, reservaram-se várias centenas de assentos para visitantes e representantes da imprensa. Segundo o relato de Ilse Braun fornecido por Nerin E. Gun, Eva Braun chorou quando Hitler, fardado e com o emblema da SS na manga esquerda, anunciou:

> Doravante, minha vida pertence unicamente ao povo. Eu sou apenas o primeiro soldado do Reich alemão. Por isso voltei a vestir a túnica, que, para mim, sempre foi a mais sagrada e a mais cara. Só a despirei no dia da vitória, ou não hei de viver esse fim.[37]

Conforme as atas, ao ouvir essas palavras, os deputados se levantaram e o aclamaram com "alvoroçados gritos de *Heil*". Mas Eva Braun, recordou sua irmã, declarou nesse momento: "Se lhe acontecer alguma coisa, eu também morro".[38] A secretária de Hitler, Christa Schroeder, manifestou-se de modo parecido dois dias depois, em 3 de setembro, pouco antes de partir com Hitler da Estação Stettin, em Berlim, no trem especial *Amerika* rumo à frente de batalha na Polônia. Naquele dia, a Inglaterra e a França haviam declarado guerra à Alemanha, aniquilando a esperança de Hitler e seu entourage de que os britânicos mantivessem a postura apaziguadora. O governo nazista acabava de desencadear uma grande guerra. Naturalmente aflita, Christa Schroeder escreveu à amiga Johanna Nusser: "Dentro de algumas horas, nós partiremos de Berlim. [...] Para mim, isso significa apoiar o meu chefe em qualquer situação. Não quero nem pensar no pior, mas, se acontecer, nada restará em minha vida".[39]

O "quartel-general" Berghof

Com o início da guerra, a residência alpina de Hitler transformava-se no "quartel-general do Führer" quando ele lá se encontrava: o comandante supremo das Forças Armadas. Mas somente o ajudante de ordens escalado ficava permanentemente a seu lado. Wilhelm Keitel, o chefe do comando supremo das Forças Armadas, e Alfred Jodl, chefe do estado-maior no alto comando das Forças Armadas e influente consultor militar de Hitler, hospedavam-se na "pequena Chancelaria", em Berchtesgaden, a poucos quilômetros dali. Aliás, até 1942, o estado-maior trabalhou no trem especial estacionado na estação de Salzburgo.[40] Já as reuniões de análise da situação realizavam-se ao meio-dia e à noite no Berghof. Por isso, lembrou Otto Dietrich, as mulheres tinham de ficar no quarto "até aproximadamente as catorze horas, quando terminava a reunião e os generais iam embora". Esse procedimento se repetia depois do jantar, quando "os cavalheiros do alto comando das Forças Armadas" voltavam. Eva Braun, suas amigas e as secretárias iam para o subsolo do Berghof, onde havia uma pista de boliche e uma sala de projeção.[41]

Mas Hitler já não ia ao Obersalzberg várias vezes por mês como antes. É verdade que, até o fim da guerra, continuou passando longas temporadas lá. No entanto, essas estadas se tornaram mais raras e deixaram de ser espontâneas, pois dependiam da situação militar. As viagens repentinas com poucos acompanhantes eram definitivamente coisa do passado, pois a mudança de lugar exigia a transferência de todo o "quartel-general do Führer", inclusive das ordenanças e do pessoal da segurança, composto de um comando de escolta da SS e um batalhão de escolta do Führer. A vida de Hitler mudou. Como observou Speer, ele virou "escravo do trabalho", ao passo que antes "não se deixava pressionar pelo trabalho".[42] Especialmente na segunda metade do conflito, passava meses seguidos nas proximidades da frente de batalha.[43]

No começo da guerra, ainda não havia quartéis-generais fixos. Nas três primeiras semanas de setembro de 1939, durante a chamada "guerra dos dezoito dias" contra a Polônia, Hitler e todo seu staff, do qual faziam parte as secretárias Schroeder e Daranowski, Wilhelm Brückner, Julius Schaub, Karl Brandt, Nicolaus von Below e Martin Bormann, além de Heinrich Hoffmann e Otto Dietrich, dormiram no "trem do Führer". Este consistia em três locomotivas, dois vagões especiais com baterias antiaéreas, dois de bagagem, um para o Führer, um do comando, um da escolta, dois vagões-restaurante, dois de hóspedes, dois vagões dormitório e um para a imprensa.[44] Os lugares em que o trem estacionou, na Pomerânia Central e na Alta Silésia, foram declarados zona de segurança militar, vigiada pela Polícia do Exército e defendida por tanques e canhões antiaéreos. Um avião à disposição de Hitler era protegido por um soldado armado de metralhadora.[45] O responsável por toda a segurança era o comandante do "quartel-general do Führer", no caso, o major-general Erwin Rommel.[46] Em carta de 11 de setembro de 1939 a uma amiga, Christa Schroeder descreveu a situação das secretárias:

> Já faz dez dias que moramos no trem, o lugar em que fica estacionado muda constantemente, mas, para nós — a Daranowski e eu —, que nunca saímos, é sempre a (mesma grande) monotonia. O calor aqui é insuportável, um horror. O sol bate no compartimento o dia inteiro, e não há o que fazer contra este calor tropical. [...] De manhã, o chefe sai de carro com seus cavalheiros, e nós somos condenadas a esperar e esperar.[47]

Enquanto isso, Hitler fazia questão de visitar diversos setores da linha de frente. Ocasionalmente, seu médico pessoal Brandt montava um hospital e participava das cirurgias.[48] Heinrich Hoffmann e seus empregados fotografaram toda a expedição. Produziram, entre outras, imagens aéreas de prédios em chamas, filas de tanques poloneses destruídos e bombardeios de casamatas e pontes.[49] Além disso, Hoffmann, que agora também andava fardado, tratou de pôr em cena o comandante supremo. No dia 4 de setembro, fotografou Hitler em uma "viagem ao front no corredor", saudando os soldados em marcha — foto que usou na capa do livro ilustrado *Mit Hitler in Polen* [Com Hitler na Polônia], publicado naquele mesmo ano —, e ainda em reunião no trem, na cozinha de campanha, conversando com os soldados feridos e, obviamente, durante a marcha triunfal em Danzig no dia 19 de setembro.[50] Antes de seu retorno a Berlim uma semana depois, a Polônia, que carecia de equipamento de guerra moderno, foi vencida e dividida entre a Alemanha e a União Soviética. Tombaram 70 mil soldados poloneses e cerca de 700 mil foram feitos prisioneiros.

Heinrich Hoffmann fotografando durante a campanha militar no Oeste (Junho de 1940)

Além disso, os *Einsatzgruppen* [grupos de força-tarefa] da ss, que acompanharam o avanço das Forças Armadas, promoveram fuzilamentos em massa, principalmente de judeus. Mediante uma "instrução especial", Hitler ordenou a limpeza étnica sistemática na Polônia e nomeou Heinrich Himmler comissário do Reich para o Leste.[51] Hoffmann e seus colaboradores não deixaram imagens dos assassinatos perpetrados. Mas não faltam fotografias mostrando a discriminação, a violência e a perseguição. Nelas aparecem membros da ss prendendo judeus e cortando-lhes a barba. Hoffmann e sua equipe também registraram a remoção de judeus para os guetos e o trabalho forçado.[52] O fato é que, com a invasão das tropas alemãs, se iniciou um cruel programa de germanização, deportações e extermínio. Cerca de 3,2 milhões de judeus foram confinados em guetos. Durante a campanha, pela primeira vez, o fanatismo racial de Hitler, seu ódio aos poloneses, que, como ele dizia, eram "mais bicho que gente", manifestou-se desenfreadamente.[53] É impreciso se Eva Braun chegou a ver, na casa ou na empresa de Hoffmann, as mais de mil fotografias da campanha da Polônia. Contudo, é provável que conhecesse os estereotipados impropérios racistas de Hitler e, como muitos alemães, os aplaudisse. Em compensação, no círculo privado, nunca se falou abertamente no assassinato de judeus. Era proibido tocar no assunto na presença de Hitler.[54]

Eva Braun jamais acompanhou o amante aos seus quartéis próximos da linha de frente. Nenhuma mulher do Berghof — com exceção das secretárias — foi levada a um deles. Ela geralmente ficava em Munique, levava familiares e amigos ao Obersalzberg ou viajava à Itália em companhia de algumas senhoras do grupo mais chegado. Quando Hitler retornava a Berlim e lá ficava algum tempo, Eva Braun se instalava no pequeno apartamento da antiga Chancelaria. A propósito, na noite de 8 de novembro de 1939, logo depois o ataque a bomba na Bürgerbräukeller, em Munique, da qual o líder nazista saíra pouco antes, ela e sua amiga Herta Ostermayr estavam com Hitler no trem especial a caminho da capital. Só no dia seguinte Eva soube, pela irmã caçula, que ficara em Munique, que seu pai figurava entre os inúmeros feridos.[55]

Nesse ínterim, as consequências da guerra da Polônia quase não eram percebidas na Alemanha. A vida continuava, apesar da introdução do cartão de racionamento de alimentação e vestuário. A maioria acreditava em uma vitória rápida que, então, seria devidamente festejada. No dia 27 de dezembro de 1939, ao retornar ao Obersalzberg, Hitler foi aclamado herói de guerra.[56] O entusiasmo da população com a *Blitzkrieg* no Leste não tinha limite. As pessoas esperavam que "a Inglaterra e a França fossem sensatas" e não houvesse guerra com as potências ocidentais. Ninguém sabia dos preparativos já em andamento de um ataque da Luftwaffe ao Oeste.[57]

Nos três meses seguintes, até a invasão da Noruega em 9 de abril de 1940, Hitler oscilou, tal como antes da guerra, entre Berlim, Munique e o Obersalzberg, onde ficava com Eva Braun e os visitantes habituais. Em sua obra do pós-guerra *Hitler wie ich ihn sah*, Heinrich Hoffmann observa que, "a pedido do Führer, deu férias" a Eva Braun na ocasião.[58] Esta, como muitas de suas afirmações posteriores, parece exagerada e pretensiosa. Em todo caso, o começo da guerra não chegou a alterar muito a rotina do Berghof. Hitler não ia abandonar seu estilo de vida pouco convencional de uma hora para outra. Mas agora, além da arquitetura, o que lhe interessava era a "guerra psicológica", que ele passara anos planejando. Dizer, assim, que entre os amigos do Berghof não se falava na experiência da bem-sucedida campanha da Polônia é tão inverossímil quanto a posterior afirmação dos protagonistas sobreviventes, segundo a qual Hitler os surpreendeu totalmente com a incursão das tropas alemãs na Holanda, na Bélgica e em Luxemburgo, em 10 de maio de 1940, e com a ataque à França.

Hoffmann afirmou que não sabia de nada na noite de 9 de maio, quando se achava entre os passageiros habituais do trem especial, a caminho de Colônia via Celle e Hannover, certo de que seu destino era a Noruega. Otto Dietrich também disse que só na manhã de 10 de maio, quando viu "as primeiras esquadrilhas" cortarem o "céu límpido" sobre o Eifel, "dirigindo-se ao Oeste", foi que se deu conta de que a "grande ofensiva" havia começado.[59] Considerando que, por motivos profissionais, Hoffmann e Dietrich nunca se afastavam do líder nazista e, além disso, contavam com vários canais de informação, suas declarações não convencem. Tudo indica que a lendária mania de Hitler de guardar segredo não passou de uma alegação da defesa de seus amigos mais íntimos. Below, que havia passado a Páscoa no Berghof com a esposa, também duvidava que "tivessem acreditado" na dissimulação da viagem por parte de Hitler. Afinal, todos os acompanhantes tinham ligações particulares com os "bem-informados",[60] entre os quais se achavam Schaub, Bormann e o próprio Below, que, sendo ajudante de ordens militar e interlocutor de Hitler, tinha perfeito conhecimento de suas deliberações. Speer, que a partir de dezembro de 1939 se incumbiu da construção do primeiro quartel-general permanente do Führer (o Felsennest) no cimo de um morro perto de Rodert, um vilarejo da região de Bad Münstereifel, também sabia das outras intenções.[61]

A *Blitzkrieg* contra a França, empreendida com o pretexto de se antecipar ao inimigo, terminou no dia 22 de junho de 1940 com a assinatura de grande valor simbólico do cessar-fogo em Compiègne. Em poucas semanas, cerca de 100 mil franceses e 27 mil alemães perderam a vida. Hitler, que, com a condução da campanha no Ocidente, desdenhou as objeções do comandante em chefe do exército, o coronel-general Walther von Brauchitsch, e desforrou a infâmia da derrota na Primeira Guerra Mundial, agora era considerado o "maior comandante militar de todos os tempos".[62] Não é difícil imaginar o efeito que esse novo auge do entusiasmo pelo Führer na Alemanha teve sobre os membros da elite dirigente que frequentavam o Obersalzberg. Wolf Speer, um sobrinho de Albert Speer, recordou que na sala de sua avó abundavam fotografias "do sucesso do tio na alta sociedade, e, na época, tratava-se justamente do Obersalzberg", entre elas, retratos de Hitler com Eva Braun. Luise Mathilde Speer, que na primavera de 1939 foi convidada várias vezes ao Berghof, depois comentou, segundo seu filho Albert, que "não queria receber em nossa casa nenhum daqueles que lá se reuniam". Mas, como tinha muita admiração pelo "grande líder", acrescentou: "Quem há de saber como eram as noites na casa de Bismarck ou Napoleão!".[63]

Hitler chegou ao "Berg" em 11 de julho de 1940, cinco dias depois da pomposa recepção em Berlim, onde foi aclamado por uma multidão. Até o fim de outubro, voltou a se deslocar entre seu refúgio de Berchtesgaden e a Chancelaria em Berlim, aonde Eva Braun o acompanhava ocasionalmente.[64] No início de sua primeira estada no Obersalzberg, no verão de 1940, Rochus Misch,

Chegada de Hitler ao Obersalzberg; no primeiro plano, Eva Braun (1940)

um membro da SS de 22 anos e, desde o início de maio, integrado ao Comando de Escolta do Führer, imaginou que Eva Braun fosse a governanta. Ela trocava de roupa várias vezes por dia, relatou Misch posteriormente, e estava sempre maquiada. Por isso, julgou, não correspondia à "alemã ideal". "Naturalidade e autenticidade" não eram "o seu forte".[65] De fato, esses dois atributos não combinavam absolutamente com a personalidade de Hitler. Além disso, Misch observou que o comportamento de Eva Braun mudava "bruscamente" assim que Hitler saía do Berghof: "Antes mesmo que as limusines desaparecessem nas curvas, já começavam os primeiros preparativos para diversas brincadeiras. Pouco antes tão bem-comportada, ela virava tudo de pernas para o ar. E ficava alegre, alegre e brincalhona, quase infantil".[66]

Em 22 de outubro de 1940, quando Hitler viajou ao sul da França para se encontrar com o premiê interino francês Pierre Laval, o ditador espanhol Francisco Franco e o chefe de Estado francês marechal Philippe Pétain, Eva Braun deu uma festa para o pessoal do Berghof naquela mesma noite.[67] Estava dançando no vulcão, pois Hitler não conseguiu convencer a Espanha e a França a entrarem na guerra nem fazer com que a Inglaterra dela saísse unilateralmente. Diante desses acontecimentos, o estilo e a própria existência da jovem e às vezes exaltada namorada deviam parecer um anacronismo na vida do aclamado "Führer e chanceler do Reich".

Até o ataque à União Soviética em 22 de junho de 1941, Hitler passou grande parte do tempo dirigindo a guerra a partir do Berghof, onde passou ininterruptamente os primeiros meses do novo ano.[68] Lá refletia e, na presença de seus militares mais graduados, discutia os passos seguintes e ainda formulava o objetivo de destruir a Rússia. Em momento nenhum, desde a década de 1920, perdera de vista seu declarado arqui-inimigo ideológico, o "bolchevismo judeu". Estava convencido de que, quando uma "rápida campanha militar" deixasse a "Rússia soviética" prostrada no chão, os ingleses desistiriam de combater a Alemanha.[69] Calculava-se que a *Blitzkrieg* no Leste duraria cerca de três meses até a vitória final. Não havia plano de batalha nem de logística para o período posterior. Apostaram-se literalmente todas as fichas "no primeiro golpe".[70]

No verão de 1941, Hitler passou pela primeira vez alguns meses em seu camufladíssimo quartel-general permanente, o Wolfsschanze [Toca do Lobo], perto de Rastenburg, na Prússia Oriental.[71] Considerando as vitórias precedentes, a maior parte dos militares, dos dirigentes nazistas e, principalmente, dos integrantes de seu círculo privado estava profundamente convencida de um novo golpe de mestre militar. Assim, Von Below, que pelas

Eva Braun no Obersalzberg (c. *1937*)

muitas conversas com o ditador conhecia-lhe os planos de guerra e a visão de mundo, admitiu em suas memórias acreditar então "que Hitler calculasse com perspicácia e sobriedade". Ademais, "naquela época", ele geralmente "admirava seu jeito calmo" e o achava "humano e simpático".[72] Levando-se em conta esse aplauso tão acrítico, não admira que, antes da campanha militar, Hitler tenha se entrincheirado no Berghof. Decerto precisava de isolamento e da crédula aprovação de seu selecionado séquito. Ignora-se se e até que ponto ele inteirou Eva Braun de seus planos de guerra. Mas não há dúvida de que não deixou de informar a leal companheira antes de partir de Berlim, no trem especial, com destino à Prússia Oriental. Aliás, semanas antes, em um telefonema particular — e evidentemente grampeado —, Maria von Below deu a seus parentes a data exata do iminente ataque alemão à União Soviética. Posteriormente, ao visitar a Toca do Lobo, o almirante Wilhelm Canaris, chefe do Serviço Secreto militar, queixou-se desse incidente, ao que Hitler, para surpresa de todos, reagiu com um vago gesto de desdém.[73]

Ocorre que ele nunca impôs sigilo político às duas jovens secretárias que o acompanharam ao quartel no front. Quando com elas tomava o café da manhã ou o lanche da tarde, explicava-lhes "o grande perigo" que o bolchevismo representava para a Europa, dizendo que, se ele esperasse mais um ano, "provavelmente seria tarde demais". Como escreveu Christa Schroeder a uma amiga, as mulheres eram "informadas da situação pelo chefe" logo no café da manhã. Depois, "à uma hora", elas o acompanhavam "à reunião geral de análise da situação", realizada na sala de mapas, durante a qual o assessor-chefe das Forças Armadas, o coronel Rudolf Schmundt, ou o ajudante de ordens do exército de Hitler, o major Gerhard Engel, "ministravam palestras". Christa Schroeder achava "interessantíssimas" essas "conferências sobre a situação", das quais também participavam Bormann, Morell e Schaub.[74] No entanto, os militares desaprovaram o comportamento informal do comandante supremo e não tardaram em vetar a presença das secretárias nas reuniões militares. Mas, em julho de 1941, Christa Schroeder mencionou as "discussões noturnas com o chefe", que sempre "eram desatinadamente longas".[75] Em carta particular datada de 20 de agosto, depois de nove semanas na Toca do Lobo, reproduziu franca e autenticamente as opiniões de Hitler por ela interiorizadas:

> O que eu desejo com mais fervor é que os ingleses venham com propostas de paz quando nós tivermos acabado com a Rússia. [...] Para mim é inconcebível que os ingleses não criem juízo. Quando nos tivermos expandido no Leste, não vamos precisar de suas colônias. Também acho isso muito mais prático, uma vez que já temos tudo aqui pertinho. A Ucrânia e a Crimeia são tão férteis, lá podemos plantar tudo quanto precisamos, e o resto [...] podemos ficar

com tudo em troca da América do Sul. É uma coisa tão simples e clara. Deus queira que os ingleses não demorem a entender.[76]

Impossível formular com mais ingenuidade as metas da desumana guerra de exploração e extermínio contra a União Soviética. Os apontamentos de Schroeder permitem concluir que suas alegações posteriores de que Hitler não falava em política na presença de mulheres não passavam de mentiras, às quais ela recorreu para se proteger.

O começo do fim

É possível que Eva Braun e Hitler não tenham se visto nos cinco meses seguintes. Em outubro — pouco depois da grande ofensiva contra Moscou — e em novembro, ele deixou sua cabana de madeira nos pântanos de Rastenburg apenas duas vezes, por um dia cada, para ir a Berlim e Munique. No início de dezembro de 1941, passou mais ou menos uma semana em Berlim.[77] Mas a tradicional festa de Ano-Novo no Berghof e a posterior fotografia de grupo foram canceladas em 1941-2. Hitler ficou na Prússia Oriental. Toda noite, por volta das dez horas, telefonava para Eva Braun em Munique.[78] Nesse meio tempo, a *Blitzkrieg* fracassara, a guerra aérea contra a Inglaterra tinha ido por água abaixo e, mesmo sem ser constrangido ou obrigado por um tratado, ele declarou guerra aos Estados Unidos depois do ataque japonês à frota americana do Pacífico em Pearl Harbor, no Havaí. No fim de abril de 1942, quando ele passou alguns dias na capital da Baviera e no Berghof pela primeira vez em dez meses, mais de 1 milhão de soldados alemães já haviam tombado. No fim do ano, a SS assassinara quase o mesmo número de civis nos territórios ocupados. A despeito das grandes perdas, da falta de reservas e da escassez de material do lado alemão, previa-se que uma nova ofensiva de verão chegaria a Stalingrado e finalmente precipitaria o desfecho.[79]

Em Munique e no Obersalzberg, pelo contrário, não se detectava nenhum vestígio da guerra na primavera de 1942. Embora Lübeck, Rostock, Colônia, Essen, Bremmen e outras grandes cidades já estivessem sofrendo os bombardeios de saturação da Royal Air Force britânica, até aquele momento não tinha havido nenhum ataque aéreo à "Capital do movimento". Por isso, em 27 e 28 de abril, Hitler lá se encontrou tranquilamente com August Eigruber, o gauleiter do NSDAP no Alto Danúbio, para discutir a "construção do teatro de opereta" em Linz e definir o "perfil de rua da Prachtstraße", que ficaria cercada de arcadas e lojas grã-finas. "O passeio mais ideal do mundo será em Linz", fantasiava ele, lembrando a Eigruber que era acima de tudo arquiteto e construtor. Mesmo nas "operações militares", não teria sido bem-sucedido se não fosse "principalmente um artista". Exclusivamente por isso fora possível "sobreviver a este inverno e persistir na vitória". Hitler acreditava que, sendo quem se ocupava de tudo, ele e mais ninguém tinha evitado um desastre militar no inverno de 1941-2.[80] Na realidade, para a consternação de seus generais, interferia constantemente nos assuntos operativos, muito embora, tendo sido mero soldado na Primeira Guerra Mundial, fosse uma nulidade em questões estratégicas.

O mundo dos Alpes da Alta Baviera parecia tão intacto quanto o de Munique. Tal como antes, casas e estradas continuavam sendo construídas nos arredores do Obersalzberg sob a égide de Martin Bormann. As ordens dele eram consideradas parte do "programa estratégico de construções do Führer". Ao contrário do resto do Reich, lá não se sabia o que era escassez de mão de obra nem falta de material de construção, víveres e objetos de uso diário. Isso se aplicava principalmente ao provimento de Hitler e seu entourage. Suas estadas no "Berg" continuavam sendo idílicas.[81]

Hitler e Eva Braun com as filhas de sua amiga Herta Schneider no Berghof (1944)

E mais: no começo do verão de 1942, Eva Braun fez com que ele posasse de dedicado e simpático pai de família diante da câmera. Chegou a pedir ao jovem fotógrafo Walter Frentz, o ex-cameraman de Leni Riefenstahl que vinha acompanhando Hitler desde o início da guerra, que tirasse fotografias dela com o amante e as filhinhas de Herta Schneider.[82] Como Eva Braun guardava tais fotos em um álbum especial, sugere-se a ideia de que esse era seu modo de acariciar o desejo de uma futura vida familiar e, durante os longos períodos de separação impostos pela guerra, se distraía com esse devaneio de celuloide, assim como fazia Hitler com suas maquetes da cidade de Linz. Além disso, ela o fotografava e filmava muito amiúde com os filhos de sua colega de escola ou de outros visitantes do Berghof.[83] Aparentemente, também o fazia porque, nessas ocasiões, o Führer às vezes se mostrava como ela o queria ver: agradável, relaxado, privado. Mas, ao mesmo tempo, Eva Braun vendia essas imagens a Heinrich Hoffmann, que então as publicava em seus livros ilustrados de propaganda. Portanto, não se pode dar crédito às afirmações segundo as quais Hitler nada sabia desses falsos retratos de família.[84] Afinal de contas, era evidente a disposição com que posava para ela. Eva Braun, por sua vez, obtinha com essas fotos e filmagens incessantes uma satisfação substituta, que Hitler tolerava sem restrições, já que não podia lhe oferecer uma vida privada condigna.[85]

Nesse ínterim, cresceu o prestígio de Eva Braun na corte de Hitler. Christa Schroeder, que não tinha vida doméstica própria, pois fazia anos que estava totalmente à disposição do Führer, observou em suas memórias que, durante a guerra, Eva Braun ficou mais segura "de sua influência sobre Hitler". Adquiriu "mais confiança", passou a participar mais da conversa à mesa e não escondia o enfado "quando Hitler, uma vez terminada a refeição, continuava discutindo um de seus temas prediletos em vez de sair da mesa". Assim que ela intervinha, perguntando "as horas" em voz alta ou endereçando-lhe um olhar de censura, ele interrompia "prontamente seu monólogo".[86] De modo que Eva Braun era a única que se permitia tolher-lhe a notória eloquência. Nenhum outro comensal do Berghof ousaria proceder assim. Mas com isso ela não granjeava a simpatia de ninguém, pois tal conduta realçava a intimidade de sua relação com Hitler e esnobava os demais, todos tão submissos. Não faltava quem a acusasse de embaçar o esplendor do Führer, pois com ele se relacionava como com um marido de longos anos.

Hitler e Eva Braun à mesa na Casa de Chá de Mooslahnerkopf (1940)

Não foi por outro motivo que, posteriormente, Eva Braun ganhou reputação de temperamental, caprichosa, mimada e "muito presa às aparências exteriores". No pós-guerra, Baldur von Schirach, que desde os dezoito anos participava do círculo íntimo de Hitler e, até 1943, ia ocasionalmente ao Obersalzberg com a esposa Henriette, afirmou que Eva Braun às vezes passava horas aborrecendo "os comensais com mexericos e patacoadas do mundo do cinema". E, "quando não conseguia impressionar com seu diz que diz", ainda segundo von Schirach, "bancava a entediada, queixava-se de enxaqueca, e Hitler, enquanto falava com os colaboradores, dava-lhe preocupadas palmadinhas na mão".[87] Os dois se tratavam por "você", renunciando a toda formalidade, e, à noite, os outros hóspedes só relaxavam da "reunião oficial ao pé da lareira", quando Hitler e Braun se recolhiam no primeiro andar.[88] Sem dúvida, ao lado de Martin Bormann, Eva Braun passara a ser a pessoa que mais importância tinha para o líder nazista no grupo íntimo.

Desde o temerário voo de Rudolf Heß à Escócia em 10 de maio de 1941, Bormann o substituíra na direção da Chancelaria do Führer no Partido. Heß, agora — depois de, aparentemente por iniciativa própria, ter tentado entabular negociações de paz para que Hitler ficasse aliviado no Ocidente e pudesse travar a iminente guerra com a União Soviética —, era considerado traidor. Por ordem do próprio Hitler, Bormann passou meses perseguindo os supostos "cúmplices daquele desatino".[89] Mas, apesar da prisão dos assessores de Heß e de outras pessoas ligadas a ele e a despeito das muitas chicanas de Bormann, ninguém importunou Ilse Heß. Tal indulgência, ela a devia principalmente a suas convicções nacional-socialistas acima de qualquer suspeita. E parece que Eva Braun — a que, em carta escrita no pós-guerra, Ilse Heß se refere carinhosamente como "a Everl" — também intercedeu por ela e a apoiou.[90] É questionável que isso tenha acontecido sem o conhecimento de Hitler e "pelas suas costas", como depois afirmou Albert Speer. Mesmo porque Ilse Heß continuou mantendo contato direto com o líder nazista. E, no início de agosto de 1941, contou a uma amiga que o Führer a havia autorizado a escrever para "o camarada", como ela chamava o marido, na Inglaterra.[91] De modo que a desconfiança de Hitler em relação à mulher de seu representante foragido tinha limites.

Ainda que nesse caso haja sido possível driblá-lo, Bormann passou a ser o contato decisivo do Führer com o mundo exterior durante seu frequente isolamento nos vários quartéis-generais. É bem verdade que o público não o conhecia. Mas agora, que acompanhava Hitler permanentemente, ele era o mais influente "transmissor de ordens" e intermediário, que ninguém podia evitar — nem mesmo Eva Braun.[92] Mas ela encontrava meios de se comunicar com o amante à distância. Segundo Speer, às vezes as "cartas de Eva Braun provocavam interrupções exasperantes" no quartel-general. Escrevendo em Munique, ela relatava "casos

Hitler no avião (1942-3)

de flagrante incompetência das autoridades", coisa que toda vez o irritava extraordinariamente; no fim, ele incumbia Bormann de averiguar as denúncias.[93]

Em 21 de junho de 1942, um dia depois que Hitler voltou a deixar o Berghof para passar meses no comando da ofensiva de verão contra a União Soviética — a chamada "Operação Azul"—, Eva Braun empreendeu a última viagem à Itália.[94] Já não é possível reconstituir como e com quem partiu. Mais tarde, Christa Schroeder assegurou que, entre as "mulheres dos médicos e assessores", sempre havia uma provisória "favorita" de Eva Braun que podia acompanhá-la na excursão anual a Portofino.[95] Dessa vez, como no ano anterior, ela passou quase quatro semanas na Itália e só voltou à Alemanha no dia 17 de julho.[96] Em plena guerra, uma viagem de férias tão longa ao exterior era incomum e, principalmente, cara. Precisava ser comunicada com antecedência e autorizada. Era necessário providenciar passaporte, visto, licença de saída do país e divisas. No turismo regular, o limite de isenção era de apenas dez marcos — medida que inibia o abandono descontrolado do país. Ainda antes da guerra, em 1939, em uma das excursões organizadas pela DAF ao mar Mediterrâneo em seus vapores KdF (de 22 de janeiro a 1º de fevereiro), os chamados "passeios pela Itália" a bordo do *Wilhelm Gustloff*, permitiu-se que os viajantes levassem não mais que cem marcos em moedas. Mas a exportação de dinheiro vivo era "terminantemente proibida".[97] Eva Braun, pelo contrário, viajava com todos os privilégios e, na ocasião, decerto não imaginava que nunca mais visitaria o sul da Europa.

Mesmo porque, no verão de 1942, Hitler estava confiante e até otimista com o curso da guerra. Enquanto sua namorada gozava o sol da Itália, ele mandou o grupo de Exército B avançar rumo a Stalingrado com o 6º Exército comandado pelo general Friedrich Paulus. No dia 22 de novembro, todavia, as tropas soviéticas cercaram os mais de 250 mil soldados do 6º Exército em Stalingrado. No fim de janeiro de 1943, Paulus capitulou e, com cerca de 110 mil soldados, caiu prisioneiro de guerra da União Soviética. Depois disso, na primavera de 1943, Hitler passou nada menos que três meses recolhido no Obersalzberg: até o fim de junho.[98] A jovem secretária Traudl Humps, que "nos últimos dias de março de 1943" acompanhou a partida e a mudança de um aparato gigantesco, relembrou: "Nós devíamos estar em Munique por volta de meio-dia. Eram nove horas. Eu me vesti às pressas e fui tomar o café da manhã. O pessoal só falava no Berghof e em Eva Braun. Eu queria muito conhecê-la. Ela ia tomar o trem em Munique e viajar conosco até Berchtesgaden". Seu futuro marido, Hans Hermann Junge, membro da ss desde 1933 e ordenança de Hitler, disse a ela que Eva Braun "era a dona do Berghof, coisa que todos os frequentadores reconheciam tacitamente. Em geral, eu devia me preparar para ficar na casa particular de Hitler, ser considerada uma hóspede e comer com ele como todos os outros. Mas isso valia exclusivamente para um grupo seleto".[99]

No Berghof, o estado de espírito havia mudado muito em comparação com o ano anterior. Após a "catástrofe da frente oriental", como disse Goebbels, presságios de declínio e morte eram disseminados no "Berg".[100] Entrementes, Munique também tinha sido bombardeada. O apartamento de Hitler, na Prinzregentenplatz, 16, sofrera danos. Ele continuava se mostrando seguro da vitória, mas quase não se apresentava em público. Até mesmo o costumeiro "discurso do Führer" por ocasião do aniversário de sua nomeação para chanceler do Reich foi cancelado pela primeira vez em dez anos. O fato é que Hitler já estava pensando em uma possível derrocada e no inevitável "fim de sua vida". Bormann, que estava inseguro quanto ao "rumo" que a guerra parecia tomar, também manifestou em carta à esposa as consequências de sua possível morte. Por determinação de Hitler, explicou que a viúva de um ministro ou líder nacional não podia continuar na residência oficial. Por isso, no caso de seu falecimento, ela teria de sair imediatamente da casa de Pullach, o luxuoso palacete no condomínio da elite do partido, construído em 1938. Além disso, convinha abandonar a casa no Obersalzberg, pois ela certamente tropeçaria na hostilidade de Eva Braun.[101] Isso mostra como era grande a rivalidade entre Braun e Bormann e como a atmosfera, nesse círculo íntimo, devia estar eivada de desconfiança e inimizade.

Em compensação, Goebbels, que no dia 18 de fevereiro de 1943, em um discurso fanático no Sportpalast de Berlim, havia proclamado a "guerra total", pintou um retrato positivo da namo rada de Hitler em seu pretenso "diário". Mencionou-a pela primeira vez em 25 de junho de 1943. Ela era "extraordinariamente culta, extraordinariamente lúcida e madura em seu juízo sobre questões artísticas" e lhe "dava uma ótima impressão". Sem dúvida, anotou, será "um valioso apoio para o Führer".[102] Obviamente, Eva Braun agora gozava de tão boa reputação que o ministro da Propaganda não hesitou em citá-la pelo nome em seus escritos destinados à posteridade, muito embora tivesse omitido sua existência até então. Afinal, ele estava tentando expandir seu poder ao redor do combalido Hitler.[103] Tanto que, seis semanas depois, voltou a aludir a Eva Braun quando, com a "crise" militar como pano de fundo, fez uma avaliação escrita de todas as personalidades da elite nazista.

Nesse ínterim, as tropas aliadas haviam desembarcado na Sicília; em julho de 1943, Mussolini fora deposto e preso. Quase ao mesmo tempo, fracassara a ofensiva da *Wehrmacht* ordenada por Hitler na frente oriental.[104] Segundo Goebbels, agora o líder nazista "anda pensando em substitutos no caso de defecções". Nesse contexto, registrou a contrariedade, ou melhor, a indignação de Hitler com Baldur von Schirach e sua mulher, que "cultivam uma sociabilidade" em Viena, "que é tudo menos nacional-socialista".[105] De fato, em junho Hitler rompeu com o casal quando Baldur von Schirach lhe disse que era preciso pôr fim à guerra. Quanto a isso, o líder nazista comentou com o ajudante de ordens Von Below: "Como lhe ocorre uma coisa dessas? Ele sabe tão bem quanto eu que já não há saída, a não ser meter uma bala na cabeça?".[106] Em suas memórias nada isentas de hipocrisia, Henriette von Schirach relata que, em uma das rodas noturnas no Berghof, ela falou com Hitler sobre a "deportação de judias na Holanda", ao que ele teria gritado: "Não seja sentimental! O que a senhora tem a ver com as judias da Holanda?".[107]

Independente de como se deu o fim da ligação tão antiga e quase familiar de Hitler com os Schirach, ele ilustra as tensões que se avizinhavam do círculo íntimo em face do nefasto andamento da guerra. "O Führer", ditou Goebbels no dia 10 de agosto de 1943, "contrasta com Eva Braun e sua atitude serena, prudente e sóbria [...] uma moça inteligente, que tem muita importância para ele", ao passo que Schirach "não vale nada, nem humana nem politicamente."[108] Ora, o que levou Eva Braun a merecer tanto apreço? Indiscutivelmente, ela não só se mantinha leal como não se deixava perturbar pelos acontecimentos externos. Gerda Bormann, por exemplo, escreveu do Obersalzberg ao marido, então na Toca do Lobo, que, apesar do incessante alarme antiaéreo, Eva Braun ia nadar no Königssee com os convidados.[109] Aparentemente, naquela situação opressiva, em que, no aspecto militar, tudo era questão de "tornar possível o impossível", Eva Braun, com seu ostensivo descaso, tinha um papel balsâmico para Hitler. E Goebbels, convencido por Hitler de que naquela altura era "tudo ou nada", alardeava protestos de lealdade e achava que os "amigos mais chegados" tinham de formar "uma falange de ferro" em torno do líder nazista.[110]

2. O 20 DE JULHO DE 1944 E SUAS CONSEQUÊNCIAS

Assim, enquanto em 1943-4 irrompiam lutas pelo poder no círculo político e também na órbita privada de Hitler, que deixavam transparecer os primeiros sinais de decomposição até mesmo no Berghof, crescia a oposição à guerra nos meios militares e diplomáticos importantes. Muitos sabiam que a luta estava perdida e atribuíam a responsabilidade disso às decisões políticas e estratégicas errôneas de Hitler. Também na população, a derrota em Stalingrado marcou uma inversão na aceitação do regime nazista. A esperança, durante anos alimentada pela imprensa controlada pelo Estado, em um fim rápido e vitorioso da guerra não se realizou. O mito do Führer invencível ficou abalado.[1]

Vinte de julho de 1944 foi uma data culminante nessa evolução. Naquele domingo de calor escaldante, durante uma reunião com Hitler no quartel-general da Toca do Lobo, o coronel Claus Schenk Graf von Stauffenberg, chefe do estado-maior do comandante do Exército de reserva, depositou uma pasta com explosivo que devia matar o líder nazista e ajudar a pôr fim à guerra. Mas o atentado foi frustrado. Hitler sobreviveu à explosão com ferimentos leves.[2] Stauffenberg e mais três golpistas foram fuzilados na mesma noite. Os outros cerca de duzentos envolvidos na conspiração foram presos e, após um processo fraudulento na Corte Popular, enforcados em Berlim.[3] Uma câmera registrou as execuções no presídio de Plötzensee. Em agosto de 1944, o filme e as fotografias dos executados achavam-se na Toca do Lobo. Não se sabe ao certo se Hitler chegou a vê-los. Mas não há dúvida de que uma pessoa se deleitou com eles: Hermann Fegelein, o general da SS, oficial de ligação de Himmler no quartel-general e cunhado de Eva Braun.[4]

A reação do círculo íntimo

Fegelein tinha se casado com Gretl Braun no dia 3 de junho de 1944. Bormann e Himmler foram padrinhos. A festa que se seguiu, na residência de Bormann e na casa de chá no Kehlstein, durou três dias: escandalosamente longa para tempos de guerra. Quem a organizou foi Eva Braun, a possível responsável pela união da irmã com o condecoradíssimo oficial da *Waffen-SS* e comandante da cavalaria da SS, inclusive do 1º Regimento de Cavalaria *Totenkopf*.* Diziam os boatos que ela e Fegelein, que, segundo Speer, cortejava todas as mulheres sozinhas no Berghof, andaram

* *Totenkopf* (caveira): antiga insígnia da cavalaria germânica adotada pela SS durante o regime nazista, sobretudo pelas unidades encarregadas dos campos de concentração e pela 3ª Divisão Blindada. (N. T.)

Eva Braun e Hitler no Obersalzberg (c. 1944)

flertando durante algum tempo.[5] Christa Schroeder lembra que, na ocasião, Eva Braun observou: "Quero que esse casamento seja bonito como se fosse o meu".[6] Afinal, eram bem precárias as suas perspectivas de um dia, depois da hipotética "vitória final", ir morar em Linz na qualidade de esposa de Hitler. Já na madrugada do dia 4 de junho, os aliados haviam tomado Roma; dia 6 do mesmo mês, teve início a tão esperada invasão da Normandia.

De modo que o fim era previsível. No entanto, a vida no Obersalzberg seguia seu curso "placidamente". Below, Speer, Brandt e Goebbels figuravam entre os acompanhantes e visitantes habituais. Eva Braun exibiu "uma série de filmes coloridos" de Hitler que ela havia rodado no Berghof no ano anterior. "Em filme", observou Goebbels, "eu nunca o tinha visto tão à vontade."[7] E, depois de elogiar o "discernimento crítico" de Eva Braun "em questões de cinema e teatro", comentou: "Então nós ficamos até as duas horas da madrugada ao pé da lareira, trocamos recordações, alegramo-nos com os muitos dias e semanas lindos que juntos passamos. O Führer indaga uma coisa ou outra. Em suma, impera um estado de espírito igual ao dos velhos bons tempos".[8] Com poucas e breves interrupções, Hitler passou mais de quatro meses seguidos no Berghof: do fim de fevereiro a 16 de julho de 1944. Foi sua última permanência lá, e ele o pressentia. Postergou várias vezes a data da partida. Havia meses que se detectavam indícios de uma ameaçadora tentativa de assassinato por parte dos militares.[9]

Eva Braun soube do atentado contra a vida de Hitler na tarde do dia 20 de julho. Com sua melhor amiga Herta Ostermayr, tinha ido nadar uma vez mais no Königssee, a apenas oito quilômetros do Berghof. Inesperadamente, um motorista foi buscar as duas e as inteirou do ocorrido. Mais tarde, Ostermayr contou ao jornalista norte-americano Nerin E. Gun que, ao chegar ao Berghof, Eva Braun se apressou a telefonar para Hitler no quartel-general de Rastenburg e, depois de várias tentativas frustradas, teve um ataque de nervos. Quando finalmente conseguiu se comunicar com o amante, disse: "Eu te amo, Deus te proteja", e chorou de alegria depois do telefonema.[10] Devido aos rumores de atentado que circulavam fazia tempo, o próprio Hitler, ainda no Berghof, tomara precauções para a eventualidade de sua morte. Depois de uma conversa particular com ele em Rastenburg, Goebbels anotou, no dia 24 de agosto de 1944, que, antes mesmo de partir do Obersalzberg, o dirigente nazista já tinha um pressentimento que o perseguia como um "pesadelo" e, por essa razão, havia "explicado claramente" a Eva Braun o que fazer "quando ele morresse". Mas ela repeliu "as recomendações", afirmando que, "nesse caso, só lhe restaria também buscar a morte".[11]

De fato, Eva Braun sabia perfeitamente que, sem Hitler e às voltas com inúmeros inimigos, sua situação ficaria frágil e vulnerável. Mas esse temor justificava o suicídio? E por que o líder nazista, sempre tão reservado no tocante a sua privacidade, revelou a Goebbels o anúncio de morte que fizera à amante? Tudo indica que, muito cedo e muito conscientemente, Eva Braun ligara sua vida à de Hitler para o que desse e viesse. Em mais de uma ocasião, tinha demonstrado que estava disposta a tudo por ele. E Hitler, por sua vez, valorizava muito semelhante manifestação de lealdade — sobretudo naquele momento em que se via cercado de cada vez mais "traidores" — e, consequentemente, enalteceu-a com gratidão. Enfim, esse episódio deixa claro que o suicídio comum, nove meses depois, não foi uma casualidade. Desde então, ficaram definidos os papéis no último ato. Aliás, é possível que tudo tenha sido combinado.

O atentado foi um choque para o entourage de Hitler. Afinal de contas, todos sabiam perfeitamente que dependiam do Führer. Mas, enquanto sua amante aguardava notícias no Berghof, Goebbels e Speer participavam da repressão da revolta em Berlim. Goebbels interveio ativamente, pondo de prontidão a *Leibestandarte Adolf Hitler*, uma unidade de elite da SS, e providenciando para que a rádio Deutschlandsender divulgasse a notícia especial: "Atentado frustrado". Speer, que ao meio-dia de 20 de julho participava de uma reunião no Ministério da Propaganda, auxiliou-o com sugestões.[12] Ora, considerando a ameaça interna, não se podia falar em uma firme coesão dos paladinos ao redor de Hitler, mesmo porque Speer, cujo nome constava em uma lista de conspiradores elaborada pelo governo, estava sob várias suspeitas e temia as intrigas de seus rivais Goebbels e Bormann.[13]

Entretanto, nesse ambiente, o atentado malogrado não despertou nenhuma dúvida quanto ao prosseguimento da guerra. Todos se manifestaram enfaticamente favoráveis a Hitler e professaram fé na "vitória final". Nenhum dos acompanhantes de muitos anos e nazistas convictos o encarava como a causa da miséria humana que assolava a Europa. Ainda na primavera de 1944, por exemplo, depois dos intensos ataques aéreos contra a capital da Baviera, ao deplorar a "destruição da nossa linda e tão querida Munique" e tendo ouvido dizer que o Führer ficara profundamente abalado ao ver os escombros, Ilse Heß afirmou:

> Imagino que, para ele, isso seja desumano a ponto de levá-lo a esperar com firmeza a hora que lhe parecer conveniente e certa para o último grande ataque — e então ele há de ver as coisas que ama sendo destruídas uma após outra — sem falar nas perdas humanas! Mas nós estamos em 1944 e nunca perderemos a esperança![14]

A notícia da tentativa de assassinato aumentou o índice de popularidade de Hitler na população alemã, e os conspiradores não receberam senão repulsa e indignação. De fato, como a classificou Hans-Ulrich Thamer, tratava-se de uma "resistência sem povo". Em todo caso, o dia 20 de julho marcou muito o líder nazista. Mais que nunca, ele se viu como o próprio herói eleito pela providência, o único capaz de, sozinho, salvar a Europa do "bolchevismo". Se algo lhe acontecesse, disse a sua secretária na véspera do atentado, "não havia ninguém em condições de assumir a liderança".[15]

Um troféu para Eva Braun

Ainda na tarde de 20 de julho, Christa Schroeder recebeu de Hitler a incumbência de enviar a Eva Braun, no Obersalzberg, sua farda toda rasgada pela explosão. A amante devia guardar "a calça reduzida a fios e farrapos de cima a baixo" e a túnica, da qual faltava "um pedaço quadrado" na parte das costas. O líder nazista não conseguia ocultar o orgulho que sentia por "aquele troféu", observou a secretária, que dizia ter "mais participação na vida de

Hitler que os membros da família".[16] Tomado de euforia depois do incidente, ele transformou a roupa esfarrapada, que à primeira vista era uma evidência de sua vulnerabilidade, em uma espécie de sinal de vitória com o qual pretendia ostentar seu triunfo sobre os inimigos. É possível que tenha pensado em expor a farda ao público, depois do vitorioso fim da guerra, como prova de sua luta heroica.

Mas, por ora, limitava-se a mostrar à amante que ele também era vulnerável: como qualquer soldado, participava da luta, expondo o corpo e a vida ao perigo, ainda que estivesse enfurnado no bunker da Toca do Lobo, uma verdadeira fortaleza cercada de barreiras de arame farpado custodiadas pela ss.[17] Apresentava-se como um guerreiro, um herói até, pronto a se sacrificar pelo povo e, assim, permitia que Eva Braun, sobre quem se falava "quase diariamente" no quartel-general, participasse de sua glória.[18] Ao ver a farda de Hitler, ela "quase desmaiou".[19] Mas é preciso relegar inteiramente ao reino da fantasia a afirmação segundo a qual, além disso, Eva Braun teria recebido uma carta de amor em que Hitler supostamente a tratava de "doce tolinha", acompanhada de um desenho da tenda de reuniões na Toca do Lobo e assinada com as iniciais "A. H.". Citados de memória por Nerin E. Gun, o conteúdo e a origem dessa missiva são altamente duvidosos, e é inverossímil que Hitler, geralmente tão pouco inclinado a escrever cartas pessoais, tivesse ditado uma mensagem tão íntima a sua datilógrafa justamente nos dias subsequentes ao 20 de julho, em que reinava uma atmosfera de desconfiança paranoica contra tudo que o cercava.[20]

Em todo caso, logo depois do atentado, no qual onze pessoas ficaram feridas e quatro morreram, Hitler apareceu quase eufórico em seu quartel-general da Prússia Oriental. Nicolaus von Below, que havia participado da reunião de 20 de julho e também saíra ferido, percebeu depois uma "expressão facial animada, quase alegre" e um "exacerbado senso de missão".[21] A secretária Traudl Junge, que Hitler mandou chamar ao seu bunker pouco depois da explosão, recordou que ele estava "aprumado", e com movimentos "tensos como há muito tempo" não se viam.[22] O líder nazista continuou rejeitando absolutamente a ideia de capitulação. Em sua opinião, a guerra não podia terminar em um novo "novembro de 1918". O abandono dos territórios ocupados a fim de usar as tropas lá estacionadas na defesa do Reich também estava fora de questão. Para o ditador sobrecarregado pela complexidade dos fatos relacionados com a guerra, só existia a vitória ou o aniquilamento. A "derrocada era um dever".[23] E, assim, apesar da desesperada situação militar — o Exército Vermelho já se avizinhava da fronteira da Alemanha, os Aliados avançavam em todas as frentes — Hitler estava dominado pela ideia de que o "destino" o salvara no dia 20 de julho para que ele cumprisse sua "missão".[24]

No entanto, a despeito dessas manifestações, seu já instável estado de saúde piorou visivelmente depois do frustrado atentado de 1944. Assistindo aos filmes de Eva Braun durante a última visita de Hitler ao Berghof, Goebbels reparou que Hitler "envelheceu muito [...] na guerra" e agora "está alquebrado".[25] Apesar da dieta radicalmente vegetariana, seus problemas gástricos aumentaram no curso do conflito. Ademais, incomodavam-no a pressão alta e os tremores musculares nos braços e pernas provocados pelo mal de Parkinson em fase inicial.[26] Bernd Freytag von Loringhoven, que, sendo ajudante de ordens do chefe do estado-maior do exército, esteve pela primeira vez na presença de Hitler em uma reunião de 23 de julho de 1944, lembrou depois ter deparado com um homem de 55 anos aparentando um velhinho.[27] Aproximadamente dois meses depois do atentado, ele sofreu um colapso físico total. O médico pessoal Morell anotou em sua agenda que, desde o dia 24 de setembro, "o paciente A" vinha se sentindo mal e cada vez pior, sofria de problemas cardíacos, de cólicas estomacais e de dor de garganta. "E enfim", escreveu em suas memórias a secretária Traudl Junge, então com 24 anos, "o Führer passou um dia de cama. Foi a grande sensação. Nunca ninguém tinha visto Hitler na cama."[28] Uma icterícia lhe impôs repouso absoluto até a metade de outubro de 1944, ele emagreceu muito, coisa que lhe conferiu uma aparência combalida e envelhecida.[29] A pressão psicológica se intensificou. Mas, como para Hitler não existia fim nem recuo, ele entregou-se à ideia de arriscar uma derradeira grande ofensiva no Oeste, apesar da falta de combustível e do desabastecimento geral. Para Speer, fantasiou que bastava um "mero avanço na frente ocidental" para semear "o colapso e o pânico entre os americanos".[30]

O testamento

Mais ou menos ao mesmo tempo, em 26 de outubro de 1944, Eva Braun escreveu seu testamento em Munique.[31] O que a levou a fazê-lo justamente naquele momento? Acaso a doença de Hitler, somada ao horror da guerra explicitado na Munique devastada, despertaram-na para a possibilidade da iminência do fim? Essa hipótese não deixa de ter fundamento, particularmente porque Gerda Bormann relatou ao marido uma conversa com Eva Braun na noite de 23 de outubro, no Obersalzberg, em que esta se mostrara preocupadíssima com o fato de que Hitler, ainda não totalmente curado, estivesse muito perto da linha de frente. Afinal, em outubro de 1944, as tropas soviéticas haviam chegado a Varsóvia e à Prússia Oriental. Assim, as duas só podiam esperar que ele se transferisse para o Obersalzberg, que, segundo Gerda Bormann, era o lugar "mais seguro". Todavia, a resposta de Martin Bormann anulou essa esperança, pois sabia que Hitler não sairia da Toca do Lobo em hipótese alguma. Ao mesmo tempo, concordou que "sessenta ou oitenta quilômetros" não configuravam uma grande distância; também desejava "mais segurança para o Führer", que precisava se recuperar em um lugar mais favorável.[32]

Mas a proximidade do front não era o único problema. A doença de Hitler gerara controvérsias e disputas entre os médicos que dele tratavam. Karl Brandt e os demais acompanhantes atribuíam a Morell a culpa de seu péssimo estado de saúde. Brandt o acusou de tentar envenenar o Führer com estricnina. Entretanto, não conseguiu provar o que dizia nem abalar sua posição de confiança. Pelo contrário, acabou sendo acusado de "conspiração" e, em 10 de outubro de 1944, afastado do cargo de médico acompanhante. Mesmo assim, Brandt, que, um mês antes, fora nomeado comissário nacional do Corpo Médico e da Saúde, continuou sendo uma das figuras mais poderosas do regime nazista.[33]

Eva Braun por certo não ignorava as disputas e os boatos que cercavam a saúde de Hitler. Aliás, é provável que o próprio Hitler, ou Anni Brandt, ou Morell, ou talvez até mesmo Bormann, a tenham notificado. Seja como for, à distância, a situação geral na Toca do Lobo lhe parecia de tal modo ameaçadora que a morte do amante não seria uma surpresa. Mas nem por isso sua vida mudou, pelo menos externamente. Como nos anos precedentes, continuava morando alternadamente no Obersalzberg e em Munique, onde agora trabalhava na editora artística de Heinrich Hoffmann, atividade de que gostava muito.[34] Sua casa de Bogenhausen fora poupada dos intensos bombardeios e, além disso, contava com abrigo antiaéreo. As provisões de víveres eram abundantes tanto lá quanto no Berghof. Materialmente, não lhe faltava nada. No entanto, aos 33 anos, ela se preparava para morrer.

No testamento, dividiu escrupulosamente seu patrimônio entre os parentes e amigos. Tratava-se sobretudo de joias, roupas, porcelanas, móveis, dinheiro e quadros. Conforme a listagem de Nerin E. Gun, que, segundo ele, reproduz "literalmente" o testamento, havia obras de Hermann Gradl, Hugo Wilhelm Kauffmann, Theodor Bohnenberger, Oskar Mulley, Heinrich Knirr e Fritz Halberg-Krauss.[35] Todos eles pintores alemães de gênero ou de paisagem da Escola de Munique, os preferidos de Hitler. Gradl, Mulley e Halberg-Krauss haviam participado das Grandes Mostras de Arte Alemã nazistas realizadas até 1944 na Casa da Arte Alemã, em Munique. Como Eva Braun chegou a possuir originais desses artistas é coisa que só se pode supor. É bem verdade que, sendo colaboradora de Heinrich Hoffmann, que adquiria arte em grande estilo, ela estava perto da fonte. Além disso, a editora de arte dele, para a qual agora trabalhava, produzia e distribuía os cartões-postais oficiais com reproduções das obras expostas nas Grandes Mostras de Arte Alemã.[36] Mas também é possível que a maior parte de seus quadros tivesse sido presente de Hitler. Por exemplo, em 1937, ele visitou pessoalmente o ateliê de Hermann Gradl e se fez retratar por Heinrich Knirr e Theodor Bohnenberger, entre outros. Eva Braun possuía um retrato do Führer de cada um desses artistas e também fora retratada por Bohnenberger.[37] Esse quadro, ela o deixou para a irmã Ilse, a quem, ademais, legou a casa da Wasserburger Straße. A Gretl Fegelein caberiam todos os seus filmes, álbuns de fotografias e cartas pessoais.

O testamento de outubro de 1944 ilustra uma vez mais sua determinação de morrer com o amante. De modo que é de supor que, já naquela ocasião, em Munique, ela teria posto fim à vida caso Hitler viesse a morrer em Rastenburg devido à doença ou a um ataque soviético. Não lhe passava pela cabeça um futuro sem ele. Henriette von Schirach recordou posteriormente que, durante a última visita que fez ao Obersalzberg no verão de 1943, conversou com Eva Braun sobre o futuro, ou seja, sobre o pós-guerra, propondo-lhe "sumir em um lugar qualquer". Mas, de acordo com Von Schirach, ela respondeu: "E deixá-lo morrer sozinho? Vou ficar com ele até o último instante, nisso eu já pensei muito. Nada pode me impedir".[38]

3. A DECISÃO POR BERLIM

Enquanto Eva Braun organizava seus assuntos pessoais em Munique, Hitler, acompanhado de seu séquito, deixou definitivamente a Toca do Lobo, às 15h15 do dia 20 de novembro de 1944, e seguiu para a capital do país no trem especial, onde chegou às 5h30 de 21 de novembro.[1] Dias antes, recusara-se veementemente a mudar de quartel-general. Nicolaus von Below lembrou-se de ter ouvido dizer que, na ocasião, Hitler afirmara que a guerra estava perdida e ele ia permanecer na Prússia Oriental. Mas Martin Bormann conseguiu persuadi-lo a partir.[2] O fato é que o dirigente nazista ainda não estava disposto a morrer. Um dia depois de chegar a Berlim, submeteu-se — como em 1935 — a uma cirurgia das cordas vocais para extrair um nódulo, como declarou Goebbels. Naquele 22 de novembro, durante a operação, Eva Braun apareceu na Chancelaria do Reich. Theodor Morell anotou brevemente em sua agenda: "E. B. chegou. Eu saí mais tarde".[3]

Ela se mudou com Hitler — que ainda não podia falar e, nas reuniões diárias, só se comunicava por bilhetes — para os aposentos do primeiro andar da Antiga Chancelaria.[4] Só no fim de setembro de 1944 ficara pronto o "bunker do Führer" no pátio atrás desse prédio, "cerca de seis metros sob o chão. Com área de duzentos metros quadrados, tinha quinze cômodos, entre os quais uma sala de estar e um quarto para Eva Braun".[5] Mas, inicialmente, só quando havia ataque aéreo é que os dois ficavam no bunker estreito, úmido e mal ventilado. Não se sabe exatamente quando Eva Braun deixou Berlim. As secretárias não foram informadas sequer de sua presença na capital. Depois da cirurgia, passaram "três dias sem ver a cara" de Hitler, como ulteriormente escreveu Traudl Junge, e não sabiam se ele estava em um hospital ou na Chancelaria.[6] Mas é bem provável que Braun tenha partido poucos dias depois, e já fazia tempo que saíra de Berlim quando, na noite de 10 de dezembro, Hitler se dirigiu ao quartel-general Adlerhorst [Ninho de Águia], em Ziegenberg, perto da cidade de Bad Nauheim, no estado de Hessen, na frente ocidental.

Uma semana depois, começou a ofensiva das Ardenas, que, segundo o desejo de Hitler, imporia uma reviravolta na guerra com a conquista de Antuérpia. O general Heinrich Eberbach, que estava preso no campo especial de Trent Park e cujas conversas com outros oficiais alemães de alta patente ali também encarcerados estavam sob a escuta do serviço secreto britânico, comentou a decisão de Hitler de arriscar uma derradeira ofensiva: "Não é a última que ele apronta. Esse homem não larga as ilusões. Quando estiver com a corda no pescoço, é capaz de criar a ilusão de que não vai ser enforcado".[7] Efetivamente, a Operação Herbstnebel [Névoa do Outono] fracassou em apenas dez dias. O sucesso, no qual nem mesmo Hitler acreditava, estava excluído desde o princípio. Tarde da noite, no bunker, recordou Von Below, ele disse que sabia que a guerra estava perdida e que agora o melhor era "meter uma bala na cabeça".[8] Mas não fez isso. Ainda não.

A ofensiva final

Em 16 de janeiro de 1945, o Führer preferiu retornar a Berlim. Dois dias depois, Eva Braun, dessa vez acompanhada da irmã Gretl, que estava grávida, também foi de Munique à capital. As duas viajaram sob a custódia de Martin Bormann, que passara alguns dias no Berghof. Ao lado da esposa Gerda e um oficial da ss, chegaram a Berlim, em um vagão especial, na tarde de 19 de janeiro.[9] De modo que não se pode dizer que Eva Braun tenha viajado "inesperadamente, contrariando as ordens de Hitler", como depois afirmou Julius Schaub.[10] Evidentemente, ela já contava com aquele reencontro. Antes do Natal, pedira várias vezes ao amante que fosse passar o feriado no Berghof. Às secretárias, ele havia dito que sabia que "quem está por trás disso tudo é Gretl, que quer o seu Hermann consigo".[11] Como não pôde satisfazer esse desejo da namorada e da irmã, chamou as duas a Berlim assim que chegou. Posteriormente, o ajudante de ordens Bernd Freytag von Loringhoven escreveu em suas memórias que ficou surpreso ao ver "duas mulheres elegantes e recém-penteadas" passarem pelo corredor da Chancelaria quando ele e outros oficiais aguardavam o início de uma reunião com Hitler.[12]

Se as anotações de Goebbels forem confiáveis, nesse momento Eva Braun já estava decidida a não sair mais da capital. Eis o que escreveu o ministro da Propaganda em seu diário no dia 1º de fevereiro:

> Eu expliquei ao Führer que minha mulher está firmemente decidida a ficar em Berlim e até se recusou a tirar nossos filhos daqui. O Führer acha essa atitude incorreta, mas admirável. Diz que a srta. Braun defende a mesma atitude. Também não quer sair de Berlim, principalmente agora, neste momento crítico. Para ela, o Führer só tem palavras de gratidão e admiração. E ela as merece mesmo [...].[13]

Assim, enquanto os exércitos inimigos avançavam, começou a se formar o pequeno grupo de pessoas dispostas a vincular seu destino ao de Hitler até as últimas consequências. Bormann, que desde o início da guerra se transformara na "sombra" do Führer, já que ficava incessantemente ao seu lado e controlava cada vez mais o acesso a ele, não se integrou ao grupo. Em carta à esposa, chegou a sublinhar que a felicidade e o destino dos dois estavam ligados ao "Führer". Mas em momento nenhum lhe passou pela cabeça transferir a família para a capital.[14]

No dia 12 de janeiro de 1945, a grande ofensiva soviética contra a Alemanha iniciara o ataque a Berlim. No fim do mês, as

A Mohrenstraße, no centro de Berlim, depois do bombardeio de 3 de fevereiro de 1945

tropas alemãs na Prússia Oriental ficaram separadas do Reich. O Exército Vermelho havia cercado Königsberg e entrado na Pomerânia. Grande parte da população da Prússia Oriental estava em fuga. As primeiras unidades do comandante em chefe da 1ª Frente Bielorrussa, o general Georgij K. Schukow, já se achavam bem perto de Frankfurt an der Oder, a cerca de noventa quilômetros de Berlim.[15] Na madrugada de 6 de fevereiro de 1945, enquanto a situação se agravava sobremodo, Eva Braun festejou na capital seu 33º aniversário. Agora ela e Hitler dormiam no bunker antiaéreo sob o pátio da Chancelaria.[16] Junto à "última residência" do Führer, composta de dois quartos, uma sala e um banheiro, ficava o quarto dela, com os móveis retirados de seus aposentos na Chancelaria.[17] Lá os dois se refugiavam cada vez com mais frequência, também durante o dia. Apenas dois dias antes, na manhã de 2 de fevereiro, mais de novecentos aviões da Força Aérea americana haviam atacado Berlim, atingindo duramente o centro da cidade, a Potsdamer Platz e a Leipziger Straße com bombas explosivas e incendiárias. Havia incêndios em toda parte, o bairro governamental na Wilhelmstraße fora reduzido a escombros, o transporte entrara em colapso, os trens suburbanos e o metrô deixaram de circular. Berlim era uma paisagem de devastação. Mais de 100 mil pessoas ficaram sem teto; segundo dados oficiais, 2895 morreram no ataque aéreo, que não chegou a durar uma hora.[18] Goebbels, que na tarde seguinte visitou Hitler no bunker, observou que "o acesso ao Führer" estava "totalmente obstruído por montanhas de destroços". Para chegar a ele, "era preciso percorrer um verdadeiro labirinto de trincheiras".[19]

Em tais circunstâncias, os participantes da festa de aniversário, na noite de 5 de fevereiro, devem ter apresentado um espetáculo fantasmagórico. Eva Braun deu a festinha em sua sala de estar no primeiro andar da antiga Chancelaria, que resistira incólume ao bombardeio da antevéspera, ao passo que os cômodos da chamada "residência do Führer" tinham sido incendiados.[20] Por isso, Hitler agora almoçava com a amante e as secretárias na também intacta ala da assessoria da antiga Chancelaria — "com as cortinas fechadas e iluminação elétrica", como depois recordou Christa Schroeder —, e as reuniões militares tinham sido transferidas para o gabinete monumental da Nova Chancelaria. Mas Eva Braun era a única que jantava com ele.[21] Martin Bormann comentou a festa de aniversário em carta, datada de 6 de fevereiro, a sua esposa, que tendo retornado à Baviera no dia 27 de janeiro já se achava no Obersalzberg. Além de Hitler, a irmã de Eva Braun, Gretl, e seu marido Hermann Fegelein, Karl e Anni Brandt, ele foi um dos poucos convidados.[22]

Ao que parece, mesmo depois de afastado da função de médico acompanhante, Karl Brandt não caiu totalmente em desgraça nem foi excluído do círculo mais chegado a Hitler, como afirma seu biógrafo Ulf Schmidt.[23] Mas os dias do médico e confidente de muitos anos estavam contados. Em 16 de abril, por ordem do ditador, ele foi preso pelo general da ss Heinrich Müller, o "executor" das ordens de Himmler, encarregado das internações nos campos de concentração. Seu crime: alta traição. Brandt ousara apresentar a Hitler um duríssimo relatório sobre a situação catastrófica da saúde pública no Reich. À parte isso, foi acusado de mandar a mulher e o filho à Turíngia, ocupada pelas tropas americanas, para que a família e ele próprio tivessem oportunidade de aderir ao inimigo.[24] No dia seguinte, Hitler convocou um tribunal sumário, presidido por Goebbels, que o condenou à morte. Ele seria fuzilado na manhã de 19 de abril. Mas não foi. Adiada várias vezes, a execução acabou esquecida em meio à confusão geral.[25] Assim, a certeza de Hitler de que estava cercado de traidores, todos eles responsáveis pela iminente derrota na guerra, atingiu até mesmo o agrupamento mais chegado.

Como mostra sua escassa correspondência, Eva Braun nada fez para abrandar o amante. No caso, longe de tomar a defesa de Karl Brandt, escreveu à amiga Herta Schneider classificando seu comportamento de uma "tremenda sujeira".[26] Ela, que, acompanhada de Bormann e Goebbels, agora pertencia ao grupo de confidentes íntimos do líder nazista, passou a incentivá-lo em seu autoengano. Parece que também reforçou a desconfiança dele no tocante às pessoas de que ela não gostava. Até mesmo Albert Speer ficou de sobreaviso. Conforme as próprias palavras deste no pós-guerra, quando ela lhe perguntou, em nome de Hitler, "onde minha família se encontrava", ele preferiu mentir, dizendo que estava "nas cercanias de Berlim". Hitler queria ter certeza "de que nós também iríamos para o Obersalzberg quando ele lá se recolhesse".[27] Na carta que escreveu à esposa, Martin Bormann contou que Eva Braun estava bem-humorada em sua festinha de aniversário, mas havia criticado diversas pessoas — obviamente ausentes — com uma aspereza infrequente nela.[28] Será que então, em plena derrocada, ela estava se vingando dos antigos inimigos que a tinham humilhado por seu papel de concubina? Essa pergunta ficará sem resposta, uma vez que Bormann fez questão de ser vago e, no fim das contas, desconfiava profundamente dela.

Três semanas depois, na noite de 9 de fevereiro de 1945, Eva Braun e a irmã partiram de uma Berlim destruída. Por determinação de Hitler, Bormann se incumbiu da viagem de volta das duas a Munique.[29] Eva Braun ficou até as seis horas da manhã em companhia de Hitler, Speer, o arquiteto Hermann Giesler e Bormann.[30] Provavelmente, juntos examinaram a gigantesca maquete da cidade de Linz remodelada que os colaboradores de Giesler haviam montado, de madrugada, em um dos cômodos do porão da nova Chancelaria. Exausto, como ele mesmo disse, Giesler apresentou a Hitler e seus acompanhantes uma maquete "da perspectiva que ele teria de sua cidade às margens do Danúbio a partir de sua planejada casa de repouso". Nos dias subsequentes, o líder nazista voltou várias vezes ao porão com o arquiteto e outros visitantes — entre os quais o chefe da Polícia de Segurança Ernst Kaltenbrunner, que também havia morado em Linz no fim da década de 1920 e agora participava com frequência das reuniões de avaliação. As fotografias de Walter Frentz mostram um Hitler muito envelhecido, alquebrado quando de pé ou então sentado em uma cadeira, aparentemente ausente, a contemplar a imagem de sua fantasia.[31] Em vez de pôr fim à guerra havia muito tempo perdida, ele continuava se persuadindo de que era possível manter a frente do Oder e sonhava transformar Linz na mais linda metrópole da Europa. Meio ano depois, em depoimento perante oficiais americanos em Kransberg, Speer disse que, na época, Hitler "já se desprendera da vida e se despenhara no infinito".[32]

No dia 7 de março de 1945, Eva Braun voltou definitivamente a Berlim. Antes disso, despedira-se dos familiares e amigos em Munique. Haviam se passado apenas quatro semanas desde a última visita. Sua chegada à Berlim não pareceu de modo nenhum inesperada, como se propagou depois da guerra.[33] O próprio Hitler afirmara diante de Goebbels e Bormann que ela estava pensando em ficar com ele. Prova disso é que, uma semana depois de sua partida em fevereiro, Bormann escreveu à mulher que Hitler havia dito que Eva Braun queria retornar o mais depressa possível, mas, por ora, acatava a instrução de permanecer em Munique.[34] Fazia tempo que tomara a decisão de viver o fim ao lado de Hitler e, se preciso, morrer com ele — fosse onde fosse. No entanto, não se sabe ao certo se, no começo de março, ela realmente viajou contra a vontade do amante ou se sua chegada resultou de um acordo com ele. Posteriormente, Julius Schaub relatou que "no começo de março", Braun chegara "de Munique de avião". "Tinha perguntado se podia ir, mas o sr. Hitler não deixou. Mesmo assim, um belo dia ela apareceu e passou a morar no pequeno cômodo contíguo ao dele."[35] Já Bormann escreveu que Eva Braun chegara à noite, "de jipe".[36]

No pós-guerra, muito se especulou não só a respeito das circunstâncias da viagem como sobre sua motivação. Henriette von Schirach escreveu com indisfarçada antipatia que ela quis morrer ao lado de Hitler para poder enfim "ficar com ele na presença de todos". Portanto, precisou se "intrometer na morte de Hitler".[37] E Speer, que em suas memórias afirma que Eva Braun chegou à capital na "primeira quinzena do mês de abril", disse que "todos no bunker" sabiam "por que tinha chegado". Com ela, "entrava no bunker um arauto da morte, simbólica e realmente".[38] Mas como Speer podia saber? Sendo o organizador de todas as operações de guerra, passava a maior parte do tempo viajando às diversas fábricas de armamento e às frentes de batalha cada vez mais recuadas para dentro do Reich. De modo que pouco conhecimento devia ter do estado de espírito reinante no bunker. Só ocasionalmente se reunia com Hitler ali ou na Chancelaria. Como observou Von Below, "naquele trimestre" ele "seguia caminhos muito próprios". Além disso, estava fora de questão falar em Eva Braun como "arauto da morte" no bunker, inclusive porque, na metade de abril, ainda se falava que Hitler planejava ir para o Obersalzberg a fim de dirigir a tão prometida "luta final" desde sua fortaleza alpina.[39]

No mesmo 7 de março em que Eva Braun saiu da Baviera, as tropas americanas que avançavam no Oeste conseguiram se apoderar da ponte intacta de Remagen, sobre o Reno, e assim erigir sua primeira cabeça de ponte na margem direita do rio. Os tanques soviéticos estavam na Pomerânia, em frente à cidade de Kolberg an der Ostsee. Não obstante, Hitler seguia espalhando otimismo entre seus seguidores. Continuava tentando ganhar tempo, pois sabia que não tinha chance de viver após a derrota. Fosse como fosse, a morte o aguardava. Sem consideração pelo sofrimento de milhões de outras pessoas, prolongava sua existência e mitificava a guerra assumindo-a como a luta pela sobrevivência do povo alemão. Uma contraofensiva iniciada em 6 de março, na Hungria, tinha por objetivo deter uma vez mais o Exército Vermelho. Ele convencia a si próprio e a seu grupo de que a produção de armamento novo, a esperança em uma "arma milagrosa" e uma cisão na coalizão de guerra entre soviéticos, americanos e britânicos ainda podiam alterar súbita e cabalmente a situação do conflito.[40] Ao mesmo tempo, ordenou em seu assim chamado "Decreto Nero" de 19 de março de 1945 a destruição de todas as "instalações e equipamentos militares, de transporte, de informação, industriais e de abastecimento e todos os bens materiais, no território do Reich", que pudessem cair nas mãos do inimigo "em um futuro próximo". Queria uma política de "terra arrasada" para diminuir a "eficácia do inimigo". Mas, por instigação de Speer, que em um memorando entregue a Hitler já havia dado a guerra por perdida, essa ordem não foi cumprida. Entrementes, tanto Himmler — que em janeiro Hitler nomeara comandante em chefe do grupo de Exército Weichsel e agora responsabilizava pela perda da Pomerânia — quanto Ribbentrop haviam tentado, secretamente, entrar em contato com as potências ocidentais por meio da Suécia.[41]

Enquanto seus sequazes mais próximos começavam a desertar, Hitler prosseguia com as reuniões diárias. As noturnas, em seu acanhadíssimo gabinete no bunker, só começavam bem depois de meia-noite e se estendiam até as seis horas da manhã. Segundo Christa Schroeder, no "chá matinal" que se seguia e durava mais duas horas, Hitler se mostrava "quase sempre irritado" e só falava "em adestramento de cachorro, questões de nutrição e na burrice e maldade do mundo".[42] Em compensação, naquela situação tensa, com o bunker a trepidar sob os constantes bombardeios, a iluminação a piscar nervosamente a cada impacto, Eva Braun permanecia estranhamente indiferente. Em março, às vezes fugia daquela opressiva atmosfera subterrânea com as jovens secretárias e organizava festinhas em seu apartamento na antiga Chancelaria. "E então, enquanto Hitler tinha reuniões", escreveu depois Christa Schroeder, "no quarto dela, nós tocávamos discos, tomávamos uma taça de champanhe e, muitas vezes, ainda incluíamos uma dança com os oficiais que estavam de folga."[43]

Um mês depois, isso se tornou impossível. No dia 19 de abril, Eva Braun escreveu à amiga Herta Schneider que já se "ouvia o fogo de artilharia da frente oriental" e "infelizmente", a qualquer alarme, ela era obrigada "a se preparar para a eventualidade de uma enchente", embora de qualquer maneira sua vida decorresse "exclusivamente no bunker".[44] Essa era uma ordem pessoal de Hitler, que, sempre que o rádio notificava a presença de pilotos inimigos, se apressava a se vestir com a máxima correção e a fazer a barba para, em caso de ataque aéreo, poder sair prontamente do quarto, pois temia que o impacto rompesse o bunker, inundando-o com água subterrânea.[45] Aparentemente, Eva Braun não compartilhava esse receio. Pelo contrário, sua carta de 19 de abril à amiga dá impressão de despreocupação e até confiança. "Todo dia, as secretárias e eu praticamos tiro ao alvo com a pistola", diz ela, e acrescenta que se sentia "muito feliz em estar perto *dele*." Era verdade que a instavam constantemente a voltar para a segurança do Berghof. Mas, segundo Braun, "até agora eu saí ganhando".[46] Como entender essas palavras? Destinavam-se a tranquilizar os entes queridos, enquanto ela guardava para si o que pensava e sentia? Ou tinha atingido o objetivo de sua vida, que era ficar com Hitler, e por isso já não ligava para a ameaça externa? São perguntas difíceis de responder retrospectivamente. O fato é que ela parecia estar em paz consigo mesma ou haver chegado aonde sempre quisera chegar. Isso também é confirmado pelo fato de Nicolaus von Below ter observado — aliás, como todos os que a viram na época — que, no bunker, Eva Braun sempre "se cuidava e se vestia impecavelmente", comportava-se "de modo invariavelmente meigo e amável" e nunca mostrou "a menor fraqueza até o último momento".[47] Mas ela parecia esperar que Hitler também representasse seu papel com perfeição até o fim. Com sua conduta, apoiava-lhe a absurda e rígida confiança na vitória e a ilusão de ainda "repelir os russos e libertar Berlim". Não lhe permitia nenhum desânimo e lhe repreendia até mesmo as negligências exteriores como uma mancha na farda. Assim, na presença de Goebbels, de Bormann, do ajudante de ordens das Forças Armadas, o general Wilhelm Burgdorf, e das secretárias, ela teria dito a Hitler que muito admirava Frederico, o Grande, e com ele o comparava: “Mas você não precisa imitar o ‘velho Fritz’ em tudo e andar por aí sujo como ele”.[48]

Tarde da noite de 20 de abril de 1945, comemorou-se o 56º aniversário de Hitler nos aposentos de Eva Braun na antiga Chancelaria. Ele havia se encerrado no quarto dela no bunker depois de receber, até meia-noite, as congratulações dos colaboradores, militares e chefes políticos nazistas, entre os quais Goebbels, Himmler, Göring, Ribbentrop e Speer. Muitos o aconselharam a sair de Berlim o mais depressa possível e ficar no Obersalzberg. Afinal, o esforço para deter a ofensiva soviética havia fracassado. Na madrugada de 21 de abril, as primeiras unidades soviéticas chegaram à periferia sul da capital. O ataque ao centro da cidade era iminente.[49] Por isso, os paladinos estavam prestes a romper em debandada. Fazia tempo que vinham preparando a fuga. E o ajudante de ordens Von Below teve a impressão de que o próprio Hitler estava indeciso entre sair de Berlim ou lá ficar. Segundo Speer, ele disse na reunião da tarde de 20 de abril: “Eu deixo nas mãos do destino a decisão de morrer na capital ou ir para o Obersalzberg no último instante!”.[50] E, naquele mesmo dia, mandou as duas secretárias mais velhas para o sul da Alemanha, alegando que depois iria precisar delas e que “dentro de alguns dias” iria para lá.[51] Na sequência, Erich Kempka, o antigo motorista de Hitler que controlava a frota da Chancelaria — com quarenta veículos e sessenta motoristas —, recebeu ordem de preparar vários automóveis para levar as secretárias e outras pessoas a diversos aeroportos de Berlim.[52]

Alguns dos que ficaram tomaram mais uma taça de champanhe com Eva Braun e Hitler em seu gabinete no bunker: Below, Schaub, o assessor do chefe nacional de Imprensa Heinz Lorenz, as secretárias Gerda Christian e Traudl Junge, assim como Constanze Manziarly, a cozinheira especial do ditador. Mas o grupo se dispersou logo depois. Traudl Junge recordou que Hitler estava sorumbático e, quando lhe perguntaram, disse que não podia abandonar Berlim. Era lá que tinha de "precipitar a decisão — ou perecer!". A jovem secretária ficou abaladíssima com essas palavras, mas nem por isso Eva Braun deixou de improvisar sua última festinha na antiga Chancelaria. Além de Traudl Junge, Bormann e Morell, não se sabe quem foram os participantes. Conforme Junge, "ela levou consigo quem encontrou no caminho". Alegres, entregues a uma "euforia desesperada", tomaram champanhe, riram, dançaram um antigo hit de 1929 — "Blutrote Rosen sollen Dich umkosen" — e tentaram esquecer o medo do fim por algum tempo.[53]

Na manhã seguinte, o centro de Berlim se encontrava sob o fogo da artilharia soviética. Ribbentrop, que até então não fora recebido por Hitler, teria insistido uma vez mais, em conversa com Eva Braun, na necessidade de retirá-lo da capital.[54] Traudl Junge relata em suas memórias uma conversa que Braun teria tido com Ribbentrop, em que ele teria afirmado que ela era "a única pessoa capaz de tirar o Führer daqui"; por isso aconselhou-a a dizer que queria "partir de Berlim com ele". Eva Braun teria respondido: "Não vou dizer ao Führer nem uma palavra da sua proposta. Ele decide sozinho. Se achar correto permanecer em Berlim, eu fico com ele. Se for embora, eu também vou".[55] Ocorre que, a essa altura, Hitler estava intratável. Extremamente nervoso, não só deixou que a luta prosseguisse como ordenou, com toda seriedade, um novo contra-ataque com um "corpo de tanques" formado às pressas sob o comando do general da SS Felix Steiner. Ameaçou Karl Koller, o chefe do estado-maior da Luftwaffe, dizendo-lhe, aos berros, que era preciso empregar "até o último homem", e qualquer um que se opusesse devia "ser executado dentro de cinco horas".[56] Estava tão fora de si que, à noite, não deixou Morell se aproximar, pois receava que o médico o sedasse para que o tirassem de Berlim a contragosto. O médico pessoal teve de deixar o bunker e, poucos dias depois, foi enviado ao Berghof com as joias de Eva Braun.[57]

No dia 22 de abril, Hitler sofreu um colapso físico total quando soube, durante uma reunião de análise, que Steiner não empreendera o planejado ataque. Aos presentes coube assistir a um violento surto de cólera de meia hora, durante o qual ele acusou principalmente o Exército de "anos e anos de perfídia". No fim, deixou-se cair em uma cadeira e declarou que a guerra estava perdida. Que todos saíssem de Berlim, mas ele ia ficar. Era uma "decisão irrevogável".[58] Também ordenou a Eva Braun — assim como às secretárias reunidas às pressas — que abandonasse o bunker imediatamente e arranjasse um voo para o sul da Alemanha. Mas, como recordou Traudl Junge, Eva Braun, tratando-o como "criança", persuadiu-o, garantindo que ia ficar ao seu lado. Hitler reagiu beijando-a "na boca" diante dos presentes, enquanto, à porta da sala de reuniões, "os oficiais aguardavam ser dispensados".[59] Depois disso, nenhuma das moças se atreveu a sair. Então Hitler mandou chamar Schaub e o encarregou de destruir todos os seus documentos pessoais: "É preciso queimar tudo sem demora", ordenou, "tudo [...] que está no meu cofre. O senhor precisa destruir tudo que está aqui em Berlim, em Munique e em Berchtesgaden [...], está ouvindo [...], tudo, tudo!". Que não caísse "um fragmento nas mãos do inimigo".[60]

É evidente que naquele 22 de abril ele estava determinado a se suicidar. No mesmo dia, Eva Braun, cercada dos seis filhos dos Goebbels, que acabavam de se mudar para o bunker com os pais, escrevia uma carta apressada à amiga Herta, na qual dizia: "estas certamente são minhas últimas linhas e, portanto, meu último sinal de vida". O fim se acercava, "ameaçador e cada vez mais". Era impossível descrever o quanto ela sofria pelo Führer, que "perdeu a fé": "Um abraço a todos os amigos, eu morro como vivi. Para mim, não é difícil. Disso você sabe".[61] Mas, ao que parece, Eva

Braun não tinha tanta certeza de que Hitler estava de fato determinado, de modo que ainda pediu à amiga que guardasse a carta até receber a notícia "do nosso fim".

E Hitler tornou a adiar a morte. Instigado por Wilhelm Keitel, o chefe do alto comando das Forças Armadas, depositou toda a esperança no 12º Exército do general Walther Wenck, estacionado à beira do Elba, que devia marchar de Magdeburgo em direção a Berlim para "libertar a capital do Reich".[62] Eis o que dizia a carta de Eva Braun a Gretl, datada de 23 de abril de 1945: "Ainda há esperança. Mas é claro que não nos deixaremos capturar vivos". Ela acabava de "conversar com o Führer" e acreditava que "hoje ele vê o futuro mais claramente que ontem". Mas nem por isso deixou de resolver os últimos assuntos. Incumbiu a irmã de queimar imediatamente sua correspondência particular e comercial, com exceção das cartas de Hitler, e liquidar as contas ainda não saldadas.[63] A tarefa de Wenck, no entanto, mostrou-se irrealizável. No dia 25 de abril, o Exército soviético fechou o cerco de Berlim.[64]

No dia 23, provavelmente movido por sentimento de culpa, Albert Speer esteve no bunker pela última vez. Ninguém sabe dizer sobre o que conversou com Hitler nesse último encontro que tiveram a sós. Em suas memórias, afirmou que se despediu do Führer, que queria "vê-lo mais uma vez".[65] À meia-noite, já que não conseguia se afastar de Hitler, passou algumas horas com Eva Braun em seu quartinho subterrâneo. Posteriormente, observou que ela ostentava "uma serenidade quase alegre", ofereceu a ele champanhe e doces e disse: "Sabe, foi bom o senhor ter vindo mais uma vez. O Führer pensou que o senhor fosse trabalhar contra ele. Mas a sua visita mostrou o contrário".[66] Mais que o próprio Hitler, agora ela parecia exigir lealdade até a morte no entorno do amante e não entendia por que as pessoas, uma após outra, estavam desaparecendo e tentando salvar a vida. Em retrospecto, Traudl Junge chamou o comportamento de Eva Braun de "complexo de lealdade".[67] Speer, pelo contrário, não escondeu sua admiração por essa atitude. Poucos meses depois, ao ser interrogado em Kransberg, disse que, muito antes, Hitler "sempre frisava com resignação que só uma pessoa se manteria fiel a ele até a última hora: Eva Braun. Nós não queríamos acreditar. Nisso seu sentimento não o enganou".[68]

O casamento e o fim no bunker do Führer

Speer, assim, não há de ter se surpreendido ao saber que Hitler e Braun haviam se casado antes de juntos se suicidarem no bunker. Mas no Obersalzberg, onde a mãe de Eva Braun, suas irmãs e a amiga Herta Schneider foram buscar abrigo e, depois de 20 de abril, chegaram os colaboradores de Hitler vindos de Berlim, ninguém suspeitava da iminência de um casamento. Os que lá estavam, entre os quais Morell e o fotógrafo Walter Frentz, esperavam que Hitler e Eva Braun não tardassem a chegar.[69] Só em 25 de abril, quando Julius Schaub apareceu no Berghof — que na véspera tinha sido duramente atingido por um ataque aéreo — com a missão de destruir o conteúdo do cofre de Hitler, foi que todos entenderam que o Führer não iria para lá e que o fim se acercava. Segundo afirmou Gretl Fegelein em setembro de 1945, houve muita desconfiança quando Schaub chegou à propriedade, bêbado e acompanhado da namorada. Christa Schroeder recordou que, "sem dizer uma palavra", ele queimou "cartas, pastas, memorandos, livros" no terraço do Berghof.[70]

Enquanto isso, no bunker do Führer em Berlim, que agora estava sob fogo ininterrupto, Hitler providenciou a distribuição de ampolas de veneno. Elas provinham de Himmler e foram entregues por seu médico pessoal, o tenente-coronel da ss Ludwig Stumpfegger, o único médico que restava no bunker. Below contou que, no dia 27 de abril, recebeu de Hitler uma "ampola de cianureto de potássio".[71] Dias antes, o Führer já havia entregado o veneno às mulheres de seu círculo mais chegado. Como comprovaram os inquéritos judiciais posteriores, no entanto, tratava-se não de cianureto de potássio, mas de cianureto de hidrogênio, um "líquido incolor" que matava em questão de segundos, deixando na roupa e no ambiente um cheiro parecido com o de amêndoa amarga.[72] Durante o chá noturno servido na sala de estar de Hitler, a conversa girava em torno de qual era a melhor forma de morrer. "Eu quero ser um defunto bonito, vou tomar veneno", teria dito Eva Braun em uma dessas ocasiões. Hitler, pelo contrário, dizia às mulheres que daria um tiro na cabeça e depois seria queimado.[73] A atmosfera era histérica, observou Bernd Freytag von Loringhoven, que, sendo ajudante de ordens do general Hans Krebs, nomeado consultor pessoal de Hitler, era obrigado a ficar a seu lado no bunker. Os ocupantes daquele abrigo subterrâneo passavam a maior parte do tempo a vagar pelos corredores, Eva Braun geralmente fumando e conversando com Magda Goebbels. O estado de espírito oscilava entre a esperança e o desespero. Muitos entorpeciam o medo com álcool, disponível em grande quantidade nas despensas da Chancelaria.[74]

No dia 28 de abril, o ânimo caiu a zero quando Hitler recebeu uma notícia da agência Reuters, divulgada pela BBC, segundo a qual Himmler oferecera a capitulação incondicional da Alemanha aos Estados Unidos e à Inglaterra. Havia meses que iniciara conversas com o vice-presidente da Cruz Vermelha sueca, o conde Folke Bernadotte, tendo chegado a consentir a libertação de mais de 20 mil prisioneiros em campos de concentração alemães. Agora o chefe nacional da SS e ministro do Interior usava, ainda que com hesitação, o contato com Bernadotte com a intenção de, mediante negociações, preservar sua existência na nova era que se anunciava.[75] Tal como Göring, Speer, Ribbentrop e Bormann, ele não achava que o declínio do Terceiro Reich implicava necessariamente o fim de sua vida. E, assim — de olho na iminente morte de Hitler —, solicitou a Bernadotte, com quem se reunira na noite de 23 de abril no consulado sueco de Lübeck, que entregasse sua declaração de capitulação às potências ocidentais. Mas ele e os alemães em geral, enfatizou Himmler, não se renderiam aos "bolchevistas". No entanto, o presidente americano Harry S. Truman e o premiê britânico Winston Churchill rejeitaram uma capitulação parcial e informaram o fato tanto a Stálin quanto à imprensa mundial.[76] Enfurecido, Hitler se pôs a gritar que justamente Himmler, um de seus partidários mais fiéis, o havia traído. Como, naquele momento, não foi possível localizar seu oficial de ligação e protegido Hermann Fegelein, Hitler mandou um comando da SS procurá-lo. Ao que parece, dias antes, Eva Braun tentara se informar do paradeiro do cunhado. Em 23 de abril, sua irmã lhe comunicou: "Hermann não está conosco! Foi a Nauen posicionar um batalhão ou coisa que o valha. Tenho certeza de que você ainda o verá. Ele certamente vai fazer o possível para continuar a resistência, talvez na Baviera, pelo menos durante algum tempo".[77] Mas tudo indica que Fegelein já não queria combater, estava era prestes a desertar: Traudl Junge relatou que Eva Braun, "decepcionada e escandalizada", comentara com ela um telefonema de Fegelein em que este — antes mesmo que Hitler o mandasse procurar — a instara a abandonar o Führer se não conseguisse "tirá-lo de Berlim". Afinal de contas, era questão de "vida ou morte".[78] Depois da guerra, Gretl Fegelein revelou a um agente norte-americano disfarçado ter sabido pelo sogro que, pouco antes da queda de Berlim, Fegelein havia lhe telefonado avisando que pretendia ir a Fischhorn no dia seguinte. Mas seu filho não chegou.[79] Já à paisana em seu apartamento em Berlim, foi preso, levado à Chancelaria, interrogado e, no dia 28 de abril, fuzilado por deserção.[80] Ao mesmo tempo, as tropas soviéticas avançavam inexoravelmente para o centro da cidade. Hitler e Eva Braun começaram a preparar o suicídio.

A decisão de se casarem na última hora foi tomada naquele mesmo dia. Muito se especula sobre as circunstâncias. O fato é que nenhum dos que depois conseguiram sair vivos do bunker tinha sido informado com antecedência nem sabia nada, de primeira mão, sobre os motivos pessoais. Fora os padrinhos Goebbels e Bormann, a única pessoa que tomou conhecimento da iminente cerimônia foi Traudl Jung, a quem Hitler ditou seu testamento privado e político às 10h30 da noite.[81] Dizia o texto:

> Como, nos anos de luta, eu não me julgava em condições de contrair matrimônio, agora, no fim desta trajetória terrena, decidi desposar a moça que, depois de muitos anos de leal amizade, entrou na cidade já quase sitiada para compartilhar seu destino com o meu. Por desejo meu, é na qualidade de esposa que ela vai comigo para a morte. Esta nos devolverá o que o meu trabalho a serviço do povo nos roubou. [...] Eu e minha esposa optamos pela morte para escapar à vergonha da deposição ou da capitulação [...].[82]

Essa tomada de posição a favor do casamento não autoriza nenhuma inferência acerca das emoções de Hitler. As formulações são ambíguas e enigmáticas. A cerimônia se realizou na madrugada de 29 de abril. Fora o casal de noivos, só estavam presentes Goebbels, Bormann e o juiz de paz Walter Wagner, chamado às pressas.[83] Depois, houve uma pequena recepção com champanhe na sala de estar de Hitler, da qual também participaram Magda Goebbels, os generais Burgdorf e Krebs, Below, Gerda Christian, Contanze Manziarly e o fanático líder nacional da Juventude Nacional-Socialista Arthur Axmann, que se mudara para o bunker no dia 23 de abril. Segundo Below, todos se esforçaram "para pensar alegremente nos velhos tempos". Foi uma situação "um tanto fantasmagórica".[84]

A antiga Chancelaria da Wilhelmstraße destruída (Março de 1945)

Na tarde de 29 de abril, Hitler mandou dar uma ampola de veneno a "Blondi", seu cão pastor preferido. O animal caiu fulminado. Posteriormente, a corte distrital de Berchesgaden presumiu que "o veneno fora testado no cachorro para a já combinada morte por envenenamento de Eva Hitler".[85] Nesse meio-tempo, o bunker ficou sem comunicação telefônica com o exterior. Até 30 de abril, o Exército soviético estaria na esplanada do Reichstag.[86] Os soldados soviéticos podiam invadir o bunker do Führer a qualquer momento. À tarde, entre as três e as quatro horas Hitler e Eva Braun se suicidaram. Ela mordeu uma cápsula de cianeto de hidrogênio e morreu diante dele. A seguir, Hitler também pôs uma cápsula de veneno na boca ao mesmo tempo que dava um tiro na têmpora direita.[87] Depois, levados para o pátio da Chancelaria, os cadáveres foram encharcados em gasolina e incinerados. Os restos carbonizados foram enterrados em uma cratera de bomba.

4. ALÉM DA MORTE

Depois da morte de Hitler e Eva Braun, surgiram numerosas lendas. Por um lado, porque as testemunhas oculares da incineração que sobreviveram ao inferno em Berlim prestaram declarações discrepantes sobre as circunstâncias exatas do duplo suicídio. Por outro, porque a União Soviética passou anos ocultando dos Aliados ocidentais e do mundo o fato de, já no começo de maio, suas tropas terem encontrado e escondido os cadáveres de Hitler e Eva Braun, bem como os da família Goebbels. Pelo contrário, em conversa com o embaixador extraordinário norte-americano Harry Hopkins, em 26 de maio de 1945, Stálin espalhou o boato segundo o qual Hitler e Bormann ainda estariam vivos e escondidos no exterior — possivelmente no Japão. A inteligência soviética sabia que "os alemães tinham dois ou três submarinos grandes que iam e voltavam entre o Japão e a Alemanha". Stálin "encarregara o serviço secreto soviético de localizar esses submarinos, mas, por ora, ainda não os havia encontrado". Dessa maneira, procurou manipular o destino de Hitler e de sua mulher para persuadir as potências ocidentais de que a luta comum que levara à queda do líder nazista precisava prosseguir na guerra contra o Japão. A resposta de Harry Hopkins deixou claro o quanto isso afetava os americanos, pois, como anotou o intérprete Vladimir Nikolaievitch Pavlov, ele disse imediatamente que "era imprescindível achar Hitler e despachá-lo para o outro mundo".[1]

Na Conferência de Potsdam, realizada no palácio Cecilienhof, de 31 de julho a 2 de agosto de 1945, Stálin negou veementemente, perante Truman e Churchill, saber do paradeiro de Hitler.[2] É bem verdade que os americanos se empenharam em esclarecer o caso, mandando o serviço secreto interrogar as pessoas próximas de Hitler, inclusive os parentes e amigos de

Eva Braun. Mas o agente secreto que — disfarçado de antigo membro da SS — visitou Gretl Braun e Herta Schneider, em Garmisch-Partenkirchen, na noite de 23 de setembro de 1945, nada conseguiu tirar delas sobre o paradeiro de Hitler. Gretl Braun limitou-se a reproduzir diversos boatos e, por fim, afirmou que não achava impossível que ele, sua irmã e Hermann Fegelein tivessem fugido de Berlim na última hora.[3]

Ninguém suspeitava que, havia meses já, os restos carbonizados de Hitler e Eva Braun estavam nas mãos dos soviéticos. No dia 30 de abril, o Exército Vermelho soube do suicídio do líder nazista pelo general Krebs, naquele momento assessor militar mais próximo do líder nazista, e informou Stálin imediatamente.[4] E não tardou a identificar entre os prisioneiros de guerra outros colaboradores diretos de Hitler e funcionários da Chancelaria. Todos foram interrogados a respeito dos últimos dias. Os oficiais soviéticos revistaram minuciosamente o bunker antiaéreo sob o pátio da Chancelaria, e deram com os cadáveres dos seis filhos de Goebbels. No dia 2 de maio, acharam à entrada do bunker os corpos de Joseph e Magda Goebbels; três dias depois, os de Hitler e Eva Braun. Uma vez localizados, por solicitação do serviço secreto do departamento de contraespionagem SMERSCH do 79º Grupo de Guarda soviético, foram submetidos a necropsia no Hospital Militar de Campanha Nº 496, em Berlin-Buch, e enfim, em fevereiro de 1946, sepultados em uma área militar de Magdeburgo.[5]

Em compensação, no Ocidente, continuaram circulando nos anos subsequentes incontáveis especulações e boatos sobre o paradeiro do líder nazista. Uma carta anônima de 22 de novembro de 1948, endereçada ao general Dwight D. Eisenhower, dizia que ele vivia com nome falso — em companhia de Eva Braun e Martin Bormann — e era proprietário de um café em Amsterdam. O serviço secreto norte-americano levou muito a sério essa infor-

Um caixão de madeira com restos de cadáver, como o que serviu para guardar também os despojos de Hitler e Eva Braun, até que fossem incinerados novamente em 5 de abril de 1970, e suas cinzas espalhadas em um rio próximo a Magdeburgo

mação e a investigou intensamente.[6] Logo depois do fim da guerra, no entanto, ex-colaboradores de Hitler foram presos nas zonas de ocupação ocidentais, entre os quais Erich Kempka, e, quando interrogados, informaram sobre a morte e a incineração. Mas não havia prova material que as confirmasse.

Em 1952, a corte distrital de Berchtesgaden iniciou um "processo para a averiguação da morte e da hora da morte de Adolf Hitler", durante o qual foram interrogadas "todas as pessoas vivas do entorno de Hitler nos últimos tempos em Berlim": um total de 42 testemunhas.[7] Entre elas, achavam-se o "camareiro" Heinz Linge e o ajudante de ordens pessoal Otto Günsche, que acabavam de retornar da prisão de guerra soviética, além de Harri Mengershausen, um ex-assistente criminal do Serviço Nacional de Segurança, e Käthe Heusermann, a auxiliar odontológica do médico de Hitler em Berlim, o prof. dr. Hugo Blaschke, que nos últimos tempos havia trabalhado no posto odontológico da Chancelaria.[8] Em seu parecer final de 1º de agosto de 1956, o tribunal constatou que não havia "uma prova material" nem um fato jurídico, "apenas depoimentos de numerosas pessoas". Mas, com base no fato de o dentista pessoal de Hitler, o dr. Blaschke, e sua assistente Heusermann terem "apresentado reiteradamente a diversas instâncias da oficialidade russa o maxilar inferior completo e a ponte do maxilar superior de Adolf Hitler, assim como a ponte artificial inferior de Eva Hitler" e de ambos as "terem reconhecido como sendo, sem dúvida, de Adolf e Eva Hitler", o lado russo forneceu a "prova conclusiva" para a identificação.[9] Consequentemente, em 1956 ou 1957, Adolf Hitler e Eva Braun foram declarados oficialmente mortos na República Federal da Alemanha. Treze anos depois, em 5 de abril de 1970, a KGB tornou a incinerar seus despojos e espalhou as cinzas em um rio próximo de Magdeburgo, na antiga República Democrática da Alemanha.[10]

Considerações finais

Em virtude de sua vida e morte com Hitler, Eva Braun ficou para sempre vinculada ao regime nacional-socialista, que, com seu desprezo pelo ser humano e o antissemitismo radical, provocou, nas palavras de Ian Kershaw, "a maior degradação dos valores da civilização nos tempos modernos". Até hoje, ela está presente nos meios de comunicação. Era justamente isso que queria, e — quando o catastrófico fim da guerra selou o declínio do Estado nazista — se empenhou com muita determinação em morrer ao lado de seu Führer. Assim, despediu-se da vida na certeza de uma "morte heroica".[1]

Nos catorze anos de relacionamento íntimo com Hitler, Eva Braun, a mocinha simples e marginalizada, oriunda de uma família pequeno-burguesa cujo pai acreditou no Führer "até o fim", transformou-se na protetora caprichosa e intransigente da lealdade incondicional ao ditador.[2] É verdade que nunca foi militante do NSDAP. Mas isso não significa que rejeitasse o Estado nazista ou que a ele se opusesse de algum modo. Ao contrário: pelo menos tanto quanto as outras pessoas na órbita de Hitler, ela estava impregnada da sua cosmovisão, do quase inexplicável magnetismo que ele exercia sobre as massas e da plenitude de seu poder. E nela Hitler reconhecia a mulher que, com uma origem semelhante à dele e uma formação apartada das elites tradicionais, estava disposta a viver a vida nos termos dele, mais do que qualquer seguidor fanático.

Por isso, no mais tardar em 1935, a posição de Eva Braun tornou-se inatacável no círculo íntimo de Hitler. Entre os que buscavam se aproximar dele, como Speer, Göring ou Goebbels, não eram poucos os que se sentiam compelidos a lisonjeá-la. Até mesmo seu cachorro mimado e bravo, que, como recordou a secretária Christa Schroeder, depois da morte da dona ficou vagando "despercebido e abandonado" entre os escombros do Berghof, recebia o "afago" de todos no tempo em que Eva Braun lá reinava.[3]

Não obstante, o modo de vida da amante de Hitler discrepava essencialmente da imagem da mulher divulgada pela propaganda nacional-socialista. Nesse aspecto, ela se parecia com a maioria das esposas dos dignitários nazistas. Tinha uma existência privilegiada com viagens, roupas caras e atividades profissionais ocasionais para o NSDAP, prestando serviço para o "fotógrafo pessoal" de Hitler e fornecendo-lhe imagens supostamente privadas do Führer e de sua vida no Berghof. Por isso mesmo, não pode ser considerada uma "tolinha" inteiramente apolítica e omissa, como depois afirmaram Albert Speer e outros. Dentro de suas possibilidades, tinha uma participação inegável e agia sem sentimento de injustiça. À parte isso, Eva Braun não era dona de casa nem mãe e, muito provavelmente, não queria ser nem uma coisa nem outra; por isso mesmo, correspondia às necessidades do amante 23 anos mais velho, arredio a ligações e dado a um estilo de vida bizarro. Mas, como a sua existência estava longe de condizer com a imagem oficial do Führer, ela era omitida — assim como o fato de Hitler ser abstêmio e vegetariano, de não fumar nem tomar café e, sobretudo com o início da guerra, de ingerir grandes quantidades de comprimidos e, como sua namorada, exagerar na higiene física.

Desse modo, a vida de Eva Braun com Hitler oferece um panorama profundo da meticulosamente oculta e oficialmente negada existência privada do ditador, que, ao contrário das alegações posteriores dos membros da "corte", não se separava de sua vida política. Não havia uma esfera privada em que não se falasse em política e na qual a ideologia do nacional-socialismo não tivesse papel. A afirmação disseminada principalmente por Speer de que Hitler, em seu grupo mais chegado — especialmente na presença de mulheres —, se abstinha de temas políticos deve ser relegada ao universo da lenda. Pelo contrário, tanto os homens como as mulheres que gravitavam ao redor do líder nazista se identificavam com a visão de mundo antissemita, racista, e com a agressiva política do espaço vital do regime, que ele costumava expor em longas tertúlias noturnas ao pé da lareira.

Isso se aplica particularmente a Eva Braun. Por que ela, menos habilitada que os demais, havia de questionar a autoridade das explanações do Führer, se mesmo um oficial instruído e aristocrático como Nicolaus von Below achava impressionantes e plausíveis suas preleções acerca da "ameaça permanente" ao povo alemão representada pelo "bolchevismo judeu"?[4] Todos os membros do grupo mais próximo conheciam pelo menos as ideias básicas de Hitler sobre a situação internacional, inclusive as secretárias, com as quais, desde o início da guerra, à "cotidiana mesa do café", ele costumava discorrer sobre seus temores, explicando que "a Rússia lhe era tão horripilante quanto o navio fantasma do *Holandês voador*", na ópera de Wagner.[5] Também a ideia de que ninguém podia influenciar ou persuadir Hitler e que diante dele até mesmo Göring, Goebbels ou Himmler eram fracos e indefesos, muito mais que corresponder à realidade, serviu, no pós-guerra, de argumento de ex-nazistas convictos para se inocentarem.[6]

No entanto, parece que, desde o começo, Hitler proibiu a intromissão flagrante da namorada nos debates políticos — atitude essa que não o distinguia dos outros homens daquele tempo. Do mesmo modo, para ele, estava fora de cogitação o ingresso de Eva Braun — e de qualquer parente seu — no NSDAP. Dada a escassez de fontes, é impossível saber se ela evitava "conscientemente" emitir opiniões políticas, como sua irmã Ilse declarou no tribunal depois da guerra, ou se seu silêncio significava mero desinteresse.[7] Igualmente obscura é a questão de ela ter tido ou não conhecimento do Holocausto.

Mas não há dúvida de que Eva Braun, aos vinte anos de idade e, provavelmente, com a participação ativa de seu patrão Heinrich Hoffmann, lutou arduamente por obter um lugar ao lado de Hitler, o qual não poucos lhe invejavam. Ela tinha "muitos adversários", declarou depois sua amiga Herta Schneider.[8] A verdade é que, entre os sequazes de Hitler, predominava a ideia de que Eva Braun não era suficientemente boa para o Führer, faltava-lhe estatura para se apresentar a seu lado. Mais tarde — e surpreendentemente — essa concepção tão frequente na memorialística dos protagonistas acabou ingressando na historiografia. Na realidade, não foi Hitler quem atribuiu um papel ingrato a sua companheira; suas fraquezas antes revelam as inseguranças e a falta de soberania de uma arrivista. Presa entre o poder e a impotência, mas, no fim, agindo com determinação, vaidosa e de modo nenhum uma vítima, Eva Braun assegurou para si um lugar na história, ainda que duvidoso.

ANEXOS

Notas

INTRODUÇÃO (pp. 9-13)

1. Cf. Lew Besymenski, *Die letzten Notizen von Martin Bormann. Ein Dokument und sein Verfasser*, Stuttgart, 1974, p. 148; Nerin E. Gun, *Eva Braun-Hitler. Leben und Schicksal*, Velbert, 1968, p. 181; Albert Speer, *Erinnerungen*. Com um ensaio de Jochen Thies, Frankfurt am Main e Berlim, 1993 (1ª edição, 1969), p. 468; Mario Frank, *Der Tod im Führerbunker. Hitlers letzte Tage*, Munique, 2005, p. 284.

2. Speer, *Erinnerungen*, cit., p. 468.

3. Ian Kershaw, *Hitler 1889-1936*, Stuttgart, 1998, p. 15.

4. Alguns exemplos: Alan S. Bullock, *Hitler. Eine Studie über Tyrannei*, Düsseldorf, 1953; Helmut Heiber, *Adolf Hitler. Eine Biographie*, Berlim, 1960; Hugh R. Trevor-Roper, *Hitlers letzte Tage*, Frankfurt am Main, 1965; Werner Maser, *Adolf Hitler. Legende, Mythos, Wirklichkeit*, Munique e Esslingen, 1971; Joachim C. Fest, *Hitler. Eine Biographie*, Berlim e Viena, 1973; Ian Kershaw, *Hitler 1936-1945*, Stuttgart, 2000.

5. Cf. Maser, *Adolf Hitler*, cit., p. 318.

6. Guido Knopp, *Hitlers Frauen und Marlene*, Munique, 2001, p. 83.

7. São dignos de menção: Angela Lambert, *The Lost Life of Eva Braun*, Londres, 2007; Johannes Frank, *Eva Braun. Ein ungewöhnliches Frauenschicksal in geschichtlich bewegter Zeit*, Preußisch Oldendorf, 1988; Jean Michel Charlier e Jacques de Launay, *Eva Hitler, geb. Braun. Die führenden Frauen des Dritten*

Reiches, Essen, s.d. (edição original francesa: *Eva Hitler, née Braun*, Paris, 1978); Glenn Infield, *Eva and Adolf*, Nova York, 1974. Até hoje, a única biografia a ser levada a sério: Gun, *Eva Braun-Hitler*, cit. Ver ainda "Eva Braun. Die verborgene Geliebte", em Anna Maria Sigmund, *Die Frauen der Nazis*, vol. 1, Viena, 1998, pp. 235-84.

8. Fest, *Hitler*, cit., pp. 17, 698 e 708.

9. Kershaw, *Hitler 1889-1936*, cit., pp. 22s. A incapacidade de relacionamento também é afirmada por Alan S. Bullock, *Hitler und Stalin. Parallele Leben*, Berlim, 1991, pp. 502s.

10. Ulrich Schlie (ed.), *Albert Speer. Die Kransberg-Protokolle 1945*, Munique, 2003, p. 12.

11. Ian Kershaw, *Der Hitler-Mythos. Volksmeinung und Propaganda im Dritten Reich* (= Schriftenreihe der Vierteljahrshefte für Zeitgeschichte, vol. 41), Stuttgart, 1980, pp. 66ss.

12. Cf. Sigmund, *Die Frauen der Nazis*, cit., p. 248.

13. Cf. Speer, *Erinnerungen*, cit., p. 107; Christa Schroeder, *Er war mein Chef. Aus dem Nachlaß der Sekretärin von Adolf Hitler*, ed. por Anton Joachimsthaler, Munique, 1985, p. 166.

O ENCONTRO (pp. 15-8)

1. "Erklärung von Herrn Erich Kempka über die letzten Tage Hitlers, Berchtesgaden, 20. Juni 1945", em MA 1298/10, Microfilm, Various Documents DJ-13 (David Irving), Institut für Zeitgeschichte (IFZ), Munique. Os dados de Kempka discrepam dos de outras fontes em cerca de uma hora.

1. O ATELIÊ DE HEINRICH HOFFMANN (pp. 18-35)

1. Robert Hoffmann, o pai de Hoffmann, tinha um ateliê fotográfico em Regensburg juntamente com o irmão mais novo Heinrich. Desde 1887, este ostentava o título de "fotógrafo da corte real bávara" e era internacionalmente conhecido graças aos retratos do kaiser Guilherme II e do rei Eduardo VII da Inglaterra. Cf. Rudolf Herz, *Hoffmann & Hitler. Fotografie als Medium des Führer-Mythos*, Munique, 1994, p. 26. Cf. Joachim Fest e Heinrich Hoffmann, *Hitler — Gesichter eines Diktators. Bilddokumentation*, ed. por Jochen von Lang, 3ª ed., Munique, 2005, p. 4.

2. O ateliê de Hoffmann em Munique ficava primeiro na Schellingstraße, 33; depois — até 1929 — na Schellingstraße, 50. Cf. Herz, *Hoffmann & Hitler*, cit., pp. 26s.

3. Heinrich Hoffmann, *Hitler wie ich ihn sah. Aufzeichnungen seines Leibfotografen*, Munique e Berlim, 1974, p. 19. Cf. também a 1ª edição de Heinrich Hoffmann, *Hitler was My Friend*, Londres, 1955, pp. 45s. Cf. Henriette von Schirach, *Der Preis der Herrlichkeit. Erlebte Zeitgeschichte*, Munique e Berlim, 1975, p. 97. Cf. Herz, *Hoffmann & Hitler*, op. cit, p. 34.

4. Heinrich Hoffmann, *Mein Beruf — Meine Arbeit für die Kunst — Mein Verhältniss zu Adolf Hitler*, manuscrito inédito (presumivelmente de 1947), MS 2049, IFZ Munique, pp. 7s. Cf. Fest e Hoffmann, *Hitler — Gesichter eines Diktators*, cit., p. 4.

5. Herz, *Hoffmann & Hitler*, cit. p. 34. Sobre Eckart, cf. Margarete Plewnia, *Auf dem Weg zu Hitler. Der "völkische" Publizist Dietrich Eckart*, Bremen, 1970.

6. Herz, *Hoffmann & Hitler*, cit. p. 34. Sobre Hoffmann, cf. também Winfried Ranke, "Bildberichterstattung in den Zwanziger Jahren — Heinrich Hoffmann und die Chronistenpflicht", em *Die Zwanziger Jahre in München*, Ausstellungskatalog, Munique, 1979, pp. 53-73; Philip E. Mancha, "Heinrich Hoffmann. Photographer of the Third Reich", em *Prologue*. The Journal of National Archives, 1973, pp. 31-40.

7. Jan Brüning, "Kurzer Überblick zur Technik der Pressefotografie in Deutschland von 1920 bis 1940", em Diethart Krebs e Walter Uka (eds.), *Fotografie und Bildpublizistik in der Weimarer Republik*, Bönen/Vestf., 2004, pp. 11-28.

8. Herbert Moldering, *Fotografie in der Weimarer Republik*, Berlim, 1998; José Macias, *Die Entwicklung des Bildjournalismus*, Munique, 1990.

9. Reichsparteitag der NSDAP in Weimar, 3./4. Juli 1926, em "Fotoarchiv Heinrich Hoffmann", hoff-6750, Bayerische Staatsbibliothek (BSB), Munique.

10. Herz, *Hoffmann & Hitler*, cit. p. 37. Aí se afirma que Hoffmann foi promovido a "comunicador" de Hitler. Cf. Joachim Fest, *Hitler. Eine Biographie*, Frankfurt am Main, 1973, p. 353. Cf. Gerhard Paul, *Aufstand der Bilder. Die NS-Propaganda vor 1933*, Bonn, 1990. Ver ainda Mathias Rösch, *Die Münchner NSDAP, 1921-1933. Eine Untersuchung zur inneren Struktur der NSDAP in der Weimarer Republik*, Munique, 2002; Werner Bräuninger, *Hitlers Kontrahenten in der NSDAP, 1921-1945*, Munique, 2004. Cf. também Thomas Tavernaro, *Der Verlag Hitlers un des NSDAP. Die Franz Eher Nachfolger* GmbH, Viena, 2004.

11. Hagen Schulze, *Weimar. Deutschland 1917-1933* (= Die Deutschen und ihre Nation, vol. 4), Berlim, 1982, p. 303.

12. Herz, *Hoffmann & Hitler*, cit., pp. 36s e 49s. O endereço anterior passou a ser o da sede nacional do NSDAP, já instalada na Schellingstraße, 50. Cf. Anton

Joachimsthaler, *Hitlers Liste. Ein Dokument persönlicher Beziehungen*, Munique, 2003, p. 432. Joachimsthaler esclarece que, conforme notificação às autoridades, Hoffmann saiu do ateliê da Schellingstraße, 50, no dia 10 de setembro de 1929. Baldur von Schirach recordou, posteriormente, que conheceu Eva Braun no ateliê de Hoffmann, logo depois do Congresso do NSDAP em Nuremberg (1º a 4 de agosto de 1929). Cf. Baldur von Schirach, *Ich glaubte an Hitler*, Hamburgo, 1967, p. 118. Posteriormente, Heinrich Hoffmann afirmou, imprecisamente, que Eva Braun foi contratada, "provavelmente", em 1929, quando da inauguração de sua loja de Munique. Heinrich Hoffmann, "Aussage am 1. Juli 1949, Öffentliche Sitzung der Hauptkammer München zur mündlichen Verhandlung in dem Verfahren gegen Eva Hitler, geb. Braun", em Spruchkammer, Karton 718, Staatsarchiv, Munique.

13. Schirach, *Der Preis Herrlichkeit*, cit., pp. 23 e 97; Nerin E. Gun, *Eva Braun-Hitler. Leben und Schicksal*, Velbert, 1968, p. 44.

14. Heinrich Hoffmann, "Aussage am 1. Juli 1949", cit.

15. Herz, *Hoffmann & Hitler*, cit., pp. 49s. Cf. Schirach, *Ich glaubte an Hitler*, cit., p. 118.

16. Herta Schneider, colega de escola de Eva Braun, declarou no pós-guerra ter presenciado "o primeiro contato de Eva Braun com Adolf Hitler em 1928", quando esta "era trainee na empresa Hoffmann". Cf. Herta Schneider, "Eidesstattliche Erklärung vom 16. Mai 1948 (Maschinenschriftliches Original)", em Spruchkammern, Karton 1670, Staatsarchiv, Munique. Presumivelmente, trata-se de um erro de datilografia, já que, um ano depois, Schneider declarou que Eva Braun conheceu Hitler "aos dezessete anos, em 1929". Cf. Herta Schneider, "Aussage vom 23. Juni 1949", Öffentliche Sitzung der Hauptkammer München zur mündlichen Verhandlung in dem Verfahren gegen Herta Schneider, geb. Ostermayr", em Spruchkammern, Karton 1670, Staatsarchiv, Munique.

17. Gun, *Eva Braun-Hitler*, cit., pp. 46s. Com ele concorda Anna Maria Sigmund, *Die Frauen der Nazis*, Viena, 1998, vol. 1, p. 240. Cf. ainda Hoffmann, *Hitler wie ich ihn sah*, cit., p. 136. Aqui Hoffman asseverava: "Hitler conheceu Eva Braun no meu estabelecimento, assim como todos os outros empregados".

18. Nerin E. Gun, *Red Roses from Texas*, cit., 1964; idem, *The Day of the Americans*, Nova York, 1966. Cf. também "JKF Assassination Documents", CIA, HSCA Segregated CIA Collection, Box 1, Subject Card on Nerin Emrullah Gun, April 2, 1967, Mary Ferrell Foundation, Archive. A documentação da CIA diz: "Gun, born 22 February 1920 in Rome, is a suspected CP member who has been involved in Europe in espionage and falsification of documents".

19. "Ilse Heß an Albert Speer", Hindelang/Allgäu, 25 de junho de 1968". NL Albert Speer, N 1340, Bd. 27, BA, Coblença.

20. Quanto a isso, cf. Ian Kershaw, *Hitler, 1889-1936*, Stuttgart, 1998, p. 363.

21. Schirach, *Der Preis der Herrlichkeit*, cit., pp. 176s. Acerca do local de trabalho de Eva Braun, que ficaria em cima do Café Stefanie, cf. *Völkischer Beobachter*, Münchner Ausgabe, 8 de novembro de 1929. Cf. ainda Sigmund, *Die Frauen der Nazis*, cit., p. 242.

22. Schirach, *Der Preis der Herrlichkeit*, cit., p. 179. Cf. também Traudl Junge, *Bis zur letzten Stunde. Hitlers Sekretärin erzählt ihr Leben*, com a colaboração de Melissa Müller, Berlim, 2002, p. 115. No dia 22 de fevereiro de 1935, Hitler lá mandou organizar o casamento de uma das garçonetes. Cf. "Rudolf Heß an seinen Vater (Fritz Heß)", cit., s.l., 21 de fevereiro de 1935 (cópia em carbono). NL Rudolf Heß, J 1211 1989/148, vol. 12, portfólio 55, pasta 5, BA Berna.

23. Albert Speer, *Erinnerungen*. Com um ensaio de Jochen Thies, Frankfurt am Main e Berlim, 1993 (1ª edição, 1969), p. 40. Cf. Helmut Heß, "Kunstverlag Franz Hanfstaengl", em Historisches Lexikon Bayerns, <http://www.historisches-lexikon-bayern.de/artikel/artikel_44754> (19/03/2007). Ver "NL Ernst Hanfstaengl, Ana 405, Schachtel 26, Chronologisches Material 1927-1932, Mappe 1930", BSB, Munique.

24. Kershaw, *Hitler 1889-1936*, cit., pp. 432s. Hanfstaengl incluiu as seguintes pessoas na "esfera de A. H." a partir de 1933: Schaub, Brückner, Hoffmann, Amann, Christian Weber. NL Ernst Hanfstaengl, Ana 405, Schachtel 27, Chronologisches Material 1933-1936, Mappe Jan.-Juni 1933, BSB, Munique. Cf. Fest, *Hitler*, cit., p. 199. Cf. também Goebbels, apontamento no diário, 6 de novembro de 1925, em *Die Tagebücher von Joseph Goebbels. Sämtliche Fragmente*, ed. por Elke Fröhlich, por solicitação do Institut für Zeitgeschichte e em conexão com o Bundesarchiv, Munique, 1987, 1ª parte, vol. 1, p. 140.

25. Schirach, *Der Preis der Herrlichkeit*, cit., p. 24.

26. Gun, *Eva Braun-Hitler*, cit., p. 128.

27. Jochen von Lang, *Der Sekretär. Martin Bormann — Der Mann, der Hitler beherrschte*, 3ª ed. totalmente revista. Reedição, Munique e Berlim, 1987; Martin Bormann, *Leben gegen Schatten*, Paderborn, 1996.

28. Eva Braun na "Photohaus Hoffmann", fotografia, 1930, in Fotoarchiv Heinrich Hoffmann, hoff-473, BSB, Munique.

29. Hoffmann, *Hitler wie ich ihn sah*, cit., p. 136. Essa passagem também é citada por Ian Kershaw como prova de que a relação de Hitler com as mulheres em geral e com Eva Braun em particular era "sem vínculo emocional". Cf. Kershaw, *Hitler 1889-1936*, cit., pp. 443s.

30. Cf. "Hitler's Einübung von Rednerposen vor der Kamera Heinrich Hoffmanns", em Fotoarchiv Heinrich Hoffmann, hoff-1852, BSB, Munique.

31. Schirach, *Der Preis der Herrlichkeit*, cit., p. 84.

32. Speer, *Erinnerungen*, cit., p. 56.

33. Schirach, *Ich glaubte an Hitler*, cit., pp. 122ss.

34. Otto Wagener, *Hitler aus nächster Nähe. Aufzeichnungen eines Vertrauten 1929-1932*, ed. por H. A. Turner Jr., Frankfurt am Main, 1978, pp. 100, 242. Aqui se informa que, na época, a filha de Hoffmann já "se tornara uma instituição" na qualidade de "bailarina do rei".

35. Hoffmann, *Hitler was My Friend*, cit., pp. 73s. Cf. "Hochzeit Baldur von Schirachs, Prinzregentenplatz, 16", em Fotoarchiv Heinrich Hoffmann, hoff-7195, BSB, Munique.

36. Inicialmente, Hoffmann assumiu o escritório de um fotógrafo berlinense e, a partir de 1933, primeiro na Friedrichstraße, depois na Kochstraße, 10, no bairro jornalístico de Berlim, a fim de abrir a filial da empresa. Cf. Hertz, *Hoffmann & Hitler*, cit., p. 53.

37. Wagener, *Hitler aus nächster Nähe*, cit., pp. 119s.

38. Herz, *Hoffmann & Hitler*, cit., p. 42.

39. Id., ibid.

40. Quanto a isso, cf. Hanns Christian Löhr, *Das braune Haus der Kunst*, Berlim, 2005, pp. 15ss. Cf., Günther Haase, *Die Kunstsammlung Adolf Hitler. Eine Dokumentation*, Berlim, 2002, pp. 57ss. Cf., Arno Breker, *Im Strahlungsfeld der Ereignisse. Leben und Wirken eines Künstlers. Porträts, Begegnungen, Schicksale*, Preußisch Oldendorf, 1972, pp. 132, 142s.

41. Hoffmann, *Hitler was my Friend*, cit., p. 104. Segundo Hoffmann, Hitler o incumbiu de transmitir a Stálin sua saudação pessoal. Já em Kershaw, lê-se: "Hoffmann os acompanhou para garantir que o momento histórico ficasse registrado em imagens". Ian Kershaw, *Hitler 1936-1945*, Stuttgart, 2000, pp. 296s.

42. Id., ibid., p. 1147. Cf., Joachim von Ribbentrop, *Zwischen London und Moskau. Erinnerungen und letzte Aufzeichnungen*, ed. por Annelies von Ribbentrop, Leoni am Starnberger See, 1953, p. 83.

43. Alan Bullock, *Hitler. Eine Studie über Tyrannei*, Düsseldorf, 1957, p. 63; Hertz, *Hoffmann & Hitler*, cit., p. 42.

44. Hoffmann, *Hitler wie ich ihn sah*, cit., p. 50. Cf. ainda Joe J. Heydecker, *Das Hitler-Bild. Die Erinnerungen des Fotografen Heinrich Hoffmann*, St. Pölten, 2008, p. 35.

45. Heirich Hoffmann, *Mein Beruf — Meine Arbeit für die Kunst — Mein Verhältnis zu Adolf Hitler*, cit., pp. 20s. Sobre o processo no tribunal civil, ver detalhadamente Herz, *Hoffmann & Hitler*, cit., pp. 64ss.

46. Registro de Heinrich Hoffmann em "Amtliches Fernsprechbuch für den Reichspostdirektionsbezirk München" [lista telefônica de Munique]. Ed. pe-

la Reichspostdirektion München, 1º de maio de 1934 (publicação de julho de 1934).

47. Herz, *Hoffmann & Hitler*, cit., pp. 39s, 333ss. Sobre Hoffmann ver também Anna Maria Sigmund, *Diktator, Dämon, Demagoge. Fragen und Antworten zu Adolf Hitler*, Munique, 2006, pp. 79ss. Cf. Hoffmann, *Mein Beruf — Meine Arbeit für die Kunst — Mein Verhältnis zu Adolf Hitler*, cit., pp. 20s. Cf. Hoffmann, *Hitler was My Friend*, cit., p. 103.

48. Hoffmann, *Mein Beruf — Meine Arbeit für die Kunst — Mein Verhältnis zu Adolf Hitler*, cit., pp. 21s.

49. "Hochzeit Gretl Brauns und Kurt Berlinghoffs, 1950", em Fotoarchiv Heinrich Hoffmann, hoff-61525, BSB, Munique.

50. Quanto a isso, cf. Herz, *Hoffmann & Hitler*, cit., p. 41.

2. MUNIQUE DEPOIS DA PRIMEIRA GUERRA MUNDIAL (pp. 35-44)

1. Kershaw, *Hitler 1889-1936*, cit., p. 396; David Clay Large, *Hitlers München. Aufstieg und Fall der Hauptstadt der Bewegung*, Munique, 2001 (1ª edição, 1998), pp. 212s. Ver também Anton Joachimsthaler, *Hitlers Weg begann in München 1913-1923*, Munique, 2000.

2. Large, *Hitlers München*, cit., pp. 126s. Cf. Kershaw, *Hitler 1889-1936*, cit., p. 159.

3. Kurt Eisner, "An die Bevölkerung Münchens!", em *München. Ein Lesebuch*, ed. por Reinhard Bauer e Ernst Piper, Frankfurt am Main, 1986, pp. 170ss.

4. Schulze, *Weimar*, cit., p. 329.

5. Thomas Mann, apontamento no diário, sexta-feira, 8 de novembro de 1918. Em 10 de janeiro, ele observou mais uma vez que a "terra bávara" não era uma "república operária" nem "domínio de literatos judeus". Em Thomas Mann, *Tagebücher 1918-1921*, ed. por Peter de Mendelssohn, Frankfurt am Main, 1979, pp. 63 e 131ss.

6. Ricarda Huch, "Kurt Eisners Todestag. Eine Münchner Erinnerung", em Ricarda Huch, *Erinnerungen an das eigene Leben*, Colônia, 1980, pp. 435ss. Cf. Bernhard Grau, *Kurt Eisner 1867-1919. Eine Biografie*, Munique, 2001.

7. Heinrich August Winkler, *Der lange Weg nach Westen*, vol. 1: *Deutsche Geschichte vom Ende des Alten Reiches bis zum Untergang der Weimarer Republik*, Munique, 2000, pp. 396ss. Cf. Kershaw, *Hitler 1889-1936*, cit., pp. 155ss. Cf. ainda Frank Bajohr, "Unser Hotel ist judenfrei". Bäder-Antisemitismus im 19. und 20. Jahrhundert, 3ª ed., Frankfurt am Main, 2003, pp. 62ss.

8. Winkler, *Der lange Weg nach Westen*, cit., vol. 1, p. 378.

9. Thomas Mann, apontamento no diário, sábado, 17 de maio de 1919. Em Thomas Mann. *Tagebücher 1918-1921*, cit., p. 239.

10. Martin Broszat, *Der Staat Hitlers. Grundlegund un Entwicklung seiner inneren Verfassung*, Wiesbaden, 2007 (1ª edição, 1969), pp. 13ss.

11. Rösch, *Die Münchner NSDAP 1925-1933*, cit., p. 32.

12. Klaus Mann, *Der Wendepunkt. Ein Lebensbericht*, Munique, 1976 (1ª edição: *The Turning Point*, Nova York, 1942), pp. 77 e 96.

13. Jules Huret "Das Hofbräuhaus", em *München. Ein Lesebuch*, cit., pp. 113ss. Ver também Jules Huret, *Bayern und Sachsen*, Munique, 1910.

14. Werner Mase, *Der Sturm auf die Republik. Frühgeschichte der NSDAP*, Düsseldorf et al., 1994, pp. 468ss.

15. Wilfried Rudloff, "Auf den Weg zum 'Hitler-Putsch'. Gegenrevolutioäres Milieu und Früher Nationalsozialismus in München", em Richard Bauer et al. (eds.), *München — "Hauptstadt der Bewegung", Bayerns Metropole und der Nationalsozialismus*, Munique, 2002, p. 99. Cf. Kershaw, *Hitler 1889-1936*, cit., pp. 181s.

16. Wolfram Pyta, *Die Weimarer Republik*, Wiesbaden, 2004, p. 113. Cf. Broszat, *Der Staat Hitlers*, cit., pp. 42s. Cf. Ernst Hanfstaengl, *Zwischen Weißem und Braunem Haus. Erinnerungen eines politischen Außenseiters*, Munique, 1970, pp. 40s.

17. Joachimsthaler, *Hitlers Liste*, cit., pp. 63ss. Ver também Andreas Heusler, *Das Braune Haus. Wie München zur "Hauptstadt der Bewegung" wurde*, Munique, 2008, pp. 80ss.

18. Hanfstaengl, *Zwischen Weißem und Braunem Haus*, cit., pp. 41ss. Ver também Joachimsthaler, *Hitlers Liste*, cit., pp. 103ss.

19. Hellmuth Auerbach "Regionale Wurzeln und Differenzen der NSDAP 1919-1923", em Horst Möller et al., *Nationalsozialismus in der Region. Beiträge zur regionalen und lokalen Forschung und zum internationalen Vergleich*, Munique, 1996, p. 70.

20. Carl Zuckmayer, "Der heulende Derwisch", em *München. Ein Lesebuch*, cit., p. 229.

3. A FAMÍLIA BRAUN (pp. 44-56)

1. Cf. Joachimsthaler, *Hitlers Liste*, cit., pp. 418ss. Cf. Sigmund, *Die Frauen der Nazis*, cit., p. 237.

2. Cf. Eberhard Kolb, *Die Weimarer Republik*, 6ª ed. revisada e ampliada, Munique, 2002, p. 52; Helmut Kerstingjohänner, *Die deutsche Inflation 1919-1923. Politik und Ökonomie*, Frankfurt am Main, 2004; Ursula Büttner, *Weimar. Die überforderte Republik*, Stuttgart, 2008.

3. Cf. Fritz K. Ringer, *Die Gelehrten. Der Niedergang der deutschen Mandarine 1890-1933*, Stuttgart, 1983, pp. 62s.

4. Cf. Jonathan R. C. Wright, *Gustav Stresemann. Weimar's Greatest Statesman*, Oxford, 2002, pp. 270ss, 283ss; Manfred Berg, *Gustav Stresemann und die Vereinigten Staaten von Amerika. Weltwirtschaftliche Verflechtung und Revisionspolitik 1907-1929*, Baden-Baden, 1990.

5. Cf. Joachimsthaler, *Hitlers Liste*, cit., p. 424.

6. Herta Schneider, "Aussage vom 23. Juni 1949. Öffentliche Sitzung der Hauptkammer München zur mündlichen Verhandlung in dem Verfahren gegen Herta Schneider, geb. Ostermayr", em Spruchkammern, Karton 1670, Staatsarchiv, Munique. Cf. também Joachimsthaler, *Hitler Liste*, cit., p. 423.

7. Gun, *Eva Braun-Hitler*, cit., p. 34.

8. Antes disso, Ilse Braun também estudou no internato das Damas Inglesas, em München-Nymphenburg. Cf. "Ilse Fucke-Michels, geb. Braun, Meldebogen auf Grund des Gesetzes zur Befreiung von Nationalismus und Militarismus vom 5. März 1946", em Spruchkammern, Karton 468, Staatsarchiv, Munique. Cf. também Joachimsthaler, *Hitlers Liste*, cit., p. 429.

9. Herz, *Hoffmann & Hitler*, cit., p. 48.

10. Christa Schröder, *Er war mein Chef. Aus dem Nachlaß der Sekretärin von Adolf Hitler*, ed. por Anton Joachimsthaler, Munique, 1985, p. 371.

11. Herz, *Hoffmann & Hitler*, cit., pp. 37ss.

12. "Schreiben Hitlers vom 1. April 1932", cit., p. 40.

13. Id., ibid., p. 53

14. Hoffmann, *Hitler wie ich ihn sah*, cit., p. 136.

15. Nicolaus von Below, *Als Hitler Adjutant 1937-1945*, Mainz, 1980, p. 96.

16. Junge, *Bis zur letzten Stunde*, cit., pp. 77, 132; Schröeder, *Er war mein Chef*, cit., p. 167.

17. Apud Joachim Fest, *Die unbeantwortbaren Fragen, Notizen über Gespräche mit Albert Speer zwischen Ende 1966 und 1981*, Hamburgo, 2006, p. 143.

18. Cf. "Ilse Fucke-Michels an den Staatskommissar für das Flüchtlingswesen, Ruhpolding, 2. Oktober 1946", em Spruchkammern, Karton 468, Staatsarchiv, Munique.

19. Stefanie Harrecker, *Degradierte Doktoren. Die Aberkennung der Doktorwürde an der Ludwig Maximilians-Universität München während der Zeit des Nationalsozialismus*, Munique, 2008, p. 329.

20. Cf. "Ilse Fucke-Michels an den Staatskommissar für das Flüchtlingswesen, Ruhpolding, 2. Oktober 1946", cit.

21. Id., ibid.

22. Alex Drecoll, "Die 'Entjudung' der Münchner Ärzteschaft 1933-1941", em Angelika Baumann e Andreas Heusler (eds.), *München arisiert. Entrechtung und Enteignung der Juden in der NS-Zeit*, Munique, 2004, pp. 75ss.

23. Arno Buschmann, *Nationalsozialistische Weltanschauung und Gesetzgebung 1933-1945*, vol. II: *Dokumentation einer Entwicklung*, Viena, 2000, pp. 28s.

24. Cf. "Ilse Fucke-Michels an den Staatskommissar für Flüchtlingswesen, Ruhpolding, 2. Oktober 1946", cit. Cf. Sigmund, *Die Frauen der Nazis*, cit., p. 244. Diz que a "relação só terminou quando Marx emigrou para os Estados Unidos no verão de 1938".

25. Gianluca Falanga, *Berlin 1937. Die Ruhe vor dem Sturm*, Berlim, 2007, p. 39. Speer não menciona em nenhuma parte de suas diversas obras memorialísticas que Ilse Braun tenha sido uma de suas colaboradoras.

26. Klaus-Dieter Krohn et al. (eds.), *Handbuch der deutschsprachigen Emigration 1933-1945*, Darmstadt, 1998, pp. 782ss. Cf. "Ilse Fucke-Michels an den Staatskommissar für das Flüchtlingswesen, Ruhpolding, 2. Oktober 1946", cit. Cf. Harrecker, *Degradierte Doktoren*, cit., p. 329. Cf. Renate Jäckle, *Schicksale jüdischer und "staatsfeindlicher" Ärztinnen und Ärzte nach 1933 in München*, Munique, 1988, p. 99.

27. Veer Joachimsthaler, *Hitlers Liste*, cit., p. 430. Cf. Fotografia do casamento de Ilse Braun, datada de 16 de novembro de 1936 (*sic!*), Fotoarchiv Heinrich Hoffmann, hoff-14390, BSB, Munique.

28. "Ilse Fucke-Michels an den Staatskommissar für das Flüchtlingswesen, Ruhpolding, 2. Oktober 1946", cit.

29. Peter de Mendelssohn, *Zeitungsstadt Berlin. Menschen und Mächte in der Geschichte der Deutschen Presse*, Berlim, 1959, p. 399; Norbert Frei und Johannes Schmitz Journalismus im Dritten Reich, 3ª ed. rev., Munique, 1999, pp. 59ss.

30. Elisabeth Noelle-Neumann, *Die Erinnerungen*, Munique, 2006, pp. 82ss.

31. Ursula von Kardorff, *Berliner Aufzeichnungen 1942-1945*. Usando os diários originais reeditados e comentados por Peter Hartl, Munique, 1997, p. 220.

32. "Ilse Fucke-Michels, geb. Braun, Meldebogen auf Grund des Gesetzes zur Befreiung von Nationalismus und Militarismus vom 5. März 1946", em Spruchkammern, Karton 468, Staatsarchiv, Munique.

33. Cf. Judith H. Dobrzynski, "Russia moves to aid quest for art taken in Holocaust", em *The New York Times*, 12 de abril de 1998. Hans Posse (1879-1942) foi encarregado por Hitler, no dia 21 de junho de 1939, da construção do Museu do Führer em Linz (missão especial Linz). Posse faleceu em 10 de dezem-

bro de 1942 em Dresden. Cf. Sophie Lille, *Was einmal war. Handbuch der enteigneten Sammlung Wiens*, Viena, 2003.

34. Cf. "Originalnotizen von P. E. Schramm über Hitler, gemacht während der Befragungen von Hitlers Leibärzten, Haus Alaska, d. h. Altersheim für Lehrerinnen im Taunus, Sommer 1945, in USA-Kriegsgefangenschaft", Kl. Erwerb. 441-3, BA, Coblença, p. 169.

35. Cf. "Ilse Fucke-Michels an den Staatskommissar für das Flüchtlingswesen, Ruhpolding, 2. Oktober 1946", cit.

4. COM HITLER A CAMINHO DO PODER (pp. 56-77)

1. Wagener, *Hitler aus nächster Nähe*, cit., p. 99.

2. Hoffmann, *Mein Beruf — Meine Arbeit für die Kunst — Mein Verhältnis zu Adolf Hitler*, cit., pp. 22ss.

3. Cf. *Frauen und Hitler. Nach Materialien von Henriette von Schirach*, Munique e Berlim, 1983, p. 226.

4. Gun, *Eva Braun-Hitler*, cit., p. 55.

5. Werner Maser, *Adolf Hitler. Legende, Mythos, Wirklichkeit*, Munique e Esslingen, 1971, p. 318.

6. Cf. "Ergänzende Erklärung des Herrn Erich Kempka, Berchtesgaden, 4. Juli 1945", S5, em MA 1298/10, Microfilm, Various Documents, DJ-13 (David Irving), IfZ, Munique.

7. Sigmung, *Die Frauen der Nazis*, cit., p. 245. Aqui Sigmund faz referência a Albert Speer, *Spandauer Tagebücher*, Frankfurt am Main et al., 1975, p. 140. Uma discussão crítica acerca do método de trabalho de Sigmund encontra-se em Susanne zur Nieden, "Geschichten aus dem braunen Nähkästchen. Der Führer um die Frauen", em *WerkstattGeschichte* 30 (2001), pp. 115-7.

8. O próprio Speer registra em suas memórias que "no inverno de 1933" foi "admitido entre seus colaboradores mais íntimos". Cf. Speer, *Erinnerungen*, cit., p. 51. Em carta ao diretor do arquivo do Institut für Zeitgeschichte, Speer afirmou que só conheceu Hitler "no verão de 1933". "Albert Speer an Dr. Anton Hoch (Institut für Zeitgeschichte), o. O., 3. März 1981 (Durchschrift)". NL Albert Speer, N1340/29, BA, Coblença.

9. Speer, *Spandauer Tagebücher*, cit., p. 140; Sigmund, *Die Frauen der Nazis*, cit., p. 214; Kershaw, *Hitler 1889-1936*, cit., p. 432.

10. *Frauen um Hitler*, cit., pp. 45s. Também se encontram descrições do apartamento em Wagener, *Hitler aus nächster Nähe*, cit., p. 98; Hanfstaengel,

Zwischen Weißem und Braunem Haus, cit., p. 231; Christa Schroeder, *Er war mein Chef*, cit., p. 153; Kurt Lüdecke, *I Knew Hitler*, Londres, 1938, p. 454.

11. Speer, *Spandauer Tagebücher*, cit., p. 140. Em suas memórias, Speer menciona a primeira visita que fez ao apartamento da Prinzregentenplatz em julho de 1933. Cf. Speer, *Erinnerungen*, cit., p. 42.

12. A mãe da moça, nascida do segundo casamento de Alois Hitler (com Franziska Matzelsberger, filha de um dono de bar), também se chamava Angela. Cf. Wolfgang Zdral, *Die Hitlers. Die unbekannte Familie des Führers*, Bergisch Gladbach, 2008 (1ª edição, 2005), pp. 76ss. Cf. Sigmund, *Die Frauen der Nazis*, cit., pp. 196, 205ss.

13. "Eine rätselhafte Affäre. Selbstmord der Nichte Hitlers", em *Münchner Post*, 22 de setembro de 1931. Cf. *Hitler. Reden, Schriften, Anordnungen*, "Bd. IV: Von der Reichtagswahl bis zur Reichspräsidentenwahl, Oktober 1930-März 1932, Teil 2 (Juli 1931-Dezember 1931)", ed. por Christian Hartmann, Munique, 1996, p. 109. Cf. também Kershaw, *Hitler 1889-1936*, cit., p. 443; Sigmund, *Die Frauen der Nazis*, cit., pp. 218ss.

14. Id., ibid., pp. 221, 224. Kershaw também acredita que o suicídio é "a explicação mais plausível". Cf. Kershaw, *Hitler 1889-1936*, cit., p. 446. Allan Bullock chega a dizer que Geli Raubal "se suicidou por desespero" diante da "atitude totalmente possessiva" de Hitler. Cf. Allan Bullock, *Hitler und Stalin. Parallele Leben*, Gütersloh, 1991, p. 323.

15. "Rede auf einer NSDAP-Versammlung in Hamburg, 24. September 1931", em *Hitler, Reden, Schriften, Anordnungen*, vol. IV, cit., p. 115.

16. Apontamentos no diário em 27 de outubro e 22 de novembro de 1931, em *Die Tagebücher von Joseph Goebbels*, cit., 1ª parte, vol. 2/II, pp. 135, 154. Cf. Sigmund, *Die Frauen der Nazis*, cit., pp. 226ss, 232. Segundo Sigmund, a morte de Raubal foi explorada pela propaganda e aproveitada por Hitler com muito *páthos*. Visão coincidente é a de Manfred Koch-Hillebrecht, *Homo Hitler. Psychogramm des deutschen Diktators*, 2ª ed., Munique, 1999, pp. 309s. Cf. opinião contrária de Kershaw, *Hitler 1889-1936*, cit., pp. 446s. Conforme Kershaw, o relacionamento de Hitler com Geli Raubal foi "mais intenso que qualquer outra relação humana que ele teve antes ou depois". Ela lhe era "insubstituível", muito embora "ele não tenha tardado a se ligar a Eva Braun". Afirmações parecidas encontram-se em Schirach, *Der Preis der Herrlichkeit*, cit., p. 205.

17. Wagener, *Hitler aus nächster Nähe*, cit., pp. 358s, 99.

18. Id., ibid., p. 358.

19. Hoffmann, *Mein Beruf — Meine Arbeit für die Kunst — Mein Verhältnis zu Adolf Hitler*, cit., p. 14.

20. Hermann Göring (1893-1946) filiou-se ao NSDAP em 1922 e, a partir de 1928, fez parte da bancada do partido no *Reichstag*. Em 1930, Hitler o nomeou seu "consultor político".

21. Na época, Hitler era apátrida. Depois da Primeira Guerra Mundial, perdera a cidadania austríaca por ter servido o exército alemão. Em 25 de fevereiro de 1932, o Ministério de Estado de Braunschweig nomeou-o conselheiro com um cargo na delegação de Braunschweig em Berlim. Cf. "Schreiben des Vorsitzenden des Braunschweigischen Staatsministeriums an den Reichsratsbevollmächtigten in Berlin, 25 Februar 1932 (Kopie)", em NL Albert Speer, N1340/287, BA, Coblença. Essa nomeação implicava a concessão da cidadania alemã.

22. Schulze, *Weimar*, cit., p. 345.

23. Apontamento no diário, 7 de janeiro de 1932, em *Die Tagebücher von Joseph Goebbels*, cit., 1ª parte, vol. 2/II, pp. 106s.

24. Kershaw, *Hitler 1889-1936*, cit., pp. 459ss.

25. Sobre as viagens eleitorais, cf. id., ibid., pp. 455ss. Ver também Hanfstaengl, *Zwischen Weißen und Braunen Haus*, cit., pp. 262ss. Cf. Fest, *Hitler*, cit., pp. 444s, 455ss. Cf. ainda "Reichstagswahlkampf 1932", em Fotoarchiv Heinrich Hoffmann, hoff-7284, BSB, Munique.

26. Joseph Goebbels, *Vom Kaiserhof zur Reichskanzlei. Eine historische Darstellung in Tagebuchblättern* (de 1º de janeiro de 1932 a 1º de maio de 1933), 21ª ed., Munique, 1937, p. 104. Cf. Kershaw, *Hitler 1889-1936*, cit., p. 463. Quanto à organização da campanha eleitoral, cf. Ralph Georg Reuth, *Goebbels*, Munique, 1990, pp. 215ss.

27. Helmut Heiber (ed.), *Goebbels Reden 1932-1945*, Düsseldorf, 1971, pp. XVI, 43.

28. Heinrich Hoffmann, *Das braune Heer. Leben, Kampf und Sieg der SA und SS*. Prefácio de Adolf Hitler, Berlim, 1932.

29. Martin Broszat, *Die Machtergreifung. Der Aufstieg der NSDAP und die Zerstörung der Weimarer Republik*, 3ª ed., Munique, 1990, p. 151; Kershaw, *Hitler 1889-1936*, cit., p. 464; Sigmund, *Die Frauen der Nazis*, cit., p. 215. Ver também Schirach, *Der Preis der Herrlichkeit*, cit., p. 206. Aqui consta que a meia-irmã era "eficiente e mandona". Cf. Florian M. Beierl, *Geschichte des Kehlsteins. Ein Berg verändert sein Gesicht*, Berchtesgaden, 1994, p. 7.

30. Wagener, *Hitler aus nächster Nähe*, cit., pp. 300, 485. Cf. Otto Wagener, Manuskript-Heft 34, IfZ Munique, pp. 2054s. No entanto, na opinião de Wagener, Eva Braun "não tinha importância nenhuma" na época.

31. Kershaw, *Hitler 1889-1936*, cit., pp. 464ss.

32. Id., ibid.

33. Sven Felix Kellerhoff, *Hitlers Berlin. Geschichte einer Hassliebe*, Berlim, 2005, pp. 74s. Cf. também Stephan Malinowski, *Vom König zum Führer. Deutscher Adel und Nationalsozialismus*, Berlim, 2003, pp. 554s.

34. Sigmund, *Die Frauen der Nazis*, cit., p. 245.

35. Hoffmann, *Hitler wie ich ihn sah*, cit., p. 136.

36. Id., ibid., p. 137.

37. Schirach, *Ich glaubte an Hitler*, cit., pp. 138ss. Cf. Hoffmann, *Hitler wie ich ihn sah*, cit., p. 137.

38. Goebbels, *Vom Kaiserhof zur Reichskanzlei*, cit., pp. 142ss.

39. Gun, *Eva Braun-Hitler*, cit., p. 56. Cf. Maser, *Adolf Hitler*, cit., p. 317. Segundo Maser, Ilse Braun confirmou esses dados pessoalmente para ele em 18 de março de 1969.

40. Kershaw, *Hitler 1889-1936*, cit., pp. 479ss.

41. Portanto, Hitler partiu do aeroporto de Karlsruhe para Berlim pouco depois das 22 horas. Cf. *Hitler. Reden, Schriften, Anordnungen*, vol. 4, parte 2, cit., p. 145, doc. 54.

42. Kershaw, *Hitler 1889-1936*, cit., p. 483. Aqui se relata que, ao saber da tentativa de suicídio de Eva Braun na noite de 1º de novembro, Hitler interrompeu incontinente a campanha eleitoral. Kershaw faz referência a Maser, *Hitler*, cit., p. 317. Entretanto, Nerin E. Gun afirma que Hitler foi imediatamente visitar Eva Braun no hospital quando, "com a primeira correspondência da manhã", dela recebeu uma "carta de despedida". Gun, *Eva Braun-Hitler*, cit., p. 57.

43. *Die Tagebücher von Joseph Goebbels*, cit., 1ª parte, vol. 2/III, Munique, 2006, pp. 49s. Quanto à sequência dos discursos de campanha, cf. Max Domarus, *Hitler. Reden und Proklamationen 1932-1945. Kommentiert von einem deutschen Zeitgenossen*, vol. 1: *Triumph (1932-1938)*, Würzburg, 1962, pp. 141s.

44. Gun, *Eva Braun-Hitler*, cit., p. 57.

45. É o que assevera Ian Kershaw ao falar na "suposta tentativa de suicídio de Eva Braun", esta estava desesperada com Hitler, que "mal levava em conta sua existência". Cf. Kershaw, *Hitler 1889-1936*, cit., p. 483. Já Allan Bullock diz que a ela não ocorreu "coisa melhor para garantir seu bem-estar"; Heinrich Hoffmann teria percebido "o jogo de Eva Braun desde o começo". Cf. Bulllock, *Hitler und Stalin*, cit., p. 502. Para Anton Joachimsthaler, foi uma encenação destinada a "chantagear Hitler". Cf. Joachimsthaler, *Hitlers Liste*, cit., p. 21.

46. Gun, *Eva Braun-Hitler*, cit., p. 56; Sigmund, *Die Frauen der Nazis*, cit., p. 246.

47. Hoffmann, *Mein Beruf — Meine Arbeit für die Kunst — Mein Verhältnis zu Adolf Hitler*, cit., p. 22. Hoffmann afirmou que só a partir desse momento

Hitler passou a mostrar "mais interesse por Eva Braun", porém, "não se tratava de uma relação verdadeira". Cf. também Gun, *Eva Braun-Hitler*, cit., p. 57.

48. Sigmund, *Die Frauen der Nazis*, cit., p. 236.

49. Id., ibid., p. 235.

50. Margret Boveri, *Tage des Überlebens. Berlin 1945*, Munique, 1968, p. 122.

51. Hanfstaengl, *Zwischen Weißem und Braunem Haus*, cit., pp. 286ss. Ver ainda Ernst Hanfstaengl, *Hitler. The Missing Years*, Nova York, 1994 (1ª edição Londres, 1957), pp. 194ss. Aqui, Hanfstaengl afirma que, naquela noite, todos imaginaram que Eva Braun fosse apenas "amiga de uma das garotas".

52. Erika Mann, *Wenn die Lichter ausgehen. Geschichten aus dem Dritten Reich*, Reinbeik, 2006.

53. "Protest der Richard-Wagner-Stadt München", em *Münchner Neueste Nachrichten*, 16 de abril de 1933. Citação de *München. Ein Lesebuch*, cit., pp. 260ss.

54. Hanfstaengl, *Zwischen Weißem und Braunem Haus*, cit., p. 287.

55. Id., ibid. Todas as pessoas mencionadas apuseram assinatura em seu livro de visitas. Cf. Sigmund, *Die Frauen der Nazis*, cit., p. 247. Ver, também, Peter Conradi, *Hitler's Piano Player. Die Rise and Fall of Ernst Hanfstaengl, Confidant of Hitler, Ally of FDR*, Nova York, 2004; Ronald Smelser et al. (eds.) *Die Braune Elite II*, Darmstadt, 1993, pp. 137ss; Wolfgang Zdral, *Der finanzierte Aufstieg de Adolf H.*, Viena, 2002.

56. Kershaw, *Hitler 1889-1936*, cit., pp. 485ss. Cf. Karl Dietrich Bracher, "Demokratie und Machtergreifung — Der Weg zum 30. Januar 1933", em Rudolf Lill e Heinrich Oberreuter (eds.), *Machtverfall und Machtergreifung. Aufstieg und Herrschaft des Nationalsozialismus*, Munique, 1983, p. 25.

57. Kershaw, *Hitler 1889-1936*, cit., pp. 496s. Ver também Peter D. Stachura, *Gregor Strasser and the Rise of Nazism*, Londres, 1983; Werner Bräuninger, *Hitlers Kontrahenten in der NSDAP 1921-1945*, Munique, 2004.

58. Apud Kershaw, *Hitler 1889-1936*, cit., p. 498. Cf. Hinrich Lohse, "Der Fall Strasser", manuscrito inédito (*c.* 1960), Forschungsstelle für die Geschichte des Nationalsozialismus, Hamburgo, parágrafos 20-2.

59. Adolf Hitler, "Denkschrift über die inneren Gründe für die Verfügungen zur Herstellung einer erhöhten Schlagkraft der Bewegung", NS 22/110, BA, Coblença.

60. Max Weber, "Die drei reinen Typen der legitimen Herrschaft", em id., *Gesammelte Aufsätze zur Wissenschaftslehre*, ed. por Johannes Wickelmann, 7ª ed., Tübingen, 1988, p. 482. Cf. Hans-Ulrich Thamer, *Der Nationalsozialismus*, Stuttgart, 2002, p. 61.

61. Adolf Hitler, "Denkschrift über die inneren Gründe für die Verfügungen zur Herstellung einer erhöhten Schlagkraft der Bewegung", cit.

62. Weber, "Die drei reinen Typen der legitimen Herrschaft", cit., p. 485.

63. Kershaw, *Hitler 1889-1936*, cit., pp. 512ss.; Henry Ashby Turner, *Hitlers Weg zur Macht. Der Januar 1933*, Munique, 1997, pp. 199s.

64. De acordo com conhecimentos mais recentes, Joachim von Ribbentrop havia entrado em contato com Hitler já em 1927. Durante os processos de Nuremberg, ele declarou ter conhecido Hitler só em 1931-2. Cf. Philipp Gassert e Daniel S. Mattern, *The Hitler Library. A Bibliographie*, Londres, 2001.

65. Kershaw, *Hitler 1889-1936*, cit., pp. 515ss.; Turner, *Hitlers Weg zur Macht*, cit.; Wolfram Pyta, *Hindenburg. Herrschaft zwischen Hohenzollern und Hitler*, Munique, 2007, pp. 791ss.

66. Kershaw, *Hitler 1889-1936*, cit., p. 550.

67. Goebbels, *Vom Kaiserhof zur Reichskanzlei*, cit., p. 251.

68. "Rudolf Heß an Ilse Heß, Berlin, 31. Januar 1933", em Rudolf Heß, *Briefe 1908-1933*. Introdução e comentários de Dirk Bavendamm, org. Wolf Rüdiger Heß, Munique, 1987, pp. 424s.

69. As estimativas de participantes oscilam entre 15 mil e 1 milhão. Cf. Kershaw, *Hitler 1889-1936*, cit., p. 550; Kellerhof, *Hitlers Berlin*, cit., p. 89.

70. Fest, *Hitler*, cit., p. 510; Goebbels, *Vom Kaiserhof zur Reichskanzlei*, cit., p. 253.

71. Hoffmann, *Hitler wie ich ihn sah*, cit., pp. 48s.; Goebbels, *Vom Kaiserhof zur Reichskanzlei*, cit., pp. 251ss.; Kershaw, *Hitler 1889-1936*, cit., pp. 549ss.; Fest, *Hitler*, cit., p. 510.

72. Gun, *Eva Braun-Hitler*, cit., p. 81.

73. Cf. Klaus Beck, "Telefongeschichte als Sozialgeschichte. Die soziale und kulturelle Aneignung des Telefons im Alltag", em Forschungsgruppe Telekommunikation (ed.), *Telefon und Gesellschaft. Beiträge zu einer Soziologie der Telefonkommunikation* (= Telefon und Gesellschaft, vol. 1), Berlim, 1989.

74. Junge, *Bis zur letzten Stunde*, cit., p. 121; Gun, *Eva Braun-Hitler*, cit., pp. 84ss. Segundo Gun, só em 1933, na qualidade de "amante do chanceler do Reich", ela exigiu uma linha telefônica.

75. Herta Schneider, "Aussage vom 23. Juni 1949", Öffentlichen Sitzung der Hauptkammer München zur mündlichen Verhandlung in dem Verfahren gegen Herta Schneider, geb. Ostermayr, em Spruchkammern, Karton 1670, Staatsarchiv, Munique.

76. Amtliches Fernsprechbuch für den Reichspostdirektonsbezirk München [lista telefônica do distrito de Munique]. Ed. Reichspostdirektion München segundo a situação de 1º de maio de 1934, 1ª parte, publicação de julho de 1934.

77. Gun, *Eva Braun-Hitler*, cit., pp. 80ss.; Sigmund, *Die Frauen der Nazis*, cit., p. 248.

MUNDOS OPOSTOS

1. A MULHER NO NACIONAL-SOCIALISMO (pp. 81-123)

1. Max Domarus, *Hitler. Reden und Proklamationen 1932-1945*, vol. 1: *Triumph, Erster Halbb. 1932-4*, Wiesbaden, 1973, pp. 450ss.

2. Id., ibid.

3. Gertrud Scholtz-Klink, "Meine lieben deutschen Menschen!", discurso em Nuremberg, 8 de setembro de 1934, em id., ibid., *Reden an die deutsche Frau*. Reichsparteitag Nürnberg, 8 de setembro de 1934, Berlim, pp. 8-16.

4. Cf. Christiane Berger, *Die "Reichsfrauenführerin" Gertrud Scholtz-Klink. Zur Wirkung einer nationalsozialistischen Karriere in Verlauf, Retrospektive und Gegenwart*, Univ. de Hamburgo, 2005, pp. 27ss. Ver também Gertrud Scholtz--Klink, *Die Frau im Dritten Reich*, Tübingen, 1978.

5. Cf. Dörte Winkler, *Frauenarbeit im "Dritten Reich"*, Hamburgo, 1977, p. 193.

6. Cf. Matthew Stribbe, *Women in the Third Reich*, Londres, 2003, pp. 88ss.

7. Reichskanzlei, 4.5.-25.7.1937, em *Akten der Partei-Kanzlei der NSDAP*. Rekonstruktion eines verlorengegangenen Bestandes, ed. por Helmut Heiber et al., Munique, 1983ss, M 101 04741-45.

8. "Der Führer spricht zur deutschen Frauenschaft", em *Reden des Führers am Parteitag der Ehre 1936*, 4ª ed., Munique, 1936, p. 43.

9. Cf. Stibbe, *Women in the Third Reich*, cit., pp. 85ss.; Hans Ulrich Thamer, *Der Nationalsozialismus*, Stuttgart, 2002, pp. 262ss.

10. Cf. Gitta Sereny, *Albert Speer. Sein Ringen mit der Wahrheit und das deutsche Trauma*, Munique, 2005 (ed. original americana: *Albert Speer, His Battle With Truth*, Nova York, 1995), pp. 235ss. Para Kershaw, o tema se esgota com a sugestão de que Hitler preferia "parceiras obedientes". Cf. Ian Kershaw, *Hitler 1889-1936*, Stuttgart, 1998, p. 365.

11. Joachim Fest, *Das Gesicht des Dritten Reiches. Profile einer totalitären Herrschaft*, Munique, 2006 (1ª edição, 1963), pp. 359ss. Aqui Fest se remete, principalmente, a Hermann Rauschning, *Gespräche mit Hitler*, Zurique entre outras., 1940, pp. 240ss.

12. Albert Speer, *Erinnerungen*. Com um ensaio de Jochen Thies, Frankfurt am Main e Berlim, 1993 (1ª edição, 1969), p. 107. "Ela era apolítica", notificou

Speer laconicamente quando Sereny, na sua presença, perguntou a sua esposa como ela se posicionava com relação aos objetivos dos nacional-socialistas. Sereny, *Albert Speer*, cit., pp. 142ss. Cf. Margret Nissen, *Sind Sie die Tochter Speer?*, Bergisch Gladbach, 2007 (1ª edição, Munique, 2005), pp. 20, 157, 182. Posteriormente, o próprio Speer admitiu perante Fest que a família não aparece em suas memórias "porque não aparecia na minha vida". Apud Joachin Fest, *Die unbeantwortbaren Fragen. Notizen über Gespräche mit Albert Speer zwischen Ende 1966 und 1981*, Hamburgo, 2006, p. 144.

13. Nissen, *Sind Sie die Tochter Speer?*, cit., p. 182.

14. Sereny, *Albert Speer*, cit., pp. 140. Cf. Nicolaus von Below, *Als Hitlers Adjutant 1937-45*, Mainz, 1980, p. 10.

15. Margarete Mitscherlich, "Antisemitismus — eine Männerkrankheit?", em id., ibid., *Die friedfertige Frau*, Frankfurt am Main, 1985, pp. 156ss. Ver também id., "Die befreite Frau. Nachdenken über männliche und weibliche Werte", em *Frankfurter Rundschau*, 26 de setembro de 2000, p. 20.

16. Cf. Guido Knopp, *Hitlers Frauen und Marlene*, Munique, 2001, p. 83.

17. Cf. Kathrin Kompisch, *Täterinnen. Frauen im Nationalsozialismus*, Colônia, 2008, pp. 74ss, 155ss.; Gudrun Schwarz, *Eine Frau an seiner Seite. Ehefrauen in der "SS-Sippengemeinschaft"*, 2ª ed., Berlim, 2001, pp. 281ss; Karin Windaus-Walser, "Frauen im Nationalsozialismus", em Lerke Gravenhorst e Carmen Tatschmurat (eds.), *Töchter-Fragen. NS-Frauen-Geschichte*, Freiburg im Breisgau, 1990, pp. 59ss; Sybille Steinbacher (ed.), *Frauen in der NS-Volksgemeinschaft* (= Beiträge zur Geschichte des Nationalsozialismus, vol. 23), Göttingen, 2007, p. 18. Cf. também Dieter Schenk, *Hans Frank. Hitlers Kronjurist und Generalgouverneur*, Frankfurt am Main, 2006, pp. 39-45, 179ss, 244-53. Schenk também analisa o papel da esposa Brigitte Frank.

18. Cf. Schwarz, *Eine Frau an seiner Seite*, cit., pp. 8ss.

19. Apud Sereny, *Albert Speer*, cit., p. 234.

20. Hans-Otto Meißner, *So schnell schlägt Deutschlands Herz*, Gießen, 1951, pp. 100ss. Sobre a biografia de Meißner cf. Thomas Keil, *Die postkoloniale deutsche Literatur in Namibia (1920-2000)*, Stuttgart, 2003, pp. 405ss.

21. Meißner, *So schnell schlägt Deutschlands Herz*, cit., pp. 100ss.

22. Cf. Otto Wagener, *Hitler aus nächster Nähe. Aufzeichnungen eines Vertrauten 1929-1932*, ed. por H. A. Turner Jr., Frankfurt am Main entre outras, 1978, pp. 392ss. Ver também Leni Riefenstahl, *Memoiren*, Colônia, 2000 (1ª edição, Munique, 1987), p. 181.

23. Cf. Wagener, *Hitler aus nächster Nähe*, cit., p. 372. Assim relatou Goebbels, sem mencionar o primeiro contato de sua namorada com Hitler, uma noite junto com Magda Quandt e Hitler em Munique já em 4 de abril de 1931. Cf.

anotação no diário de Goebbels, 4 de abril de 1931, em *Die Tagebücher von Joseph Goebbels. Sämtliche Fragmente*, Elke Fröhlich (ed. por solicitação do Institut für Zeitgeschichte e em conexão com o Bundesarchiv), Munique, 1987, 1ª parte, vol. 2/I, p. 378. Entretanto, Anja Klabunde, a biógrafa de Magda Goebbels, considera acidental o primeiro encontro de Hitler com Quandt e data esse fato de "poucas semanas após a morte de Geli", ou seja, depois do dia 18 de setembro de 1931. Cf. Anja Klabunde, *Magda Goebbels. Annäherung an ein Leben*, Munique, 1999, pp. 148ss. Ver ainda Anton Joachimsthaler, *Hitlers Liste. Ein Dokument persönlicher Beziehungen*, Munique, 2003, p. 375.

24. Cf. Wagener, *Hitler aus nächster Nähe*, cit., p. 392.

25. Günther Quandt teria se encontrado com Hitler, no hotel Kaiserhof, no mesmo dia em que sua ex-mulher procurou entrar em contato com o presidente do NSDAP. Cf. Kershaw, *Hitler 1889-1936*, cit., pp. 450ss; Wagener, *Hitler aus nächster Nähe*, cit., pp. 368ss. No entanto, somente no dia 12 de setembro de 1931 Goebbels anotou: "Que asco: o sr. Günther Quandt esteve com o chefe. Naturalmente, fez muita pose e quis impressionar". Cf. Goebbels, apontamento no diário, 12 de setembro de 1931, em *Die Tagebücher von Joseph Goebbels*, cit., 1ª parte, vol. 2/II, p. 97.

26. Cf. Rüdiger Jungbluth, *Die Quandts. Ihr leiser Aufstieg zur mächtigsten Wirtschaftsdynastie Deutschlands*, Frankfurt am Main, 2002, pp. 108ss. Ver também Ralf Georg Reuth, *Goebbels*, Munique, 1990, p. 197.

27. Cf. Andreas Heusler, *Das Braune Haus. Wie München zur "Hauptstadt der Bewegung" wurde*, Munique, 2008, pp. 81ss; Thamer, *Der Nationalsozialismus*, cit., pp. 58s. Ver ainda Hagen Schulze, "Democratic Prussia in Weimar Germany, 1919-1933", em Philip G. Dwyer (org.), *Modern Prussian History 1830-1947*, Harlow, 2001, pp. 211-29.

28. Cf. Anna Maria Sigmund, *Die Frauen der Nazis*, Munique, 2005, p. 126.

29. Auguste Behrend, "Meine Tochter Magda Goebbels", em *Schwäbische Illustrierte*, 1º de março de 1952. Cf. também Reuth, *Goebbels*, cit., p. 197; Klabunde, *Magda Goebbels*, cit., pp. 123s. Acerca de Magda Goebbels, ver ainda Curt Riess, *Joseph Goebbels. Eine Biographie*, Baden-Baden, 1950; Hans-Otto Meissner, *Magda Goebbels. Ein Lebensbild*, Munique, 1978; Erich Ebermayer e Hans Roos, *Gefährtin des Teufels. Leben und Tod der Magda Goebbels*, Hamburgo, 1952; Guido Knopp e Peter Hartl, "Magda Goebbels — Die Gefolgsfrau", em Knopp, *Hitlers Frauen und Marlene*, cit., pp. 85-147; Anna Maria Sigmund, "Magda Goebbels. Die erste Dame des Dritten Reichs", em id., *Die Frauen der Nazis*, cit., pp. 111-50.

30. Speer, apud Fest, *Die unbeantwortbaren Fragen*, cit., pp. 196s.

31. Speer, *Erinnerungen*, cit., p. 161.

32. Cf. Sigmund, *Die Frauen der Nazis*, cit., pp. 116s. Cf. Klabunde, *Magda Goebbels*, cit., pp. 104s. Quanto a Arlosoroff, cf. Golda Meir, *Mein Leben*, Hamburgo, 1975, p. 144.

33. Cf. Jungbluth, *Die Quandts*, cit., pp. 49, 52.

34. Thamer, *Nationalsozialismus*, cit., pp. 66ss.

35. Cf. *Die Tagebücher von Joseph Goebbels*, cit., vol. 2, pp. 24s. Ele afirma que Magda Quandt e Viktoria von Dirksen o acompanharam. Eva e Gretl Braun e Henriette Hoffmann também teriam comparecido a esse evento. Friedrich Karl Freiherr von Eberstein, depois chefe de polícia de Munique, declarou que, na ocasião, Hitler o enviou a Weimar, onde esteve com Eva Braun pela primeira vez. Cf. Ebersteem, "Women Around Hitler", em "Adolf Hitler: A Composite Picture", Headquarters Military Intelligence Service USA, OI Special Report 36, 2 de abril de 1947, Dokumentation "Adolf Hitler 1944-1953", vol. 4, p. 694, F135/4, Institut für Zeitgeschichte, (IfZ), Munique.

36. Bayreuth, Piquenique, verão de 1931, em Fotoarchiv Heinrich Hoffmann, hoff-7060, Bayerische Staatsbibliothek (BSB), Munique. Brigitte Hamann não menciona a presença de Hitler no festival de 1931. Cf. Brigitte Hamann, *Winifred Wagner oder Hitlers Bayreuth*, Munique 2002, pp. 209s. Tampouco nos diários de Goebbels há alusão a esse fato.

37. Expressão de Hermann Göring, cit. em Wagener, *Hitler aus nächster Nähe*, cit., p. 376.

38. Cf. Johannes Hürter, *Wilhelm Groener. Reichswehrminister am Ende der Weimarer Republik 1928-1932*, Munique, 1993, pp. 315s.

39. "Braunschweig, SA-Aufmarsch vom 17./18. Oktober 1931", em Fotoarchiv Heinrich Hoffmann, hoff-7094, BSB, Munique.

40. Cf. Carlos Widmann, "Magda Goebbels. Die Karriere einer Opportunistin im Führerstaat", em "Hitlers langer Schatten. Die Gegenwart der Vergangenheit", *Der Spiegel*, 24 de setembro de 2001. Cf. Klabunde, *Magda Goebbels*, cit., p. 159. Aqui se afirma: "Mas por ora ela quer o poder". Klabunde remete a Meissner, *Magda Goebbels*, cit., p. 119.

41. Cf. Sigmund, *Die Frauen der Nazis*, cit., pp. 126s.

42. Goebbels, anotação no diário, 26 de agosto de 1931, em *Die Tagebücher von Joseph Goebbels*, cit., 1ª parte, vol. 2/II, p. 85. Cf. Below, *Als Hitler Adjutant*, cit., p. 178. Ver também Riefenstahl, *Memoiren*, cit., p. 201. Riefenstahl assevera que Magda Goebbels lhe confessou que estava "apaixonada pelo Führer", motivo pelo qual havia se separado de Günther Quandt.

43. Goebbels, apontamento no diário, 14 de setembro de 1931, em Id., ibid., p. 98.

44. Wagener, *Hitler aus nächster Nähe*, cit., p. 377.

45. Cf. "Besuch von Magda Goebbels im Teehaus auf dem Kehlstein (Obersalzberg) am 21. Oktober 1938", em Fotoarchiv Heinrich Hoffmann, hoff-272, BSB, Munique.

46. Cf. Sigmund, *Die Frauen der Nazis*, cit., p. 248; Sven Felix Kellerhoff, *Mythos Führerbunker. Hitlers letzter Unterschlupf*, Berlin, 2006, p. 82. Kellerhoff afirma que Magda Goebbels tentou excluir Eva Braun "até mesmo de seu território mais íntimo no Obersalzberg". Quanto a isso, ver também Ulrike Grunewald, "Eva Braun und Magda Goebbels", em Id., *Rivalinnen*, Colônia, 2006, pp. 191-236.

47. Cf. Alfred Kube, *Pour le mérite und Hakenkreuz. Hermann Göring im Dritten reich*, 2ª ed., Munique, 1987, p. 202.

48. Cf. "Einladungen Emmy Görings an Ilse Heß zum 'musikalischen Adventstee' ou 'Gartentee'", em NL Rudolf Heß, J 1211 (–) 1993/300,vol. 5, pasta 80 BA, Berna.

49. Emmy Göring, *An der Seite meines Mannes. Begebenheiten und Bekenntnisse*, 4ª ed., Coburg, 1996, p. 57.

50. Cf. Id., ibid., pp. 148, 209.

51. Id., ibid. pp. 66, 72ss. Cf. Anna Maria Sigmund, "Emmy Göring. Die "Hohe Frau"", em Id., *Die Frauen der Nazis*, cit., pp. 97ss. Emmy Göring não negou ter conhecimento da existência de "campos de concentração". Mas acreditava que serviam para a reeducação de "judeus" e "comunistas". Só com o fim da guerra teria sido informada dos crimes e se perguntado "se o próprio Hitler sabia do que Himmler andava fazendo em Auschwitz". Idêntica foi a argumentação de Margarete Speer. Cf. Sereny, *Albert Speer*, cit., p. 237.

52. Ilse Heß, *Gefangener des Friedens. Neue Briefe aus Spandau*, Leoni, 1965 (1ª edição, 1955), p. 14.

53. Id., ibid, pp. 26, 33.

54. Id., ibid, pp. 18s, 54.

55. Id., ibid, pp. 35ss, 44. Ver também "Rudolf Heß an Klara und Fritz Heß, München, 14. September 1920", em Rudolf Heß, *Briefe 1908-1933*, ed. por Wolf Rüdiger Heß, introdução e comentários de Dirk Bavendamm, Munique, 1987, p. 264. Rudolf Heß ingressou no *NSDAP* no dia 1º de julho de 1920. Cf. Anna Maria Sigmund, "Ilse Heß. Die Frau des 'Führer-Stellvertreters'", em Id., *Die Frauen der Nazis*, cit., p. 185.

56. "Ilse Pröhl an Frau Barchewitz, München, 28. Februar 1921" (cópia em carbono), em NL Rudolf Heß, J 1211 (–) 1993/300, vol. 2, pasta 15, BA, Berna. Cf. também o discurso de Hitler intitulado "Warum sind wir Antisemiten?", 13 de agosto de 1920, em Adolf Hitler, *Sämtliche Aufzeichungen 1905-1924*, ed. por Eberhard Jäckel juntamente com Axel Kuhn, Stuttgart, 1980, p. 185.

57. Cit. conforme Othmar Plöckinger, *Geschichte eines Buches. Adolf Hitlers "Mein Kampf" 1922-1945*, Munique, 2006, p. 54.

58. Cf. Id., ibid., pp. 72, 124s, 151s.

59. "Ilse Heß an Heinrich Himmler", cit., 9 de dezembro de 1933, cópia em carbono, em NL Rudolf Heß, J 1211 (–) 1993/300, vol. 7, pasta 98, BA, Berna.

60. "Eva Braun an Ilse Heß, Obersalzberg, undatiert (2. Januar)", original manuscrito, em NL Rudolf Heß, J 1211 (–) 1993/300, vol. 2, pasta 25, BA, Berna.

61. "Ilse Heß an Hans Grimm", cit., 1º de novembro de 1943 (datação errada, deve ser 1944!), cópia em carbono, em NL Rudolf Heß, J 1211 (–) 1993/300, vol. 6, pasta 84, BA, Berna.

62. Cf. Sigmund, *Die Frauen der Nazis*, cit., p. 248.

63. Cf. Joseph Goebbels, *Vom Kaiserhof zur Reichskanzlei. Eine historische Darstellung in Tagebuchblattern* (de 1º de janeiro de 1932 a 1º de maio de 1933), 21ª ed., Munique, 1937, pp. 255-71.

64. Anni Winter, "Interrogation by Capt. O. N. Norden, Munich, 6. November 1945", em Donovan Nuremberg Trials Collection, vol. IV, Subdivision 8/Hitler, Section 8.02, Cornell University, Law Library.

65. Cf. Thamer, *Der Nationalsozisalismus*, cit., pp. 106ss; Kershaw, *Hitler 1889-1936*, cit., pp. 576s, 611ss.

66. Cf. Goebbels, *Vom Kaiserhof zur Reichskanzlei.* cit., p. 258; Nerin E. Gun, *Eva Braun-Hitler. Leben un Schicksal*, Velbert, 1968, p. 82. Nesse dia, Hitler lhe teria dado as "primeiras joias": anel, brincos e pulseira.

67. Cf Id. *Vom Kaiserhof zur Reichskanzlei*, cit., pp. 264ss.

68. Cf. Id., ibid., pp. 269s.

69. "Rudolf Heß an Ilse Heß, Berlin, 31. Januar 1933", em Heß, *Briefe 1908--1933*, cit., p. 425.

70. Cf. Kershaw, *Hitler 1889-1936*, cit., pp. 433s, 613s. Cf. Fest, *Hitler*, p. 352.

71. Cf. Speer, *Erinnerungen*, p. 48.

72. Cf. Florian M. Beierl, *Geschichte des Kehlsteins. Ein Berg verändert sein Gesicht*, Berchtesgaden, 1994, p. 7. Ver também Joachim Fest, *Hitler. Eine Biographie*, Frankfurt am Main et al., 1973, p. 353.

73. Cf. "Amtliches Plakat zur Reichstagswahl am 5. 3. 1933", Kreis- und Reichswahlvorschläge, Wahlkreis Oberbayern-Schwaben (Alta Baviera-Suévia).

74. David Clay Large, *Hitlers München. Aufstiege und Fall der Hauptstadt der Bewegung*, Munique, 2001 (1ª edição, 1998), p. 299.

75. Tony van Eick, Adolf Hitler conversa com uma atriz. "Der echte Künstler kommt von selbst zu uns", s.l., 21 de março de 1933, em NL Hanfstaengl, Ana 405, Schachtel 27, pasta Jan.–Juni 1933, BSB Munique.

76. Cf. Goebbels, *Vom Kaiserhof zur Reichskanzlei*, cit., p. 264. Ver também Ernst K. Bramsted, *Goebbels und die nationalsozialistische Propaganda 1925--1945*, Frankfurt am Main, 1971, pp. 288s.; Fritz Redlich, *Hitler. Diagnose des destruktiven Propheten*, Viena, 2001, p. 92.

77. Cf. Kellerhof, *Hitlers Berlin*, cit., pp. 107s. Kellerhoff explica que Berlim era o "palco mais importante de Hitler".

78. Cf. Goebbels, *Vom Kaiserhof zur Reichskanzlei*, cit., pp. 280ss.

79. Id., ibid., p. 289. Detalhes sobre isso em Kershaw, *Hitler 1889-1936*, cit., pp. 598ss.

80. Sobre o debate acerca do estilo de liderança de Hitler e sua real posição de poder no Estado nazista, cf. Gerhard Hirschfeld e Lothar Kettenacker (eds.), *Der "Führerstaat". Mythos und Realität. Studien zur Struktur und Politik des Dritten Reiches* (= Veröffentlichungen des Deutschen Historischen Instituts London, vol. 8), Stuttgart, 1981. Quanto a isso, Ian Kershaw afirma que Hitler "tomava as decisões-chave e, em cada uma, só ele determinava o momento. Mas quase nada era obra sua", *Hitler 1889-1936*, cit., pp. 681s. Acerca do estilo de governo de Hitler, cf. também Ian Kershaw, *Der NS-Staat. Geschichtesinterpretationen und Kontroversen im Überblick*, nova ed. rev. e ampl., Reinbek, 1994, pp. 112-47.

81. "Gesetz zur Wiederherstellung des Berufsbeamtentums, 7. April 1933", Reichsgesetzblatt 1933 I, pp. 174-7, em <documentArchiv.de>. URL: <http://www.documentArchiv.de/ns/beamtenges.html>.

82. Kershaw, *Hitler 1889-1936*, cit., pp. 594, 611.

83. Goebbels, *Vom Kaiserhof zur Reichskanzlei*, cit., pp. 292ss.

84. Otto Dietrich, *12 Jahre mit Hitler*, Munique, 1955, pp. 149s. Cf. ainda Thamer, *Der Nationalsozialismus*, cit., p. 184.

85. Goebbels, *Vom Kaiserhof zur Reichskanzlei*, cit., p. 301. Cf. Thamer, *Der Nationalsozialismus*, cit., pp. 231ss. Cf. também Ian Kershaw, *Der Hitler-Mythos. Volksmeinung und Propaganda im Dritten Reich*, Stuttgart, 1980, pp. 53ss.

86. Rolf Düsterberg, *Hanns Johst — "Der Barde der SS". Karriere eines deutschen Dichters*, Paderborn, 2004.

87. Joseph Goebbels, "Unser Hitler", transmissão radiofônica de 20 de abril de 1933, em Id., *Signale der neuen Zeit. 25 ausgewählte Reden*, Munique, 1934, pp. 141, 149.

88. Kershaw, *Hitler 1889-1936*, cit., p. 612.

89. Friedrich Sieburg, *Napoleon. Die hundert Tage*, 9ª ed., Stuttgart, 1964, p. 95. Sieburg compara a relação de Napoleão com a França ao relacionamento com uma amante e, nesse contexto, analisa o status desta. Segundo ele, faltavam os "vínculos naturais", pois a amante "existe para situações de emergência".

90. Gun, *Eva Braun-Hitler*, cit., p. 81; Sigmund, *Die Frauen der Nazis*, cit., p. 248.

91. Cf. "Hitlers Urlaub 20.-22. April 1934", em Fotoarchiv Heinrich Hoffmann, hoff-10486, BSB, Munique.

92. Johanna Wolf já havia trabalhado para Dietrich Eckart. Cf. Adolf Hitler, *Monologe im Führerhauptquartier 1941-1944. Die Aufzeichnungen Heirich Heims*, ed. por Werner Jochmann, Hamburgo, 1980, p. 465.

93. Speer, *Erinnerungen*, cit., pp. 59s. Contrariamente, Nerin E. Gun diz que, "para manter as aparências", Eva Braun não pernoitava na casa Wachenfeld, e sim no Hotel Post ou no Berchtesgadener Hof (teria "certificado" a diretora deste hotel), posteriormente, passou a se hospedar na Platterhof, uma pensão na montanha. Cf. Gun, *Eva Braun-Hitler*, cit., p. 85.

94. Speer, *Erinnerungen*, cit., pp. 59s.

95. Id., ibid., pp. 59ss. Cf. também Fest, *Die unbeantwortbaren Fragen*, cit., p. 59.

96. "Zentralkommando d. Kriegsgefangenenlager Nr.32/DI-21, 2. Juli 1945, Sonderhaftzentrale 'ASHCAN'. Detaillierte Meldung über Einvernahme Dr. Karl Brandt: Antwort auf den Abwehrfragebogen. Bezug: SHAEF Vernehmungsdokumente, v. 15. Juni 1945", em Rep. 502, KV-Anklage, Umdrucke deutsch, No-331, Staatsarchiv, Nuremberg.

97. É o que também parecem comprovar as fotografias de Heinrich Hoffmann datadas de 1934. Indicam que Eva Braun hospedou-se no Obersalzberg, tanto entre 20 e 22 de abril de 1934, quanto em agosto/setembro do mesmo ano: juntamente com Heinrich e Erna Hoffmann, o ajudante de ordens Wilhelm Brückner e sua namorada Sofie Stork, além do porta-voz do Reich Otto Dietrich e outros. Cf. Fotoarchiv Heinrich Hoffmann, hoff-49683, BSB, Munique.

98. Johannes Fried, "Erinnerung im Kreuzverhör. Kollektives Gedächtnis, Albert Speer und die Erkenntnis erinnerter Vergangenheit", em Dieter Hein et al. (eds.), *Histoire und Leben. Der Historiker als Wissenchaftler und Zeitgenosse.* Publicação comemorativa para Lothar Gall, Munique, 2006, pp. 343ss.; Matthias Schmidt, *Albert Speer. Das Ende eines Mythos. Speers wahre Rolle im Dritten Reich*, Berna e Munique, 1982, pp. 21ss.

99. Heinrich Breloer, *Unterwegs zur Familie Speer. Begegnungen, Gespräche, Interviews*, Berlim, 2005, pp. 115s.

100. Albert Speer an Rudolf Wolters, cit., 6 de julho de 1975 (cópia em carbono), em NL Albert Speer, N1340/76, BA, Coblença.

101. Speer, *Erinnerungen*, cit., p. 45.

102. Albert Speer, cit. Em Fest, *Die unbeantwortbaren Fragen*, cit., p. 196. Cf. também Speer, *Erinnerungen*, cit., p. 45.

103. Id., ibid., p. 44. Aqui se afirma: "Pois eu encontrara o meu Mefisto". A alusão ao diabo de *Fausto* de Goethe reforça a imagem desejada por Speer da supremacia de Hitler, que, na acepção da palavra Mefistófeles — "destruidor" e "mentiroso" —, representa a origem de todos os males.

104. No entanto, Joachim Fest pôs em dúvida o valor do testemunho de Speer no tocante à natureza da relação de Hitler com Braun. Cf. Fest, *Die unbeantwortbaren Fragen*, cit., pp. 60s.

105. "Besprechung zwischen Herrn Albrecht und Frl. Schröder, früher Sekretärin von Hitler", Bechtesgaden, 22 de maio de 1945, em MA 1298/10, Mikrofilm, Various Documents, DJ-13 (David Irwing), IfZ, Munique.

106. Christa Schroeder, *Er war mein Chef. Aus dem Nachlaß der Sekretärin von Adolf Hitler*, ed. por Anton Joachimsthaler, 4ª edição, Munique, 1985, pp. 213s. Ver também Olaf Rose (org.), *In Hitlers Schatten Erinnerungen und Aufzeichnungen des persönlichen Adjuntanten und Vertrauten Julius Schaub 1925-1945*, Stegen/Ammersee, 2005.

107. David Irving, "Notes on an Interview of Johannes Göhler at his home, Stuttgart-Nord, Feuerbacher Weg 125, from 12.30 to 4 pm, 27 March 1971", em ZS 2244 (Johannes Göhler), IfZ, Munique. Cf. também Schroeder, *Er war mein Chef*, cit., p. 216.

108. David Irving, "Gespräch mit 'einer gewissen Frau Gö' am 4. November 1973" (anotação datada de 12 de maio de 1975), em Sammlung David Irving, ED 100/44, IfZ, Munique.

109. Cf. "Eva Braun an Gretl Fegelein, Berlin, 23. April 1945." (fotocópia), em Gun, *Eva Braun-Hitler*, cit. Cf. Id., ibid., p. 177. No dia 30 de abril de 1945, Eva Braun entregou sua última carta à piloto Hanna Reitsch, que, tendo levado o marechal de campo Robert Ritter von Greim a Hitler em Berlim, passou uma semana no bunker. O paradeiro e o conteúdo da missiva são desconhecidos. Cf. Anna Maria Sigmund, "Hanna Reitsch. Sie flog für das Dritte Reich", em Id., *Die Frauen der Nazis*, cit., pp. 559ss.

110. Cf. Gun, *Eva Braun-Hitler*, cit., p. 209; Schroeder, *Er war mein Chef*, cit., p. 216; Wolfgang Benz e Barbara Distel, *Der Ort des Terrors. Geschichte der nationalsozialistischen Konzentrationslager*, vol. 2: *Frühe Lager, Dachau, Emslandlager*, Munique, 2005, pp. 324ss. Cf. também o depoimento do capitão da SS Erwin Haufler no campo de Bad Aibligen em 27 de dezembro de 1945 e do capitão da SS Franz Konrad em Zell am See de 6 a 8 de janeiro de 1946, em David Irving, Dokumentation "Adolf Hitler 1944-1953", vol. 2, F 135/2, IfZ, Munique.

111. Ulrich Schlie (ed.), *Albert Speer. Die Kransberg-Protokolle 1945. Seine ersten Aussagen und Aufzeichnungen (Juni-September)*, Munique, 2003, p. 31.

112. Cf. "Ilse Fucke-Michels an Nerin E. Gun, München, 8. April 1967". Cópia em Gun, *Eva Braun-Hitler*, cit., pp. 67, 69. Gun afirma que Eva Braun manteve, "posteriormente, um diário íntimo", o qual, "encadernado em couro verde", ficou guardado no "cofre blindado do *bunker*", quando ela deixou a Berghof em 1945. Cf. também Joachimsthaler, *Hitlers Liste*, cit., pp. 443ss.

113. Werner Maser, *Adolf Hitler. Legende, Mythos, Wirklichkeit*, 6ª ed. completada pelo autor (mediante o diário de Eva Braun), Munique e Esslingen, 1974, pp. 236, 325ss. Os fragmentos do diário original encontram-se no National Archives, em Washington, D.C. (Estados Unidos).

114. Cf. Douglas L. Hewlett, *Hitler et les Femmes. Le journal intime d'Eva Braun*, Paris, 1948; Paul Tabori (ed.), *The Private Life of Adolf Hitler: The Intimate Notes and Diary of Eva Braun*, Londres, [1949]. Cf. ainda Alison Leslie Gold, *The Devil's Mistress: The Diary of Eva Braun, the Woman Who Lived and Died with Hitler — A Novel*, Boston, 1997; Alan Bartlett, *The Diary of Eva Braun*, Bristol, 2000.

115. Eva Braun, Diário, 6 de fevereiro de 1935, em Gun, *Eva Braun-Hitler*, cit., p. 70.

116. Goebbels, apontamentos no diário, 31 de janeiro e 4 de fevereiro de 1935, em *Die Tagebücher von Joseph Goebbels*, cit., 1ª parte, vol. 3/I, Munique, 2005, pp. 177, 179.

117. Cf. Eva Braun, Diário, 15 de fevereiro de 1935, em Gun, *Eva Braun-Hitler*, cit., p. 71.

118. Paul Ludwig Troost (1878-1934) morreu no dia 21 de janeiro de 1934 em Munique. Gerdy (Gerhardine) Troost (1904-2003), que ingressou no NSDAP em 1932, e Leonhard Gall continuaram a reforma do apartamento de Hitler. Em 20 de abril de 1937, este nomeou Gerdy Troost professora universitária; em 1938, ela publicou uma obra intitulada *Das Bauen im neuen Reich*.

119. Eva Braun, Diário, 15 de fevereiro de 1935, em Gun, *Eva Braun-Hitler*, cit., pp. 71, 74. Esses dados coincidem com as anotações de Goebbels, que nos dias 10 e 18 de fevereiro registrou que Hitler viajara de Berlim a Munique. Cf. *Die Tagebücher von Joseph Goebbels*, cit., 1ª parte, vol. 3/I, pp. 182s, 186.

120. Cf. Goebbels, apontamento no diário, 2 de março de 1935 ("Hitler in München"), em *Die Tagebücher von Joseph Goebbels*, cit., 1ª parte, vol. 3/I, p. 193.

121. Eva Braun, Diário, 4 de março de 1935, in Gun, *Eva Braun-Hitler*, cit., p. 74. Cf. Goebbels, apontamento no diário, 4 de março de 1935 ("Nós não vamos ao Baile da Cidade de Munique"), em *Die Tagebücher von Joseph Goebbels*, cit., 1ª parte, vol. 3/I, pp. 193s.

122. Eva Braun, Diário, 4 de março de 1935, in Gun, *Eva Braun-Hitler*, cit., p. 74. Cf. Goebbels, apontamento no diário, 4 de março de 1935 ("Mitternacht

zusammen Berlin"), em *Die Tagebücher von Joseph Goebbels*, cit., 1ª parte, vol. 3/I, pp. 193s. Segundo ele, antes de viajar, Hitler jantou com Goebbels no hotel.

123. Paul Schmidt, *Statist auf diplomatischer Bühne 1923-1945*, Bonn, 1953, pp. 295s.

124. Kershaw, *Hitler 1889-1936*, cit., p. 690.

125. Eva Braun, Diário, 16 de março de 1935, em Gun, *Eva Braun-Hitler*, cit., p. 76. Cf. Goebbels, apontamento no diário, 16 de março de 1935, in *Die Tagebücher von Joseph Goebbels*, cit., 1ª parte, vol. 3/I, p. 200. Diz que, na véspera, Hitler retornou repentinamente a Berlim.

126. Eva Braun, Diário, 11 de março de 1935, em Gun, *Eva Braun-Hitler*, cit., p. 75. Presumivelmente, a atriz de cinema teuto-tcheca Anny Ondra ficou em Munique para divulgar seu filme *Knockout*, produzido pelo Bavaria Film AG (assim como pelo Ondra-Lamac-Film GmbH).

127. Max Schmeling, *Erinnerungen*, Frankfurt am Main entre outras, 1977, pp. 275ss.

128. Id., ibid., pp. 293s. No mesmo ano, o Bavaria Film AG produziu em Munique o documentário *Schmeling gegen Hamas*. Cf. Dorothea Friedrich, *Max Schmeling und Anny Ondra. Ein Doppelleben*, Berlim, 2001. No Estado nazista, o "corpo treinado, sadio, apto para o serviço militar" passou a ser o "paradigma do alemão, ariano". Cf. Ralf Schäfer, "Fit für den Führer", em *Vorwärts-Zeitblende*, nº 3, abril de 2007.

129. William L. Shirer, *Berliner Tagebuch*, vol. 1: anotações de 1934-1941, ed. por Jürgen Schebera, Berlim, 1999, p. 36; Eva Braun, Diário, 16 de março de 1935, em Gun, *Eva Braun-Hitler*, cit., p. 76. Cf. Kershaw, *Hitler 1889-1936*, cit., pp. 691s.

130. Anteriormente, tinha sido palco da convenção da sociedade antissemita Germanenorden, fundada em 1912. Existe até hoje, na Maximilianstraße, 17, com o nome Kempinski Hotel "Vier Jahreszeiten". Cf. "Projekt eines NS-Dokumentationszentrums in München", <www.stmuk.bayern.de/blz/gutachten.pdf>.

131. Eva Braun, Diário, 1º de abril de 1935, em Gun, *Eva Braun-Hitler*, cit., p. 76. Segundo Goebbels, só chegou a Munique naquele domingo. Cf. Goebbels, apontamento no diário, 1º de abril de 1935, em *Die Tagebücher von Joseph Goebbels*, cit., 1ª parte, vol. 3/I, pp. 210s.

132. Cit. in Fest, *Die umbeantwortbaren Fragen*, cit., pp. 84ss.

133. Schmidt, *Statist auf diplomatischer Bühne*, cit., p. 307.

134. Thamer, *Der Nationalsozialismus*, cit., pp. 286ss.

135. Cf. Richard Walter Darré, Auzeichungen 1945-1948,vol. 3, Bl. 407, ED 110, IfZ, Munique. As afirmações de Darré não são verificáveis e, evidentemen-

te, baseiam-se em boatos. Ele chega a dizer que só quando Laffert deu o fora em Hitler foi que Eva Braun teve um lugar ao sol em 1935. (Bl. 408).

136. Cf. Stephan Malinowski, *Vom König zum Führer. Deutscher Adel und Nationalsozialismus*, Berlim, 2003, pp. 554s. Cf. também Heinz Höhne, *Der Orden unter dem Totenkopf. Die Geschichte der SS*, Bindlach, 1990 (1ª edição, Munique, 1984), p. 127. Cf. Joachimsthaler, *Hitlers Liste*, cit., pp. 203ss.

137. Cf. Sigrid v. Laffert, NSDAP-Fragebogen, Gau Berlin, 9. Mai 1938. BA PK (antigo Berlin Document Center), G0424, Bl. 2370/71. Aqui consta como endereço a Margaretenstraße, 11, em Berlim W. 9.

138. Heinz Linge, *Bis zum Untergang, Als Chef des Persönlichen Dienstes bei Hitler*, ed. por Werner Maser, Munique, 1982, p. 97. Cf. "Kundgebung 1. Mai 1934, Berlin, Tempelhofer Feld", em Fotoarchiv Heinrich Hoffmann, hoff-9030, BSB, Munique.

139. Em 1940, Sigrid von Laffert se casou com o diplomata Johannes Bernhard Graf von Welczek, que, em 1941, foi adido na Embaixada da Alemanha em Madri.

140. Cf. Dr. Dieter Leithäuser, "Der Stimmbandpolyp des A. H. Patient A., zwischen Tinnitus und Heiserkeit", <http://www.zieleit.de/artikel/spurensuche/0001.html> (última atualização: 20/08/2000). Von Eicken recebeu honorários de 260 mil marcos pela intervenção. Cf. "Hitlers Throat", *Time*, 14 de novembro de 1938. Ademais, o artigo cita as seguintes palavras de von Eicken: "The Chancellor had been convinced that he had cancer". Cf. também Speer, *Erinnerungen*, cit., p. 118; Kershaw, *Hitler 1889-1936*, cit., pp. 700s.

141. Eva Braun, Diário, 28 de maio de 1935, em Gun, *Eva Braun-Hitler*, cit., p. 78.

142. Cf. Goebbels, apontamento no diário, 29 de maio de 1935, em *Die Tagebücher von Joseph Goebbels*, cit., 1ª parte, vol. 3/I, p. 239. Henriette von Schirach mencionou apenas uma tentativa de suicídio de Eva Braun. Cf. Henriette von Schirach, *Der Preis der Herrlichkeit. Erlebte Zeitgeschichte*, Munique e Berlim, 1975, p. 25.

2. O MITO DO FÜHRER OU O HERR HITLER PRIVADO (pp. 123-37)

1. Cf. Gun, *Eva Braun-Hitler*, cit., pp. 85s; Shroeder, *Er war mein Chef*, cit., p. 164. Ver Eva Braun, "Meldekarte, 24. August 1935", AZ. 3012/3231.0/2009, Stadtarchiv, Munique.

2. No entanto, Paula, a irmã de Hitler, admitiu no pós-guerra que conheceu Eva Braun no congresso do partido de 1934. Cf. "Besprechung zwischen Mr. Albrecht und Frl. Paula Hitler, Berchtesgaden, 26. Mai 1945", em MA 1298/10, Microfilm, Various Documents DJ-13 (David Irving), IfZ, Munique.

3. Peter Reichel, *Der shöne Schein des Dritten Reiches. Faszination und Gewalt des Faschismus*, 3ª ed., Munique e Viena, 1966, pp. 116ss. Cf. Siegfried Zelnhefer, *Die Reichsparteitag des NSDAP*, Nuremberg, 1991. Cf. também Markus Urban, *Die Konsensfabrik. Funktion und Wahrnehmung des NS-Reichsparteitag 1933-1941*, Göttingen, 2007, pp. 64ss.

4. "Gesetz über das Reichsbürgerrecht", assim como "Gesetz zum Schutz des deutschen Blutes und der deutschen Ehre", em Reichgesetzblatt 1935 I, pp. 1146-47. Cf. Kershaw, *Hitler 1889-1936*, cit., pp. 712ss.

5. Cf. Fotoarchiv Heinrich Hoffmann, hoff-11588, BSB, Munique.

6. Sobre a expansão da empresa de Hoffmann, cf. Rudolf Herz, *Hoffmann & Hitler. Fotografie als Medium des Führer-Mythos*, Munique, 1994, pp. 52ss. Aqui se lê: "No dia 1º de março de 1943, mais de trezentas pessoas trabalhavam na sede e em dez filiais". O movimento das vendas chegou a mais de 15 milhões de marcos em 1943.

7. Ernst Hanfstaengl, *Zwischen Weißen und Braunen Haus. Erinnerungen eines politischen Außenseiters*, Munique, 1970, pp. 359s. Cf. "Ankündigung der 'Begrüßungsansprache des Auslandspressechefs der NSDAP'", em NL Hanfstaengl, Ana 405, Schachtel 27, pasta 1935, BSB. Cf. também Sigmund, *Die Frauen der Nazis*, cit., p. 254. Cf. *Reichsparteitag 1935. Programm, Polizeiliche Anordnungen, Sonstiges*, publicado pela Polizeidirekton Nürnberg-Fürth, Staatsarchiv, Nuremberg, pp. 1ss.

8. Id., ibid., p. 6.

9. No entanto, Speer escreveu em 5 de março de 1973 a George L. Mosse: "A cúpula luminosa foi exibida pela primeira vez durante o congresso de 1935, no Campo Zeppelin, quando da manifestação dos funcionários do partido, depois de uma tentativa frustrada, no ano anterior, no Bückeberg (Festa da Colheita) devido à insuficiência de material. Dispúnhamos apenas de focos cinematográficos". Albert Speer an George L. Mosse, cit., 5 de março de 1973 (cópia em carbono), nela: "Anmerkungen zu George L. Mosse, p. 4, em NL Albert Speer, N 1340/39, BA Coblença. Cf. ainda Kershaw, *Hitler 1889-1936*, cit., p. 714.

10. Depoimentos de Herbert Döhring, em *Der Berghof — Hitler Privat*, partes 1 e 2 (DVD), ZeitReisen Verlag, Bochun, 2009.

11. Schroeder, *Er war mein Chef*, cit., pp 164s. Cf. Wolfgang Zdral, *Die Hitlers. Die unbekannte Familie des Führers*, Frankfurt am Main, 2005, pp. 112ss.

12. Schroeder, *Er war mein Chef*, cit., p. 165. Cf. também Hanfstaengl, *Zwischen Weißen und Braunen Haus*, cit., pp. 359s. Quanto à presença de Eva Braun no congresso nacional do partido em 1935, Hanfstaengl afirma: "Porém, Magda Goebbels, que se considerava a única mulher a quem Hitler podia dedicar alguma atenção, cometeu a imprudência de fazer um comentário depreciativo sobre Eva. Hitler teve um ataque de cólera, e Magda foi proibida de entrar na Chancelaria [...]. Por fim, voltou a cair nas suas graças, mas a rivalidade entre as duas mulheres perdurou. Cada uma permaneceu no sitiado bunker do Führer enquanto a outra lá estava: até o fim". Joachimsthaler também diz, citando Julius Schaub, que Eva Braun ficou na tribuna de honra com Magda Goebbels e outras. Cf. Joachimsthaler, *Hitlers Liste*, cit., p. 456. Entretanto, na biografia de Anja Klabunde, não se encontra nenhuma indicação de que Magda Goebbels tenha participado do congresso, particularmente porque, na época, estava no fim da gravidez e, antes do encerramento do evento, em 15 de setembro de 1935, internou-se em uma clínica de Berlim. Cf., Klabunde, *Magda Goebbels*, cit., p. 229.

13. Angela Hammitzsch an Rudolf Heß, Oberlössnitz-Dresden, 22 de maio de 1936 (original), em NL Rudolf Heß J 1211 (–) 1993/300,vol. 6, pasta 90, BA, Berna.

14. Também se disse, por exemplo, que Hitler teria expulsado a irmã da casa por que ela tomou a defesa de uma das vítimas da "Noite das Facas Longas" ("*Röhm-Putsch*"), em 30 de junho de 1934. Cf. Henrik Eberle e Matthias Uhl (eds.), *Das Buch Hitler. Geheimdossier des NKWD* para Josef W. Stálin, composto com base nas minutas do interrogatório do ajudante de ordens de Hitler, Otto Günsche, e do camareiro Heinz Linge, Moscou, 1948-9, Bergisch Gladbach, 2005, pp. 101s. Ver ainda Linge, *Bis zum Untergang*, cit., p. 97.

15. Cf. "Einladung des 'Führers' zum Reichsparteitag der NSDAP in Nürnberg vom 10.-16. September 1935 an Marga Himmler", em NL Himmler, N1126/20, fol. 1, BA Coblença. Cf. Lista de hóspedes do Hotel Kaiserhof, em NL Himmler, N1126/20, fol. 1, BA Coblença. O nome de Eva Braun não figura na lista. Tampouco o de Magda Goebbels. Ver também Joachimsthaler, *Hitlers Liste*, cit., p. 456. Ele diz que Angela Raubal se encontrou com Eva Braun no Hotel Kaiserhof.

16. Cf. "Adjutantur des Führers, 20 de junho de 1936, H 12400363 54.", em *Akten der Partei-Kanzlei der NSDAP*, cit.

17. Cf. "Eva Braun im Kreise der Mitarbeiter und Freunde Heinrich Hoffmanns auf einer Fotografie anläßlich seines Geburtstags am 12. September 1935", em Fotoarchiv Hoffmann, hoff-11583/11588, BSB, Munique.

18. "Ilse Heß an Helene Heß, Hohenlychen, 28. August 1935" (cópia em carbono), em NL Rudolf Heß, J 1211 (–) 1993/300, vol. 17, pasta 226 (H–Z), BA, Berna.

19. Hanfstaengl, *Zwischen Weißen und Braunen Haus*, cit., p. 359.

20. Angela Lambert, *The Lost Life of Eva Braun*, Londres, 2007.

21. Hanfstaengl, *Zwischen Weißen und Braunen Haus*, cit., pp. 243, 359.

22. Cf. Plöckinger, *Geschichte eines Buches*, cit., pp. 30, 36; Ernst Hanfstaengl, *Hitler. The Missing Years*, Londres, 1957, p. 127. Cf. também Peter Conradi, *Hitlers Klavierspieler. Ernst Hanfstaengl: Vertrauter Hitlers, Verbündeter Roosevelts*, Frankfurt am Main, 2007, pp. 77ss.

23. "Ernst Hanfstaengl an Staatssekretär Lammers, London, 9. (u. 24.) Dezember 1937", em R 43 II/889b, Bl. 20 e 22, BA, Berlim; "Ernst Hanfstaengl an Julius Streicher, London, 19. Dezember 1937, em R43 II/889b, Bl. 25-31, BA, Berlim. Cf. também Conradi, *Hitlers Kavierspieler*, cit., pp. 241ss.

24. Id., ibid., pp. 341ss. Cf. também Office of Strategic Services, Adolf Hitler, 3 de dezembro de 1942, p. 4, em Special Collections, National Archives of the United States, Washington, D.C. Cf. ainda Michael S. Bell, *The Worldview of Franklin D. Roosevelt: France, Germany and the United States Involvement in World War II in Europe*, Tese, University of Maryland, College Park, 2004, pp. 333, 393.

25. Cf. Leonidas E. Hill, "The Published Political Memoirs of Leading Nazis, 1933-45", em George Egerton (ed.), *Political Memoir. Essays on the Politics of Memory*, Londres, 1994, pp. 225ss.

26. Cf. Gun, *Eva Braun-Hitler*, cit., p. 87; Fritz Braun, "Aussage vom 1. Dezember 1947, Öffentliche Sitzung der Spruchkammer München", em Spruchkammern, Karton 188, Staatsarchiv, Munique.

27. Cf. Gun, *Eva Braun-Hitler*, cit., pp. 86s.

28. *Frauen um Hitler*. Segundo o material de Henriette von Schirach, Munique e Berlim, 1983, pp. 227s. Todavia, Schirach não precisa a data desse fato.

29. Cf. Gun, *Eva Braun-Hitler*, cit., pp. 85-7.

30. Cf. Richard Evans, "David Irving, Hitler and Holocaust Denial: Pressures on Hitler's Entourage after the War", em <http://www.holocaustdenialontrial.org/trial/defense/evans/530bB>.

31. Cf. Gun, *Eva Braun-Hitler*, cit., p. 87

32. "Hitlers Schwiegereltern vor Gericht. Vater Braun war gegen das 'schlampige Verhältnis'", em *Die Welt*, 2 de agosto de 1947, p. 3.

33. "Der öffentliche Kläger bei der Spruchkammer, München, 9. Juli 1947, Klageschrift gegen Franziska Katharina Braun", em Spruchkammern, Karton 188, Staatsarchiv, Munique.

34. "Hitlers Schwiegereltern vor Gericht", cit., p. 3.

35. Fritz Braun, "Aussage von 1. Dezember 1947", cit. Uma revista tcheca teria publicado uma fotografia de Eva Braun, chamando-a de "Pompadour de Hitler". Cf. Joachimsthaler, *Hitlers Liste*, cit., p. 426.

36. "Hitlers Schwiegereltern vor Gericht", cit., p. 3.

37. Fritz Braun, "Aussage von 1. Dezember 1947", cit.

38. Cf. Gun, *Eva Braun-Hitler*, cit., pp. 87s; Joachimsthaler, *Hitlers Liste*, cit., pp. 424s. Cf. ainda Sigmund, *Die Frauen der Nazis*, cit., pp. 252s.

39. Cf. "Fotografie vom Königsplatz, München, 5. September 1935", em Fotoarchiv Heinrich Hoffman, hoff-11463, BSB, Munique.

40. Cf. Speer, *Erinnerungen*, cit., pp. 101s; Kershaw, *Hitler 1889-1936*, cit., p. 721.

41.Cf. Sigmund, *Die Frauen der Nazis*, cit., p. 252.

42. Adolf Hitler, "Mein privates Testament, 29. April 1945", em: Werner Maser, *Hitlers Briefe und Notizen. Sein Weltbild in handschriftlichen Dokumenten*, Düsseldorf, 1988, pp. 213ss. Cf. também Gun, *Eva Braun-Hitler*, cit., pp. 198s. Aqui o testamento é mencionado, mas não a passagem referente a Franziska Braun.

43. Fritz Braun, "Aussage vom 1. Dezember 1947", cit. Cf. também Eberle e Uhl (eds.), *Das Buch Hitler*, cit., p. 352.

44. Zdral, *Die Hitlers*, cit., p. 207. Cf. ainda Jürgen Hillesheim, *Hitlers Schwester Paula Wolf und das Dritte Reich*, Berlim, 1992.

45. Em carta a Ilse Heß, ela declarou que o *gauleiter* Bürckel "não devia passar por cima das leis e decretos em vigor. Eu sei que Bürckel está em uma situação difícil, mas sua relação com seus austríacos não vai melhorar se ele insistir em deixar tais coisas acontecerem". "Angela Hammitzsch an Ilse Heß, Dresden, 22 Januar 1940" (original), em: NL Rudolf Heß, J 1211 (–) 1993/300, vol. 6, pasta 90, BA, Berna.

46. Winfried Müller, *Schulpolitik in Bayern im Spannungsfeld von Kultusbürokratie und Besatzungsmacht 1945-1949*, Munique, 1995, p. 74.

47. Cf. "PG — Zum Mitgliedschaftswesen der NSDAP", BA, Coblença (s.d.); Christoph Wagner, *Entwicklung, Herrschaft und Untergang der nationalsozialistischen Bewegung in Passau 1920-1945*, Berlim, 2007, pp. 151s.

48. Cf. Müller, *Schulpolitik in Bayern*, cit., pp. 74s. Em 1937, Wagner exigiu que todo professor participasse de "algum trabalho comunitário, de alguma organização da comunidade do partido ou do Estado". O próprio Friedrich Braun declarou, posteriormente, que havia enfrentado dificuldades crescentes na sua escola profissional. Cf. Friedrich Braun, "Schriftliche Erklärung vom 21. Juli 1947", em Spruchkammern, Karton 188, Staatsarchiv, Munique. Cf. Gun, *Eva Braun-Hitler*, cit., p. 122. Segundo ele, Friedrich Braun "até então se recusara, obstinadamente," a entrar no partido.

49. Id., ibid., p. 159.

50. Ian Kershaw, *Hitler 1889-1936*, Stuttgart, 2000, pp. 371ss. Cf. Peter Steinbach e Johannes Tuchel, *Georg Elser*, em <http://www.georg-elser.de/Steinbach_

Tuchel_Elser_Politische-Koepfe.pdf>. O romance de Wolfgang Brenner, *Führerlos*, Berlim-Brandemburgo, 2008, explora a questão das possíveis consequências da morte de Hitler naquela data para o desenvolvimento do Estado nazista e o destino de Eva Braun.

3. A AMANTE E O CÍRCULO ÍNTIMO (pp. 138-56)

1. Speer, *Erinnerungen*, cit., pp. 45, 105ss. Cf. também Joachim Fest, *Speer. Eine Biographie*, Berlim, 1999, p. 14; Susanne Willems, *Der entsiedelte Jude. Albert Speers Wohnungsmarktpolitik für den Berliner Haupstadtbau*, Berlim, 2002, pp. 20ss.

2. Nissen, *Sind Sie die Tochter Speer?*, cit., p. 25.

3. Id., ibid.

4. Id., ibid., pp. 23s.

5. Id., ibid., p. 26.

6. Margarete Speer, cit. em Sereny, *Speer*, cit., p. 235.

7. Cf. Margarete Speer, cit., em Fest, *Die unbeantwortbaren Fragen*, cit., pp. 142, 171.

8. Cf.Speer, *Erinnerungen*, cit., pp. 102, 114. Cf. ainda Albert Speer, *Spandauer Tagebücher*, Frankfurt am Main et al., 1975, p. 207.

9. Cf. Speer, *Erinnerungen*, cit., p. 102.

10. Schlie (ed.), *Albert Speer. Die Kransberg-Protokolle 1945*, cit., p. 119.

11. Speer, *Erinnerungen*, cit., p. 107. Cf. também Speer, cit. em Sereny, *Albert Speer*, cit., pp. 136s. Aqui se lê: "Eu gostei dela no primeiro instante, e depois ficamos bons amigos. Ela precisava de um amigo".

12. Cf. Fest, *Speer*, cit., pp. 14, 462ss.

13. Cf. Margarete Speer, cit. em Sereny, *Albert Speer*, cit., p. 234.

14. Id., ibid., p. 405. Ao contrário de Magda Goebbels, Margarete Speer — assim como Eva Braun — não era filiada ao NSDAP.

15. Id., ibid., p. 235. Cf. ainda Speer, *Erinnerungen*, cit., pp. 161, 288.

16. Cf. Ulf Schimidt, *Hitlers Arzt Karl Brandt. Medizin und Macht im Dritten Reich*, Berlim, 2009, p. 88.

17. Quanto a isso, Albert Speer afirmou que Hitler, embora nunca tivesse praticado esporte, "dava muita importância a uma juventude atleticamente em forma". Isso corresponderia a seu ideal, a sua concepção cultural dos gregos antigos. Cf. Schlie (ed.), *Albert Speer. Die Kransberg-Protokolle 1945*, cit., p. 118. Cf. também Schroeder, *Er war mein Chef*, cit., pp. 173s, 265.

18. Cf. Schmidt, *Karl Brandt*, cit., pp. 90, 92.

19. Cf. Schroeder, *Er war mein Chef*, cit., pp. 173s., 265; Schimidt, *Karl Brandt*, cit., p. 91.

20. Cf. Albert Schweizer, *Die Ehrfurcht vor dem Leben. Grundtexte aus fünf Jahrzehnten*, 8ª ed., Munique, 2003, pp. 50ss. Sobre isso, cf. ainda Schmidt, *Karl Brandt*, cit., pp. 76ss, 83ss.

21. Karl Brandt, "Das Problem Hitler, Nr. 2, 27. September 1945, S. 6", em Kl. Erwerbung 441-3, BA, Coblença, pp. 75, 80. Cf. também Ulrich Herberet, *Best. Biographische Studien über Radikalismus, Weltanschauung und Vernunft 1903--1989*, 2ª ed., Bonn, 1996, pp. 42-5.

22. Cf. Volker Hess, "Die Medizinische Fakultät im Zeichen der 'Führeruniversität'", em Christoph Jahr (ed.), *Die Berliner Universität in der NS-Zeit*, vol. 1: *Strutkturen und Personen*, Stuttgart, 2005, pp. 46s; Schimidt, *Karl Brandt*, cit., p. 97.

23. Cf. "Gruppenbild der Hochzeitsgesellschaft mit Hitler in Uniform, Göring, Wilhelm Brückner und dessen Freundin, der Münchner Künstlerin Sofie Stork", em Fotoarchiv Heinrich Hoffmann, hoff-8918, BSB, Munique.

24. Cf. Schmidt, *Karl Brandt*, cit., pp. 95ss. A decisão de tornar Brandt médico de emergência foi tomada em 1934, quando ele viajou com Hitler à Itália para visitar Mussolini. Desde então, coube-lhe acompanhar Hitler nas viagens. Cf. "U. S. Strategic Bombing Survey, APO 413, Interview Nº 64, Dr. med. Karl Brandt, 17./18. Juni 1945, S. 465", em Sammlung Irving, ED 100, vol. 1002, USSBS: Interrogation Reports, vol. 2, IfZ, Munique.

25. Cf. Schlie (ed.), *Albert Speer. Die Kransberg-Protokolle 1945*, cit., p. 145. Cf. Schmidt, *Karl Brandt*, cit., p. 131.

26. Id., ibid., pp. 104s. Depois eles se mudaram para a casa de Bechsteem Brandt na primavera e Speer no verão de 1935. No fim de maio de 1937, este se transferiu para uma casa-ateliê por ele mesmo projetada, próxima da Berghof. Cf. Speer, *Erinnerungen*, cit., p. 98. Cf. Ulrich Chaussy e Christoph Püschner, *Nachbar Hitler. Fürerkult und Heimatzertörung am Obersalzberg*, 5ª ed., Berlim, 2005, p. 91.

27. Posteriormente, Speer observou que era "feliz", "por ter sido tão claramente destacado e recebido no círculo mais íntimo", ainda que não lhe agradasse viver numa área cercada. Cf. Speer, *Erinnerungen*, cit., pp. 98, 164. Ver, também, Brigitte Hamann, *Winifred Wagner oder Hitlers Bayreuth*, Munique, 2002, pp. 424, 557s.

28. Cf. Karl Brandt, "Das Problem Hitler", Nr. 2, 27. September 1945, S. 5 em Kl Erwerbung 44/3, BA, Coblença. Cf. também Winfried Süß, *Der "Volkskörper" im Krieg. Gesundheitspolitik, Gesundheitsverhältnisse und Krankenmord im nationalsozialistischen Deutschland 1939-1945*, Munique, 2003, p. 93; Fest, *Die un-*

beantwortbaren Fragen, cit., p. 200. Nos *Spandauer Tagebücher*, com data ainda de 28 de julho de 1949, lê-se que Hitler perdera "todo direito" a sua lealdade (de Speer), porque não podia existir "um monstro" semelhante. Cf. Speer, *Spandauer Tagebücher*, cit., p. 210.

29. Cf. Schmidt, *Karl Brandt*, cit., pp 118ss.

30. Id., ibid., pp. 154ss, 159ss.

31. Id., ibid. pp. 177ss. Segundo Schmidt, praticamente não há registro das conversas de Brandt com Hitler.

32. Cf. Rüdiger Hachtmann e Winfried Süss (eds.), *Hitlers Kommissare. Sondergewalten in der nationalsozialistischen Diktatur* (= Beiträge zur Geschichte des Nationalsozialismus, vol. 22), Göttingen, 2006, pp. 12s, 19ss. Cf. também Willems, *Die entsiedelte Jude*, cit., pp 77ss, 182ss.

33. Cf. Schmidt, *Karl Brandt*, cit., p. 117. Segundo Schmidt, a relação de Eva Braun e Karl Brandt com Hitler era "inteiramente marcada pela ignorância".

34. Fest, *Speer*, cit., p. 65; Id., *Die umbeantwortbaren Fragen*, cit., pp. 54, 86. Nem mesmo Fest deixa de observar que Speer, sem dúvida alguma, figurava "entre os adeptos radicais de Hitler" (p. 28).

35. Cf. Brandt, "Report on Hitler", em Headquarters Military Intelligence Service Center, US Army, APO 757, OI Special Report 36, Adolf Hitler: A Composite Picture (2 April 1947), FI35/4, p. 6, em David Irving, "Dokumentation 'Adolf Hitler 1944-1953', vol. 4, IfZ, Munique, p. 692. Em suas memórias, Speer cita essa frase de Hitler, que teria sido pronunciada na presença de Eva Braun. Ele teria dito a Speer: "Os homens muito inteligentes devem ter mulher primitiva e boba". Cf. Speer, *Erinnerungen*, cit., p. 106.

36. Cf. Karl Brandt, cit. Em Schmidt, *Karl Brandt*, cit., p. 116.

37. Cf. "Originalnotizen von P. E. Schramm über Hitler, gemacht während der Befragungen von Hitlers Leibärzten, Haus 'Alaska', d. h., Altersheim für Lehrerinnen im Taunus, Sommer 1945 in USA-Kriegsgefangenschaft", p. 169, em Kl. Erwerbung 441-3, BA, Coblença. Sob o título "Eva Braun", escreveu Schramm: "Encrenca no séquito", "vivia contrariada", "precisava estar presente", "gosto, discreto", "nenhuma influência política", "irritava as pessoas", "detestava Hoffmann", "rejeitava Morell".

38. Cf. Gruppenbild auf einer Tribüne: Anni Brandt, Eva Braun, Erna Hoffmann, Viktoria von Dirksen (in der Reihe dahinter Unity Mitford), Reichsparteitag der NSDAP, 6.–13. September 1937, Hauptmarkt Nürnberg", em Bildarchiv Heinrich Hoffmann, hoff-16020, BSB, Munique.

39. Cf. Jochen von Lang, *Der Sekretär. Martin Bormann — Der Mann der Hitler beherrschte*, Stuttgart, 1977, pp. 49ss.

40. Id., ibid., p 52.

41. Cf. Martin Bormann, *Leben gegen Schatten*, Paderborn, 1966, pp. 12s.

42. Eis o que dizia um escrito de seu pai Walter Buch, *Die nationalsozialistischen Menschen Ehre und Ehrenschutz*, 5ª ed., Munique, 1939, p. 15: "O nacional-socialista já compreendeu: o judeu não é humano. É uma podridão".

43. Cf. Fest, *Das Gesicht des Dritten Reiches*, cit., p. 366. Cf. também Gerda Bormann a Martin Bormann, Obersalzberg, 7 de fevereiro de 1945, em Hugh Trevor-Roper (ed.), *The Bormann Letters. The Private Correspondence between Martin Bormann and His Wife from January 1943 to April 1945*, Londres, 1954, pp. 176s.

44. Cf. Schlie (ed.), *Albert Speer. Die Kransberg-Protokolle 1945*, cit., pp. 136ss.

45. Cf. *Akten der Partei-Kanzlei der NSDAP*, cit., parte I, Regsten, vol. I, pp. VIIIss.

46. Cf. Schmidt, *Karl Brandt*, cit., p. 298.

47. "Aufzeichnungen Richard Walther Darré 1945-1948", vol. 2, em ED 110, IfZ, Munique, p. 295.

48. Cf. Schroeder, *Er war mein Chef*, cit., pp. 30ss.

49. Cf. "Aufzeichnungen des Reichspressechefs Dr. Dietrich" (Kopie), em Kl. Erwerbung 441-3, p. 16, BA, Coblença.

50. Cf. Robert Ley, "Abschied". Aufzeichnungen in Nürnberg 1945, p. 1, NL Robert Ley, N 1468/4, BA, Coblença. Cf. também Kershaw, *Hitler 1889-1936*, cit., p. 674.

51. Cf. Robert Ley, "Gedanken um den Führer". Aufzeichnungen in Nürnberg 1945, p.13ss, NL Robert Ley, N a468/4, BA, Coblença.

52. Cf. Heinrich Hoffmann, *Mein Beruf — Meine Arbeit für die Kunst — Mein Verhältnis zu Adolf Hitler*, manuscrito, s.d. (1947), MS 2049, IfZ, Munique, p. 59.

53. Cf. Robert Ley, "Gedanken um den Führer", cit. pp. 13ss.

54. Cf. Speer, *Erinnerungen*, cit., pp. 100, 107; Gun, *Eva Braun-Hitler*, cit., p. 112; Lang, *Der Sekretär*, cit., pp. 108s.

4. A VIDA NO OBERSALZBERG (pp. 156-234)

1. Cf. Reinhard Spitzy, *So haben wir das Reich verspielt. Bekenntnisse eines Illegalen*, 4ª ed., Munique, 1994, pp. 128s.

2. Cf. *Frauen um Hitler*, cit., p. 227.

3. Cf. Horst Möller et al. (eds.), *Die tödliche Utopie. Bilder, Texte, Dokumente, Daten zum Dritten Reich*, Munique e Berlim, 1999, pp. 62s. Cf. Chaussy e Püschner, *Nachbar Hitler*, cit., p. 45.

4. Cf. Schroeder, *Er war mein Chef*, cit., p. 166. Entre os empregados, corria o boato segundo o qual os quartos de Eva Braun e Hitler eram separados por uma porta secreta. Cf. Therese Linke, "Unveröffentlichte, handschriftliche Erinnerungen", s.d. (década de 1950), em ZS 3135, vol. 1, IfZ, Munique, p. 9. Acerca de Eva Braun, lê-se que: "Ela tinha um quarto separado do de Hitler por uma porta secreta".

5. "Albert Speer an Werner Maser, o. O., 3. Januar 1967" (cópia em carbono), em NL Albert Speer, N1340/37, BA, Coblença. Cf. Schlie (ed.), *Albert Speer. Die Kransberg-Protokolle 1945*, cit. p. 146.

6. "Martin Bormann an Dr. Friedrich Wolffhardt, Führerhauptquartier, 27. Dezember 1941", National Archives, Washington, Suitland Reference Branch, Maryland, cit. em Beierl, *Geschichte des Kehlsteins*, cit. p. 8.

7. Id., ibid., p. 9.

8. Desde 1934, o Departamento 1 do Serviço de Segurança do *Reich* e o *SS Begleitkommando*, dirigido pelo líder de regimento da SS Johann Rattenhuber, eram responsáveis pela segurança de Hitler. Cf. Möller (ed.), *Die tödliche Utopie*, cit., p. 67; Chaussy e Püschner, *Nachbar Hitler*, cit., p. 130. Ver ainda Peter Hoffmann, *Die Sicherheit des Diktators. Hitlers Leibwachen, Schutzmaßnahmen, Residenzen, Hauptquartiere*, Munique e Zurique, 1975.

9. Cf. Schroeder, *Er war mein Chef*, cit., pp. 16, 171.

10. Linke, "Unveröffentlichte, handschriftliche Erinnerungen", cit., p. 9.

11. Cf. Chaussy e Püschner, *Nachbar Hitler*, cit., pp. 146ss.

12. Cf. Schlie (ed.), *Albert Speer. Die Kransberg-Protokolle 1945*, cit., p. 100.

13. Cf. "Christa Schroeder an Johanna Nusser, Führerhauptquartier, 30. August 1941" (original), em ED 524, IfZ, Munique. Fritz Wiedemann declarou igualmente: "Eram sempre os mesmos, prova da constância do grupo à mesa". Fritz Wiedemann, "Notizen, u. a. Obersalzberg", s.d., (transcrição), em NL Fritz Wiedemann, Kl. Erwerbung Nr. 671, vol. 4, BA, Coblença.

14. Id., ibid. Segundo Wiedemann, Hitler nunca se preocupou com sua segurança pessoal. Com frequência, saía "às pressas para passear e, uma vez, para ir ao teatro, sem avisar o Serviço de Segurança".

15. Fritz Wiedemann, "Notizen", s.d. (transcrição), in NL Fritz Wiedemann, cit.

16. Cf. Schroeder, *Er war mein Chef*, cit. p. 186.

17. Fritz Wiedemann, "Notizen", cit.

18. Id., ibid. Só em suas memórias, publicadas em 1964, Wiedemann fez menção a Eva Braun. Cf. Fritz Wiedemann, *Der Mann der Feldherr werden wollte. Erlebnisse und Erfahrungen des Vorgesetzten Hitlers im I. Weltkrieg und seines späteren Persönlichen Adjutanten*, Velbert, 1964, p. 79.

19. Cf. Below, *Als Hitlers Adjutant*, cit., pp. 50s.

20. Cf. "Der Staatssekretär und Chef der Reichskanzlei (Lammers) an den Reichsminister der Finanzen (Lutz Graf Schwerin von Krosigk), Berchtesgaden, 11. September 1936" (cópia), em R43/4326, BI. 5 u. 6, BA, Berlim.

21. Cf. Thamer, *Nationalsozialismus*, cit., pp. 183s. Cf. *Akten der Reichskanzlei. Regierung Hitler 1933-1945*, vol. V: "Die Regierung Hitler 1938", ed. pela Historischen Kommission bei der Bayerischen Akademie der Wissenschaften und dem Bundesarchiv, Munique, 2008.

22. Cf. Kershaw, *Hitler 1936-1945*, cit., p. 69. A "Chancelaria Privada do Führer e chanceler do Reich", chefiada por Albert Bormann, irmão de Martin Bormann, pertencia à "Chancelaria do Führer" como Escritório Central I. Bem como a Chancelaria, perdeu a importância em 1941, com a criação da "Chancelaria do Partido", dirigida por Martin Bormann (novo nome do quartel-general do "representante do Führer" após o desaparecimento de Rudolf Heß).

23. Cf. "Der Reichsminister und Chef der Reichskanzlei (Lammers) an Hauptmann a. D. Wiedemann (Adjutantur des Führers), Berlim, 18. August 1938" (cópia), em Rep. 502, NG-1465, Bl. 739, Staatsarchiv, Nuremberg. Nessa carta, Lammers afirma que autorizou o pagamento das "41 contas" da marchande muniquense Maria Alma, deixadas por Wiedemann, no valor de 284 550 marcos. Cf. Hanns Christian Löhr, *Das Braune Haus der Kunst. Hitler und der "Sonderauftrag Linz"*, Berlim, 2005, p. 35. Ver também Lutz Graf Schwerin von Krosigk, *Staatsbankrott. Die Geschichte der Finanzpolitik des Deutschen Reiches von 1920 bis 1945, geschrieben vom letzten Reichsfinanzminister*, Göttingen, 1974, pp. 241s.

24. Cf. *Völkischer Beobachter*, 19 de janeiro de 1937, em R43 II/1036, Bl. 103, BA, Berlim. Cf. Franz Alfred Six (ed.), *Dokumente der deutschen Politik. Das Reich Adolf Hitlers*, vol. 5, Berlim, 1940.

25. Cf. "Der Staatssekretär und Chef der Reichskanzlei (Lammers) an den Reichsminister der Finanzen (Lutz Graf Schwerin von Krosigk), Berchtesgaden, 11 de setembro de 1936" (cópia), em R43/4326, Bl. 6, BA, Berlim.

26. Cf. Chaussy e Püschner, *Nachbar Hitler*, cit., p. 132.

27. Cf. Wiedemann, *Der Mann der Feldherr werden wollte*, cit. pp. 68s. Segundo Otto Dietrich, também era assim na atividade partidária. Cf. Dietrich, *12 Jahre mit Hitler*, cit., p. 45.

28. Cf. "Der Reichsminister und Chef der Reichskanzlei an den persönlichen Adjutanten des Führers und Reichskanzlers (SA-Obergruppenführer Brückner), Berchtesgaden, 21. Oktober 1938" (cópia), em R43 II/888b, F 1, Bl. 42, BA, Berlim.

29. Cf. "Der Reichsminister und Chef der Reichskanzlei an den Reichswirtschaftsrninister Walther Funk, Berchtesgaden, 24. Oktober 1938" (cópia), em R43 II/888b, F1, Bl. 43, BA, Berlim.

30. Cf. "Der Reichsminister und Chef der Reichskanzlei an den persönlichen Adjutanten des Führers und Reichskanzlers (SA-Obergruppenführer Brückner), Berchtesgaden, 21. Oktober 1938", cit.

31. Cf. Jörg Osterloh, *Nationalsozialistische Judenverfolgung im Reichsgau Sudetenland 1918-1945*, Tese, Munique, 2006, p. 13.

32. Cf. "Der Reichsminister und Chef der Reichskanzlei an den persönlichen Adjutanten des Führers und Reichskanzlers (SA-Obergruppenführer Brückner), Berchtesgaden, 25. Oktober 1938" (cópia), em R43 II/886a, F 3, Bl. 128f., BA, Berlim. Na Bl. 129, consta a reapresentação escrita à mão em 27 e 31 de outubro. Lammers, que dois dias depois decerto não havia recebido resposta de Brückner, mandou seus assessores apresentarem a solicitação mais duas vezes, presumivelmente a fim de pressionar e obter uma resposta telefônica.

33. Cf. Kershaw, *Hitler 1889-1936*, cit., p. 673; Id., ibid., *Hitler 1936-1945*, cit., pp. 251s; Id., ibid., *Der Hitler-Mythos. Führerkult und Volksmeinung*, Munique, 2003 (ed. original inglesa: *The Hitler Myth. Image and Reality in the Third Reich*, Oxford, 1987), p. 152. Ali se afirma que, a partir de 1935-6, Hitler se afastou cada vez mais das atividades governamentais internas, transferindo a ação política para as "repartições, os ministérios e os novos superfuncionários". Cf. Martin Moll (ed.), "*Führer-Erlasse" 1939-1945*, Stuttgart, 1997, p. 11. Moll constata que tal afirmação remonta sobretudo a um "enorme vazio de fontes no setor civil".

34. Cf. Wilhelm Treue, "Das Dritte Reich und die Westmächte auf dem Balkan", em *Vierteljahrshefte für Zeitgeschichte*, 1. Jg. (1953), 1. H.", p. 61. Cf. Dilek Barlas, *Etatism & Diplomacy in Turkey. Economic & Foreign Policy Strategies in an Uncertain World, 1929-1939* (= The Ottoman Empire and its Heritage, vol. 14), Leiden et al., 1998, pp. 188s.

35. Cf. Moll (ed.), "*Führer-Erlasse*", cit., pp. 26ss.

36. Cf. Gun, *Eva Braun-Hitler*, cit., p. 104.

37. Wiedemann, *Der Mann der Feldherr werden wollte*, cit., p. 69.

38. Schlie (ed.), *Albert Speer. Die Kransberg-Protokolle 1945*, cit., p. 100. Ainda não se esclareceu como se tomavam e se implementavam as decisões. Cf. Moll (ed.), "*Führer-Erlasse* ", cit., p. 26.

39. Cf. Hans Mommsen, "Hitlers Stellung im nationalsozialistischen Herrschaftssystem", em Hirschfeld e Kettenacker (eds.), *Der "Führerstaat"*, cit., pp. 43-72. Cf. Carl Schmitt, "Der Zugang zum Machthaber. Ein zentrales ver-

fassungsrechtliches Problem", em Ders., *Verfassungsrechtliche Aufsätze aus den Jahren 1924-1954*, 2ª ed., Berlim, 1973, pp. 430ss.

40. Fest, *Hitler*, cit., p. 718; Knopp, *Hitlers Frauen*, cit., p. 45.

41. Schlie (ed.), *Albert Speer. Die Kransberg-Protokolle 1945*, p. 144.

42. Cf. Peter Longerich, *Heinrich Himmler. Biographie*, Munique, 2008, pp. 760ss. Longerich também atribui a Himmler um "vazio emocional" resultante da insegurança e de um "déficit de emoções" (p. 763).

43. Cf. Kershaw, *Hitler 1936-1945*, cit., p. 141; Schlie (ed.), *Albert Speer. Die Kransberg-Protokolle 1945*, cit., pp. 233s.

44. Cf. Peter Longerich, *Hitlers Stellvertreter. Führung der Partei und Kontrolle des Staatsapparates durch den Stab Heß und die Partei-Kanzlei Bormann*, Munique et al., 1992, p. 109.

45. Cf. Richard Evans, *David Irving, Hitler and Holocaust Denial*, Electronic Edition, em <http://www.holocaustdenialontrial.org/trial/defense/evans/530b>.

46. Cf. Kershaw, *Hitler 1936-1945*, cit., p. 72.

47. Schlie (ed.), *Albert Speer. Die Kransberg-Protokolle 1945*, p. 144. "Esse rigoroso divórcio entre a política e a vida privada" no Obersalzberg foi mantido até o fim da guerra. Mas Speer afirma, em suas memórias, que os outros "colaboradores diretos" da liderança nazista evitavam o Obersalzberg. Cf. Speer, *Erinnerungen*, cit., p. 106.

48. Cf. Anni Esser, Hanni und Theodor Morell e Eva Braun em uma tribuna na Praça do Mercado, em Nuremberg, no 10º Congresso do NSDAP (5-12 de setembro de 1938), em Foroarchiv Heinrich Hoffmann, hoff-20423 e hoff-20447, BSB, Munique.

49. Cf. Fotoarchiv Heinrich Hoffmann, hoff-14083 e hoff-50118, BSB, Munique.

50. Below, *Hitlers Adjutant*, cit., p. 35.

51. Id., ibid., p. 22s.

52. No dia 22 de maio de 1944, Hitler nomeou Von Below homem de ligação de Speer, com a função de "manter o ministro do Armamento permanentemente informado das opiniões do Führer". Cf. Speer, *Erinnerungen*, cit., p. 569.

53. Below, *Hitlers Adjutant*, cit., p. 81.

54. Id., ibid., pp. 166ss. Depois da guerra, Von Below afirmou ter sido informado em 1942, no quartel-general ucraniano de Hitler em Winizza, do assassinato de judeus pelas forças-tarefa do Serviço de Segurança. Cf. KV Anklage, Interrogations, Rep. 502 VI B5I, Nicolaus von Below, Interrogation 2786a of Nicolaus von Below, 24 de março de 1948, p. 10, Staatsarchiv, Nuremberg.

55. Below, *Hitlers Adjutant*, cit., p. 96. Cf. Maria von Below, cit., em Sereny, *Albert Speer*, cit., pp.140ss. Cf. ainda Kershaw, *Hitler 1936-1945*, cit., p. 70. Wini-

fred Wagner, outra integrante do grupo privado em torno a Hitler, também se disse indignada com as memórias de Speer. Nenhum "adversário de Hitler" teria escrito coisa pior. Hitler sempre seria apresentado "como um déspota de extração pequeno-burguesa", coisa que Speer "o perfeitamente genial — ou o demoníaco" não enxergava. Cf. Winifred Wagner, cit., em Hamann, *Winifred Wagner oder Hitlers Bayreuth*, cit., p. 592.

56. Below, *Hitlers Adjutant*, cit., p. 95. Cf. Kershaw, *Hitler 1936-1945*, cit., pp. 136s, 65s.

57. Below, *Hitlers Adjutant*, cit., p. 370.

58. Junge, *Bis zur letzten Stunde*, cit., p. 74.

59. Schroeder, *Er war rnein Chef*, cit., p. 196.

60. Cf. "Sofie Stork, Meldebogen vom 17. Mai 1946", assim como "Aussage Sofie Storks vom 11. August 1947 vor dem Amtsgericht München IV", em Spruchkarnmern, Karton 1790, Staarsarchiv, Munique.

61. Cf. "Biographische Angaben aus den 'Akten des Polizei-Präsidiums zu Berlin' vom 21. Juli 1931" (cópia), em N 26/2504, BA, Berlim.

62. Wagener, *Hitler aus nächster Nähe*, cit., pp. 198s.

63. Kershaw, *Hitler 1889-1936*, pp. 432s.

64. Cf. "Albert Bormann an Rudolf Heß, Berlin, 9. Juni 1938" (original), em NL Rudolf Heß, J 1.211 (–) 1993/300, vol. 7, pasta 98, BA, Berna.

65. Cf. Conradi, *Hitlers Klavierspieler*, cit., p. 231.

66. Cf. Below, *Hitlers Adjutant*, cit., p. 248.

67. Wiedemann, *Der Mann, der Feldherr werden wollte*, p. 72.

68. Id., ibid.

69. Cf. Lang, *Der Sekretär*, cit., p. 97. "Vernehmung Wilhelm Brückners am 26. August 1947 durch R. M. W. Kempner, KV-Anklage", em Interrogations B 173 (Wilhelm Brückner), Staatsarchiv, Nuremberg.

70. Albert Speer, cit. Em Fest, *Die unbeanwortbaren Fragen*, cit., p. 40.

71. Below, *Hitlers Adjutant*, cit., pp. 29s. A isso se opõe a constatação de Gitta Sereny, segundo a qual Anni Brandt, Maria von Below e Margarete Speer formavam "um grupo próprio" e não tinham "contato com as mulheres do staff de Hitler". Cf. Sereny, *Albert Speer*, cit., p. 236.

72. Hitler, Otto Dietrich, Sofie Stork e Eva Braun, entre outros, em férias, à mesa, 1934, em Fotoarchiv Heinrich Hoffmann, hoff-49671, BSB, Munique.

73. Cf. "Sofie Stork, Aussage vom 13. Oktober 1948 vor der Spruchkammer Amtsgericht München IV", cit., em Joachimsthaler, *Hitlers Liste*, cit., pp. 500s. Cf. ainda Schroeder, *Er war mein Chef.*, cit., pp. 38, 216.

74. Cf. "Tagesablauf, Sonntag, den 19. Juni 1938" (cópia), em NL Albert Speer, N 1340/288, BA, Coblença.

75. Below, *Hitlers Adjutant*, cit., p. 248. Aqui o prenome de Kannenberg aparece como "Willy" (p. 440).

76. Cf. Hamann, *Winifred Wagner oder Hitlers Bayreuth*, cit., pp. 322, 590.

77. Schroeder, *Er war mein Chef*, cit., pp. 38. 57. Cf. ainda Below, *Hitlers Adjutant*, cit. p. 248.

78. Cf. "Georg Birnstiel an Albert Bormann, München, 27. Oktober 1939", em Spruchkammern, Karton 1790 (Sofie Stork), Staatsarchiv, Munique. Ver também Adalbert Keis, contador, acerca da empresa H. Stork em carta de abril de 1947, em Spruchkammern, Karton 1790, Staatsarchiv, Munique. Segundo ele, em 1937, Sofie Stork investiu 45 mil marcos na empresa do pai. Cf. também Joachimsthaler, *Hitlers Liste*, cit., pp. 502ss. Em comparação: na época, um operário especializado ganhava em média uns 1900 marcos por ano.

79. *Akten der Partei-Kanzlei der NSDAP*, cit., W 12400093. Lá, uma anotação datada de 27 de maio de 1937, observa: "Recebe um cheque do gabinete de Bormann por intermédio de Sofie Stock (*sic!*)", Munique. Ver ainda "Georg Birnstiel an Albert Bormann, München 27. Oktober 1939", em Spruchkammern, Karton 1790 (Sofie Stork), Staatsarchiv, Munique. Cf. igualmente "Brieftagebuch des NSKK-Brigadeführers Albert Bormann, 29. Juli 1939 bis 14. Juli 1941", em NS 24/327, BA, Berlim.

80. Id., ibid.

81. Schroeder, *Er war mein Chef*, cit., p. 38.

82. Cf. Frank Bajohr, *Parvenüs und Profiteure. Korruption in der NS-Zeit*, Frankfurt am Main, 2001, pp. 37s; Kershaw, *Hitler 1889-1936*, cit., p. 674.

83. Cf. "Vernehmung Heinrich Hoffmanns am 13. November 1946", p. 5, em Rep. 502, KY-Anklage Interrogations, H 180 (VI), Staatsarchiv, Nuremberg.

84. Cf. Marianne Schönmann, Aussage vom 16. April 1947, Amtsgericht München, cit., em Joachimsthaler, *Hitlers Liste*, p. 508. Segundo sua própria declaração, Schönmann, que então ainda se chamava Petzl, conheceu Hitler depois do segundo casamento de Heinrich Hoffmann, no dia 18 de abril de 1934, na casa do fotógrafo.

85. Id., ibid., p. 510. Já no Natal de 1935, Hitler mandou incluir Marianne Schönmann (com o nome Marion Perard-Theisen) em sua "lista de presentes". Cf. Id., ibid., p. 14.

86. Cf. "Casamento de Marion Schön(e)mann, 7 de agosto de 1937", em Fotoarchiv Heinrich Hoffmann, hoff-15850, BSB, Munique.

87. Schönmann, "Aussage vom 16. April 1947", cit., p. 510. Segundo declarações de Karl Friedrich von Eberstein, membro do NSDAP e da SS e chefe de polícia em Munique de 1936 a 1942, um relatório do serviço de inteligência do exército norte-americano constatou que Eva Braun detestava "Marion Schoe-

nemann" e acabou conseguindo afastá-la de Hitler. Cf. Eberstein, "Women around Hitler", em Headquarters Military Intelligence Service Center, US Army, APO 757, 01 Special Report 36, Adolf Hitler: A Composite Picture (2 de abril de 1947), p. 9, F135/4, em David Irving, "Dokumentation 'Adolph Hitler 1944--1953'", vol. 4, IFZ, Munique, p. 695. Nicolaus von Below, pelo contrário, recordou que Schönmann era uma das amigas de Eva Braun, que a levou de Munique à Berghof. Cf. Below, *Hitlers Adjutant*, cit., pp. 96s.

88. Cf. Office of U. S. Chief of Counsel for War Crimes, APO 124 A, Evidence Division, Interrogation Branch, Interrogation Summary No. 413, 4 November 1946, Nuremberg (Dr. Karl Brandt), Staatsarchiv, Nuremberg.

89. Cf. Kershaw, *Hitler 1936-1945*, cit., pp. 123ss.

90. Walter Schellenberg, *Aufzeichnungen. Die Memoiren des letzten Geheimdienstchefs unter Hitler*, ed. por Cita Petersen, Wiesbaden e Munique, 1979, p. 52.

91. Schroeder, *Er war mein Chef*, cit., p. 85.

92. Cf. Gun, *Eva Braun-Hitler*, cit., pp. 124s.

93. Below, *Hitlers Adjutant*, cit., pp. 96s.

94. Cf. Gerhard Paul, "Joseph Bürckel — Der rote Gauleiter", em Smelser et al. (ed.), *Die braune Elite II*, cit., pp. 59ss.

95. "Erlaß Josef Bürckels vom 22. März 1938", cit. Em Alexander Mejstrik et al., *Berufsschädigungen in der nationalsozialistisehen Neuordnung der Arbeit. Vom österreichischen Berufsleben 1934 zum völkischen Schaffen 1938-40* (= Veröffentlichungen der Österreichischen Historikerkommission, Vermögensentzug wahrend der NS-Zeit sowie Rückstellungen und Entschädigungen seit 1945 in Östrerreich, vol. 16), Munique, 2004, p. 299.

96. Below, *Hitlers Adjutant*, cit., p. 97. Cf. Baldur von Schirach, *Ich glaubte an Hitler*, Hamburgo, 1967, pp. 267s.

97. Speer, *Erinnerungen*, cit., p. 108.

98. Cf. Doris Seidel, "Die jüdische Gemeinde Münchens 1933-1945", em *München arisiert. Entrechtung und Enteignung der Juden in der NS-Zeit*, ed. por Angelika Baumann e Andreas Heusler para a Landeshauptstadt München, Munique, 2004, pp. 34s. Sobre Fiehler, cf. Helmut M. Hanko, "Kommunalpolitik in der 'Hauptstadt der Bewegung' 1933-1935. Zwischen 'revolutionärer' Umgestaltung und Verwaltungskontinuität", em Martin Broszat et al. (eds.), *Bayern in der NS-Zeit. Herrschaft und Gesellschaft im Konflikt*, 3ª parte, Munique, 1981, pp. 334ss, 417ss.

99. Cf. Julia Schmideder, "Das Kaufhaus Uhlfelder", em *München arisiert*, cit., pp. 130ss.

100. Speer, *Erinnerungen*, cit., p. 108.

101. Cf. Mejstrik et al., *Berufsschädigungen in der nationalsozialistischen Neuordnung der Arbeit*, cit., pp. 131s.

102. Cf. Thamer, *Nationalsozialismus*, cit., p. 306. Cf. também, Lynn H. Nicholas, *Der Raub der Europa. Das Schicksal europäischer Kunstwerke im Dritten Reich*, Munique, 1995, pp. 57ss.

103. "Hans Heinrich Lammers an Heinrich Himmler, Berlin 18. Juni 1938", em R 43 II, 1296a, Bl. 5, BA, Berlim. Cf. Hanns C. Löhr, *Das Braune Haus der Kunst, Hitler und der "Sonderauftrag Linz"*, Berlim, 2005, pp. 22s.

104. Cf. Günther Haase, *Die Kunstsammlung Adolf Hitler. Eine* Dokumentation, Berlim, 2002, pp. 16ss; Brigitte Hamann, *Hitlers Wien. Lehrjahre eines Diktators*, 5ª ed., Munique, 2002, pp. 11ss; Speer, *Erinnerungen*, cit., p. 112.

105. Cf. Löhr, *Das Braune Haus der Kunst*, cit., p. 129.

106. O *marchand* de Hitler Karl Haberstock deu à secretária Christa Schroeder um "banco baú italiano do Renascimento" e um "espelho de 1510" com moldura "do escultor italiano Sanvoni", peças que ela instalou com muito orgulho em seu apartamento de Berlim. Cf. "Christa Schroeder an Johanna Nusser, Berlin 28. April 1941", em ED 524, IfZ, Munique. Cf. também Spitzy, *So haben wir das Reich verspielt*, cit., p. 211.

107. "Vernehmung Heinrich Hoffmanns am 13. November 1946", cit.

108. Id., ibid.

109. "Office of U. S. Chief of Counsel for War Crimes, APO 124A, Evidence Division, Interrogation Branch, Interrogation Summary No. 413", 4 de novembro de 1946, Nuremberg (Dr. Karl Brandt), Staatsarchiv, Nuremberg.

110. Cf. Nicholas, *Der Raub der Europa*, cit., pp. 47, 213. Cf. ainda Gerhard Engel, *Heeresadjutant bei Hitler 1938-1943*, ed. e comentado por Hildegard von Kotze (= Schriftenreihe der Vierteljahrshefte für Zeitgeschichre, vol. 29), Stuttgart, 1974, pp. 33s.

111. Cf. Löhr, *Das Braune Haus der Kunst*, cit., p. 127. Cf. Haase, *Die Kunstsammlung Adolf Hitler*, cit., pp. 52ss. Os autores divergem quanto à militância ou não de Maria Alma Dietrich no NSDAP.

112. Cf. "Der Reichsminister und Chef der Reichskanzlei (Lammers) an Hauptmann a. D. Wiedemann (Adjurantur des Führers), Berlin, 18. August 1938" (cópia), em Rep. 502, NG-1465, Bl. 739, Staatsarchiv, Nuremberg. Na carta, Lammers afirma que autorizava a quitação das "41 contas" da marchand muniquense Maria Alma, enviadas por Wiedemann, no valor de 284 550 marcos.

113. Cf. Gabriele Anderl e Alexandra Caruso (eds.), *NS-Kunstraub in Österreich und die Folgen*, Innsbruck, 2005, p. 41.

114. Cf. Ernst Günther Schenck, *Patient Hitler. Eine medizinische Biographie*, Augsburgo, 2000, p. 163. Schenck situa o encontro em 25 de dezembro de 1936,

referindo-se a uma declaração do filho de Heinrich Hoffmann. Cf. Speer, *Erinnerungen*, cit., p. 118. Segundo Speer, o primeiro contato de Hitler com Morell foi antes do fim de 1936, talvez no fim de 1935. Ele afirma ter procurado Morell pessoalmente em 1936, a pedido de Hitler. Cf. U. S. Strategic Bombing Survey, APO 413, Interview No. 64, Dr. med. Karl Brandt, 17-18 de junho de 1945, p. 457, em Sammlung Irving, ED 100, USSBS: Interrogation Reports, vol. 2, IfZ, Munique. Brandt afirmou que, em 1936, Hoffmann levou o futuro "médico pessoal" a Berlim como seu médico particular. Inicialmente, Morell se hospedou no apartamento de Hoffmann e assim conheceu Hitler.

115. Fotoarchiv Heinrich Hoffmann, hoff-15850 e hoff-16378, BSB, Munique.

116. Fotoarchiv Heinrich Hoffmann, hoff-20423/hoff-50275/hoff-20676, BSB, Munique.

117. Cf. Kershaw, *Hitler 1936-1945*, cit., p. 182.

118. Cf. Speer, *Erinnerungen*, cit., p 119, onde se lê: "Dali por diante, Morell também passou a integrar o grupo íntimo [...]". Cf. ainda Below, *Hitlers Adjutant*, cit., p. 97. Segundo ele, o casal Morell também foi convidado à Berghof na Páscoa de 1938, assim como os Bormann, os Speer e os Brandt. Cf. ainda Schroeder, *Er war mein Chef*, cit., p. 206. Ela diz: "Hitler nomeou-o seu novo médico pessoal e, mais tarde, professor universitário". Cf. Schenck, *Patient Hitler*, cit., p. 163. Schenk, que analisou os "Morell Papers" do National Archives dos Estados Unidos, opinava que Morell só ingressou no círculo mais chegado a Hitler depois do início da Segunda Guerra Mundial, aliás, só a partir de 1941.

119. Speer, *Erinnerungen*, cit., pp. 118s.

120. Franz von Sonnleithner, *Als Diplomat im "Führerhauptquartier"*, prefácio de Reinhard Spitzy, Munique e Viena, 1989, p. 59.

121. Cf. Hamann, *Winifred Wagner oder Hitlers Bayreuth*, cit., pp. 374s.

122. Cf. Kershaw, *Der Hitler-Mythos*, cit., pp. 162s, 167; Schroeder, *Er war mein Chef*, cit., p. 206.

123. Cf. Speer, *Erinnerungen*, cit., p. 119; Schellenberg, *Aufzeichnungen*, cit., p. 75. Conforme Schellenberg, chefe da Contraespionagem Interna do Serviço Central de Segurança Nacional, em 1939, com o início da guerra, Himmler o encarregou de espreitar Morell, que, por diversas razões, parecia suspeito. Mas, segundo Schellenberg, "não foi possível provar" que ele tivesse "ligação com serviços secretos inimigos".

124. Schenck, *Patient Hitler*, cit., pp. 163s.

125. Hanfstaengl, *Zwischen Weißem und Braunem Haus*, cit., p. 185. Ele invocou Hanni Morell, que teria dito que, por essa razão, era impossível examinar o corpo de Hitler. Cf. Schenck, *Patient Hitler*, cit., pp. 162, 180ss.

126. Cf. "Der Reichsminister und Chef der Reichskanzlei, Lammers, an Professor Dr. med. Morell, Berlin, 31. Januar 1943" (cópia), em: F 123, Sammlung Prof. Morell 1937-1945, IfZ, Munique (cópias de documentos originais em poder do dr. Justin MacCarthy, 608 S. Granite St, Deming/New Mexico 88030, EUA).

127. Cf. Schroeder, *Er war mein Chef*, cit., p. 206.

128. Cf. Hamann, *Winifred Wagner oder Hitlers Bayreuth*, cit., p. 374; Leni Riefenstahl, *Memoiren*, Colônia, 2000 (1ª edição, Munique e Hamburgo, 1987), p. 394.

129. Below, *Hitlers Adjutant*, cit., p. 87.

130. Speer, *Erinnerungen*, cit., pp. 119s.

131. Id., ibid., p. 120.

132. Cf. Katz, *Theo Morell*, cit., p. 169, 287. Katz diz que essa afirmação faz parte das "muitas histórias bobas" nas memórias de Speer.

133. "Ilse Heß an Carla Leitgen, cit., 3. Februar 1938" (cópia em carbono), em NL Rudolf Heß, J 1211 (–) 1993/300, vol. 9, pasta 111, BA, Berna.

134. Cf. Theodor Morell, "Kalender von 1944" (registro de 8 de janeiro: "Telefonema [...] srta. Eva"), em NL Theodor Morell, N 1438/2, BA, Coblença.

135. Cf. Katz, *Theo Morell*, cit., p. 253.

136. Assim, durante a estada no Obersalzberg, Morell registrou, em 20 de abril de 1943, que à noite Hitler iniciou uma "cura de enterofagos" e "também Eva Braun". Cf. David Irving, *Die geheimen Tagebücher des Dr. Morell. Leibarzt Adolf Hitlers*, Munique, 1983, p. 123.

137. Junge, *Bis zur letzten Stunde*, cit., p. 133. Durante o interrogatório dos médicos de Hitler no pós-guerra, o historiador Percy Ernst Schramm também observou sob a rubrica Eva Braun: "rejeitava Morell". "Originalnotizen von P. E. Schramm über Hitler, gemacht während der Befragungen von Hitlers Leibärzten. Haus 'Alaska', d. h., Altersheim für Lehrerinnen im Taunus, Sommer 1945 in USA-Kriegsgefangenschaft", em Kl. Erwerb, 441-3, p. 169, BA, Coblença.

138. Depois da guerra, Brandt frisou seu "sentimento de repulsa por Morell como pessoa e médico". Este também seria cientificamente incapaz e "desinteressado por trabalhos desse tipo". Cf. Karl Brandt, "Theo Morell", 19. September 1945 (Haus "Alaska" im Taunus, Sommer 1945 in amerikanischer Kriegsgefangenschaft), em Kl. Erwerbungen 441-3 (cópia), pp. 61s, BA, Coblença.

139. Cf.Schmidt, *Karl Brandt*, cit., pp. 492ss.

140. Hanfstaengl, *Zwischen Weißem und Braunem Haus*, cit., p. 50.

141. Cf. Below, *Hitlers Adjutant*, cit., p. 81.

142. Cit. conforme Kershaw, *Hitler 1889-1936*, cit., p. 230. Cf. também Hans-Ulrich Thamer, *Verführung und Gewalt. Deutschland 1933-1945*, Berlim, 1986,

pp. 69, 95. Mas, no *Völkischer Beobachter* já se falava no "nosso Führer" desde o outono de 1921.

143. Cf. Plöckinger, *Geschichte eines Buches*, cit., pp. 329s. Cf. Mathias Rösch, *Die Münchner NSDAP 1925-1933. Eine Untersuchung zur inneren Struktur der NSDAP in der Weimarer Republik*, Munique, 2002, p. 513.

144. Speer, *Spandauer Tagebücher*, cit., p. 653.

145. Cf. "Interrogation Summary No. 666, Office of U.S. Chief of Counsel for War Crimes, APO 124A, Evidence Division, Interrogation Branch. Interrogation of Hermann Esser, Staatssekretär, Interrogated by Mr. Fehl, 6 December 1946, Nuremberg", p. 2, em ZS 1030 (Hermann Esser), IFZ, Munique. Esser era presidente da Federação Nacional de Turismo. *Akten der Partei-Kanzlei der NSDAP*, cit., p. 287.

146. Cf. Rösch, *Die Münchner NSDAP 1925-1933*, cit., p. 193; Ernst Piper, *Alfred Rosenberg. Hitlers Chefideologe*, Munique, 2005, pp. 124s.

147. Cf. "Interrogation Summary No. 666", cit., pp. 3s.

148. Id., ibid.

149. Hermann Esser e Johann Jacob Bierbrauer, *Die jüdische Weltpest. Judendammerung auf dem Erdball*, 6ª ed., Munique, 1941.

150. Cf. Interrogation Summary No. 666, cit., p. 2. Segundo Esser, no tocante à "questão judaica", o programa do Partido Nacional-Socialista de 1920 era totalmente diferente do de 1939 e 1940. Ele também afirmou não ter participado da decisão no congresso do partido de 1935 (p. 3). — Aliás, o próprio Rosenberg negou até o fim ter sabido da política de extermínio, muito embora estivesse perfeitamente informado da "solução final" e, na qualidade de ministro dos Territórios Ocupados do Leste, tivesse participado de ações de extermínio. Cf. Piper, *Alfred Rosenberg*, cit., pp. 579ss, 634s.

151. Em 1950, Esser, então no processo de desnazificação, foi condenado a cinco anos de prisão e, depois de dois anos, posto antecipadamente em liberdade.

152. Cf. Schlie (ed.), *Albert Speer. Die Kransberg-Protokolle 1945*, cit., p. 144. Speer o incluiu, juntamente com Eva Braun, Bormann, Brandt, Morell, Sepp Dietrich, o embaixador Hewel e a si próprio no círculo da Berghof. Cf. Junge, *Bis zur letzten Stunde*, cit., p. 94. Junge, que esteve pela primeira vez no Obersalzber em março de 1943, mencionou como convidados "o ministro Esser e esposa".

153. Cf. Fotografia de grupo em frente ao Modelo da Casa do Turismo Alemão de Berlim, Berghof, 10 de janeiro de 1937, em Fotoarchiv Heinrich Hoffmann, hoff-14728, BSB, Munique.

154. A ruína foi demolida em 1964.

155. Cf. Piper, *Alfred Rosenberg*, cit., p. 12.

156. Assim, no dia 24 de fevereiro de 1943, durante a comemoração anual da "fundação do partido" na Hofbräuhaus de Munique, Esser leu a "Proclamação do Führer", enquanto Hitler se encontrava "no Leste", em seu quartel-general Wolfsschanze. "Wortlaut der Führerproklamation", em NL Franz Ritter von Epp, N 1101/86, BA, Coblença.

157. Cf. Thilo Nowack, *Rhein, Romantik, Reisen. Der Ausflugs- und Erholungsreiseverkehr im Mittelrheintal im Kontext gesellschaftlichen Wandels (1890--1970)*, tese. Universität Bonn, 2006, pp. 117ss.

158. Quanto a isso, cf. Frank Bajohr, *"Unser Hotel ist judenfrei". Bäder-Antisemitismus im 19. und 20. Jahrhundert*, Frankfurt am Main, 2003, pp. 16ss.; Alfred Bernd Gottwaldt e Diana Schulle, *"Juden ist die Benutzung von Speisewagen untersagt". Die antijüdische Politik des Reichsverkehrsministeriums zwischen 1933-1945*, Teetz, 2007.

159. Cf. Susanne Appel, *Reisen im Nationalsozialismus. Eine rechtshistorische Untersuchung* (= Schriften zum Reise- und Verkehrsrecht, vol. 3), Baden--Baden, 2001; Kristin Semmens, *Seeing Hitler's Germany: Tourism in the Third Reich*, University of Victoria, Palgrave (Canada), 2005.

160. Cf. Prof. Dr. Von Hasselbach, "Hitlers Mangel an Menschenkenntnis, 26. September 1945" (cópia), p. 5, em Kl. Erwerbungen 441-3, BA, Coblença.

161. Cf. Michael Humphrey, *Die Weimarer Reformdiskussion über das Ehescheidungsrecht und das Zerrüttungsprinzip. Eine Untersuchung über die Entwicklung des Ehescheidungsrechts in Deutschland von der Reformation bis zur Gegenwart unter Berücksichtigung rechtsvergleichender Aspekte*, Göttingen, 2006, p. 74.

162. "Der Reichsminister der Justiz an den Herrn Reichsminister und Chef der Reichskanzlei, Berlin, 29. Oktober 1938" (cópia), em Fa 199/47, IfZ, Munique.

163. "Gesetz zur Vereinheitlichung des Rechts der Eheschließung und der Ehescheidung im Lande Österreich und im übrigen Reichsgebiet vom 6. Juli 1938, § 55", em "Reichsgesetzblatt I", 1938, pp. 807ss.

164. Id., ibid. O § 9 determina literalmente: "Adultério: 1. Não pode haver casamento entre um cônjuge divorciado por adultério com a pessoa com a qual ele cometeu o adultério se esse adultério tiver sido a causa do divórcio na sentença de divórcio. 2. Pode-se conceder isenção desta disposição".

165. "Der Reichsminister und Chef der Reichskanzlei an den Reichsminister der Justiz, Herrn Dr. Gürtner, Berchtesgaden, 23. Novernber 1938" (cópia), em Fa 199/47, IfZ, Munique.

166. Id., ibid.

167. Sobre isso, cf. Lothar Gruchmann, *Justiz im Dritten Reich 1933-1940. Anpassung und Unterwerfung in der Ära Gürtner*, 3ª ed., Munique, 2002.

168. "Abschrift des Urteils des Landgerichts Berlin vom 23. Dezember 1938", Geschäftsnr. 220. R.303.38, em Fa 199/47, IfZ, Munique.

169. "Hermann Esser an Reichsminister Dr. Lammers, Berlin, 23. Dezember 1938" (cópia), em Fa 199/47, IfZ, Munique.

170. "Der Reichsminister der Justiz an den Reichsminister und Chef der Reichskanzlei, Dr. Lammers, Berlin, 6. Februar 1939" (cópia), em Fa 199/47, IfZ, Munique.

171. Cf. "Fotografia do casamento, 5 de April de 1939", em Fotoarchiv Heinrich Hoffmann, hoff-24169, BSB, Munique.

172. Cf. "Eva Braun durante o batismo na casa de Hermann Esser em Munique", s.d., em Fotoarchiv Heinrich Hoffmann, hoff-363, BSB, Munique. De acordo com o depoimento de Hedwig Hoffmann, uma ex-empregada da família Esser, Eva Braun foi convidada à festa como madrinha por ser "conhecida da sra. Esser". Cf. "Aussage der Zeugin Hedwig Hoffmann, 18. Oktober 1949, Öffentliche Sitzung der Berufungskammer, München, VI Senat, zur mündlichen Verhandlung über den Nachlaß der verstorbenen Eva Hitler, geb. Braun", em Spruchkarnmern, Karton 718, Staatsarchiv, Munique. Hanfstaengl também declarou que Eva Braun era amiga da segunda esposa de Esser desde os tempos de colégio. Cf. Hanfstaengl, *Zwischen Weißem und Braunem Haus*, cit., p. 359.

173. Nascido no dia 4 de outubro de 1935, o filho do casal Brandt foi batizado Karl-Adolf. O filho de Speer, nascido em 1937, chamou-se Friedrich Adolf. Ribbenrrop também deu o nome de Adolf ao filho. Rudolf Heß, por sua vez, apadrinhou um dos filhos de Bormann, que recebeu o seu nome, Rudolf (Gerhard).

174. Cf. Adolf Hitler, "Rede vor der NS-Frauenschaft am 8. September 1934", em Domarus, *Hitler. Reden und Proklamationen 1932-1945*, cit., p. 451.

175. Cf. Michael Rissmann, *Hitlers Gott. Vorsehungsglaube und Sendungsbewußtsein des deutschen Diktators*, Zurique e Munique, 2001, p. 80.

176. Ferdinand Hoffmann, *Sittliche Entartung und Geburtenschwund* (= Schrifren für naturgesetzliche Politik und Wissenschaft, H. 4), 2ª ed. ampl., Munique, 1938, pp. 6, 14.

177. Cf. Speer, *Erinnerungen*, cit., p. 106; *Frauen um Hitler*, cit., p. 228. Cf. também "Gerda Bormann an Martin Bormann, Obersalzberg, 25. Dezember 1943", em Trevor-Roper (ed.), *The Bormann Letters*, cit., p. 38.

178. "Aufzeichnung aus dem Führerhauptquartier vom 21./22. Oktober 1941", em Hitler, *Monologe im Führerhauptquartier 1941-1944*, cit., p. 99.

179. Kershaw, *Hitler 1936-1945*, cit., p. 66.

180. Hitler cit. Em Speer, *Erinnerungen*, cit., p. 106. Hamann, *Hitlers Wien*, cit., pp. 536ss. Já o líder fascista Benito Mussolini não tomava essa atitude. É citado com as seguintes palavras: "Não sou casado com a Itália como Hitler com a Alemanha". Cf. Rachele Mussolini, *Mussolini ohne Maske. Erinnerungen*, ed. por Albert Zarca, Stuttgart, 1974.

181. "Der Führer spricht zur deutschen Frauenschaft", em *Reden des Führers am Parteitag der Ehre 1936*, 4ª ed., Munique, 1936, p. 44.

182. Kurt Sontheimer, *Antidemokratisches Denken in der Weimarer Republik. Die politischen Ideen des deutschen Nationalismus zwischen 1918 und 1933*, 4ª ed., Munique, 1994, pp. 214ss.

183. Hitler, *Monologe im Führerhauptquartier 1941-1944*, cit., p. 230.

184. Speer, *Erinnerungen*, cit., p.106. Kershaw aceita essa avaliação. Diz: "Para preservar o prestígio, ele escondia a mulher dos olhos do público". Kershaw, *Hitler 1936-1945*, cit., p. 72.

185. "Besprechung zwischen Mr. Albrecht und Frl. Paula Hitler, Berchtesgaden, 26. Mai 1945", cit. Cf. também Zdral, *Die Hitlers*, cit., p. 207. Cf. ainda Alfred Läpple, *Paula Hitler — Die Schwester. Ein Leben in der Zeitenwende*, 2ª ed., Stegen am Ammersee, 2005, pp. 147ss.

186. "Rudolf Heß an Ilse Pröhl, Festung Landsberg, 8. Juni 1924", em Heß, *Briefe 1908-1933*, cit., p. 332. Otto Dietrich, o ex-chefe nacional de imprensa, considerado membro do círculo íntimo de colaboradores, notou a "rejeição de Hitler a tudo quando fosse familiar". Cf. Dietrich, *12 Jahre mit Hitler*, cit., p. 235. Ver ainda Hamann, *Hitlers Wien*, cit., p. 516. Segundo ele, na juventude, Hitler já apresentava inibição e medo de contato com mulheres. Como ele próprio teria confessado a Reinhold Hanisch, um conhecido da época do albergue masculino em Viena, receava as "possíveis consequências" de um relacionamento íntimo.

187. Speer, *Erinnerungen*, cit., pp. 99, 106.

188. Schlie (ed.), *Albert Speer. Die Kransberg-Protokolle 1945*, cit., p. 119.

189. Cf. Schroeder, *Er war mein Chef*, cit., pp. 166s. Henry Picker afirma, pelo contrário, que Braun era "governanta" e "chefe da Berghof". Cf. Henry Picker, *Hitlers Tischgespräche im Führerhauptquartier. Entstehung, Struktur, Folgen des Nationalsozialismus*, Berlim, 1997, pp. 352ss.

190. Cf. Hanskarl von Hasselbach, "Hitler", em Headquarters Military Intelligence Service Center, US Army, APO 757, OI Special Report 36, Adolf Hitler: A Composite Picture (2 April 1947), F135/4, p. 6, em David Irving, "Dokumentarion 'Adolph Hitler 1944-1953'", vol. 4, IfZ, Munique, p. 714. Em compensação, Albert Speer enfatizou que Eva Braun era "incrivelmente despretensiosa" e "muito caluniada". Sereny, *Albert Speer*, cit., pp. 233s. Cf. Spitzy, *So haben wir das*

Reich verspielt, cit., p. 129. O ajudante de ordens de Ribbentrop descreveu Eva Braun como "filha da pequena-burguesia" que não tinha nenhuma "estatura". Se Hitler, pelo contrário, tivesse uma "esposa culta, inteligente", ela teria podido "abrandá-lo".

191. Cf. Ian Kershaw, *Hitlers Macht. Das Profil der NS-Herrschaft*, Munique, 1992, pp. 31ss.

192. Ley, "Gedanken um den Führer", cit., p. 22.

193. Cf. Emmy Göring, *An der Seite meines Mannes. Begebenheiten und Bekenntnisse*, 4ª ed., Coburg, 1996, pp. 148s.

194. Cf. Alfred Kube, *Pour le mérite und Hakenkreuz. Hermann Göring im Dritten Reich*, 2ª ed., Munique, 1987, pp. 71ss, 202. Cf. tambémWerner Maser, *Hermann Göring. Hitlers janusköpfiger Paladin. Die politische Biographie*, Berlim, 2000; James Wyllie, *The Warlord and the Renegade. The Story of Hermann and Albert Goering*, Sutton, 2006.

195 Göring, *An der Seite meines Mannes*, cit., p. 149.

196. Acerca da perda da importância de Göring, cf. Kube, *Pour le mérite und Hakenkreuz*, cit., p. 359. Surpreendentemente, em janeiro de 1939, Göring solicitou o ingresso de sua esposa no NSDAP. Id., ibid., p. 203. Com toda certeza, Emmy Göring não cometeu uma "gafe" ao "convidar Eva Braun ao chá juntamente com todo o pessoal da Berghof", como opina Anna Maria Sigmund. Cf. Sigmund, *Die Frauen der Nazis*, cit., p. 264.

197. Cf. Schlie (ed.), *Albert Speer. Die Kransberg-Protokolle 1945*, cit., p. 119.

198. Kershaw, *Hitler 1936-1945*, cit., pp. 71ss; Fest, *Die unbeantwortbaren Fragen*, cit., p. 240. Cf. ainda Speer, *Erinnerungen*, cit., pp. 114s. Em suas memórias, Speer fala na existência de um muro "intransponível" e que Hitler — na presença de outros — nunca se mostrava "inteiramente relaxado e humano", nem mesmo com Eva Braun. Muito antes, Speer afirmara que, no âmbito privado, Hitler procurava parecer "um bom páter-famílias". Cf. Schlie (ed.), *Albert Speer. Die Kransberg-Protokolle 1945*, cit., p. 112.

199. Speer, *Erinnerungen*, cit., pp. 106s, 138.

200. Schlie (ed.), *Albert Speer. Die Kransberg-Protokolle 1945*, cit., p. 69ss, 112, 118.

201. "Seventh Army Interrogation Center, APO/758, 26 May 1945, 'Amann's Control of German Press'", em David Irving, "Dokumentation 'Adolph Hitler 1944-1953'", F135/3, IFZ, Munique, p. 490.

202. Darré, "Aufzeichnungen von 1945-1948", cit., vol. 2, p. 369.

203. Cf. "Biographical Report, Nurnberg, 26 October, 1945. Office of U. S. Chief of Counsel APO 403, U. S. Army, Interrogation Division, em ZS 1452 (Franz Xaver Schwarz)", IFZ, Munique.

204. "Interrogation of Reichsschatzmeister Schwarz, 21 July 1945, 1600 Hours", em zs 1452 (Franz Xaver Schwarz), IfZ, Munique. Um protocolo de conversa redigido no mesmo dia diz: "Hitler seemed to him (Schwarz, obs. do. aut.) an honest, intelligent man of great strength of character. He maintained that his relations with women were on a high plane. Stating that Hitler became a close friend of Eva Braun as early as 1931, he insisted that the relationship was purely platonic since Hitler had decided to forego matrimony in the interest of his country; Eva Braun frequented the Schwarz household".

205. "Report on Historical Interrogations of German Prisoners of War and Detained Persons, 20 December 1945 (Lt. Col. Oron J. Hale), War Department Historical Commission, War Department Special Staff, Historical Division", em Fh 51, IfZ, Munique.

206. "Besprechung zwischen Herrn Albrecht und Frl. Schröder, früher Sekretärin von Hitler, Berchtesgaden, 22. Mai 1945", p. 3, em MA 1298/10, microfilm, Various Documents DJ-13 (David Irving), IfZ, Munique.

207. Schroeder, *Er war mein Chef*, cit., pp. 155s.

208. Hoffmann, *Mein Beruf — Meine Arbeit für die Kunst — Mein Verhältnis zu Adolf Hitler*, cit., pp. 22s.

209. Id., ibid., pp. 18ss, 21s.

210. "Vernehmung des Julius Schaub am 12.3.1947 von 15.30 bis 16.00 durch Dr. Kempner", pp. 6s, em zs 137 (Julius Schaub), IfZ, Munique. Cf. ainda Julius Schaub, *In Hitlers Schatten. Erinnerungen und Aufzeichnungen des Chefadjutanten 1925-1945*, ed. por Olaf Rose, Stegen am Ammersee, 2005.

211. Cf. Kershaw, *Der Hitler-Mythos*, cit., p. 152.

212. Karl Brandt afirmou, em setembro de 1945, que Schaub certamente tinha um "quadro muito exato" da "vida privada de Hitler". Descreveu o ajudante de ordens como um intrigante que espalhava — mesquinha e pomposamente — "as mais malignas fofocas" e, com sua "sorrelfa" e "temível insídia", muitas vezes provocava desavenças no grupo em torno a Hitler. Schaub influenciava "a opinião de Hitler sobre as pessoas" e, por esse motivo, era muito adulado "inclusive por homens com cargo e dignidade". Cf. Karl Brandt, "'Julius Schaub', 20. September 1945 ('Oberursel/Alaska')", p. 71, em Kl. Erwerbungen 441-3 (cópia), BA, Coblença. Sobre o papel de Schaub, cf. também Angela Hermann, "Hitler und sein Stoßtrupp in der 'Reichskristallnacht'", em *Vierteljahrshefte für Zeitgeschichte* 56 (2008), pp. 603-19.

213. Herta Schneider, "Aussage vom 23. Juni 1949, Öffentliche Sitzung der Hauptkammer München zur mündlichen Verhandlung in dem Verfahren gegen Herta Schneider, geb. Ostermayr", em Spruchkammern, Karton 1670, Staatsarchiv, Munique.

214. "Heinrich Hoffmann, Aussage vom 1. Juli 1949, Öffentliche Sitzung der Hauptkammer München zur mündlichen Verhandlung in dem Verfahren gegen Eva Hitler, geb. Braun", em Spruchkammern, Karton 718 (Eva Hitler, geb. Braun), Staatsarchiv, Munique. A irmã, Ilse Fucke-Michels, declarou que, até 1945, Eva Braun trabalhou "tanto no escritório comercial do sr. Hoffmann e, à parte isso, como fotógrafa amadora". "Nos últimos anos, tinha um salário mensal líquido de quatrocentos marcos." Suas "tomadas especiais" eram "particularmente" elogiadas por Hoffmann.. Cf. Ilse Fucke-Michels, "Aussage vom 31. Mai 1949, Öffentliche Sitzung der Hauptkammer München", em Spruchkammern, Karton 718 (Eva Hitler, geb. Braun), Staatsarchiv, Munique. Cf. também Joachimsthaler, *Hitlers Liste*, cit., p. 466. Eva Braun filmava com uma câmera Agfa-Movex de 16 mm.

215. Cf. reprodução do recibo, em Gun, *Eva Braun-Hitler*, cit., p. 128 (g). Cf. "Herta Schneider, Aussage vom 23. Juni 1949", cit. Segundo Schneider, "nos primeiros anos da guerra", Braun continuou "trabalhando" em Munique.

216. Heinrich Hoffmann, "Aussage vom 1. Juli 1949", cit. Cf. também Sigmund, *Die Frauen der Nazis*, cit., p. 254. Aqui se lê: "No fim de 1935, Eva parou de trabalhar [...]".

217. Quanto à corrupção no entorno imediato de Hitler, cf. Bajohr, *Parvenüs und Profiteure*, cit., pp. 58ss.

218. Speer, *Erinnerungen*, cit., p. 107. No fim de junho de 1939, Eva Braun, acompanhada da mãe e da irmã caçula, embarcou no *MS Milwaukee* para um cruzeiro pelos fiordes noruegueses. Cf. Angela Lambert, *The Lost Life of Eva Braun*, Londres, 2007, p. 372. Cf. ainda Gun, *Eva Braun-Hitler*, cit., p. 145. O fato de Eva Braun viajar sozinha contradiz a afirmação de Speer segundo a qual ela não tinha liberdade e era obrigada a estar presente sempre que Hitler se instalava no Obersalzberg.

219. Cf. Speer, *Erinnerungen*, cit., p. 96. Speer afirmou que ele próprio sofria com o fato de Hitler querê-lo o tempo todo a sua disposição.

220. "Aussage von Adolf Widmann, Protokoll der Öffentlichen Sitzung vom 15. Oktober 1948 zur mündlichen Verhandlung in dem Verfahren gegen Eva Anna Paula Hitler, geb. Braun, Spruchkammer München I", em Spruchkammern, Karton 718 (Eva Hitler, geb. Braun), Staatsarchiv, Munique. Cf. também Joachimsthaler, *Hitlers Liste*, cit., pp. 459ss.

221. Berufungskammer für München, Abteilung Ermittlung an den Generalkläger beim Kassationshof im Bayerischen Ministerium für Sonderaufgaben, München, 13. September 1948, em Spruchkammern, Karton 718 (Eva Hitler, geb. Braun), Staatsarchiv, Munique.

222. Cf. "Amtsgericht München, Grundbuch von Bogenhausen, Bd. 90, Bl. 2574, S. 6". Já não existe contrato de compra e venda, e o registro de imóvel original também foi destruído em um ataque aéreo em 17 de dezembro de 1944. Cf. "Amtsgericht München, Abt. 3, an den Generalkläger beim Kassationshof im Staatsministerium für Sonderaufgaben, München, 11. März 1948", em Spruchkammern, Karton 718 (Eva Hitler, geb. Braun), Staatsarchiv, Munique.

223. Hoffmann, *Mein Beruf — Meine Arbeit für die Kunst — Mein Verhältnis zu Adolf Hitler*, cit., p. 22. Cf. Heinrich Hoffmann (então preso e classificado de "culpado principal grupo I"), "Aussage vom 1. Juli 1949, Öffentliche Sitzung der Hauptkammer München zur mündlichen Verhandlung in dem Verfahren gegen Eva Hitler, geb. Braun", em Spruchkammern, Karton 718 (Eva Hitler, geb. Braun), Staatsarchiv, Munique.

224. Cf. Gun, *Eva Braun-Hitler*, cit., p. 116. Cf. também "Meldekarte Eva Braun, 24. August 1935", Stadtarchiv, Munique.

225. Cf. Walter Wönne e Falko Berg, *Halte, was Du hast. Erinnerungen*, cit., 2000, p. 404.

226. Adolf Hitler, "Reichstagsrede vom 7. März 1936", em Johannes Hohlfeld (ed.), *Dokumente der Deutschen Politik und Geschichte von 1848 bis zur Gegenwart*, vol. IV: *Die Zeit der nationalsozialistischen Diktatur 1933-1945: Aufbau und Entwicklung 1933-1938*, Berlim, s.d., pp. 275ss. Cf. Kershaw, *Hitler 1889--1936*, cit., pp. 732ss.

227. Schlie (ed.), *Albert Speer. Die Kransberg-Protokolle 1945*, cit., p. 219.

228. Joseph Goebbels, cit. Em Frank Omland, "*Du wählst mi nich Hitler!*" *Reichstagswahlen und Volksabstimmungen in Schleswig-Holstein 1933-1938*, Hamburgo, 2006, p. 132.

229. "Besprechung zwischen Mr. Albrecht und Frl. Paula Hitler, Berchtesgaden, 26. Mai 1945", cit.

230. Hitler, *Monologe im Führerhauptquartier 1941-1944*, cit., p. 158. Cf. também Rissmann, *Hitlers Gott*, cit., pp. 176ss; Dietrich, *12 Jahre mit Hitler*, cit., pp. 168s. Segundo Dietrich, Hitler acreditava em um "poder superior, que ele nunca definiu, e na existência de um ser supremo".

231. Cf. Fotografia de grupo com Helene Bechstein, Erna Hoffmann, Eva Braun e outros na segunda fila, sentados atrás de Otto Dietrich, Adolf Wagner e Hitler, em Fotoarchiv Heinrich Hoffmann, hoff-12309, BSB, Munique.

232. Hitler, *Monologe im Führerhauptquartier 1941-1944*, cit., p. 356.

233. Primeira página, *Berliner Illustrirte Zeitung*, 24 de agosto de 1919, em Manfred Görtemaker e Bildarchiv Preußischer Kulturbesitz (eds.), *Weimar in Berlin. Porträt einer Epoche*, Berlim-Brandenburgo, 2002, p. 186.

234. Hitler, *Monologe im Führerhauptquartier 1941-1944*, cit., p. 356.

235. RMdI, 7. Juni 1935, H 101 13805-09, em *Akten der Partei-Kanzlei der* NSDAP, cit., p. 59.

236. "Der Chef des Reichssicherheitsdienstes, Himmler, an die Außenstelle Garmisch-Partenkirchen der Bayerischen Politischen Polizei, z. Hd. Herrn Hauptmann der Schutzpolizei Staudinger, Berlin, 29. Januar 1936. Betr. 'Sicherungsdienst bei Besuchen der Olympischen Winterspiele durch den Führer'" (original), em ED 619/ vol. 1, IfZ, Munique. Cf. ainda Wolfgang Fuhr (ed.), *Olympische Winterspiele 1936. Die vergessene Olympiade von Garmisch-Partenkirchen*, Agon, 2006.

237. Cf. David Clay Large, *Nazi Games. The Olympics of 1936*, Nova York, 2007; Arnd Krüger e William Murray (eds.), *The Nazi Olympics. Sport, Politics and Appeasement in the 1930s*, Urbana e Chicago, 2003.

238. Cf. Heinrich Hoffmann e Ludwig Hayman, *Die Olympischen Spiele 1936*, Diessen, 1936.

239. "Rudolf Heß an seinen Vater, o. O., 8. Juni 1936" (cópia em carbono), em NL Rudolf Heß, J 1211, 1989/148, vol. 13, pasta 57, Folder 18, BA, Berna. Somente Angela Lambert afirma o contrário em sua pouco confiável e romanceada biografia de Braun. Mas fica devendo uma prova. Cf. Lambert, *The Lost Life of Eva Braun*, cit., pp. 278s.

240. Cf. Gun, *Eva Braun-Hitler*, cit., p. 124.

241. Schroeder, *Er war mein Chef*, cit., pp. 84ss; Below, *Hitlers Adjutant 1937-45*, cit., pp. 92s; Dietrich, *12 jahre mit Hitler*, cit., pp. 52s; Speer, *Erinnerungen*, cit., p. 123. Contrariamente, Gitta Sereny diz que, em resposta a sua pergunta, Speer falou em sua estada em Viena em março de 1938, sendo que se hospedou no Hotel Imperial. Cf. Sereny, *Albert Speer*, cit., p. 232.

242. Cf. Richard J. Evans, *David Irving, Hitler and Holocaust Denial*, cit. Cf. também Ron Rosenbaum, *Explaining Hitler. The Search for the Origins of His Evil*, Nova York, 1999, pp. 228ss. Segundo Rosenbaum, Christa Schroeder foi a "chave" do "Círculo Mágico" para David Irving.

243. Eis o que Goebbels anotou em 20 de março de 1938: "O Führer é maravilhoso: generoso e construtivo. Um verdadeiro gênio. Agora passa horas debruçado sobre o mapa, meditando. Comovente quando diz que deseja reviver pessoalmente o grande império alemão dos germanos". Cf. *Die Tagebücher von Joseph Goebbels*, cit., 1ª parte, vol. 5, p. 222.

244. Fotoarchiv Heinrich Hoffmann, hoff-12309, BSB, Munique.

245. Julius Schaub, "Aussage in Nürnberg vom 8. Juni 1948, KV Prozesse, Dokument 1856, Fall 11, Akte G15, Dietrich Dokument Nt. 279, Affidavit Julius

Schaub", Staatsarchiv, Nuremberg. Karl Brandt, que, sendo prisioneiro dos aliados no pós-guerra, escreveu um ensaio sobre a "questão da culpa", também evitou aludir ao destino dos judeus alemães. Tratou unicamente do bolchevismo, o "perigo que ameaçava a Europa desde o território da Ásia" e "contra o qual" Hitler teve de garantir "o espaço vital do povo alemão". Cf. Karl Brandt, *Das Problem Hitler Nr. 2*, 27 de setembro de 1945, p. 8, em Kl. Erwerbung 441/3, BA, Coblença.

246. Schmidt, *Statist auf diplomatischer Bühne 1923-45*, cit., p. 390.

247. Cf. Below, *Hitlers Adjutant*, cit., p. 98. Cf. também Maser, *Adolf Hitler*, cit., pp. 374s.

248. Adolf Hitler, "'Mein Testament', Berlin, 2. Mai 1938" (cópia), em NL Adolf Hitler, N 1128/22, BA, Coblença.

249. Cf. Gun, *Eva Braun-Hitler*, cit., p. 138. Nicolaus von Below mencionou o testamento, mas sem esclarecer se já sabia de sua existência. Cf. Below, *Hitlers Adjutant*, cit., p. 98.

250. Cf. Darré, *Aufzeichnungen 1945-1948*, cit., vol. 2, p. 377. É possível que Bormann, como testamenteiro substituto, e Schaub também estivessem inteirados. Este se incumbia de examinar os "livros e correspondência" privados e determinar sua destruição. Cf. Hitler, "Mein Testament", cit.

251. Cf. Schmidt, *Statist auf diplomatischer Bühne*, cit., p. 390; Below, *Hitlers Adjutant*, cit., p. 98; Wiedemann, *Der Mann der Feldherr werden wollte*, cit., pp. 133s; Spitzy, *So haben wir das Reich verspielt*, cit., pp. 260ss. Cf. ainda Kube, *Pour le mérite und Hakenkreuz*, cit., p. 72.

252. Cf. "Auswärtiges Amt an Marga Himmler, 'Vorläufiges Fahrtprogramm für die Damen' vom 1. bis zum 11. Mai 1938, anlässlich des Staatsbesuches in Italien", em NL Himmler, N 1126/20, Fol. 1, BA, Coblença. Cf. também Wiedemann, *Der Mann der Feldherr werden wollte*, cit., p. 135.

253. Hitler, *Monologe im Führerhauptquartier*, cit., p. 247.

254. Cf. "Auswärtiges Amt an Marga Himmler", cit. Cf. também Wiedemann, *Der Mann der Feldherr werden wollte*, cit., p. 139.

255. Cf. Gun, *Eva Braun-Hitler*, cit., p. 132; *Frauen um Hitler*, cit., p. 228. Christa Schroeder, que, como narram suas memórias, foi a única secretária a "viajar no trem especial do Führer", não disse uma palavra sobre a presença de Eva Braun. Cf. Schroeder, *Er war mein Chef*, cit., pp. 86s, 345s. Cf. ainda Jürgen Ehlert, *Das Dreesen. 100 Jahre Geschichte und Geschichte im Rheinhotel*, Bonn, 1994.

256. Cf. Fotoarchiv Heinrich Hoffmann, hoff-18577, BSB, Munique.

257. Cf. Kershaw, *Hitler 1936-1945*, cit., p. 150s.

258. Cf. Gun, *Eva Braun-Hitler*, cit., pp. 132s. Gun propaga o boato segundo o qual um desconhecido teria tentado esfaquear Eva Braun em Nápoles e, ao fazê-lo, feriu sua acompanhante Maria Dreesen.

259. *Frauen um Hitler*, cit., p. 230. Schirach acrescenta que, ao saber que "a amante de Hitler participava da viagem", Mussolini mandou de presente a Eva Braun uma "maleta de couro de crocodilo repleta de artigos de toalete".

260. Cf. Wiedemann, *Der Mann der Feldherr werden wollte*, cit., p. 127. Cf. também Otto Meißner, *Staatssekretär unter Ebert — Hindenburg — Hitler. Der Schicksalsweg des deutschen Volkes von 1918-1945, wie ich ihn erlebte*, 3ª ed., Hamburgo, 1950, p. 460. Cf. Joachim von Ribbentrop, *Zwischen London und Moskau. Erinnerungen und letzte Aufzeichnungen*. Publicado por Annelies von Ribbentrop a partir do legado, Freising, 1953, pp. 136, 139, 150.

261. Cf. Hamann, *Hitlers Wien*, cit., p. 15; Fest, *Hitler*, cit., p. 726.

262. Speer, *Erinnerungen*, cit., pp. 113, 310. Naquele momento, afirmou Speer, manifestações desse tipo "provavelmente não passavam de coqueteria". Cf. Schlie (ed.), *Albert Speer. Die Kransberg-Protokolle 1945*, cit., pp. 112s. Na época, Speer ainda achava que Hitler pretendia se aposentar depois da guerra, pois não estava contente "com sua missão" e "preferia ser arquiteto". Nicolaus von Below, que esteve com Hitler na Berghof tanto em abril quanto em agosto de 1938, não mencionou nada parecido. Cf. Below, *Hitlers Adjutant*, cit., pp. 112ss.

263. Fest, *Die unbeantwortbaren Fragen*, cit., p. 52. Cf. Speer, *Erinnerungen*, cit., p. 113. Fest afirma que a ele se pretendia atribuir o "projeto da galeria de arte e o do estádio".

264. "Fotografie des Besuchs von Roderich Fick und Albert Speer auf dem Berghof am 9. Mai 1939", em Fotoarchiv Heinrich Hoffmann, hoff-25259, BSB, Munique.

265. Cf. Ingo Sarlay, *Hitlers Linz. Planungsstellen und Planungskonzepte*, em <http://www.linz09.info>. Cf. ainda Below, *Als Hitlers Adjutant*, cit., pp. 81, 83; Michael Früchtel, *Der Architekt Hermann Giesler. Leben und Werk (1898-1987)*, Tübingen, 2008; Hermann Giesler, *Ein anderer Hitler. Bericht seines Architekten Hermann Giesler*, 2ª ed., Leoni am Starnberger See, 1977, pp. 213ss.

266. Id., ibid., p. 406.

267. Cf. Hubert Houben, *Kaiser Friedrich II. Herrscher, Mensch und Mythos*, Stuttgart, 2008; Karl Ipser, *Der Staufer Friedrich II. Heimlicher Kaiser der Deutschen*, Berg, 1977, pp. 144ss, 214ss.

268. Cf. Oskar Hugo Gugg, *Castel del Monte* (1942), óleo/compensado, Deutsches Historisches Museum, Berlim. Cf. Ipser, *Der Staufer Friedrich II.*, cit., p. 230.

269. Giesler, *Ein anderer Hitler*, cit., pp. 213ss.

270. Id., ibid., p. 407. No dia 4 de abril de 1943, Hitler viajou a Linz na companhia de Giesler, Speer, Fick, Eigruber, assim como de Karl Brandt, Heinrich Hoffmann e Bormann, a fim de vistoriar o andamento do projeto. Cf. "Fotoarchiv Heinrich Hoffmann, hoff-47460", BSB, Munique.

271. Cf. *Frauen um Hitler*, cit., p. 233.

272. Cf. Fest, *Die unbeantwortbaren Fragen*, cit., p. 183.

A QUEDA

1. ISOLAMENTO NA GUERRA (pp. 237-69)

1. Adolf Hitler, *Mein Kampf*, 173ª ed., Munique, 1936, pp. 732, 742. Cf. também Christian Zentner, *Adolf Hitlers Mein Kampf Eine kommentierte Auswahl*, 19ª ed., Berlim, 2007, pp. 131s.

2. Cf. "Protokoll des Wehrmachtsadjutanten Oberst Friedrich Hoßbach, abgedr". Em Thilo Vogelsang, "Neue Dokumente zur Geschichte der Reichswehr, 1930-1933", em *Vierteljahrshefte für Zeitgeschichte*, 4. Jg. (1954), pp. 434s; Andreas Wirsching, "Man kann nur den Boden germanisieren". "Eine neue Quelle zu Hitlers Rede vor den Spitzen der Reichswehr am 3. Februar 1933", em *Vierteljahrshefte für Zeitgeschichte*, 49. Jg. (2001), pp. 518s, 526ss, 540ss; Ian Kershaw, *Hitler 1889-1936*, Stuttgart, 1998, pp. 559ss.

3. Cf. Friedrich Hoßbach, "Niederschrift über die Besprechung in der Reichskanzlei am 5. November 1937, Berlin, 10. November 1937", em Bernd-Jürgen Wendt, *Großdeutschland. Außenpolitik und Kriegsvorbereitung des Hitlerregimes*, Munique, 1987; Kershaw, *Hitler 1936-1945*, cit., pp. 90ss.

4. Cf. Goebbels, apontamento no diário, 3 de fevereiro de 1939, em *Die Tagebücher von Joseph Goebbels. Sämtliche Fragmente*, ed. por Elke Fröhlich por solicitação do Instituts für Zeitgeschichte associado ao Bundesarchiv, Munique, 1987, 1ª parte, vol. 6, Munique, 1998, p. 247.

5. Cf. Ralph Georg Reuth, *Goebbels*, Gütersloh, 1990, p. 395s.

6. "Hitlers Rede vor Truppenkommandeuren am 10. Februar 1939", em Klaus-Jürgen Müller, *Armee und Drittes Reich 1933-39*, Paderborn, 1987, pp. 365ss.

7. Nicolaus von Below, *Als Hitlers Adjutant 1937-45*, Mainz, 1980, p. 147.

8. Adolf Hitler, "Rede vor dem Reichstag am 30. Januar 1939", em "Verhandlungen des Reichstags, 4. Wahlperiode 1939", vol. 460. Relatórios taquigráficos, 1939-1942, 1ª sessão, segunda-feira, 30 de janeiro de 1939, pp. 1-21.

9. Below, *Als Hitlers Adjutant*, cit., p. 147.

10. Gitta Sereny, *Albert Speer. Sein Ringen mit der Wahrheit*, 1ª ed., Munique, 2005 (edição original: *Albert Speer. His Battle with Truth*, Nova York, 1995), p. 236.

11. Cf. Albert Speer, *Erinnerungen*. Com um ensaio de Jochen Thies, Frankfurt am Main entre outras, 1993 (1ª edição, 1969), p. 144; Nerin E. Gun, *Eva Braun-Hitler. Leben und Schicksal*, Velbert, 1968, p. 140; Heinrich Breloer, *Unterwegs zur Familie Speer. Begegnungen, Gespräche, Interviews*, Berlim, 2005, p. 96. O filho mais velho de Speer mostrou a Breloer uma caixa de fotografias de arquitetura, na qual havia imagens intituladas "Móveis de Eva Braun", "Antiga Chancelaria, *budoir*, sala de estar e quarto de Eva Braun".

12. Speer, *Erinnerungen*, cit., p. 116. Cf. Ulrich Schlie (ed.), *Albert Speer. Die Kransberg-Protokolle 1945. Seine ersten Aussagen und Aufzeichnungen (Juni-September)*, Munique, 2003, pp. 223s; Sven Felix Kellerhoff, *Hitlers Berlin. Geschichte einer Hassliebe*, Berlim, 2005, pp. 132s; Dietmar Arnold, *Reichskanzlei und "Führerbunker". Legenden und Wirklichkeit*, Berlim, 2006, pp. 69 ss.

13. Speer, *Erinnerungen*, cit., p. 144. Aqui se diz que o quarto de Eva Braun era contíguo ao de Hitler. Cf. Gun, *Eva Braun-Hitler*, cit., p. 140. "O quarto e o *budoir*", segundo Gun, "eram contíguos à biblioteca de Hitler." Eva Braun tinha acesso a "seu apartamento pela entrada de serviço", pois, oficialmente, passava por uma das numerosas secretárias do chanceler". Christa Schroeder, que, devido aos "plantões", desde 1933, conhecia muito bem a residência do Führer na antiga Chancelaria, afirmou que lá ficavam o "gabinete de Hitler, a biblioteca, seu quarto e, mais tarde, os aposentos de Eva Braun". Cf. Christa Schroeder, *Er war mein Chef Aus dem Nachlaß der Sekretärin von Adolf Hitler*, ed. por Anton Joachimsthaler, 4ª ed., Munique, 1985, pp. 60s.

14. "More about Evi", em *Time*, 18 de dezembro de 1939. Cf. também "Hitler's girl Evi Braun takes his picture", em *Life*, 6 de novembro de 1939; Richard Norburt, "Is Hitler Married?", em *Saturday Evening Post*, 16 de dezembro de 1939.

15. "Spring in the Axis", em *Time*, 15 de maio de 1939. Aqui se lê: "To her friends Eva Braun confided that she expected her friend to marry her within a year".

16. Bella Fromm, *Blood & Banquets. A Berlin Social Diary*, Nova York, 1990 (1ª edição, Londres, 1943), pp. 255, 303. Bella Steuerman Fromm teria escrito para Ullstein (*B. Z. Am Mittag* et al.) e *The Times* desde a metade da década de 1920. Seus contatos chegavam a Schleicher e Papen. Cf. Stephan Malinowski, *Vom König zum Führer. Deutscher Adel und Nationalsozialismus*, Berlim, 2003, p. 556. Ver ainda Louis P. Lochner, *Always the Unexpected. A Book of Reminiscences*, Nova York, 1956. Outra fonte desse tipo de informações de *insider* era a corres-

pondente do *Chicago Daily Tribune* em Berlim, Sigrid Schultz (pseudônimo: John Dickson), que Hermann Göring conhecia pessoalmente e que também entrevistou Hitler várias vezes. Sobre o controle e a censura de correspondentes estrangeiros, cf. Peter Longerich, *Propagandisten im Krieg. Die Presseabteilung des Auswärtigen Amtes unter Ribbentrop*, Munique, 1987, pp. 290ss.

17. "Weisung des Führers und Obersten Befehlshabers der Wehrmacht, Geheime Kommandosache, Berlin, 21. Oktober 1938", em Michael Freund, *Weltgeschichte der Gegenwart in Dokumenten. Geschichte des Zweiten Weltkrieges*, vol. 1, Friburgo, 1954, pp. 302ss.

18. Cf. Ian Kershaw, *Hitler 1936-1945*, 2ª ed., Stuttgart, 2000, pp. 232ss.

19. Cf. Rainer F. Schmidt, *Der Zweite Weltkrieg. Die Zerstörung Europas*. Berlim, 2008, p. 13.

20. Hans-Ulrich Thamer, *Der Nationalsozialismus*, Stuttgart, 2002, pp. 319ss.

21. Cf. Below, *Als Hitlers Adjutant*, cit., pp. 169s.

22. Below, *Als Hitlers Adjutant*, cit., p. 169. De modo que o grupo em torno a Hitler não era "inocente" nem "moralmente indiferente a seu verdadeiro programa", como escreveu Sereny em sua biografia de Speer. Cf. Sereny, *Albert Speer*, cit., p. 223.

23. Cf. Schlie (ed.), *Albert Speer. Die Kransberg-Protokolle 1945*, pp. 224s, 227. "Durante as negociações com a Russía", afirmou Speer então, circulavam "boatos indeterminados" no Obersalzberg, "segundo os quais algo se estava preparando com a Rússia" (p. 227). Cf. também Speer, *Erinnerungen*, cit., pp. 176-7. Aqui se lê que, "semanas antes", Hitler "geralmente passava horas conversando com um de seus quatro ajudantes de ordens das forças armadas [...]" tentando "esclarecer seus planos". Cf. Kershaw, *Hitler 1936-1945*, cit., pp. 283, 290. Conforme Kershaw, Speer "não conversava" com Hitler" sobre pormenores da política externa". Cf. Lars Lüdicke, *Griff nach der Weltherrschaft. Die Außenpolitik des Dritten Reiches 1933-1945*, Berlim, 2009, pp. 124s.

24. Speer, *Erinnerungen*, cit., p. 176.

25. Goebbels, apontamento no diário, 24 de agosto de 1939, em *Die Tagebücher von Josepb Goebbels*, 1ª parte, cit., vol. 7, p. 75.

26. Otto Dietrich, *12 Jahre mit Hitler*, Munique, 1955, pp. 60s.

27. Cf. "Schnappschüsse aus dem Fototagebuch Eva Brauns", em Gun, *Eva Braun-Hitler*, cit., pp. 176ss. Mas Gun afirma, equivocadamente, que tais cenas provinham da Chancelaria. Evidentemente, Eva Braun vendeu a Hoffmann os negativos dessas fotos, pois todas as imagens fazem parte do arquivo fotográfico de Hoffmann na Bayerischen Staatsbibliothek e não estão marcadas como fotografias de Eva Braun. Ver ainda Below, *Als Hitlers Adjutant*, cit., pp. 182s.

28. "Presseanweisung" em Fritz Sänger, *Politik der Täuschungen. Missbrauch der Presse im Dritten Reich. Weisungen, Informationen, Notizen 1933-1939*, Viena, 1975, p. 360.

29. Cit. segundo Kershaw, *Hitler 1936-1945*, cit., pp. 293ss. Cf. Franz Halder, *Kriegstagebuch. Tägliche Aufteichnungen des Chefs des Generalstabes des Heeres 1939-1942*, ed. por Hans-Adolf Jacobsen, vol. 1, Stuttgart, 1963, p. 25.

30. Cf. Lüdicke, *Griff nach der Weltherrschaft*, cit., p. 127.

31. Cf. Anna Maria Sigmund, *Die Frauen der Nazis*, Munique, 2005, p. 273.

32. Cf. Josef Goebbels, "Ansprache an die Danziger Bevölkerung anläßlich der Danziger Gaukulturwoche am 17. Juni 1939, Danzig, Balkon des Staatstheaters", em *Goebbels Reden 1932-1945*, ed. por Helmut Heiber, Bindlach, 1991 (1ª edição, Düsseldorf, 1971-2), pp. 334s. Ver ainda Below, *Als Hitlers Adjutant*, cit., p. 182. De acordo com Von Below, Hitler também se manifestou na tarde de 23 de agosto. Cf. também Jeffrey Herf, "Der Krieg und die Juden. Nationalsozialistische Propaganda im Zweiten Weltkrieg", em *Das Deutsche Reich und der Zweite Weltkrieg*, vol. 9/2, ed. por Jörg Echternkamp por solicitação do Militärgeschichtlichen Forschungsamtes, Munique, 2005, pp. 173s.

33. Speer, *Erinnerungen*, cit., p. 178. Speer não dá a data exata da viagem (alguns dias depois). Cf. Below, *Als Hiilers Adjutant*, cit., p. 184. Aqui se lê que Hitler viajou a Berlim na tarde do dia 24. Cf. Goebbels, apontamento no diário, 25 de agosto de 1939, em *Die Tagebücher von Joseph Goebbels*, 1ª parte, cit., vol. 7, p. 76. Goebbels registrou: "[...] de carro para Ainring. Voo a Berlim. O Führer está satisfeitíssimo". Quanto à presença de Eva Braun, cf. Gun, *Eva Braun-Hitler*, cit., p. 146.

34. Below, *Als Hitlers Adjutant*, cit., p. 192 (ilustração na página seguinte).

35. Adolf Hitler, "Erklärung der Reichsregierung", em "Verhandlungen des Reichstages, 4.Wahlperiode 1939", vol. 460. Relatórios taquigráficos 1939-1942, 3ª sessão, sexta-feira, 1º de setembro de 1939. Cf. Gun, *Eva Braun-Hitler*, cit., p. 147.

36. Cf. Kershaw, *Hitler 1936-1945*, p. 311. "Weisung für den Angriff auf Polen vom 31. August 1939", em Max Domarus, *Hitler. Reden und Proklamationen 1932-1945*. Comentado por um contemporâneo alemão, Wiesbaden, 1973, pp. 1299s.

37. Hitler, "Erklärung der Reichsregierung, 1. September 1939", cit., p. 48.

38. Cit. conforme Gun, *Eva Braun-Hitler*, cit., p. 147. Sobre o desempenho de Hitler, cf. Below, *Als Hitlers Adjutant*, cit., p. 195.

39. "Christa Sehröder an Johanna Nusser, Berlin, 3. September 1939" (original), em ED 524, Institut für Zeitgeschichte (IfZ), Munique. Cf. Andreas Hillgruber, "Zum Kriegsbeginn im September 1939", em Gottfried Niedhart (ed.),

Kriegsbeginn 1939. Entfesselung oder Ausbruch des Zweiten Weltkriegs? (= Wege der Forschung, vol. 374), Darmstadt, 1976, pp. 173ss. Speer recordou que, à noite, Hitler "se despediu rapidamente do *entourage* que lá ficava". Cf. Speer, *Erinnerungen*, cit., pp. 181s.

40. Cf. Franz W. Seidler e Dieter Zeigert, *Die Führerhauptquartiere. Anlagen und Planungen im Zweiten Weltkrieg*, 2ª ed., Munique, 2001, pp. 260, 271.

41. Cf. Dietrich, *12 Jahre mit Hitler*, cit., p. 223; Rochus Misch, *Der letzte Zeuge. "Ich war Hitlers Telefonist, Kurier und Leibwächter"*, introdução de Ralph Giordano, Munique e Zurique, 2008, p. 96.

42. Schlie (ed.), *Albert Speer. Die Kransberg-Protokolle 1945*, cit., p. 102.

43. Cf. Seidler e Zeigert, *Die Führerhauptquartiere*, cit., pp. 205s.

44. Quanto aos passageiros do "trem do Führer", com cerca de 140 pessoas, cf. Albert Speer, *Spandauer Tagebücher*, 4ª ed., Frankfurt am Main et al., 1975, p. 305 (ilustr. à esquerda).

45. Cf. Fotoarchiv Heinrich Hoffmann, hoff-27509, BSB, Munique.

46. Uwe Neumärker et al., *Wolfsschanze. Hitlers Machtzentrale im Zweiten Weltkrieg*, Berlim, 2007, p. 20.

47. "Christa Shröder an Johanna Nusser, Führerhauptquartier, 11. September 1939" (cópia), em ED 524, IfZ, Munique. Cf. Kershaw, *Hitler 1936-1945*, cit., p. 328.

48. Cf. "Christa Schröder an Johanna Nusser, Führerhauptquartier. 11. September 1939", cit.

49. Cf. Fotoarchiv Heinrich Hoffmann, hoff-27282, hoff-27283, hoff-27398, hoff-27445, BSB, Munique. Entre seus colaboradores figuravam, entre outros, os fotógrafos Hermann Ege, Otto Schönstein e Hugo Jäger.

50. Cf. Fotoarchiv Heinrich Hoffmann, hoff-27394; hoff-27779, BSB, Munique. Ver também Heinrich Hoffmann (ed.), *Mit Hitler in Polen* (livro ilustrado), Berlim, 1939. Essa obra teve edição de 325 mil exemplares. Cf. Rudolf Herz, *Hoffmann & Hitler. Fotografie als Medium des Führer-Mythos*, Munique, 1994, pp. 372s. Posteriormente, Hoffmann justificou-se dizendo que suas fotografias e livros não eram propaganda, e sim uma "interpretação da história contemporânea". Cf. Heinrich Hoffmann, *Mein Beruf — Meine Arbeit für die Kunst — Mein Verhältnis zu Adolf Hitler* (manuscrito inédito), em MS 2049, IfZ, Munique, p. 36.

51. Cf. Kershaw, *Hitler 1936-1945*, cit., pp. 334ss; Schmidt, *Der Zweite Weltkrieg*, cit., pp. 40ss.

52. Cf. Fotoarchiv Heinrich Hoffmann, BSB, Munique: "Verhaftung polnischer Juden durch den SD", hoff-28297; "Polnische Juden im Ghetto", hoff-28315; "Polnische Juden bei der Zwangsarbeit", hoff-28325; "SD-Angehörige, die Ju-

den die Bärte abschneiden", hoff-28303; "Polnische Juden mit Davidstern, hoff-69249".

53. Cf. Kershaw, *Hitler 1936-1945*, cit., pp. 334ss; Schmidt, *Der Zweite Weltkrieg*, cit., pp. 40ss.

54. Cf. Kershaw, *Hitler 1936-1945*, cit., p. 647. Cf. também Hildegard von Kotze (ed.), *Heeresadjutant bei Hitler 1938-1943. Aufzeichnungen des Majors Engel* (= Schriftenreihe der Vierteljahrshefte für Zeitgeschichte, Nr. 29), Stuttgart, 1974, p. 65.

55. Cf. Gun, *Eva Braun-Hitler*, cit., p. 159. Conforme Hoffmann, as visitas de Eva Braun a Berlim "nunca passavam de alguns dias". Cf. Hoffmann, *Mein Beruf — Meine Arbeit für die Kunst — Mein Verhältnis zu Adolf Hitler*, cit., p. 23.

56. Essa data é mencionda por Below, *Als Hitlers Adjutant*, cit., p. 219. Cf. Karl-Heinz Frieser, *Blitzkrieg-Legende. Der Westftldzug 1940*, Munique, 2005, pp. 22ss.

57. Cf. Below, *Als Hitlers Adjutant*, cit., p. 212; Kershaw, *Hitler 1936-1945*, cit., p. 333.

58. Heinrich Hoffmann, *Hitler wie ich ihn sah. Aufzeichnungen seines Leibfotografen*, Munique e Berlim, 1974, p. 113.

59. Id., ibid. Cf. Dietrich, 12 *Jahre mit Hitler*, cit., p. 97; Schroeder, *Er war mein Chef*, cit., pp. 101s. O mesmo diz Kershaw, *Hitler 1936-1945*, cit., pp. 398s.

60. Below, *Als Hitlers Adjutant*, cit., p. 229. Cf. Jochen von Lang, *Der Sekretär. Martin Bormann: Der Mann, der Hitler beherrschte*, Stuttgart, 1977, p. 157. A decisão de atacar a França foi tomada logo depois da campanha da Polônia. Disso os comandantes em chefe do exército, da marinha e da aeronáutica foram notificados no dia 27 de setembro de 1939. Cf. Schmidt, *Der Zweite Weltkrieg*, cit., pp. 49s.

61. Cf. Below, *Als Hitlers Adjutant*, cit., pp. 214ss; Speer, *Erinnerungen*, cit., p. 184.

62. Cf. Schmidt, *Der Zweite Weltkrieg*, cit., pp. 62s; Schroeder, *Er war mein Chef*, cit., p. 106.

63. Breloer, *Unterwegs zur Familie Speer*, cit., p. 247. Cf. Joachim Fest, *Die unbeantwortbaren Fragen. Notizen über Gespräche mit Albert Speer zwischen Ende 1966 e 1981*, Hamburgo, 2006, pp. 80s.

64. Quanto às viagens de Hitler, cf. Below, *Als Hitlers Adjutant*, cit., pp. 239ss.

65. Misch, *Derletzte Zeuge*, cit., pp. 110ss.

66. Id., ibid.

67. Cf. Below, *Als Hitlers Adjutant*, cit., p. 249; Misch, *Der letzte Zeuge*, cit., pp. 111s. Sobre o encontro no sul da França, ver também, extensivamente, Kershaw, *Hitler 1936-1945*, cit., pp. 441ss.

68. Cf. Seidler e Zeigert, *Die Führerhauptquartiere*, cit., p. 260.

69. Cf. *Kriegstagebuch des Oberkommandos der Wehrmacht* (*Wehrmachts führungsstab*), ed. por Percy Ernst Schramm, vol. 1, 1º de agosto de 1940-31 de dezembro de 1942, Frankfurt am Main, 1965, pp. 257s; Kershaw, *Hitler 1936--1945*, cit., pp. 450s.

70. Cf. Schmidt, *Der Zweite Weltkrieg*, cit., p. 100.

71. Cf. ainda Seidler e Zeigert, *Die Führerhauptquartiere*, cit., pp. 193ss.

72. Below, *Als Hitlers Adjutant*, cit., p. 256.

73. Id., ibid., p. 290. Cf. também Schroeder, *Er war mein Chef*, cit., pp. 278s.

74. "Christa Schröder an Johanna Nusser, Führerhauptquartier, 28. Juni 1941", em ED 524, IFZ, Munique. Cf. Reunião na sala de mapas do "Wolfsschanze" em junho/julho de 1941, Fotoarchiv Heinrich Hoffmann, hoff-36340, BSB, Munique.

75. "Christa Schröder an Johanna Nusser, Führerhauptquartier, 13. juli 1941", em ED 524, IFZ, Munique.

76. "Christa Schröder an Johanna Nusser, Führerhauptquartier, 20. August 1941", em ED 524, IFZ, Munique.

77. Cf. Below, *Als Hitlers Adjutant*, cit., pp. 292, 295; Kershaw, *Hitler 1936--1945*, cit., pp. 580s, 586, 598. Cf. também Seidler e Zeigert, *Die Führerhauptquartiere*, cit., pp. 205, 208. Segundo eles, no início de dezembro, acompanhado de Schmundt, Linge e Morell, Hitler fez uma visita ao Grupo de Exército Sul em Mariupol, à beira do mar de Azov.

78. Cf. *Frauen um Hitler. Nach Materialien von Henriette von Schiracb*, Munique e Berlim, 1983, p. 235.

79. Cf. Schmidt, *Der Zweite Weltkrieg*, cit., pp. 104ss, 116ss, 150. Acerca da chegada de Hitler à Berghof, cf. Below, *Als Hitlers Adjutant*, cit., p. 310. Below conta que, em 24 de abril, viajou a Berlim com Hitler, que discursou no Reichstag dois dias depois.

80. Cf. August Eigruber, "Besprechung in München am 27. April 1942" (p. 2); "Vortrag beim Führer am 28. April 1942 in München" (p. 4). Em "Vorträge des Gauleiters Eigruber vor dem Führer in Angelegenheiten der Planung der Stadt Linz", Politische Akten, Schachtel 49, Oberösterreichisches Landesarchiv, Linz. Cf. Kershaw, *Hitler 1936-1945*, cit., p. 659.

81. Cf. Seidler e Zeigert, *Die Führerhauptquartiere*, cit., pp. 261ss; Sigmund, *Die Frauen der Nazis*, cit., p. 273. Aqui se lê: "O curso da guerra, negativo para a Alemanha, foi o fim da vida idílica no Obersalzberg".

82. Cf. Hans Georg Hiller von Gaetringen (ed.), *Das Auge des Dritten Reiches. Hitlers Kameramann und Fotograf Walter Frentz*, 2ª ed., Munique e Ber-

lim, 2007, p. 125. Encontram-se fotografias da mesma série preto e branco in Fotoarchiv Heinrich Hoffmann, hoff-584; hoff-579, BSB, Munique.

83. Cf. Fotoarchiv Heinrich Hoffmann, BSB, Munique: Hitler com os filhos de Speer, Braun com câmera, hoff-578; Hitler no terraço, carregando Uschi Schneider, hoff-312; Hitler no grande salão com Gitti e Uschi Schneider, hoff-2177.

84. Cf. Hiller von Gaetringen (ed.), *Das Auge des Dritten Reiches*, cit., p. 125.

85. Cf. Traudl Junge, *Bis zur letzten Stunde. Hitlers Sekretärin erzählt ihr Leben.* Com a colaboração de Melissa Müller, 3ª ed., Berlim, 2004, p. 80. Segundo Junge, Eva Braun era a única pessoa que podia fotografar Hitler "quando bem entendesse". Cf. também Daniel Costelle, *Eva Braun. Dans l'intimité d'Hitler*, Paris, 2007.

86. Schroeder, *Er war mein Chef*, cit., p. 182.

87. Baldur von Schirach, *Ich glaubte an Hitler*, Hamburgo, 1967, p. 267. Cf. Schroeder, *Er war mein Chef*, cit., p. 182.

88. Id., ibid.

89. Lang, *Der Sekretär*, cit., pp. 166ss. Cf. Kershaw, *Hitler 1936-1945*, cit., pp. 492ss.

90. "Ilse Heß an Albert Speer, Hindelang, 25. Juni 1968", em NL Speer, N 1340, vol. 27, BA, Coblença.

91. "Ilse Heß an Steffi Binder, ohne Ort, 7. August 1941" (cópia em carbono), em NL Rudolf Heß, J 1211 (–) 1993/300, vol. 2, pasta 21, BA, Berna. Cf. Speer, *Erinnerungen*, cit., p. 190. Acerca do comportamento de Bormann cf. Lang, *Der Sekretär*, cit., p. 167.

92. Cf. *Akten der Partei-Kanzlei der NSDAP.* Rekonstruktion eines verlorengegangenen Bestandes, ed. pelo Institut für Zeitgeschichte, 1ª parte, regesto, vol 1, preparadas por Helmut Heiber et al., Munique, 1983, p. VIII (Introdução).

93. Speer, *Erinnerungen*, cit., p. 310.

94. Cf. Seidler e Zeigert, *Die Führerhauptquartiere*, cit., p. 260; Gun, *Eva Braun-Hitler*, cit., p. 162 (Fac-símile do passaporte expedido no dia 3 de abril de 1942 com o visto de 21 de junho de 1942).

95. Schroeder, *Er war mein Chef*, cit., p. 196.

96. Cf. fac-símile do passaporte de Eva Braun, com visto, em Gun, *Eva Braun-Hitler*, cit., depois da p. 160. Aqui se lê que todo ano Eva Braun passava um mês em Portofino. Cf. Id., ibid., p. 162.

97. Cf. Bruno Frommann, *Reisen im Dienste politischer Zielsetzungen. Arbeiter-Reisen und "Kraft durch Freude"-Reisen*, Stuttgart, 1993.

98. Cf. Rüdiger Overmans, "Das Schicksal der deutschen Kriegsgefangenen des Zweiten Weltkrieges", em *Das Deutsche Reich und der Zweite Weltkrieg*, vol. 10/2, Munique, 2008, p. 404. Kershaw fala em 90 mil prisioneiros e, apro-

ximadamente, 146 mil soldados mortos. Cf. Kershaw, *Hitler 1936-1945*, cit., pp. 722, 738.

99. Acervo Irving, "Traudl Junge Memoirs", em ED 100/106, pp. 11, 17, IfZ, Munique.

100. Cf. Kershaw, *Hitler 1936-1945*, cit., p. 726.

101. Cf. "Martin Bormann an Gerda Bormann, cit., 21 de julho de 1943, em H. R. Trevor-Roper (ed.), *The Bormann Letters. The Private Correspondence between Martin Bormann and His Wife from January 1943 to April 1945*, Londres, 1954, pp. 12s.

102. Cf. Goebbels, apontamento de 25 de junho de 1943, em *Die Tagebücher von Joseph Goebbels*, 2ª parte (Diktate 1941-1945), vol. 8, Munique et al., 1993, p. 537; Kershaw, *Hitler 1936-1945*, cit., pp. 728, 736ss.

103. Id., ibid., pp. 739ss. Quanto ao papel de Goebbels, cf. Aristotle A. Kallis, "Der Niedergang der Deutungsmacht. Nationalsozialistische Propaganda im Kriegsverlauf", em *Das Deutsche Reich und der Zweite Weltkrieg*, vol. 9/2, cit., pp. 235ss.

104. Cf. Schmidt, *Der Zweite Weltkrieg*, cit., pp. 155s.

105. Goebbels, apontamento no diário, 10 de agosto de 1943, in Die *Tagebücher von Joseph Goebbels*, 2ª parte, vol. 9, cit., p. 267.

106. Below, *Als Hitlers Adjutant*, cit., p. 340.

107. Henriette von Schirach, *Der Preis der Herrlichkeit. Erlebte Zeitgeschichte*, Munique e Berlim, 1975, pp. 214s. Cf. ainda Kershaw, *Hitler 1936-1945*, cit., p. 768.

108. Cf. Goebbels, apontamento no diário, 10 de agosto de 1943, em *Die Tagebücher von Josepb Goebbels*, 2ª parte (Diktate 1941-1945), vol. 9 (julho-setembro de 1943), Munique et al., 1993, p. 267.

109. Cf. "Gerda Bormann an Martin Bormann, Obersalzberg, 13. August 1943", em Trevor-Roper (ed.), *The Bormann Letters*, p. 19.

110. Cf. Goebbels, apontamento no diário, 2 de março de 1943, em *Die Tagebücher von Joseph Goebbels*, 2ª parte (Diktate 1941-1945), vol. 7 (janeiro-março de 1943), Munique et al., 1993, p. 454. Cf. Below, *Als Hitlers Adjutant*, p. 340.

2. O 20 DE JULHO DE 1944 E SUAS CONSEQUÊNCIAS (pp. 269-79)

1. Cf. Kallis, "Der Niedergang der Deutungsmacht", em *Das Deutsche Reich und der Zweite Weltkrieg*, vol. 9/2, cit., pp. 232s.

2. Na ocasião, Hitler teve hematomas e queimaduras na cabeça, braços e pernas. Segundo o boletim médico, os dois braços ficaram muito inchados. Cf. Theodor Morell, "20. Juli 1944, Patient A.", em NL Theodor Morell, N 1348, BA, Coblença.

3. Cf. Tobias Kniebe, *Operation Walküre. Das Drama des 20. Juli*, Berlim, 2009; Bernhard R. Kroener, *Generaloberst Friedrich Fromm. Eine Biographie*, Paderborn et al., 2005, pp. 700ss.

4. Cf. Kershaw, *Hitler 1936-1945*, cit., p. 906; Speer, *Erinnerungen*, cit., p. 404. Cf. também Below, *Als Hitlers Adjutant*, cit., p. 385. Segundo Below, Hitler mal examinou as fotografias e o fez tão a contragosto como quando lhe mostravam "fotos de cidades destruídas". Mas Fegelein saiu mostrando "generosamente as fotografias das execuções". Bernd Freytag von Loringhoven, pelo contrário, relata que Hitler agarrou "as macabras fotos" com avidez e as contemplou "demoradamente, com uma alegria quase voluptuosa": *Mit Hitler im Bunker. Die Letzten Monate im Führerhauptquartier Juli 1944-April 1945*, Berlim, 2006, pp. 65s.

5. Cf. Fest, *Die unbeantwortbaren Fragen*, cit., p. 143. Sobre Fegelein, que participava principalmente do combate aos *partisans* e "operações de limpeza" e era responsável pela morte de milhares de civis, cf., Peter Longerich, *Heinrich Himmler. Biographie*, Munique, 2008, pp. 316s, 331s, 549ss.

6. Schroeder, *Er war mein Chef*, cit., pp. 167, 168. Schroeder estava convencida de que os sentimentos de Eva Braun por Fegelein "iam além do mero cunhadio", mas que "nunca houve nada entre eles".

7. Goebbels, anotação no diário, 14 de março de 1944, em *Die Tagebücher von Joseph Goebbels*, 2ª parte, vol. 11, Munique et al., 1994, p. 472.

8. Goebbels, anotação no diário, 6 de junho de 1944, em *Die Tagebücher von Joseph Goebbels*, 2ª parte, vol. 12, Munique et al., 1995, p. 414.

9. Cf. Below, *Als Hitlers Adjutant*, cit., pp. 370, 379.

10. Herta Ostermeier, cit. em Gun, *Eva Braun-Hitler*, cit., p. 163.

11. Goebbels, anotação no diário, 24 de agosto de 1944, em *Die Tagebücher von Joseph Goebbels*, 2ª parte, vol. 13, Munique et al., 1995, pp. 305s.

12. Cf. Schmidt, *Albert Speer*, cit., p. 123; Reuth, *Goebbels*, cit., pp. 549ss.

13. Cf. Schmidt, *Albert Speer*, cit., p. 125; Schlie (ed.), *Albert Speer. Die Kransberg-Protokolle 1945*, cit., pp. 47s.

14. "Ilse Heß an Lucian W. Reiser", cit., 16 de maio de 1944 (cópia em carbono), em NL Rudolf Heß, J 1211 (–) 1993/300, vol. 12, pasta 148, BA, Berna.

15. "Besprechung zwischen Herrn Albrecht und Frl. Schröder, früher Sekretärin v. Hitler", Berchtesgaden, 22 de maio de 1945, em MA 1298/10, microfilme, Various Documents, DJ-I3 (David Irving), IfZ, Munique. Cf. também Kershaw, *Hitler 1936-1945*, cit., pp. 908s.

16. Schroeder, *Er war mein Chef*, cit., p. 148. Cf. "Besprechung zwischen Herrn Albrecht und Frl. Schröder. früher Sekretärin v. Hitler", Berchtesgaden, 22 de maio de 1945, em MA 1298/10, microfilme, Various Documents, DJ-13 (David Irving), IfZ, Munique. Cf. também Junge, *Bis zur letzten Stunde*, cit., p. 151. Aqui se afirma que Eva Braun escreveu uma "carta preocupadíssima e desesperada" a Hitler, tanto que este, "muito comovido com sua devoção", mandou de lembrança a Munique "sua farda esfarrapada".

17. Cf. Loringhoven, *Mit Hitler im Bunker*, cit., pp. 7ss.

18. Junge, *Bis zurletzten Stunde*, cit., p. 155.

19. Cf. Gun, *Eva Braun-Hitler*, cit., p. 163. Nesse trecho, Gun cita a amiga Herta Schneider. No arquivo fotográfico de Heinrich Hoffmann, encontram-se fotografias de um soldado que apresenta a farda rasgada no atentado, a qual, supostamente, era a de Hitler. Cf. Fotoarchiv Heinrich Hoffmann, hoff-53923, hoff-53921, BSB, Munique.

20. Cf. Gun, *Eva Braun-Hitler*, cit., p. 164. Essa pretensa carta é citada sem questionamento por Sigmund, *Die Frauen der Nazis*, cit., p. 274.

21. Cf. Below, *Als Hitlers Adjutant*, cit., pp. 382, 384.

22. Junge, *Bis zur letzten Stunde*, cit., p. 146.

23. Cf. John Zimmermann, "Die deutsche Kriegführung im Westen 1944/55", em *Das Deutsche Reich und der Zweite Weltkrieg*, vol. 10/1, ed. por Rolf-Dieter Müller para o Militärgeschichtlichen Forschungsamtes, Munique, 2008, p. 277.

24. Cf. Kershaw, *Hitler 1936-1945*, cit. pp. 895s, 911.

25. Goebbels, anotação no diário, 14 de março de 1944, em *Die Tagebücher von Joseph Goebbels*, 2ª parte, vol. 11, Munique et al., 1994, p. 472.

26. Cf. Ernst Günther Schenck, *Patient Hitler. Eine medizinische Biographie*, Augsburg, 2000, pp. 44ss, 78s.

27. Loringhoven, *Mit Hitler im Bunker*, cit., p. 10.

28. Junge, *Bis zur letzten Stunde*, cit., p. 160.

29. Cf. Theodor Morell, "Taschenkalender 1944", em NL Theodor Morell, N 1348-2, BA, Coblença. Ver também Schenck, *Patient Hitler*, cit., p. 57; Schroeder, *Er war mein Chef*, cit., p. 149; Below, *Als Hitlers Adjutant*, cit., pp. 387, 389; Junge, *Bis zur letzten Stunde*, cit., p. 152; Kershaw, *Hitler 1936-1945*, cit., p. 945. Karl Brandt se afastou da função de médico acompanhante de Hitler em 10 de outubro de 1944, assim como o dr. Von Hasselbach. O novo médico acompanhante passou a ser o dr. Stumpfegger, tenente-coronel da SS. Cf. "Reichsleiter Martin Bormann (Sekretär des Führers) an Reichspressechef Dr. Dietrich, Führerhauptquartier, 10. Oktober 1944" (original), em NL Theodor Morell, N 1348-4, BA, Coblença.

30. Cf. Speer, *Erinnerungen*, cit., p. 423; Schlie (ed.), *Albert Speer. Die Kransberg-Protokolle 1945*, cit., p. 394; Kershaw, *Hitler 1936-1945*, cit. pp. 950s. Hitler foi reforçado nessa suposição por Alfred Jodl, general da artilharia e chefe do alto comando das forças armadas, que desde o outono de 1943 estava convencido de que a guerra seria "decidida" no Oeste. Cf. Werner Rahn, "Die deutsche Seekriegführung 1943 bis 1945", em *Das Deutsche Reich und der Zweite Weltkrieg*, vol. 10/1, cit., p. 21.

31. Cf. Fac-símile da última página de sua disposição manuscrita de 26 de outubro de 1944, em Gun, *Eva Braun-Hitler*, cit., depois da p. 192. Na última carta que escreveu à amiga Herta Schneider, datada de 22 de abril de 1945, Eva Braun mencionou seu "testamento que está na Wasserburgerstr.". Cf. fac-símile in Gun, *Eva Braun-Hitler*, cit., depois da p. 192.

32. Cf. "Gerda Bormann an Martin Bormann, Obersalzberg, 24. Oktober 1944", em Trevor-Roper (ed.), *The Bormann Letters*, cit., p. 138. Cf. "Martin Bormann an Gerda Bormann, Führerhauptquartier, 25. Oktober 1944", em Id., ibid., p. 139.

33. Cf. Ulf Schmidt, *Hitlers Arzt Karl Brandt. Medizin und Macht im Dritten Reich*, Berlim, 2009, pp. 495ss.

34. Cf. Hoffmann, *Mein Beruf — Meine Arbeit für die Kunst — Mein Verhältnis zu Adolf Hitler*, cit., p. 67. Cf. "Gerda Bormann an Martin Bormann, Obersalzberg, 24. Oktober 1944", em Trevor-Roper (ed.), *The Bormann Letters*, cit., p. 138. Ainda em 28 de agosto, Gerda Bormann escrevera que Eva Braun desejava muito trabalhar com Hoffmann em Munique ou Reichenhall, mas ainda não havia tomado nenhuma decisão. "Gerda Bormann an Martin Bormann, 28. August 1944", em Trevor-Roper (ed.), *The Bormann Letters*, cit., pp. 91s.

35. Cf. Gun, *Eva Braun-Hitler*, cit., pp. 175ss. Ademais, mencionam-se quadros de Karl Rickelt, Johann Fischbach e Adalbert Wex. Eva Braun teria um retrato de Hitler e um dela própria do pintor de retratos e nus Theodor Bohnenberger.

36. Cf. Hans Sarkowicz (ed.), *Hitlers Künstler. Die Kultur im Dienst des Nationalsozialismus*, Frankfurt am Main, 2004.

37. Cf. Eva Braun, "Testament vom 26. Oktober 1944", reproduzido em Gun, *Eva Braun-Hitler*, cit., pp. 177s.

38. Cf. *Frauen um Hitler*, cit. p. 235.

3. A DECISÃO POR BERLIM (pp. 280-99)

1. Theodor Morell, "Taschenkalender 1944", em NL Theodor Morell, N I348-2, BA, Coblença. Em 22 de novembro, Goebbels consignou em seu diário: "Graças

a Deus, o Führer chegou a Berlim". Cf. Goebbels, apontamento no diário, 22 de novembro de 1944, em *Die Tagebücher von Joseph Goebbels*, 2ª parte, vol. 14, Munique et al., 1996, p. 258.

2. Cf. Below, *Als Hitlers Adjutant*, cit., p. 395.

3. Theodor Morell, "Taschenkalender 1944", em NL Theodor Morell, N 1348-2, BA, Coblença. Na mesma data, o médico ainda anotou em seu calendário de mesa: "A srta. Braun chegou". Poucas linha abaixo, repetiu: "Ao sair, encontrei-me com E." Theodor Morell, "Tischkalender 1944", em Id., ibid. Cf. também Angela Lambert, *The Lost Life of Eva Braun*, Londres, 2007, p. 511.

4. Goebbels, apontamento no diário, 24 de novembro de 1944, em *Die Tagebücher von Joseph Goebbels*, 2ª parte, vol. 14, cit., p. 269.

5. Cf. Ulrich Volklein (ed.), *Hitlers Tod. Die letzten Tage im Führerbunker*, Göttingen, 1998, pp. 23ss.

6. Cf. Junge, *Bis zur letzten Stunde*, cit., p. 167.

7. Cf. Sönke Neitzel, *Abgehört. Deutsche Generäle in britischer Kriegsgefongenschaft 1942-1945*, prefácio de Ian Kershaw, Berlim, 2007, p. 166.

8. Kershaw, *Hitler 1936-1945*, cit., pp. 964ss; Below, *Als Hitlers Adjutant*, cit., p. 398.

9. Cf. Lew Besymenski, *Die letzten Notizen von Martin Bormann. Ein Dokument und sein Verfasser*, Stuttgart, 1974, p. 64. Aqui se lê: "18/1, 19h10, Partida com SW par Berl. Papai com mamãe, com E. B., a sra. Fegelein e Bredow".

10. Cf. Dr. Hans-Otto Meissner, "Der letzte Befehl". Manuscrito, s.d., p. 11, em Ms 291, IfZ, Munique. Ver também Schroeder, *Er war mein Chef*, cit., p. 168. Aqui se lê que Eva Braun "contrariando a vontade de Hitler" chegou "à Chancelaria, em Berlim, em fevereiro de 1945".

11. Junge, *Bis zur letzten Stunde*, cit., p. 169.

12. Cf. Loringhoven, *Mit Hitler im Bunker*, cit., pp. 72s. Aqui esse encontro é equivocadamente datado de "pouco antes do Natal", ocasião em que Hitler se encontrava em seu quartel-general da frente ocidental.

13. Goebbels, apontamento no diário, 1º de fevereiro de 1945, em *Die Tagebücher von Joseph Goebbels*, cit., 2ª parte, vol. 15, Munique, 1995, p. 296.

14. "Martin Bormann an Gerda Bormann, Führerhauptquartier, 28. Dezember 1944", em Trevor-Roper (ed.), *The Bormann Letters*, cit., pp. 154s.

15. Quanto a isso, cf. Richard Lakowski, "Der Zusammenbruch der deutschen Verteidigung zwischen Ostsee und Karparten", em *Das Deutsche Reich und der Zweite Weltkrieg*, vol. 10/1, cit., pp. 588ss. Cf. Below, *Als Hitlers Adjutant*, cit., p. 400.

16. Cf. Seidler e Zeigen, *Die Führerhauptquartiere*, cit., p. 324; Kershaw, *Hitler 1936-1945*, cit., p. 1003. Gun, pelo contrário, afirma que Eva Braun festejou

seu último aniversário no dia 8 de fevereiro em Munique. Cf. Gun, *Eva Braun-Hitler*, cit., pp. 180s.

17. Cf. Dr. Hans-Otto Meissner, "Der letzte Befehl", manuscrito, s.d., p. 11, em Ms 291, IfZ, Munique. "O cômodo contíguo, que inicialmente devia servir de quarto de vestir, só foi mobiliado com cama, mesa e cadeira em fevereiro de 1945, para servir de quarto de dormir, e então foi ocupado por Eva Braun, que chegou a Berlim inesperadamente e contra a vontade de Hitler." Cf. Junge, *Bis zur letzten Stunde*, cit., p. 177; Speer, *Erinnerungen*, cit., p. 487. Segundo Speer, Eva Braun "levou os sofisticados móveis do primeiro andar que, anos antes, eu projetara para seus dois quartos na residência do chanceler".

18. Dados segundo Horst Boog, "Die strategische Bomberoffensive der Alliierten gegen Deutschland und die Reichsluftverteidigung in der Schlußphase des Krieges", em *Das Deutsche Reich und der Zweite Weltkrieg*, vol. 10/1, por solicitação do Militärgeschichtlichen Forschungsamtes, editado por Rolf-Pieter Müller, Munique, 2008, p. 790. Cf. Kershaw, *Hitler 1936-1945*, op. cit., pp. 1002 ss. Ver também Antony Beevor, *Berlin. The Downfall 1945*, Londres, 2002, pp. 74 s, Andreas Dinter, *Berlin in Trümmern*, Berlim, 1999.

19. Goebbels, apontamento no diário, 6 de fevereiro de 1945, em *Die Tagebücher von Joseph Goebbels*, cit., 2ª parte, vol. 15, p. 320.

20. Cf. "Martin Bormann an Gerda Bormann, 6. Februar 1945", em Trevor-Roper (ed.), *The Bormann Letters*, cit., pp. 174s; Besymenski, *Die letzten Notizen von Martin Bormann*, cit., p. 106.

21. Cf. Schroeder, *Er war mein Chef*, cit., p. 196. Em suas memórias, Schroeder omitiu a presença de Eva Braun em Berlim em fevereiro de 1945. Cf. "Besprechung zwischen Herrn Albrecht und Frl. Schröder, früher Sekretärin v. Hirler, Berchtesgaden, 22. Mai 1945", em MA 1298/10, Microfilm, Various Documents, DJ-13 (David Irving), IfZ, Munique.

22. Cf. "Martin Bormann an Gerda Bormann, 6. Februar 1945", em Trevor-Roper (ed.), *The Bormann Letters*, cit., pp. 174s.

23. Cf. Schmidt, *Hitlers Arzt Karl Brandt*, cit., p. 499.

24. Id., ibid., pp. 500s.

25. Id., ibid., pp. 501ss.

26. "Eva Braun an Herta Schneider, Berlin 19. April 1945", reprodução em Gun, *Eva Braun-Hitler*, depois da p. 192. Transcrição em NL Speer, N 1340, vol. 287, BA, Coblença. Walter Schellenberg, chefe do serviço secreto desde 1944, afirmou em suas notas escritas no pós-guerra que a condenação à morte de Brandt resultou de "uma intriga no entorno mais próximo de Hitler, inclusive de Eva Braun e sua irmã, a mulher de Fegelein". Cf. Walter Schellenberg, *Aufzeichnungen. Die Memoiren des letzten Geheimdienstchefs unter Hitler*. Com o uso

de documentos até então inéditos, comentados por Gerald Fleming, ed. por Gita Petersen, Wiesbaden e Munique, 1979, p. 361.

27. Speer, *Erinnerungen*, cit., p. 469.

28. "Martin Bormann an Gerda Bormann, 6. Februar 1945", em Trevor-Roper (ed.), *The Bormann Letters*, cit., pp. 174s.

29. "Martin Bormann an Gerda Bormann, 9. Februar 1945", em Trevor-Roper (ed.), *The Bormann Letters*, cit., p. 180. Cf. também Besymenski, *Die letzten Notizen von Martin Bormann*, cit., p. 107.

30. "Martin Bormann an Gerda Bormann, 9. Februar 1945", em Trevor-Roper (ed.), *The Bormann Letters*, cit., p. 180. Ver ainda Besymenski, *Die letzten Notizen von Martin Bormann*, cit., p. 107. Cf. também Heinz Linge, *Bis zum Untergang. Als Chef des Persönlichen Dienstes bei Hitler*, ed. por Werner Maser, Munique, 1982, pp. 69s. De acordo com Linge, sua mulher e filhos acompanharam Eva Braun e a irmã a Munique.

31. Cf. Kershaw, *Hitler 1936-1945*, cit., pp. 1004s., Giesler, *Ein anderer Hitler*, cit., pp. 479s. Nem Bormann, mencionado por Giesler como um dos presentes, nem Speer fizeram referência a esse fato em seus escritos. Cf. Hiller von Gaetringen (ed.), *Das Auge des Dritten Reiches*, cit., pp. 86, 87; Below, *Als Hitlers Adjutant*, cit., p. 403.

32. Schlie (ed.), *Albert Speer. Die Kransberg-Protokolle 1945*, cit., p. 133. Cf. Wilhelm Höttl, *Einsatz für das Reich*, Coblença, 1997, p. 117.

33. Cf. Besymenski, *Die letzten Notizen von Martin Bormann*, cit., p. 147; Speer, *Erinnerungen*, cit., p. 468.

34. "Martin Bormann an Gerda Bormann, 18. Februar 1945", em Trevor--Roper (ed.), *The Bormann Letters*, cit., p. 183. Quanto a isso, ver também Linge, *Bis zum Untergang*, cit., p. 70.

35. Julius Schaub, cit., conforme: Meissner, *Der letzte Befehl*, cit., p. 34.

36. Besymenski, *Die letzten Notizen von Martin Bormann*, cit., p. 148. Cf. Gun, *Eva Braun-Hitler*, cit., p. 181.

37. Cf. *Frauen um Hitler*, cit., p. 236.

38. Speer, *Erinnerungen*, cit., p. 468. Cf. também Artur Axmann, "*Das kann doch nicht das Ende sein.*" *Hitlers letzter Reichsjugendführer erinnert sich*, Coblença, 1995, p. 434. Axmann, que se mudou para o "bunker do Führer" em 23 de abril, relata que lá Eva Braun lhe contou "que o Führer a tinha mandado a Munique no começo de março, mas, contrariando sua vontade, ela retornara a Berlim em 15 de abril".

39. Speer, *Erinnerungen*, cit., p. 469; Below, *Als Hitlers Adjutant*, cit., p. 404.

40. Cf. Kershaw, *Hitler 1936-1945*, cit., pp. 1010ss; Joachim von Ribbentrop, *Zwischen London und Moskau. Erinnerungen und letzte Aufzeichnungen*, editado por Annelies von Ribbentrop a partir do legado, Leoni, 1953, p. 268.

41. A esse respeito, cf. extensivamente Kershaw, *Hitler 1936-1945*, cit., pp. 1012ss. Ver também Michael Bloch, *Ribbentrop. A Biography*, Nova York, 1993, pp. 421ss; Schmidt, *Albert Speer*, cit., pp. 151ss; Joachim Fest, *Speer. Eine Biographie*, Berlim, 1999, pp. 314ss; Longerich, *Heinrich Himmler*, cit., pp. 745ss.

42. Schroeder, *Er war mein Chef*, cit., p. 198.

43. Id., ibid., p. 168.

44. "Eva Braun an Herta Schneider, Berlin, 19. April 1945", cit.

45. Cf. Schroeder, *Er war mein Chef*, cit., p. 199.

46. "Eva Braun an Herta Schneider, Berlin, 19. April 1945", cit., O tiro ao alvo com pistola também é relatado por Junge, *Bis zur letzten Stunde*, cit., p. 182. Hitler tentou reiteradamente convencê-la a deixar o bunker e buscar um lugar mais seguro. Heinrich Hoffmann relatou que, no começo de abril de 1945, Hitler lhe pediu que levasse Eva Braun a Munique. Cf. Hoffmann, *Hitler wie ich ihn sah*, cit., pp. 230s.

47. Below, *Als Hitlers Adjutant*, cit., p. 408. Speer se manifestou do mesmo modo, *Erinnerungen*, cit., p. 487. Segundo ele, Eva Braun era "a única pessoa proeminente e condenada à morte, naquele bunker", que "mostrava uma serenidade admirável e superior". De modo parecido, Schroeder, *Er war mein Chef*, cit., p. 169, e Axmann, *"Das kann doch nicht das Ende sein"*, cit., p. 434. Este diz que, para ele, Eva Braun parecia "uma aparição irreal".

48. Junge, *Bis zur letzten Stunde*, cit., p. 183; Below, *Als Hitlers Adjutant*, cit., p. 417.

49. Cf. Lakowski, "Der Zusammenbruch der deutschen Verteidigung zwischen Ostsee und Karpaten", cit., p. 648.

50. Below, *Als Hitlers Adjutant*, cit., p. 411; Speer, *Erinnerungen*, cit., pp. 477s; Loringhoven, *Mit Hitler im Bunker*, cit., p. 145; Kershaw, *Hitler 1936-1945*, cit., p. 1029; Mario Frank, *Der Tod im Fuhrerbunker. Hitlers letzte Tage*, Munique, 2005, pp. 34ss. Na véspera, Eva Braun escrevera a Herta Schneider, "já não se pode pensar em sair daqui de carro". Mas há de "haver um meio de nós *todos* nos revermos". "Eva Braun an Herta Schneider, Berlim, 19. April 1945", cit.

51. Schroeder, *Er war mein Chef*, cit., pp. 200ss.

52. "Erklärung von Herrn Erich Kempka über die letzten Tage Hitlers, Berchtesgaden, den 20. Juni 1945", MA 1298/10, Microfilm, Various Documents, DJ-13 (David Irving), IfZ, Munique.

53. Cf. Junge, *Bis zur letzten Stunde*, cit., p. 177. Bei Junge heißt es: "Rosas vermelhas falam em felicidade...". Mas esse verso não aparece na canção "Blutrote Rosen", composta por Hans Hünemeyer (música) e Alfred Krönkemeier (letra) em 1929.

54. Cf. Bloch, *Ribbentrop*, cit., p. 425; Speer, *Erinnerungen*, cit., pp. 486s. Mas aqui não se menciona nenhum encontro de Eva Braun com Ribbentrop.

55. Eva Braun, cit. de acordo com Junge, *Bis zur letzten Stunde*, cit., p. 178.

56. Hitler, cit. de acordo com Kershaw, *Hitler 1936-1945*, cit., p. 1032.

57. Cf. Junge, *Bis zur letzten Stunde*, cit., p. 189; Loringhoven, *Mit Hitler im Bunker*, cit., p. 150. Ver também Schroeder, *Er war mein Chef*, cit., p. 205. No dia 23 de abril de 1945, Eva Braun escreveu à irmã Gretl: "Oxalá Morell tenha chegado aí com minhas joias. Seria horrível se acontecesse alguma coisa". "Eva Braun an Gretl Fegelein, Berlin, 23. April 1945", reprodução em Gun, *Eva Braun-Hitler*, cit., depois da p. 192.

58. Kershaw, *Hitler 1936-1945*, cit., pp. 1034ss. Cf. Below, *Als Hitlers Adjutant*, cit., p. 411. Ver também Mario Frank, *Der Tod im Führerbunker. Hitlers letzte Tage*, Munique, 2005, pp. 63ss.

59. Junge, *Bis zur letzten Stunde*, cit., p. 180.

60. Meißner, "Der letzte Befehl", cit., pp. 2, 16. Esses registros baseiam-se no fato de Schaub, com quem Meißner "dividiu o tempo e a cela na ala das testemunhas da prisão de Nuremberg", haver lhe narrado "seus últimos dias com Adolf Hitler". Na ocasião, Schaub também mencionou a "última ordem de Hitler": a "ordem de destruir o arquivo secreto do Führer" (p. 6). Ele teria dito: "Não pode cair nem um fragmento nas mãos do inimigo" (p. 2). Cf. Below, *Als Hitlers Adjutant*, cit., p. 411.

61. "Eva Braun an Herta Schneider, Berlin, 22. April 1945", reprodução em Gun, *Eva Braun-Hitler*, cit., depois da p. 192. Cf. Speer, *Erinnerungen*, cit., p. 479. Conforme Speer, quando de sua última visita ao bunker, Eva Braun lhe contou que Hitler "queria se suicidar já no dia 22 de abril".

62. Cf. Kershaw, *Hitler 1936-1945*, cit., pp. 1036s.

63. "Eva Braun an Gretl Fegelein, Berlin, 23. April 1945", cit. Nessa carta, Eva Braun menciona outra missiva que fora entregue ao mordomo de Hitler Wilhelm Arndt juntamente com uma mala para a família na Berghof. Segundo Braun, eles tinham ouvido dizer que esse avião estava "atrasado". De fato, o aparelho, que partiu de Berlin-Staaken no dia 22 de abril caiu em Börnersdorf. Arndt morreu. Cf. Schroeder, *Er war mein Chef*, cit., p. 362. Décadas depois o repórter da revista *Stern* Gerd Heidemann afirmou que foram retirados "diários" de Hitler do avião que caiu em Börnersdorf. Cf. Michael Seufert, *Der Skandal um die Hitler-Tagebücher*, Frankfurt am Main, 2008, p. 15.

64. Cf. Lakowski, "Der Zusammenbruch der deutschen Verteidigung zwischen Ostsee und Karpaten", cit., pp. 664s; Besyrnenski, *Die letzten Notizen von Martin Bormann*, cit., p. 230.

65. Speer, *Erinnerungen*, cit., p. 479.

66. Id., ibid., pp. 487s.

67. Junge, *Bis zur letzten Stunde*, cit., p. 187.

68. Schlie (ed.), *Albert Speer. Die Kransberg-Protokolle 1945*, cit., p. 119.

69. "Report of Conversation among Gretl Braun Fegelein, Frau Herta Schneider, and Walter Hirschfeld (undercover), 25 September 1945", em F 135/2, vol. 2, p. 367, IfZ, Munique. Cf. Leni Riefenstahl, *Memoiren*, Colônia, 2000 (1ª edição, Munique e Hamburgo, 1987), p. 405. Cf. Hiller von Gaertringen, *Das Auge des Dritten Reiches*, cit., p. 32.

70. "Report of Conversation among Gretl Braun Fegelein, Frau Herta Schneider, and Walter Hirschfeld (undercover), 25 September 1945", cit., p. 368. Cf. Schroeder, *Er war mein Chef*, cit., pp. 213s.

71. Below, *Als Hitlers Adjutant*, cit., p. 414.

72. "Gutachten in der Angelegenheit Adolf Hider, Amtsgericht Berchresgaden, 1. August 1956" (Akt. Z.: II 48/52), Kopie, Gb 05.01/2, pp. 30ss, IfZ, Munique. Ver também Kershaw, *Hitler 1936-1945*, cit., p. 1059.

73. Cf. Junge, *Bis zur letzten Stunde*, cit., p. 196.

74. Cf. Loringhoven, *Mit Hitler im Bunker*, cit., pp. 157ss; Gerhard Boldt, *Die letzten Tage der Reichskanzlei*, Hamburgo, 1964, pp. 128ss.

75. Cf. Boldt, *Die letzten Tage der Reichskanzlei*, pp. 135s. Cf. a esse respeito, extensivamente, Schellenberg, *Aufzeichnungen*, cit., pp. 355ss.

76. Cf. Longerich, *Heinrich Himmler*, cit., pp. 750s; Folke Bernadotte, *Das Ende. Meine Verhandlungen in Deutschland im Frühjahr 1945 und ihre politischen Folgen*, Zurique e Nova York, 1945.

77. "Eva Braun an Gretl Fegelein, Berlin, 23. April 1945", cit. De acordo com ela, Fegelein não "saiu despercebido da Chancelaria" no dia 26 de abril, como afirma Gerhard Boldt, que, trabalhando para o general Wilhelm Krebs, passou as últimas semanas no bunker sob a Chancelaria. Cf. Boldt, *Die letzten Tage der Reichskanzlei*, cit., p. 133.

78. Junge, *Bis zur letzten Stunde*, cit., p. 197. Below e Loringhoven também contam que receberam um telefonema de Fegelein de seu apartamento em Berlim. Cf. Below, *Als Hitlers Adjutant*, cit., p. 415; Loringhoven, *Mit Hitler im Bunker*, cit., p. 167.

79. "Report of Conversation among Gretl Braun Fegelein, Frau Herta Schneider, and Walter Hirschfeld (undercover), 25 September 1945", cit., p. 367.

80. Cf. Below, *Als Hitlers Adjutant*, cit., p. 415. Below data esses fatos de 28 de abril, ao passo que Traudl Junge escreveu que Fegelein já estava sendo procurado na véspera e foi levado à Chancelaria na noite de 27 de abril. Cf. Junge, *Bis zur letzten Stunde*, cit., pp. 197ss.

81. Cf. Kershaw, *Hitler 1936-1945*, cit., p. 1055.

82. Adolf Hitler, "Mein privates Testament, Berlin, 29. April 1945, 4 Uhr" (cópia da cópia da cópia juramentada), em NL Adolf Hitler, N 1128/38, BA, Coblença. Acerca do testamento, cf. Kershaw, *Hitler 1936-1945*, cit., pp. 1055ss.

83. Cf. Below, *Als Hitlers Adjutant*, cit., p. 415; Henrik Eberle e Matthias Uhl (eds.), *Das Buch Hitler. Geheimdossier des NKWD* für Josef W. Stalin, zusammengestellt aufgrund der Verhörprotokolle des Persönlichen Adjutanten Hitlers, Orto Günsche, und des Kammerdieners Heinz Linge, Moskau 1948/49", Bergisch Gladbach, 2005, p. 436. Em suas memórias publicadas em 1980, o mordomo de Hitler, Heinz Linge, dá a impressão de haver estado presente. Cf. Linge, *Bis zum Untergang*, cit., pp. 281s. Poucos anos depois, Otto Meissner recordou que, no dia 28 de abril, Hitler mandou buscar o juiz de paz competente em um "carro blindado". Cf. Meissner, *Staatssekretär*, cit., p. 610.

84. Below, *Als Hitlers Adjutant*, cit., p. 416. Cf. ainda Kershaw, *Hitler 1936-1945*, cit., p. 1055.

85. "Gutachten in der Angelegenheit Adolf Hitler, Amtsgericht Berchtesgaden, 1. August 1956" (Akt. Z.: II 48/52), Kopie, Gb 05.0112, pp. 34s., IfZ, Munique.

86. Cf. Lakowski, "Der Zusammenbruch der deutschen Verteidigung zwischen Ostsee und Karpaten", cit., p. 671.

87. Cf. "Ergebnisse der gerichtsmedizinischen Untersuchung durch sowjetische Ärzte", em Völklein (ed.), *Hitlers Tod*, cit., pp. 121ss.

4. ALÉM DA MORTE (pp. 300-3)

1. "Gespräch zwischen Stalin und Harry Hopkins, 26. Mai 1945, Aufzeichnung des Dolmetschers Pawlow", em Russisches Präsidenten-Archiv, Moscou, cit. conforme Ulrich Völklein (ed.), *Hitlers Tod. Die letzten Tage im Führerbunker*, Göttingen, 2001, p. 60.

2. Cf. Charles L. Mee Jr., *Meeting at Potsdam*, Nova York, 1975, p. 94.

3. "Report of Conversation among Gretl Braun Fegelein, Frau Herta Schneider, und Walter Hirschfeid (undercover), 25 September 1945", cit., p. 368.

4. "Persönliches Fernschreiben des Kommandanten der 1. Belorussischen Front, Marschall Grigorij Schukow, 1. Mai 1945, Dossier Nr. 41-Sh/2-w/1, Russisches Präsidenten-Archiv", Moscou, cit., em Völklein (ed.), *Hitlers Tod*, cit., p. 47. Cf. ainda Lew Besymenski, *Der Tod des Adolf Hitler*, Hamburgo, 1968.

5. Cf. "Protokolle der Obduktion von Adolf Hitler (Akte 12) und Eva Braun (Akte 13), Archiv des Präsidenten der Russischen Föderation im Archiv des Föderalen Dienstes der Gegenaufklärung", Moscou, cit., em Völklein (ed.), *Hitlers Tod*, cit., pp. 126ss.

6. Cf. "Anonymes Schreiben an Dwight D. Eisenhower, Amsterdam, 22. November 1948". (Glenn H. Palmer, Chief, Intelligence & Security Branch), em Da-

vid Irving, Dokumentation "Adolph Hitler 1944-1953", vol. 1, pp. 16ss, F 135/1, IfZ, Munique.

7. Cf. "Presse-Information des Bayerischen Staatsministeriums der Justiz, Betreff: Verfahren zur Feststellung des Todes Hirlers, München, 25. Oktober 1956" (cópia), Gb 05.01/1, IfZ, Munique.

8. Cf. "Gutachten in der Angelegenheit Adolf Hitler, Amtsgericht Berchresgaden, 1. August 1956" (Akt. Z.: II 48/52), cópia, Gb 05.01/2, pp. 2s, IfZ, Munique.

9. Id., ibid., pp. 71ss.

10. Cf. Völklein (ed.), *Hitlers Tod*, cit., pp. 194s.

CONSIDERAÇÕES FINAIS (pp. 305-8)

1. Cf. Traudl Junge, *Bis zur letzten Stunde. Hitlers Sekretärin erzählt ihr Leben unter Mitarbeit von Melissa Müller*, 3ª ed., Berlim, 2004, p. 196.

2. Cf. Fritz Braun, "Aussage vom 1. Dezember 1947. Öffentliche Sitzung der Spruchkammer München zur mündlichen Verhandlung in dem Verfahren Braun, Fritz Wilhelm", em Spruchkammern, Karton 188, Staatsarchiv, Munique.

3. Christa Schroeder, *Er war mein Chef. Aus dem Nachlaß der Sekretärin von Adolf Hitler*, ed. por Anton Joachimsthaler, 4ª ed., Munique, 1985, p. 215.

4. Cf. Nicolaus von Below, *Als Hitlers Adjutant 1937-45*, Mainz, 1980, pp. 166ss.

5. "Christa Schröder an Johanna Nusser, Führerhauptquartier. 28. Juni 1941", em ED 524, Institut für Zeitgeschichte (IfZ), Munique.

6. Cf. Richard Walther Darré, "Aufzeichnungen von 1945-1948", vol. 2, fl. 302, em ED 110, IfZ, Munique.

7. Cf. "Ilse Fucke-Michels an den Staatskommissar für das Flüchtlingswesen. Ruhpolding, 20. Oktober 1946", em Spruchkammern, Karton 468, Staatsarchiv, Munique.

8. Herta Schneider, "Aussage vom 23. Juni 1949, Öffentliche Sitzung der Hauptkammer München zur mündlichen Verhandlung in dem Verfahren gegen Herta Schneider, geb. Ostermayr", em Spruchkammern, Karton 1670, Staatsarchiv, Munique.

Fontes e bibliografia

1. FONTES NÃO PUBLICADAS

Bayerische Staatsbibliothek München (Munique):
Fotoarchiv Heinrich Hoffmann
NL Ernst Hanfstaengl

Bundesarchiv Berlin (Berlim):
Albert Bormann, Brieftagebuch vom 29. Juli 1939 bis 14. Juli 1941, NS 24/327
Reichskanzlei ("Neue Reichskanzlei") R43

Bundesarchiv Koblenz (Coblença):
NL Fritz Hesse, N1322
NL Adolf Hitler, N1128
NL Franz Ritter von Epp, N1101
NL Heinrich Himmler, N1126
NL Robert Ley, N1468
NL Theodor Morell, N1438
NL Albert Speer, N1340
NL Fritz Wiedemann, Kleine Erwerbung, Nr. 671
"Originalnotizen von P. E. Schramm über Hitler, gemacht während der Befragung von Hitlers Leibärzten", Sommer 1945, Kleine Erwerbung 441-3

Karl Brandt, Das Problem Hitler, Nr. 2, 27. September 1945, Kleine Erwerbung 441-3
Karl Brandt, "Julius Schaub", 20. September 1945, Kleine Erwerbung 441-3
Aufzeichnungen des Reichspressechefs Dr. Dietrich, Kleine Erwerbung 441-3
Sammlung Brammer, Zsg. 101/Nr. 93

Cornell University, Law Library (Ithaca):
Donovan Nuremberg Trials Collection

Institut für Zeitgeschichte München (Munique):
Besprechung zwischen Mr. Albrecht und Frl. Paula Hitler, Berchtesgaden, 26. Mai 1945, Mikrofilm, Various Documenrs DJ-13 (David Irving)
Briefe Christa Schroeder an Johanna Nusser, 21. April 1939-14. August 1942, ED 524
Erklärung von Herrn Erich Kempka über die letzten Tage Hitlers, Berchtesgaden, 20. Juni 1945, Mikrofilm, Various Documents DJ-13 (David Irving)
Gutachten in der Angelegenheit Adolf Hitler, Amtsgericht Berchtesgaden, 1. August 1956, Kopie, Gb 05.01/2
Hermann Esser, ZS 1030
Heinrich Hoffmann, Mein Beruf — Meine Arbeit für die Kunst — Mein Verhältnis zu Adolf Hitler, *Manuskript, undatiert (1947)*
Dokumentation "Adolph Hitler 1944-1953", F 135, Bd. 1-4
Richard Walter Darre, Aufzeichnungen 1945-1948, ED IIO
Sammlung David Irving ED 100
Johannes Göhler, ZS 2244
Therese Linke, Unveröffentlichte handschriftliche Erinnerungen, o.J, ZS 3135
Dr. Hans-Otto Meissner, Der letzte Befehl. Manuskript, undatiert, Ms 291
Julius Schaub, ZS 137
Franz Xaver Schwarz, ZS 1452

Mary Ferrell Poundarien, Online Archive:
CIA Collection, JFK Assassination Documents

National Archives of the United States, Washington, D.C.:
CIA Special Collections: Office of Strategic Services, Adolf Hitler, 3. Dezember 1942

Oberösterreichisches Landesarchiv Linz:
"Vorträge des Gauleiters Eigruber vor dem Führer in Angelegenheiten der Planung der Stadt Linz", Politische Akten, Schachtel 49

Schweizerisches Bundesarchiv Bern (Berna):
NL Rudolf Heß

Staatsarchiv München (Munique):
Spruchkammerakten Ilse Fucke-Michels
Spruchkammerakten Eva Hitler, geb. Braun
Spruchkammerakten Herta Schneider, geb. Ostermayr
Spruchkammerakten Sofie Stork

Staatsarchiv Nürnberg (Nuremberg):
KV-Anklage, Dokumente
KV-Anklage, Inrerrogations (Nicolaus von Below, Dr. Karl Brandr, Wilhelm Brückner, Heinrich Hoffmann)
KV-Anklage, Organisation (Theodor Morell)
Reichsparteitag 1935. Programm, Polizeiliche Anordnungen, Sonstiges, *hrsg. v. d. Polizeidirektion Nürnberg-Fürth*

Stadtarchiv München (Munique):
Meldekarte Eva Anna Paula Braun

2. FONTES PUBLICADAS

Akten der Partei-Kanzlei der NSDAP. Rekonstruktion eines verlorengegangenen Bestandes, ed. por Helmut Heiber, Munique, 1983.

BESYMENSKI, Lew. *Die letzten Notizen von Martin Bormann. Ein Dolatment und sein Verfasser*, Stuttgart, 1974.

BRAUN, Eva. "Tagebuch, 6. Februar-28. Mai 1935", em Werner Maser, *Adolf Hitler. Legende, Mythos, Wirklichkeit*, 6ª ed. ampliada pelo autor (através do diário de Eva Braun), Munique e Esslingen, 1974, pp. 325-69; e também em Nerin E. Gun, *Eva Braun-Hitler. Leben und Schicksal*, Velbert, 1968, pp. 70-8.

______. "Testament vom 26. Oktober 1944", reprodução em id., ibid.

"Brief Eva Braun an Gretl Fegelein, Berlin, 23. April 1945", reprodução em id., ibid. "Brief Eva Braun an Herta Schneider, Berlin, 19. April 1945", reprodução em id., ibid. "Brief Eva Braun an Herta Schneider, Berlin, 22. April 1945", reprodução em id., ibid.

Die Tagebücher von Joseph Goebbels. Sämtliche Fragmente, ed. por Elke Fröhlich para o Institut für Zeitgeschichte e em contato com o Bundesarchiv, Munique, 1987.

DOMARUS, Max. *Hitler. Reden und Proklamationen 1932-1945*, vol. 1: *Triumph, Erster Halbband 1932-1934*, Wiesbaden, 1973.

EBERLE, Henrik e Matthias Uhl (eds.). *Das Buch Hitler. Geheimdossier des NKWD* para Josef W. Stálin, composto com base nas minutas do interrogatório do ajudante de ordens pessoal de Hitler Otto Günsche e do camareiro Heinz Linge, Moscou, 1948-9, Bergisch Gladbach, 2005.

GOEBBELS, Joseph. *Vom Kaiserhof zur Reichskanzlei*. Eine historische Darstellung in Tagebuchblättern (de 1º de janeiro de 1932 a 1º de maio de 1933), 21ª ed., Munique, 1937.

HESS, Ilse. *Gefangener des Friedens. Neue Briefe aus Spandau*. Leoni arn Starober-ger See, 1965 (1ª edição, 1955).

HEẞ, Rudolf. *Briefe 1908-1933*. Introdução e comentários de Von Dirk Bavendamm, ed. por Wolf Rüdiger Heß, Munique 1987.

HITLER, Adolf. *Mein Kampf*, 173ª ed., Munique, 1936.

______. *Monologe im Führerhauptquartier 1941-1944. Die Aufzeichnungen Heinrich Heims*, ed. por Werner Jochmann, Hamburgo, 1980.

______. *Sämtliche Aufzeichnungen 1905-1924*, ed. por Eberhard Jäckel com Axel Kuhn, Stuttgart, 1980.

HITLER. *Reden, Schriften, Anordnungen*, vol. IV: *Von der Reichstagswahl bis zur Reichspräsidentenwahl, Oktober 1930-März 1932, Teil 2 (Juli 1931-Dezember 1931)*, ed. por Christian Harrmann, Munique, 1996.

MANN, Thomas. *Tagebücher 1918-1921*, ed. por Peter de Mendelssohn, Frankfurt am Main, 1979.

PICKER, Henry. *Hitlers Tischgespräche im Führerhauptquartier. Entstehung, Struktur, Folgen des Nationalsozialismus*, Berlim, 1997.

SCHLIE, Ulrich (ed.). *Albert Speer. Die Kransberg-Protokolle 1945. Seine ersten Aussagen und Aufzeichnungen (Juni-September)*, Munique, 2003.

SCHOLTZ-KLINK, Gertrud. *Reden an die deutsche Frau*. Reichsparteitag Nürnberg, 8. September 1934, Berlim, 1934.

TREVOR-ROPER, Hugh (ed.). *The Bormann Letters. The Private Correspondence between Martin Bormann and His Wife from January 1943 to April 1945*, Londres, 1954.

3. MEMORIALÍSTICA

AXMANN, Artur. *"Das kann doch nicht das Ende sein." Hitlers letzter Reichsjugendführer erinnert sich*, Coblença, 1995.

BELOW, Nicolaus von. *Als Hitlers Adjutant 1937-1945*, Mainz, 1980.

BOLDT, Gerhard. *Die letzten Tage der Reichskanzlei*, Hamburgo, 1964.

BORMANN, Martin. *Leben gegen Schatten. Gelebte Zeit — geschenkte Zeit. Begegnungen — Erfahrungen — Folgerungen*, 7ª ed., Paderborn, 2001.

BREKER, Arno. *Im Strahlungsfeld der Ereignisse. Leben und Wirken eines Künstlers. Porträts, Begegnungen, Schicksale*, Preußisch Oldendorf, 1972.

DIETRICH, Otto. *12 Jahre mit Hitler*, Munique, 1955.

ENGEL, Gerhard. *Heeresadjutant bei Hitler 1938-1943*, ed. por Hildegard von Korze (= Schrifrenreihe der Vierreljahrshefre für Zeirgeschichre, vol. 29), Stuttgart, 1974.

Frauen um Hitler. Nach Materialien von Henriette von Schirach, Munique e Berlim, 1983.

FROMM, Bella. *Blood & Banquets. A Berlin Social Diary*, Nova York, 1990 (1ª edição, Londres, 1943).

GIESLER, Hermann. *Ein anderer Hitler. Bericht seines Architekten Hermann Giesler*, 2ª ed., Leoni am Srarnberger See, 1977.

GÖRING, Emmy. *An der Seite meines Mannes. Begebenheiten und Bekenntnisse*, 4ª ed., Coburg, 1996.

HANFSTAENGL, Ernst. *Hitler. The Missing Years*, Londres, 1957.

______. *Zwischen Weißem und Braunem Haus. Erinnerungen eines politischen Außenseiters*, Munique, 1970.

HOFFMANN, Heinrich. *Hitler wie ich ihn sah. Aufzeichnungen seines Leibfotografen*, Munique e Berlim, 1974 (1ª edição: *Hitler was My Friend*, Londres, 1955).

JUNGE, Traudl. *Bis zur letzten Stunde. Hitlers Sekretärin erzählt ihr Leben*, em colaboração com Melissa Müller, 3ª ed., Berlim, 2004.

KARDORFF, Ursula von. *Berliner Aufzeichnungen 1942-1945*. Reed. com base nos diários originais e comentado por Peter Hartl, Munique, 1997.

KEMPKA, Erich. *Die letzten Tage mit Adolf Hitler*, 3ª ed., Rosenheim, 1991.

LINGE, Heinz. *Bis zum Untergang. Als Chef des Persönlichen Dienstes bei Hitler*, ed. por Werner Maser, Munique, 1982.

LORINGHOVEN, Bernd Freytag von. *Mit Hitler im Bunker. Die letzten Monate im Führerhauptquartier Juli 1944-April 1945*, Berlim, 2006.

LÜDECKE, Kurt. *I knew Hitler*, Londres, 1938.

MEIßNER, Hans-Otto. *So schnell schlägt Deutschlands Herz*, Gießen, 1951.

MEISSNER, Otto. *Staatssekretär unter Ebert-Hindenburg-Hitler. Der Schicksalsweg des deutschen Volkes von 1918-1945, wie ich ihn erlebte*, 3ª ed., Hamburgo, 1950.

MISCH, Rochus. *Der letzte Zeuge. "Ich war Hitlers Telefonist, Kurier und Leibwächter"*. Introdução de Ralph Giordano, Munique e Zurique, 2008.

NISSEN, Margret. *Sind Sie die Tochter Speer?*, Bergisch Gladbach, 2007 (1ª edição, Munique, 2005).

RIBBENTROP, Joachim von. *Zwischen London und Moskau. Erinnerungen und letzte Auf zeicbnungen*, ed. por Annelies von Ribbentrop, Leoni am Starnberger See, 1953.

RIEFENSTAHL, Leni. *Memoiren*, Colônia, 2000.

SCHAUB, Julius. *In Hitlers Schatten. Erinnerungen und Aufzeichnungen des Chefadjutanten 1925-1945*, ed. por Olaf Rose, Stegen am Ammersee, 2005.

SCHELLENBERG, Walter. *Aufzeichnungen. Die Memoiren des Letzten Geheimdienstchefs unser Hitler.* Com base em documentos até agora inéditos comentados por Gerald Fleming, ed. por Gita Petersen, Wiesbaden e Munique, 1979.

SCHIRACH, Baldur von. *Ich glaubte an Hitler*, Hamburgo, 1967.

SCHIRACH, Henriette von. *Der Preis der Herrlichkeit. Erlebte Zeitgeschichte*, Munique e Berlim, 1975.

SCHMELING, Max. *Erinnerungen*, Frankfurt am Main et al., 1977.

SCHMIDT, Paul. *Statist auf diplomatischer Bühne 1923-1945*, Bonn, 1953.

SCHROEDER, Christa. *Er war mein Chef. Aus dem Nachlaß der Sekretärin von Adolf Hitler*, ed. por Anton Joachimsthaler, Munique, 1985.

SONNLEITHNER, Franz von. *Als Diplomat im "Fuhrerhauptquartier".* Prefácio de Reinhard Spitzy, Munique e Viena, 1989.

SPEER, Albert. *Erinnerungen.* Com um ensaio de Jochen Thies, Frankfurt am Main e Berlim, 1993 (1ª edição, 1969).

______. *Spandauer Tagebücher*, Frankfurtam Main, 1975.

SPITZY, Reinhard. *So haben wir das Reich verspielt. Bekenntnisse eines Illegalen*, 4ª ed., Munique, 1994.

WAGENER, Otto. *Hitler aus nächster Nähe. Aufzeichnungen eines Vertrauten 1929-1932*, ed. por H. A. Turner Jr., Frankfurt am Main et al., 1978.

WIEDEMANN, Fritz. *Der Mann der Feldherr werden wollte. Erlebnisse und Erfahrungen des Vorgesetzten Hitlers im I. Weltkrieg und seines späteren Persönlichen Adjutanten*, Velbert, 1964.

4. RELATOS ESCOLHIDOS

BULLOCK, Alan. *Hitler. Eine Studie über Tyrannei*, Dusseldorf, 1957.

______. *Hitler und Stalin. Parallele Leben*, Gütersloh, 1991.

CHARLIER, Jean Michel e Jacques de Launay. *Eva Hitler, geb. Braun. Die führenden Frauen des Dritten Reiches*, Essen s.d. (edição original francesa: *Eva Hitler, née Braun*, Paris, 1978).

CONRADI, Peter. *Hitler's Piano Player. The Rise and Fall of Ernst Hanfstaengl, Confidant of Hitler, Ally of FDR*, Nova York, 2004.

COSTELLE, Daniel. *Eva Braun. Dans l'intimité d'Hitler*, Paris, 2007.

EVANS, Richard J. *David Irving, Hitler and Holocaust Denial*, Electronic Edition, <www.holocaustdenialontrial.org/trial/defense/evans/ 530b>.

______. *The Third Reich at War 1939-1945*, Londres e Nova York, 2008.

FEST, Joachim C. *Hitler. Eine Biographie*, Berlim e Viena,1973.

______. *Die unbeantwortbaren Fragen. Notizen über Gespräche mit Albert Speer zwischen Ende 1966 und 1981*, Hamburgo, 2006.

FRANK, Johannes. *Eva Braun. Ein ungewöhnliches Frauenschicksal in geschichtlich bewegter Zeit*, Preußisch Oldendorf, 1988.

FRANK, Mario. *Der Tod im Fuhrerbunker. Hitlers letzte Tage*, Munique, 2005.

GAETRINGEN, Hans Georg Hiller von (ed.). *Das Auge des Dritten Reiches. Hitlers Kameramann und Fotograf Walter Frentz*, 2ª ed., Munique e Berlim, 2007.

GUN, Nerin E. *Eva Braun-Hitler. Leben und Schicksal*, Velbert, 1968.

HAMANN, Brigitte. *Winifred Wagner oder Hitlers Bayreuth*, Munique, 2002.

HERZ, Rudolf. *Hoffmann & Hitler. Fotografie als Medium des Führer-Mythos*, Munique, 1994.

HEUSLER, Andreas. *Das Braune Haus. Wie München zur "Hauptstadt der Bewegung" wurde*, Munique, 2008.

HEYDECKER, Joe J. *Das Hitler-Bild. Die Erinnerungen des Fotografen Heinrich Hoffmann*, St. Pölten, 2008.

INFIELD, Glenn. *Eva and Adolf*, Nova York, 1974.

JOACHIMSTHALER, Anton. *Hitlers Liste. Ein Dokument persönlicher Beziehungen*, Munique, 2003.

KELLERHOFF, Sven Felix. *Mythos Führerbunker. Hitlers letzter Unterschlupf*, Berlim, 2006.

KLABUNDE, Anja. *Magda Goebbels. Annäherung an ein Leben*, Munique, 1999.

KOMPISCH, Kathrin. *Täterinnen. Frauen im Nationalsozialismus*, Colônia et al., 2008.

KERSHAW, Ian. *Hitler 1889-1936*. Trad. do inglês por Jürgen Perer Kraus e Jörg W. Rademacher, Stuttgart, 1998.

______. *Hitler 1936-1945*. Trad. do inglês por Klaus Kochmann, 2ª ed., Stuttgart, 2000.

KNOPP, Guido. *Hitlers Frauen und Marlene*, Munique, 2001.

LAMBERT, Angela. *The Lost Life of Eva Braun*, Londres, 2007.

LANG, Jochen von. *Der Sekretär. Martin Bormann Der Mann, der Hitler beherrschte*, 3ª ed. totalmente revisada, Munique e Berlim, 1987.

MASER, Werner. *Adolf Hitler. Legende, Mythos, Wirklichkeit*, 6ª ed. ampliada pelo autor (através do diário de Eva Braun), Munique e Esslingen, 1971.

______. *Hitlers Briefe und Notizen. Sein Weltbild in handschriftlichen Dokumenten*, Düsseldorf, 1988.

NICHOLAS, Lynn H. *Der Raub der Europa. Das Schicksal europäischer Kunstwerke im Dritten Reich*, Munique, 1995.

SCHMIDT, Ulf. *Hitlers Arzt Karl Brandt. Medizin und Macht im Dritten Reich*, Berlim, 2009 (ed. original inglesa: *Karl Brandt. The Nazi Doctor. Medicine and Power in the Third Reich*, Londres, 2007).

SERENY, Gitta. *Albert Speer. Sein Ringen mit der Wahrheit und das deutsche Trauma*, Munique, 2005 (ed. original americana: *Albert Speer, His Battle With Truth*, Nova York, 1995).

SIGMUND, Anna Maria. *Die Frauen der Nazis*, 3 vols., Munique, 2005.

______. *Diktator, Dämon, Demagoge. Fragen und Antworten zu Adolf Hitler*, Munique, 2006.

THAMER, Hans-Ulrich. *Der Nationalsozialismus*, Stuttgart, 2002.

VÖLKLEIN, Ulrich (ed.). *Hitlers Tod. Die letzten Tage im Führerbunker*, Göttingen, 1998.

WINKLER, Heinrich August. *Der lange Weg nach Westen*, vol. 1: *Deutsche Geschichte vom Ende des Alten Reiches bis zum Untergang der Weimarer Republik*, Munique, 2000.

ZDRAL, Wolfgang. *Die Hitlers. Die unbekannte Familie des Führers*, Bergisch Gladbach, 2008 (1ª edição, 2005).

Créditos das imagens

akg-images, 302
AP., 271
Bayerische Staatsbibliothek / Fotoarchiv Hoffmann, 72, 107
bpk / Bayerische Staatsbibliothek / Heinrich Hoffmann, 27, 29, 48, 58, 92, 94, 98, 119, 141, 143, 150, 153, 158, 161, 190, 204, 221, 257, 263
Bundesarchiv / Scherll, 183-131347, 283
Schweizerisches Bundesarchiv, NL Rudolf Heß, J 1.2118-) 1993/300, Bd. 2, Mappe 25 100
Süddeutsche Zeitung Photo / S. M., 255
Ullstein Bild, 60, 121
Ullstein Bild / LEONE, 139
Ullstein Bild / Roger Violet / Album Eva Braun, 165, 217
Ullstein Bild / Walter Frentz, 172, 209, 232, 261, 265
Walter Frentz / Hanns-Peter Frentz, 251, 299
Tiradas de: N. E. Gun, Eva Braun-Hitler, blick+bild Verlag, 1968, 135

Índice onomástico

ESTA OBRA FOI COMPOSTA EM MINION PELO ACQUA ESTÚDIO E IMPRESSA
PELA RR DONNELLEY EM OFSETE SOBRE PAPEL PÓLEN SOFT DA SUZANO PAPEL
E CELULOSE PARA A EDITORA SCHWARCZ EM ABRIL DE 2011